U0897598

系统评估、预测、决策与优化研究论丛

国家科学技术学术著作出版基金资助出版

系统评价：方法、模型、应用

刘思峰　郭本海　方志耕　菅利荣　著

国家科学技术著作出版基金资助项目
欧盟委员会第七研究框架玛丽·居里国际人才引进计划资助项目
国家自然科学基金委员会与英国皇家学会合作交流项目
国家自然科学基金重大研究计划培育项目、面上项目
“大型飞机”国家科技重大专项
国家社会科学基金重大招标项目
中央高校基本科研业务费专项资金项目
江苏省科技思想库和高校哲学社会科学重点研究基地基金资助项目

科学出版社
北京

内 容 简 介

本书针对经济社会发展和决策科学化中的系统评价问题，对系统评价方法和模型进行全面梳理，清晰展示系统评价方法的演进过程，强调系统评价方法和模型与实际应用相结合，突出系统评价思想与实际案例分析相渗透，主要内容包括定性评价方法、评价指标体系的构建以及对比评价、层次分析法、DEA 相对效率评价方法等常用评价方法和模型，广义灰色关联评估模型、基于相似性和接近性视角的灰色关联分析模型、基于端点混合三角白化权函数和基于中心点混合三角白化权函数的灰色聚类评价模型、两阶段灰色综合测度决策模型、多目标加权智能灰靶决策评估模型等作者在不确定性系统评价方法和模型研究方面取得的新成果，国内外有关机构发布的重要评价体系，以及课题组近年来在若干应用领域取得的研究成果。

本书适合作为高等院校经济、管理专业研究生或高年级本科生教材或参考书，还可供政府部门、企事业单位管理人员、科研人员及工程技术人员等广大实际工作者参阅。

图书在版编目（CIP）数据

系统评价：方法、模型、应用/刘思峰等著．—北京：科学出版社，2015
（系统评估、预测、决策与优化研究论丛）
ISBN 978-7-03-043766-2

Ⅰ.①系… Ⅱ.①刘… Ⅲ.①系统评价 Ⅳ.①N945.16

中国版本图书馆 CIP 数据核字（2015）第 053583 号

责任编辑：李 莉 / 责任校对：张怡君
责任印制：李 利 / 封面设计：蓝正设计

科 学 出 版 社 出版
北京东黄城根北街 16 号
邮政编码：100717
http://www.sciencep.com

北京凌奇印刷有限责任公司 印刷

科学出版社发行 各地新华书店经销

*

2015 年 3 月第 一 版 开本：720×1000 1/16
2015 年 3 月第一次印刷 印张：19 1/4
字数：386 000

POD定价： 98.00元
（如有印装质量问题，我社负责调换）

南京航空航天大学科学发展研究中心
刘思峰、宋德金：

获悉贵中心主持编撰的“系统评估、预测、决策与优化研究论丛”将由科学出版社陆续出版，特表示祝贺！

如何决策，自古以来人类已积累了丰富的经验。几十年来，随着系统科学理论在决策中的运用，使人类决策的能力得到了显著提高。而对复杂巨系统问题进行评估、预测、决策及其优化，则是近十几年的事情，目前还在探索中。希望你们将此作为研究的重点，早日做出成绩来。

祝你们成功！

钱学森

2009 年 5 月

总　序

决策的本质含义是“做出决定”或“决定对策”，即根据实际情况和预定目标来确定应采取的行动。对决策的理解有广义和狭义之分。从广义上讲，决策是指提出问题、确定目标、拟订方案、收集资料、分析评估、方案选择以及实施、反馈、修正等一系列活动的全过程；从狭义上讲，决策仅是指决策全过程中方案选择这一环节，习惯上称为“拍板”。也有人仅仅把决策理解为在不确定条件下选择方案，即做出抉择，需要承担一定的风险。决策理论和决策方法的研究历来受到高度重视。做出正确决策的前提是对系统演化进程、现状及当前环境的准确评价以及据此对系统未来变化做出科学预测。面对复杂的决策问题，按照科学发展观的要求，人们必须首先进行缜密的诊断和评价，对系统及其环境形成正确的认识，把握系统及其环境的演化规律，进而对其未来变化动态做出科学预测，依据科学预测才可能做出正确决策，实现科学发展。系统评价、预测、决策三位一体，都是人们从事科技、经济、社会活动过程的重要环节，属于系统研究和实践中不可或缺的要素和有机组成部分。

20 世纪 80 年代中后期，刘思峰同志带领一批青年教师围绕以灰色系统理论为主导的系统分析定量方法和模型技术的创新和应用进行探索，不断取得新的进展。2000 年，刘思峰同志作为特聘教授被引进南京航空航天大学，一批富有朝气的中青年教师通过人才引进、进站开展博士后研究、攻读博士学位等途径聚集起来，逐渐形成了具有一定规模的系统分析定量方法和模型技术研究团队。共同的学术兴趣和愿景形成了强大的团队向心力和凝聚力，团队成员精诚团结，科研创新与教学改革并举，致力于系统评价、预测、决策与优化方法研究、应用和人才培养，取得了一批有影响的成果：先后获省部级科技成果奖 11 项、国际奖 4 项，论著被国内外学者引用 6 000 多次；10 位博士生获得南京航空航天大学和江苏省研究生创新基金资助，19 位博士后获得江苏省和国家博士后基金资助；12 篇硕士论文被评为南京航空航天大学和江苏省优秀硕士学位论文，9 篇博士论文被评为南京航空航天大学和江苏省优秀博士学位论文。该研究团队 2005 年被评为南京航空航天大学首批 5 个创新研究群体之一，2007 年被评为江苏省高等学校首批优秀科技创新团队。学术团队建设强有力地支撑了学校的专业和学科建设，所在的工业工程专业被评为江苏省品牌专业，工商管理专业被评为江苏省特色专业，管理科学与工程学科 2006 年被评为江苏省重点学科，系统工程学科 2008 年被评为国防重点学科。

该研究论丛的素材主要源自该研究团队近年来完成的 40 多项国家、省部级自然科学、软科学、社会科学基金课题，联合国开发计划署、教科文组织、国家发展和改革委员会、中国科学技术协会、江苏省发展和改革委员会、江苏省科学技术厅、江苏省科学技术协会，南京市、苏州市、马鞍山市政府有关部门、企事业单位重点招标课题的研究成果，并以团队成员在国际、国内重要期刊上发表的近 300 篇学术论文为支撑。

该丛书选题覆盖灰色系统理论、科技活动效率评价、新兴产业生长机理、重大工程项目评价、政策评价、不确定性群体决策理论与方法等领域，体现了该团队研究工作的鲜明特色：突出定量方法与模型技术，强调理论与实践紧密结合，注重从实际应用领域提炼科学问题，并注意将理论、方法、研究成果及时应用到实际中去，接受实践检验。

《灰色系统理论及其应用（第五版）》系统地论述了灰色系统的基本理论、基本方法和应用技术，是作者长期从事灰色系统理论探索、实际应用和教学工作的结晶，同时还吸收了国内外同行近年来取得的理论和应用研究新成果，精辟地向读者展示出灰色系统理论这一新兴学科的概貌及其前沿发展动态。

《灰色博弈理论及其应用》运用灰色系统的思想和理论体系解决博弈中由有限知识、有限理性和未来不确定性等因素造成的信息缺失问题。作者将经典博弈扩展到了灰数空间，引入了基于纯策略和混合策略的灰矩阵博弈模型，以及灰色双矩阵静态、动态博弈的纳什均衡分析模型，研究了灰博弈解的风险问题，提高了博弈论对现实世界的解释力。

《灰色预测与决策模型研究》侧重于研究灰色不确定性信息背景下的预测与决策问题，对冲击扰动系统预测、灰色不确定性预测模型、灰色不确定性决策模型进行深入探讨与拓展研究，进一步完善了灰色系统理论与方法的科学体系，扩展了灰色预测、决策理论与方法的适用范围。

《服务品牌延伸的灰色评估模型研究》在对服务品牌延伸评估体系和模式进行深入研究的基础上，提出了服务品牌延伸的消费者选择模型，构建了服务品牌延伸的灰色评估模型，对中国背景下的服务品牌延伸进行了灰色综合关联优势分析，结合灰色关联度中的信息集结问题，建立了基于随机不确定数的服务品牌延伸评估模型。作者对服务品牌延伸评估规律和机理的探索具有重要的意义和价值。

《科技生产力形成与流动效应研究》从科技生产力流动的概念入手，以科技生产力的形成与流动为主线，研究了科技生产力与科技生产力流动量、科技生产力流动的成本与效益、科技生产力流动的优化配置、科技生产力流动的博弈策略、科技生产力流动与新兴产业形成等方面的问题，并结合我国科技生产力形成与演化实际进行实证研究，揭示了科技生产力流动的机理、特性、效应与模式。

研究结果对于促进我国科技生产力的有序流动和优化配置，推动科技发展和新兴产业成长具有实际指导意义。

《科技活动效率评价方法与实证研究》主要包括七个方面的内容，即：评价指标体系建立的定量方法研究；评价模型和方法的拓展；地域科技活动效率的评价；四大地区的科技活动的效率评价；大中型工业企业的科技活动评价；高技术产业的科技活动的效率评价；提高科技活动效率的对策和策略等。

《战略性新兴产业生长机理研究》以世界产业转移为背景，以实现区域产业跨越式发展为目标，以区域战略性新兴产业的生长过程为主线，探索区域新兴产业形成、生长的内在机理和规律。首先界定了战略性新兴产业的概念，基于对战略性新兴产业的特点和我国战略性新兴产业发展中存在的问题与制约因素的分析，建立了战略性新兴产业选择与绩效评价指标体系和相应的综合评估模型；界定了新兴产业“基因”、“种子”和集群网络的概念，分析了新兴产业“基因”孳生与移植，“种子”的形成与萌发、生长机制，新兴产业集群网络的成长规律与效应；对新兴产业培育与成长、政府扶持政策的设计与优化和市场环境建设问题进行探索，研究了新兴产业培育与成长的模式与路径；结合江苏省实际研究了战略性新兴产业发展和新兴主导产业的选择与评价问题，介绍了美国、日本、韩国和我国江苏省新兴产业培育的典型案例。

《区域产业结构优化理论与实践》是作者长期从事产业结构优化理论探索、实际应用的结晶。该书主要采用灰色系统有关理论作为分析工具，将灰色系统理论与产业结构优化融会贯通，主要包括产业结构优化的含义及其机理、产业结构演变规律、产业结构的合理化、产业结构的高级化、地区产业结构优化以及产业结构关联性分析、灰色动态线性规划模型、区域主导产业评价指标体系及选择、产业结构调整“快车道”模型、产业结构有序度测度等内容。

《路桥项目后评价理论与方法》从路桥投资项目的特点入手，首先将后评价的视野向前后两个方向深度拓展。该书结合作者承担的路桥项目后评价课题，对后评价的评价程序、评价内容、评价方法、评价模型和评价理论进行深入研究，揭示了路桥投资项目的运营机制、管理机制和反馈机制及其作用路径；设计了服务于中央和地方政府路桥项目投资辅助决策的后评价领导、管理和执行组织机构框架；应用基于优势关系的粗糙集方法对验收评分数据进行处理，导出了用于路桥投资项目后评价的偏好模型；构建了基于灰参数的项目过程灰色“追溯”肯定型网络模型，并给出了网络节点时间参数、作业时间参数、灰色关键路线等问题的算法。

《不确定性群体决策理论与方法》研究了群决策网络中决策者偏好表达方式，分析了各类偏好信息的适用条件和应用特点；挖掘能准确反映决策者偏好的信息表达，建立了决策群体不确定性偏好信息是否有效的度量标准；研究不确定性偏好信息的一致性度量与一致性改进方法；建立了不确定性偏好信息权重求解的统一模型；提出了群决策复杂网络关键决策阶段和群体贡献度比较模型和多阶段时序特性多类结构的不确定性偏好信息的集结方法；分析了决策环境扰动对群体决策效果的动态影响及演化规律。

《系统评价：方法、模型、应用》对评价方法和模型进行了系统梳理，以清晰的脉络向读者展示出系统评价方法的演进过程。该书主要内容包括：定性评价方法、评价指标体系的构建以及对比评价和逻辑框架方法、层次分析方法、DEA相对效率评价方法等常用评价方法和模型；广义灰色关联评估模型、基于相似性和接近性视角的灰色关联分析模型、基于端点和中心点混合三角白化权函数的灰色聚类评价模型、多目标加权灰靶决策评估模型等作者在不确定性系统评价方法和模型研究方面取得的新成果；课题组近年来在科技活动效率评价、新兴产业发展评价、节能效果评价方面取得的应用研究成果。

这套丛书是各位撰稿人长期从事相关领域研究、应用和教学工作的结晶。达尔文有一句名言："最有价值的知识是关于方法的知识。"该丛书聚焦于系统评价、预测、决策与优化方法，具有十分重要的学术意义和实际应用价值。我十分乐意向读者推荐这套丛书，相信该丛书的出版一定能有力地推动我国系统评价、预测、决策与优化定量方法和模型技术领域的研究和深入应用，促进科技、经济、社会各领域实现科学发展。

陈达
中国科学院院士
2008 年 9 月 22 日

前　言

评价是人们判断事物价值的一种实践活动。社会经济发展和决策科学化的需要促进了各领域评价活动的广泛开展，从工程项目评价、科技项目评价、产业发展评价、生态环境评价、高等院校学科建设评价、企业竞争力评价、人员素质评价，到科技、经济发展水平评价以及综合国力评价，乃至政府政策评价等，评价活动涉及生产生活的各个方面。

本书对系统评价方法和模型进行了系统梳理，以清晰的脉络向读者展示出系统评价方法的演进过程，主要内容包括定性评价方法、评价指标体系的构建以及对比评价和逻辑框架方法、层次分析法、DEA相对效率评价方法等常用评价方法和模型；广义灰色关联评估模型、基于相似性和接近性视角的灰色关联分析模型、基于端点混合三角白化权函数和基于中心点混合三角白化权函数的灰色聚类评价模型、两阶段灰色综合测度决策模型、多目标加权智能灰靶决策评估模型等作者在不确定性系统评价方法和模型研究方面取得的新成果；介绍了国家有关部委发布的重要评价体系和课题组近年来在创新与发展评价、科学技术活动效率评价、战略性新兴产业评价选择、节能效果评价等方面取得的应用研究成果。

本书的特色是强调系统评价方法和模型的实际应用。对方法和模型的介绍力求简明扼要、深入浅出、通俗易懂，运用大量实例说明常用系统评价方法和模型的分析计算过程及具体应用步骤，突出系统评价思想的渗透和实际案例的剖析，力图为解决各种评价问题提供有力的分析工具。读者在理解和掌握系统评价方法与模型技术的同时，还能学会运用多种新的建模软件进行数据处理和分析，从而具备运用系统评价方法和模型技术研究、解决各领域实际问题的能力。

全书共分11章，其中，第1～5章由刘思峰执笔，第6章由方志耕、菅利荣执笔，第7章由菅利荣、刘思峰、芮菡萏执笔，第8章由谢乃明、菅利荣执笔，第9章、第10章由郭本海执笔，第11章由袁潮清、方志耕执笔。全书最后由刘思峰负责统稿和审定。

本书的研究工作得到国家科学技术著作出版基金资助项目、欧盟委员会第七研究框架玛丽·居里国际人才引进计划资助项目（FP7-PIIF-GA-2013-629051）、国家自然科学基金委员会与英国皇家学会合作交流项目（71111130211）、国家自然科学基金重大研究计划培育项目（91324003）、国家自然科学基金面上项目（90924022）、“大型飞机”国家科技重大专项（2009ZX11002）、国家社会科学基金重大招标项目（10zd&014）、中央高校基本科研业务费专项资金项目

(NJ20140032)、江苏省科技思想库项目（BR2014100）、江苏省高校哲学社会科学重点研究基地基金资助项目（2014JDXM015）的资助，属于南京航空航天大学灰色系统研究所和创新与发展研究中心重点工程。著名科学家钱学森先生生前曾专门发来贺信，中国科学院院士陈达先生在百忙之中为本书写序，中国科学院科技政策与管理科学研究所原所长、中国优选法统筹法与经济数学研究会前理事长徐伟宣教授、南京大学工程管理学院名誉院长盛昭瀚教授、合肥工业大学副校长梁樑教授以及许多领导、专家和同事对我们的工作给予鼎力支持，科学出版社有关领导和老师更是给予通力合作，在此，作者一并表示衷心感谢！

由于我们水平有限，书中不足之处在所难免，殷切期望有关专家和广大读者批评指正。

作　者

2014 年 10 月 30 日

目　录

第1章 常用系统评价方法与模型

1.1 引言

所谓评价，是指人们判断事物价值的一种实践活动。评价作为人类生产生活实际需求的产物，与人类的历史一样久远。人类的祖先为了生存，在选择栖息地时，需要对可能存在的危险或威胁做出正确评价；先民们早期互通有无，以物易物，需要对交易双方各自所持之物进行评价。从20世纪50年代以来，社会经济的发展和决策科学化的需要促进了各个领域评价活动的广泛开展，从工程项目评价、科技项目评价、产业发展评价、生态环境评价、高等院校学科建设评价、企业竞争力评价、人员素质评价，到科技、经济发展水平评价以及综合国力评价，乃至政府政策评价等，评价活动涉及生产生活的方方面面。与此同时，随着人们对自然界和人类社会认识的不断深化，对复杂事物评价的现实需求促进了评价方法的迅速发展，从单一指标、单一准则评价发展到多指标、多准则评价，从定性评价发展到定量评价，从静态评价发展到动态评价，从确定性评价发展到不确定性评价，从个人评价发展到群组评价。

学术文献中最早出现的评价方法论文是1888年弗朗西斯·艾奇沃斯(Francis Edgeworth)在英国皇家统计学会杂志上发表的《考试中的统计学》，文章讨论了对考试中的不同部分应如何加权的问题，首次将加权思想引入到评价中，因此艾奇沃斯被称为开现代科学评价之先河者。1913年查尔斯·斯皮尔曼(Charles Spearman)发表了《和与差的相关性》一文，讨论了不同加权方式的作用和意义，推动了加权思想的发展。从20世纪中期开始，随着多指标综合评价方法的发展，各种指标无量纲化方法相继发展起来，形成了现代一般评价方法的“量化值的加权平均”的评价思想。根据不同时期的实际需要建立起来的不同的评价方法之间通常没有多少交叉，人们习惯于单独地研究或应用某种评价方法。从20世纪70年代开始，评价方法研究取得了较大进展，产生了多种应用广泛的评价方法，如多维偏好分析的线性规划法、层次分析法、数据包络分析法等。20世纪80年代以后，随着模糊数学理论、灰色系统理论、信息论等诸多新的评价思想和理论不断被引入到传统评价方法中，许多新的评价方法和模型应运而生，评价方法研究开始从早期相对独立地研究或应用单个评价方法向不同评价方法机理互补过渡，评价方法研究取得了大量的创新成果。一方面，统计思想、模糊理论、灰色系统理论、信息论等新的评价思想和理论不断被引入到传统评价方法中，使其原有模型不断发展，产生了各种扩展模型；另一方面，各种评价思想、评价理论相结合也形成了多种新的评价方法，比如，将模糊数学思想与多元统计分析中的判别分析和聚类分析相结合，产生了模糊模式识别和模糊聚类；与物元理论相结合，产生了模糊物元模型；与神经网络相结合产生了基于神经网络的模糊系统；与层次分析法相结合，产生了模糊层次分析法，等等。从 20 世纪 90 年代末开始，逐步形成了多种确定性和不确定性评价方法组合运用的新的特色，比如，模糊-AHP 法、模糊-灰色-物元系统、灰色-粗糙模型组合运用等。

应用评价软件的快速发展更进一步拓宽和深化了各种评价方法在各个领域中的应用，评价活动渗透到社会生活的方方面面。大型复杂系统评价的实际需求又催生了系统评价方法。系统评价方法就是综合运用系统工程的原理、方法、模型和技术，根据预先设定的总体目标和目标体系，从技术、经济、社会、生态等各个方面对复杂系统及其预订方案进行科学评价。

系统评价的具体步骤如下：

第一步，明确系统总体目标及目标体系；

第二步，分析系统环境和存在的约束条件；

第三步，确定评价任务；

第四步，建立评价指标体系；

第五步，选择评价方法；

第六步，收集数据资料；

第七步，进行综合评价。

根据系统评价的出发点和立足点以及评价数据来源的时间区间，系统评价又分为事前评价、事中评价、事后评价和跟踪评价。

事前评价是指项目论证或可行性研究阶段的评价。这时由于实际系统并不存在，一般只能参考已有资料或者用仿真的方法进行预测评价，有时也采用专家咨询和群众调查法，收集并综合人们的定性判断进行评价。

事中评价是指项目实施过程中进行的评价，着重检验项目是否按照预定目标和计划实施。通过事中评价可以及时发现项目实施过程中存在的问题，还可以根据实际实施情况对原设计方案进行再评价。根据事中评价结论处理、解决项目实施过程中存在的问题，决定是否对原设计方案进行调整或修正。

事后评价是指项目完成竣工之后进行的评价，主要评价是否达到了预期目标。这时已有实体系统，可以通过全面测定其性状、效能等，对项目完成情况做出客观评价。当然也可以通过利益相关者意见调查进行定性评价。

跟踪评价是指项目投入运行一段时间后，对项目的目的、实施过程、效益、作用和影响进行系统、客观的评价。跟踪评价亦称后评价，20 世纪 60 年代起源于美国，我国则开始于 20 世纪 80 年代中后期。跟踪评价旨在通过对项目实施和运行状况的全面分析，确定项目的预期目标是否达到，项目计划是否合理有效，项目要求的效益指标是否实现；通过评价分析找出成败的原因，总结经验教训，并通过及时有效的信息反馈，为提高未来新项目的决策水平和管理水平提供科学依据；同时也为项目实施运营中出现的问题提出改进建议，从而达到提高投资效益的目的。

本章主要介绍定性评价方法、评价指标体系的构建、对比评价和逻辑框架方法、层次分析法、DEA 相对效率评价方法等。

1.2　定性评价方法

定性评价是指评价人员根据自己的知识背景以及所掌握的实际情况和实践经验，对事物的性质、方向和程度做出的判断。有时在定性分析的基础上也可以提出数量估计，其特点为需要的数据少，能考虑无法定量的因素，比较简便可行。因此，定性评价是一种不可缺少的较为灵活的评价方法。通过定性评价可以为政府部门和企事业单位指导实际工作，进行管理、决策提供依据。定性评价方法在我国得到了广泛应用，在经济建设中发挥着重要作用。

1.2.1　定性评价方法概述

人类在远古时代没有“数”的概念，主要依靠定性判断指导自己的行为。即使在掌握“堆石记事”、“结绳记事”方法之后漫长的历史时期内，定性判断仍然占主导地位。例如，古希腊哲人亚里士多德的著作和我国老子的《道德经》，都以定性描述为主。

在掌握的数据不多、不够准确或主要影响因素难以用数字描述，无法进行定量分析的情况下，定性评价就是一种行之有效的评价方法。例如，对大型市政工程建设项目的社会经济效果进行评价，由于很多因素难以量化，通常要采用定性评价方法；又如，金融风波对股票市场的影响、利率变化对房地产市场的影响等，均无法定量，只能通过判断分析，进行定性评价。

定性研究有两个不同的层次：一是没有或缺乏数量分析的纯定性研究，结论往往具有概括性和较浓的思辨色彩；二是建立在定量分析基础上的、更高层次的定性评价。

人们为了提高评价结论的可信度，在进行定量评价时，也要辅以定性评价。在事物的发展变化过程中，质变和量变之间存在制约关系，借助定性研究可以明确事物发生质变的数量界限和引起质变的原因。因此，系统评价应从定性分析出发，定量评价应以定性分析为基础。定量评价虽可使定性分析深入和具体化，起到胸中有“数”的作用。但是，定量评价只能测定主要因素的影响，其余因素的影响，特别是众多无法定量因素的影响，则难以穷尽。因此，在定量评价之后，也要进行定性分析，对其结果进行必要的调整，才能使评价结论更加合理。

定性评价方法以分析归纳为主要方式，通过发掘问题、理解客观事物和现象、分析人类的行为与观点，获得客观的评价结论。

由于定性评价主要靠评价人员的经验和判断能力，易受主观因素的影响，主要目的不在数量估计。为了提高定性评价的可信度，应注意以下几个问题：

第一，应加强调查研究，努力掌握影响事物发展的有利条件、不利因素和各种活动的情况，从而使对事物发展前景的分析判断更加接近实际。

第二，在进行调查研究、搜集资料时，应做到数据和情况并重，使定性分析定量化。也就是通过质的分析进行量的估计，进行有数据有情况的分析判断，提高定性评价的说服力。

第三，应将定性分析和定量评价相结合，提高评价质量。在评价过程中，应先进行定性分析，再进行定量评价，最后进行定性分析，对评价结果进行调整定案。这样才能深入地判断事物发展本质特征，提高评价的质量，为管理、决策提供依据。

常用的定性评价方法主要有专家咨询法、小组座谈会法、头脑风暴法、德尔菲法、对比评价法和逻辑框架法等。本节主要介绍小组座谈会法、头脑风暴法和德尔菲法。对比评价法和逻辑框架法将在 1.4 节中介绍。

定性评价的一般步骤如下：

第一步，提出评价问题。

第二步，确定合适的评价人员及其人数。针对不同的问题，选择确定熟悉目标问题的人员，以及适宜的人数，这不仅会提升评价结果的准确性，还能大大节省成本。

第三步，设计访谈提纲，征询意见。综合运用多种定性评价方法，设计评价环节和关键点，征询各位评价人员的意见。

第四步，对收集到的意见进行整理分析，列出有代表性的主要评价结论，组织表决。

第五步，对表决结果进行判断分析，形成评价结论。若评价人员意见分歧较大，可重复第三步和第四步的活动，直到得到一个意见趋于一致的结果。

1.2.2　小组座谈会法

小组座谈会法又称为 NGT（nominal group technique）法，是指通过组织召开由一组专家参加的座谈会，逐步形成一致评价意见的方法。一般参加小组座谈会的人员以 5～9 人为宜。

NGT 法可按以下步骤进行：

第一步，提出评价问题。问题要清晰、确切，简明扼要。

第二步，选择确定熟悉目标问题的人员 5～9 人。

第三步，设计调查提纲，征询意见。综合运用多种定性评价方法，设计评价环节和关键点，分别征询各位评价人员的意见，注意让每位评价人员独立做出判断。

第四步，对收集到的全部评价意见进行整理、归纳，形成评价意见表。

第五步，召开小组座谈会，逐条讨论整理出的意见。讨论时对所有的意见应当一视同仁，不使任何一条意见受到过分重视或轻视，而且需要注意避免持不同意见的与会人员之间发生争论。

第六步，对评价意见表中各条目的重要性进行初步投票。这一步的目的是尝试集结与会人员的个人偏好，初步确定评价意见表中各条目的相对重要性。每个人要按自己的偏好排出条目的顺序，定量表达他们的判断；小组评价结果被定义为个人判断的平均值。

第七步，讨论初步投票结果。如果小组中某些成员比其他成员掌握更多的信息或更了解问题背景，在此环节可以介绍情况，与其他成员分享。

第八步，最终投票，完成 NGT 的全部过程。

整个活动通常需要 60～90 分钟。

1.2.3　头脑风暴法

头脑风暴（brain storming）法是 1939 年美国创造学家 A. F. 奥斯本（Alex Faickney Osborne）提出的一种激发创造性思维的方法。在诸多定性评价方法中，头脑风暴法占有重要地位。20 世纪 50 年代，头脑风暴法在评价、预测、决策中得到广泛运用，并日趋普及。头脑风暴法主要是通过组织专家会议，激励全体与会专家参加积极的创造性思维。

采用头脑风暴法组织专家召开会议时，应遵循如下原则：

（1）就所讨论问题提出一些具体要求，并严格规定提出设想时所用术语，以便限制所讨论问题的范围，使参加者把注意力集中于所讨论的问题上。

（2）不能对别人的意见提出怀疑，不能放弃和终止讨论任何一个设想，而不管这种设想是否适当和可行。

（3）鼓励参加者对已经提出的设想进行改进和综合，为准备修改自己设想的人提供优先发言权。

（4）支持和鼓励参加者解除思想顾虑，创造一种自由的气氛，激发参加者的积极性。

（5）发言要精练，不需要详细论述。展开发言将拉长时间，并有碍于一种富有成效的创造性气氛的产生。

(6) 不允许参加者宣读事先准备的建议一览表。

实践经验证明，利用头脑风暴法进行评价，通过专家之间直接交换信息，充分发挥创造性思维，有可能在比较短的时间内得到富有成效的创造性成果。头脑风暴法还可以细分成如下方法：

(1) 直接头脑风暴法，即根据一定的规则，通过共同讨论某一具体问题，鼓励创造性活动的一种专家集体估价方法。这些规则包括：禁止评估已提出的设想；限制每一个人的发言时间，允许一个人多次发言；将所有设想集中起来；在后续阶段对提出的所有设想进行估价。

(2) 质疑头脑风暴法，即一种同时召开两个会议的集体产生设想的方法。第一个会议完全遵从直接头脑风暴法原则，第二个会议对第一个会议提出的设想进行质疑。

(3) 有控制的产生设想的方法，也是集体产生设想的一种方法。运用这种方法，主要是通过定向智力活动激发产生新的设想，通常用于开拓远景设想和独到设想。

(4) 鼓励观察的方法，目的是在一定限制条件下，就所讨论的问题寻求合理方案。

(5) 对策观察的方法，就所讨论的问题寻找一个统一的方案。

为了提供一个创造性思维环境，必须决定小组的最佳人数和会议的进行时间。小组规模以10～15人为宜，会议时间一般为20～60分钟。参加的成员按如下原则选取：

(1) 如果参加者相互认识，要从同一职位（职称和级别）的人员中选取，领导人员不应参加，否则对下属人员将产生一定压力。

(2) 如果参加者互不认识，可从不同职位（职称和级别）的人员中选取，并注意在会前和会议进行过程中不介绍参会人员的职业、职位背景或头衔等。这时不论成员是院士还是硕士，都应同等对待，每个成员赋予一个编号，以便以后按编号与参加者联系。

参加者的专业是否与所讨论问题一致，不是专家组成员的必要条件，并且专家组中，希望包括一些学识渊博、对所讨论的问题有所了解的其他领域的专家。

组织者要对评价问题的背景做出必要的说明：问题产生的原因，原因的分析和可能的结果（最好把结果进行夸张描述，以便使参加者感到矛盾必须解决）；分析解决这类问题的国内外成功经验；也可以指出解决这一问题的若干种可能途径；以中心问题及其子问题，形成需要解决的问题（问题的内部结构应当简单，问题的面比较窄将有助于发挥头脑风暴法的效果）。

对头脑风暴的组织工作最好委托给评价专家负责。因为评价专家对所提的问题和从事科学辩论有充分的经验，同时他们熟悉运用头脑风暴法进行评价的程序和方法。如果所讨论的问题专业面很窄，则应邀请所讨论问题的专家和评价专家共同负责评价组织工作。头脑风暴小组通常由以下人员组成：方法学者——评价、预测、决策学领域的专家；设想产生者——所讨论问题领域专家；分析者——所讨论问题领域的高级专家，他们应当追溯过去，并及时估价对象的现状和发展趋势；演绎者——对所讨论问题具有发达的推断思维能力的专家。所有头脑风暴参加者都应具有发达的联想思维能力。

在进行头脑风暴讨论法时，应尽可能提供一个有助于把注意力高度集中于所讨论问题的创造性环境。有时某个人提出的意见，可能是其他准备发言的人已经思考过的意见；所有头脑风暴法产生的结果，应当认为是小组集体创造的成果。其中最有价值的一些意见，是以别的意见为基础发展的意见，以及对若干个意见综合得到的意见。

有时参加者希望以书信方式事先告诉所讨论的问题。这时信中要作如下具体说明：头脑风暴法的目标；解决问题的有益设想；解决所讨论问题的可能途径一览表，应答问题一览表，以及解决所讨论问题的计划。

头脑风暴组织者的发言应能激起参加者的心理灵感，促使参加者感到急需回答会议提出的问题。通常在头脑风暴会议开始时，组织者必须采取强制询问。因为组织者不可能在 5～10 分钟内创造一个自由交换意见的气氛，并激起参加者发言。组织者的主动活动，也只限于会议开始时；一旦参加者被鼓动起来以后，新的意见不断涌现，这时组织者只需根据头脑风暴规则适当引导即可。应当指出，发言量越大，意见越多种多样，所讨论的问题越广越深，出现有价值意见的概率越大。

对会议产生的意见，可以按如下程序进行综合：①就所有提出的意见编制一览表；②用通用术语说明每一条意见；③提出对不同意见进行综合的准则；④分析重复的和互为补充的意见，并在此基础上形成归并后的一览表；⑤综合形成最终评价意见。

在评价过程中，还经常采用质疑头脑风暴法。这种方法，是对直接头脑风暴法提出的综合评价意见进行质疑。对已形成的评价意见进行质疑，这是头脑风暴法中对已有结论合理性进行估价的一个专门程序。在这一过程中，参加者对每一个提出的意见都要提出质疑，进行全面评论，重点分析评价意见中可能的偏误。在质疑过程中，可能产生新的意见。

质疑头脑风暴法应遵守的原则与直接头脑风暴法一样，只是禁止对已提出的意见进行确认论证，而鼓励提出新的意见。

在进行质疑头脑风暴时，组织者应首先阐明所讨论问题的内容，扼要地介绍归并后的一览表，以及吸引参加者把注意力集中于对所讨论问题进行全面评价。

质疑过程一直进行到没有问题可以质疑为止。

最后是对质疑过程中提出的评价意见进行估价，以便形成最终评价意见。

实践经验表明，头脑风暴法可以排除折中方案，对所讨论的问题通过公正的连续的分析，可以找到一组切实可行的方案。因而，近年来头脑风暴法在军事和民用预测、评价中得到广泛应用。例如，美国国防部制订长远科技规划中，邀请50名专家采取头脑风暴法开了两周会议。参加者的任务是对事先提出的工作文件提出非议，并通过讨论把文件变为协调一致的报告；通过讨论，原工作文件中只有25%～30%的意见被保留下来。由此可以看到头脑风暴法的价值。

另外，英国邮政部和美国洛克希德（Lockheed）公司、可口可乐（Coca-Cola）公司和国际商用机器公司（IBM）也积极应用头脑风暴法开展预测、评价。

头脑风暴法对其提出的一组可行方案，还不能按重要性进行排队和寻找达到目标的最佳途径，所以还应辅以专家集体估价，并对估价结果进行统计处理，获得专家组的综合协调意见作为估价结果。

1.2.4 德尔菲法

德尔菲（Delphi）法是美国兰德公司20世纪40年代首先用于技术评价、预测的一种方法。它与1.2.2节的NGT法有相似之处，都是对复杂的决策问题通过征询和集结评价人员的意见做出判断的方法。两种方法也有不同之处，采用德尔菲法评价人员的人数一般比NGT法要多，并且不要求成员面对面的接触，仅靠成员的书面反应。因此，参加者能处在地理位置分布很广的地区。且NGT法通常可以在1～2小时内完成，德尔菲法可能需要数月甚至更长的时间。

德尔菲法是NGT法的一种发展。它以匿名方式通过几轮函询，征求专家们的意见。组织者对每一轮意见都进行汇总整理，作为参考资料再发给每个专家，供他们分析判断，提出新的论证。如此多次反复，专家的意见渐趋一致，结论的可靠性越来越大。

德尔菲法是系统分析方法在意见和价值判断领域内的一种有益的延伸。它突破了传统的数量分析限制，为更合理、更有效地进行决策提供了支撑依据。基于对未来发展中的各种可能出现和期待出现之前景的概率估价，德尔菲法能够为决策提供可供选择的多种方案。其他方法则很难获得像这样以概率表示的明确答案。

本小节分几个方面介绍德尔菲法的特点、派生方法、专家的选择、调查表编制、评价过程和应遵守的几个原则。

1. 特点

德尔菲法有如下三个特点。

（1）匿名性。为克服专家会议易受心理因素影响的缺点，德尔菲法采用匿名方式。应邀参加评价的专家互不了解，完全消除了心理因素的影响。专家可以参考前一轮的评价结果，修改自己的意见而无须做出公开说明，无损自己的威望。

（2）轮间反馈沟通情况。德尔菲法不同于民意测验，一般要经过四轮。在匿名情况下，为了使参加评价的专家了解每一轮评价的汇总结果和其他专家提出意见的论证，组织者应对每一轮的评价结果做出统计，并作为反馈材料发给每个专家，供提出下一轮评价时参考。

（3）评价结果的统计特性。对各轮反馈意见进行定量处理是德尔菲法的一个重要特点。为了定量评价所得结果，德尔菲法采用统计方法对结果进行处理。

2. 派生德尔菲法

在应用过程中，一些学者通过对德尔菲法进行深入研究，根据实际需要对经典德尔菲法进行了修正，提出了一些派生方法。这些派生方法可以分为两大类：①保持经典德尔菲法基本特点的派生方法；②改变德尔菲法基本特点的派生方法。下面分别介绍这两类派生方法。

1）保持经典德尔菲法基本特点的派生方法

这类方法主要是对经典方法中的某些部分予以修正，克服经典德尔菲法的某些不足之处。

（1）事件一览表。经典的德尔菲法第一轮只提供给专家一张主题表，由专家填写具体事件。这样，组织者固然可以排除先入为主的观点，有益于充分发挥专家的个人才智和作用。但是某些专家由于对德尔菲法不甚了解或其他原因，不知从何下手，有时提供的事件会杂乱无章，无法归纳。同时也难以保证在第一轮中专家提出的事件符合组织者的要求。为了克服这些缺点，组织者可以根据已掌握的资料或征求有关专家意见，预先拟订一个事件一览表，在进行第一轮函询时提供给专家，使他们从对事件一览表做出评价开始工作。当然在第一轮，专家们也可对事件一览表进行补充和提出修改意见。

（2）向专家提供背景资料。受邀参加评价活动的人员一般是某一领域的专家，不可能期望他们对事件背景以及国内外政治经济情况等都有深入了解。因而有必要把相关信息提供给专家，使他们有一个共同的起点。

（3）减少应答轮数。经典德尔菲法一般经过四轮，有时甚至五轮。但是一系列短期实验表明，通过两轮意见已相当协调。因而就现有经验来看，一般采用三轮较为适宜。如果要在短期内做出评价，或者第一轮提出事件一览表，采用两轮也可得到可信的评价结果。

（4）对事件给出多重数据。经典的德尔菲法经常要求专家对每个事件实现的日期做出评价。专家提供的日期一般是实现与否可能性相当的日期，即事件在这个日期之前或之后实现的可能性相等。在某些情况下，要求专家提供三个概率不同的日期，即未必有可能实现，成功概率相当 10%；实现与否可能性相等，成功概率为 50%；基本上可以实现，成功概率为 90%。当然也可选择其他的类似概率。计算这三类日期的中位数，得出专家应答的统计特性，即评价结果。专家意见的离散程度用 10%和 90%概率日期的时间间距表示。

（5）专家权重。德尔菲法通常不考虑专家对事件的熟悉程度，但很多情况下要求考虑专家在相关领域中的权威性。当要求考虑专家权威性时，就要求根据专家的权威程度取不同的权重，对评价结果进行加权平均。这有利于提高德尔菲法的评价结果的价值。

（6）置信概率指标。在某些德尔菲法中对每个事件引用了“置信因数”。“置信因数”是对小组应答的一种统计特性，这种统计只是根据做出的肯定回答计算的，即从 100%中减去提出“从不”（从来不会发生）应答的比重，便得置信概率指标。例如，对某事件做出肯定回答的中位数是 2016 年，而 30%专家认为该事件“从不”，则这一事件的置信概率为 70%。引用置信概率是对“从不”回答的一种有益的统计方法，因为任何其他方法都不能把“从不”回答与肯定回答结合在一起。

2）改变德尔菲法基本特点的派生方法

这类方法又分两种，分别是改变匿名性和反馈特性。

（1）部分取消匿名性。匿名性有助于发挥个人长处，不受外界的支持和反对意见的影响。但是在某些情况下，全部或部分取消匿名性也能保持德尔菲法的优点，而有助于加快工作进程。其具体做法，有的先采取匿名询问；有的是专家们各自阐明自己的论据，然后通过灯光显示装置匿名表达各自的意见，最后再进行口头辩论，亦可伴随询问，由此得出的结论作为最后评价。

（2）部分取消反馈。如果完全取消反馈，则第二轮以后专家将仅限于对自己提出的评价进行重新认识。实验研究表明，对自己的判断简单地重新认识只能使回答结果变坏，而不会改善。因而全部取消反馈将丧失德尔菲法的特点。部分取消反馈，一种是只向专家反馈四分点和十分点，而不提供中位数，这样有助于避免某些专家只是简单地向中位数靠拢，借以回避提出新的评价和论据的倾向；另一种是要求专家对事件给出三个概率日期，并分别计算其中位数。如专家的评价日期（50%）处在小组的 10%和 90%概率日期的中位数之间，则第三轮不再对其反馈。第三轮仅向两种人提出反馈：①其评价未进入十分点之间；②该领域的权威专家。如果组织者认为权威专家的意见得到证实，则可用权威专家的评价作为最终结果。否则则以小组应答中位数作为评价结果。

3. 专家的选择

进行德尔菲法评价需要成立评价领导小组。领导小组不仅负责拟订评价主题，编制事件一览表，以及对结果进行分析和处理，更重要的是负责专家的选择。

德尔菲法是一种对于意见和价值进行判断的作业。如果应邀专家对评价主题不具有广泛的知识，就很难提出正确的意见和有价值的判断。即使评价主题比较窄和针对性很强，也要物色很多对这一专题涉及的各个领域都有很深造诣的专家。因而，物色专家是德尔菲法成败的关键，是组织者的一项主要工作。

选择专家决不能简单从事，不能事先不经征得同意就将调查表发给拟邀请的专家。因为有的专家可能不同意参加这项活动。据统计，有些评价、预测活动第一轮分发了200～300张调查表，结果给予应答的只有50%，有的还不到50%。

那么选择专家的工作应如何进行呢？这里有三个问题：什么叫专家，怎样选择专家和选择什么样的专家。组织某一项评价时，拟选的专家是指在该领域从事10年以上技术工作的专业人员。

怎样选择专家是由评价任务决定的。如果要求比较深入地了解本部门的历史情况和技术政策，或牵涉到本部门的机密问题，最好从本部门中选择专家。从本部门选取专家比较简单，既有档案可查，又熟悉人员的现实情况。

如果评价任务仅仅关系到具体技术发展，最好同时从部门内外挑选。从外部选择专家，可以按如下程序进行：

（1）编制征求专家应答问题一览表；

（2）根据评价问题，编制所需专家类型一览表；

（3）将问题一览表发给每个专家，询问他们能否坚持参加规定问题的评价；

（4）确定每个专家从事评价所消耗的时间和经费。

从外部选择专家比较困难，一般要经过几轮。首先要收集本部门职工比较熟悉的专家名单，而后在有关期刊和出版物中物色一批知名专家。以这两部分专家为基础，将调查表发给他们，征求意见，同时要求他们再推荐1～2名专家。组织者从推荐名单中，再选择一批由两人以上同时推荐的专家。

在选择专家过程中不仅要注意选择精通技术、有一定名望、有学派代表性的专家，同时还需要选择边缘学科、社会学和经济学等方面的专家。选择担负技术领导职务的专家固然重要，但要考虑他们是否有足够的时间认真填写调查表。经验表明，一个身居要职的专家匆忙填写的调查表，其参考价值还不如一个专事某项技术工作的一般专家认真填写的调查表。再有，乐于承担任务，并坚持始终，也是选择专家时要注意的一个问题。

专家人数视问题规模而定，一般以10～50人为宜，如果人数太少，会限制学科代表性，并缺乏权威，同时影响评价结果的可靠性；如果人数太多，则难以组织，对结果处理比较复杂。然而，对于一些重大问题，专家人数也可扩大到100人以上。在确定专家人数时，值得注意的是即使专家同意参加评价，因种种原因也不见得每轮必答，有时甚至中途退出，因而预选人数要多于规定人数。

专家选定后，还可根据具体评价任务对专家进行分组，并根据分组情况对评价任务进行适当分解。

美国兰德公司曾采用德尔菲法就科学突破、人口增长、自动化技术、航天技术、战争的可能和防止、新型武器系统六个问题进行了评价、预测。专家组由82人组成，分六个小组活动。成员一半来自于本公司，外单位成员中包括6位欧洲专家。

美国和加拿大锻造协会对粉末冶金和冷锻技术的发展及其对锻造行业的影响进行了评价。从原材料供应商、设备制造商、锻件制造厂、锻件用户和科研单位等遴选出五个方面的90名专家组成专家组，分三个小组，分别对黑色金属粉末锻件、有色金属和耐高温金属粉末锻件，以及冷锻件的潜在增长趋势进行了评价。

美国马尼托巴大学邀请40名专家就能源和环境有关问题进行了评价、预测。40名专家中，美国专家有23名，法国专家有8名，英国专家有3名，联邦德国和瑞士专家各2名，日本和比利时专家各1名。专家们任职年限的中位数和平均值都是21年。专家们的职业分布为8人就职于政府机关，6人在大学工作，11人在专业期刊编辑部，15人在工业和工业研究部门。专家的学位头衔为48%具有博士学位，37%是硕士，三轮评价参加到底的应答者约占2/3，每一轮的人数超过30人。由于人员比较稳定，排除了人员波动对评价结果的影响。

4. 编制调查表

在开展评价前，首先要根据评价任务拟订调查表。

1）制定目标-手段调查表（表1.1）

表1.1　目标-手段调查表

达到目标的手段	子目标A	子目标B	子目标C	子目标D	子目标E	子目标F
手段a						
手段b						
手段c						
手段d						
手段e						
手段f						
手段g						
手段h						

组织者对已掌握的数据进行分析，确定出评价总目标和子目标，以及达到目标的手段。这一过程也可以邀请专家参加。

手段是指达到目标的各种科研和开发方案。方案可能很多，应从中选择主要的，并注意不要互相干扰。

例如，在评价计算机技术发展趋势时，总目标是："当人类在所有活动领域内都采用计算机有效地解决问题时，计算机的技术发展趋向是什么?"其子目标可以划分为：A，解决人机联系问题；B，提高计算机智能；C，提高单台计算机效率；D，提高总装机效率等。达到目标的手段为：a，改善单元技术；b，改善外围设备和通信技术；c，发展信息处理方法（数学模型）；d，改善编程手段；e，改善计算机结构；f，改善使用计算机的组织工作；g，改善使用计算机的设计方法等。

2）制定专家应答问题调查表

这个调查表是德尔菲法的重要工具，是信息的主要来源。表的质量对评价结果的可靠性影响很大。制表时要对问题进行分类。

向专家征求意见的问题可分为三类。

（1）要求做出定量估计，如事件完成的时间、技术参数值、事件的概率、各因素的互相影响（用比分表示）等。事件完成时间调查表的一般形式，如表 1.2 所示。

表 1.2　事件完成时间调查表

项目	事件完成时间		
	10%概率	50%概率	90%概率
解决某一科学技术问题	a_1i	b_1i	m_1i
设计一种机器	a_2i	b_2i	m_2i
开发一种具有一定技术功能的装置	a_3i	b_3i	m_3i

（2）要求做出一定说明，这类问题又分为三种。①没有附带条件的肯定式回答，如"2012～2016 年如何进一步提高计算机生产效率"，其调查表的一般形式如表 1.3 所示。②推断式回答，如"2012～2013 年，为扩大产品市场占有率和提高盈利，应采取哪种措施"，其调查表如表 1.4 所示。③有条件的回答，如"若未来开拓一些新原理，你认为计算机结构会发生什么变化"。

表 1.3　肯定式回答调查表

措施名称	为了改善产品质量和增加产品品种，你认为下述各种措施哪种肯定最有效
改进产品结构	
改进制造工艺	
建设新的生产能力	

表 1.4 推断式回答调查表

措施名称	为扩大产品市场占有率和提高盈利，您认为如下措施哪一种可能最有效
增加广告宣传投入	
改进产品设计，提高产品品质	
降低销售价格	

(3) 要求做出充分说明：这类问题又分为两种。①提供评价问题说明一览表，如“第五代计算机有哪些特点”。②提供评价问题论证一览表，如“建立全国计算机网络，应如何发展计算机技术，请提出你的论证”。

5. 评价过程

调查表制定后就可以开始评价，评价过程中要创造条件使专家能够自由、独立地进行判断。经典德尔菲法一般分四轮进行。

第一轮，发给专家的第一轮调查表不带任何框框，只提出评价任务。组织者对专家填写后寄回的调查表进行汇总整理，归并同类事件，排除次要事件，用准确术语提出一个事件一览表，并作为第二轮调查表发给每个专家。

例如，上述美国和加拿大锻造协会就粉末锻件和冷锻件潜在增长趋势的评价、预测，第一轮时专家们共提出 150 多个事件，领导小组归纳整理为 121 个。

第二轮，专家对第二轮调查表所列的每个事件做出评价，并阐明理由。组织者对专家意见进行统计处理。

第三轮，根据第二轮统计材料，专家再一次进行判断，并充分陈述理由。在第三轮时也可以仅要求持异端意见的专家充分陈述理由，因为他们的依据经常是其他专家忽略的一些外部因素或未曾研究过的一些问题。这些依据往往对其他成员重新做出判断产生影响。

第四轮，在第三轮统计结果的基础上，专家再次进行评价。根据组织者要求，有的成员要重新做出论证。

通过四轮评价，专家的意见一般能够趋于一致。例如，美国兰德公司就人口等六个问题、49 个事件进行的 50 项评价、预测，四轮后有 31 个事件取得相当一致的结论。又如，美国制造工程师学会和密执安大学协作分别组织 125 名和 150 名专家对生产管理技术和生产装配技术进行评价，四轮后结果已相当接近，持不同意见的仅占 20%。

6. 组织德尔菲评价应遵守的几个原则

采用德尔菲法时，不会有适应于所有情况的准则。然而，通过对大量德尔菲方法应用案例的分析和研究，可以从中找出一些应共同遵守的原则。

(1) 对德尔菲法做出充分说明。为了使专家全面了解情况，一般调查表都应有前言，用以说明评价的目的和任务，以及专家的回答的作用。同时还要对德尔菲法做出充分说明。因为德尔菲法并不是众所周知的。即使有些专家接触过德尔菲法，他们也难免有些曲解。因而组织者应阐明德尔菲法的实质、特点，以及轮间反馈对评价的作用。

(2) 问题要集中。问题要集中并有针对性，不要过于分散，以便使各个事件构成一个有机整体。问题要按等级排队，先综合，后局部。同类问题中，先简单，后复杂。这样由浅入深的排列，易于引起专家回答问题的兴趣。

(3) 避免组合事件。如果一个事件包括两个方面，一方面是专家同意的，而另一方面则是其不同意的，这时专家难以做出回答。例如，对于题为"以海水中提炼的氘（重氢）为原料的核电站到哪一年可以建成"这样的事件，有的专家就难以做出回答。因为某位专家虽然可以对核电站建成日期做出评价，然而他认为原料应是氚（超重氢）而不是氘。这时，这位专家如果给出评价，似乎他同意采用氘作原料，如果他拒绝回答，似乎他对能否建成核电站持怀疑态度。因而应避免提出"一种技术的实现是建立在某种方法基础上"这类组合事件。

(4) 语义要清晰、明确。一些专家常常觉得组织者对某些问题的描述含糊不清，这是因为不注意使用大家熟知的技术术语和"行话"引起的。例如，对"私人家庭到哪一年将普遍拥有遥控通道的终端设备"这个问题，其中"普遍"二字比较含糊，缺乏定量概念。如果一位专家认为 50%属于普遍，并提出一个评价日期；而另一位专家认为 80%属于普遍，也提出一个评价日期。由于评价起点不同，两个评价结果可能相差很大。然而实际上，如果以私人家庭安装终端设备的年平均增长率为题进行评价，这两个专家意见可能完全一致。因而，像"普遍"、"广泛"、"正常"等缺乏定量概念的用语应避免使用。

(5) 领导小组的意见不应强加于调查表中。在对某事件的评价过程中，当意见对立的双方对对方的意见都没有给予足够考虑，或者领导小组认为已经存在着明显的判断和事实，而双方都没有注意时，领导小组就试图把自己的观点加在调查表中，作为反馈材料供下一轮评价时参考。这样处理势必出现诱导现象，使专家的评价向领导小组意图靠拢。因而由此得到的评价结果的可靠性是值得怀疑的。

(6) 调查表要尽可能简化。调查表应有助于而不是妨碍专家做出评价，应使专家把主要精力用于思考问题，而不是理解复杂的和混乱的调查表。调查表的应答要求，最好是选择一个日期或填空。调查表还应留有足够的地方，以便专家阐明意见。总之，调查表设计应尽可能方便专家回答问题，而不能从方便组织者处理专家意见出发进行设计。

(7) 问题的数量要限制。问题的数量不仅取决于应答要求的类型，同时还取决于专家可能做出应答的上限。如果问题只要求做出简单的回答，数量可多些。如果问题比较复杂，并有一些对立的观点和看法需要斟酌，则数量要少些。严格的界限是没有的，一般可以认为问题数量的上限以 25 个为宜。如果问题过多，超过 50 个，则领导小组就要认真研究，问题是否过于分散，而未切中要害。

（8）支付适当报酬。20 世纪 70 年代之前开展的德尔菲法评价，绝大部分没有给予专家以应有的报酬，这必然会在一定程度上影响应邀专家的积极性。因而在组织德尔菲法评价时，应酌付适当报酬，以鼓励专家积极参与。

（9）考虑对结果处理的工作量。如果专家组成员比较少，对结果处理的工作量不大。例如，组织一个由 10 名专家组成的专家组，进行五轮评价。每轮评价结果的处理时间如表 1.5 所示。从表中可以看到，前三轮每轮处理时间大约为 20 个小时，即对每一位专家每轮结果的处理，平均耗费 2 小时。对一项有 50 人参加的评价，每轮评价结果的处理工时大约为表 1.5 中的五倍，亦即对每一位专家每轮结果的处理也平均耗费 2 小时。由此可以粗略地得出一个结论，对于每一位专家每轮结果的处理大约需要 2 小时。如果参加评价的人员过多，超过 100 人，则必须利用计算机进行处理。

表 1.5　每轮循环工作负荷表

调查表号	数量/（人/小时）
1	22
2	20
3	20
4	10.5
5	3.5

（10）轮间时间间隔。不同性质的评价通常轮间时间间隔差别较大。过去应用德尔菲法进行评价，组织者通过信函与专家联系，多数评价完成一轮需要 3～6 周时间。进入信息时代，组织者通过互联网与专家联系，通常 1～3 周时间就能完成一轮评价。轮间时间间隔除了与问题的繁简、难易有关外，还与专家对问题的兴趣有关。

上述原则来自大量的德尔菲法的应用总结和组织者的经验。当然不是什么时候都必须遵守这些原则，有时即使遵循这些原则也不见得得到成功的评价。但是，研究和遵守这些原则，可以使组织者少犯错误，并有助于得到有价值的评价意见。

1.3　评价指标体系的构建

指标是衡量系统状态的具体标志。进行系统评价，首先要建立用来对照和衡量系统状态的统一尺度，即评价指标体系。在建立评价指标体系时应当科学地、客观地、尽可能全面地考虑各种因素，包括用来表征系统特性和状态的主要因素及其相关变量。对重要的定性因素也要有恰当的指标反映其变化，尽可能避免评价结果的片面性。

建立评价指标体系应当遵循以下原则：

（1）科学性原则。科学性原则要求指标的选择、计算方法、信息收集、涵盖范围等都必须有科学依据，不允许仅凭主观臆断行事，想当然所得的结果没有什么价值。

（2）完备性原则。评价指标体系应当包括表征系统特性和状态的全部主要因素及其相关变量，尽可能避免片面性，更不允许出现重要遗漏。

（3）层次性原则。一个大系统通常由许多子系统组成，每一个子系统又可以分为若干个次级子系统。与之对应的评价指标体系亦应逐级分解，最后形成一个多层次的评价指标体系。

（4）独立性原则。同一层次的评价指标应彼此相对独立。若出现同一层次不同评价指标高度相关的情形，需要采用适当的科学方法妥善处理。

（5）可比性原则。评价的实质是比较。只有运用具有可比性的指标，才能够提供准确的比较信息。可比性原则要求评价指标在不同时间、不同空间、不同对象之间具有可比性。因此，除评价指标的口径、范围必须一致外，一般用相对数、比例数、指数和平均数等具有可比性方式进行评价。

（6）可操作性原则。建立评价指标体系要充分考虑其可操作性。一是力求简洁，用尽可能少的指标来反映系统总体状态；二是易测，计算方法容易掌握，所需数据容易获得；三是尽可能选择那些具有代表性的指标，使评价结果易于理解。

此外，还要注意定量指标与定性指标、静态指标与动态指标、绝对指标与相对指标的辩证统一。

构建指标体系的一般流程如图 1.1 所示。首先是对指标进行定性分析，主要包括明确系统目标，确定系统指标体系结构，明确具体指标等步骤；在指标初步明确之后，接下来进行定量分析，主要包括对指标数据等信息进行统计分析，确定指标数值和权重。本节围绕评价指标体系的构建展开。

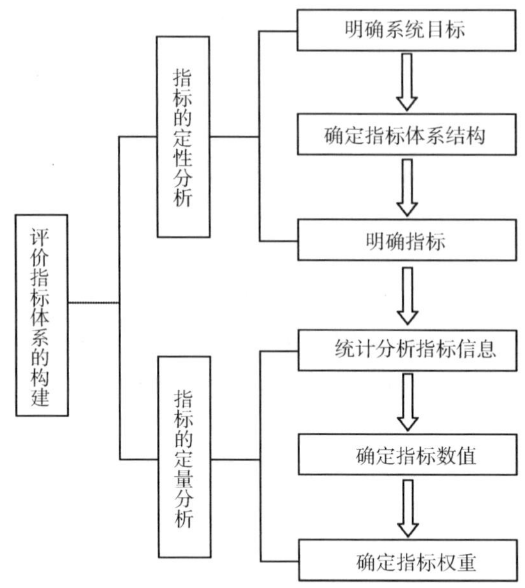

图 1.1　构建指标体系的一般流程

1.3.1　指标体系结构的确定

许多多属性评价决策问题的对象是复杂的社会、经济系统，或处在社会经济系统环境中，这类评价决策问题大都包含着政治、经济、技术和生态环境等诸多方面的因素；由于其涉及面广，加上所需资料缺乏，评价过程具有不确定性特征。对于多层次、多因素的复杂评价问题，为构建一套较科学的评价指标体系，首先要分析系统结构，将评价对象中存在的大量相互关联、相互制约的复杂因素之间的关系层次化、条理化，并能够区分它们各自对评价目标影响的重要程度；对那些只能定性评价的因素，还要进行恰当的、方便的量化处理。为此，制定评价指标体系需在全面分析系统结构的基础上，拟定指标草案，经过广泛征求专家意见，反复交换信息，统计处理和综合归纳等，最后确定系统的评价指标体系。

评价指标体系结构通常有如下几种形式。

1. 单层次指标评价体系

各个指标都属于同一层次，每个指标无须分解就可以用单准则给出定量评价，其结构如图 1.2 所示。这类单层次指标体系在微观经济管理中很常见，例如，选购某种设备和装置就属于这类问题。企业对设备和装置，都有一些常规的技术和经济指标要求，这些指标都可以用单层次指标体系进行评价。

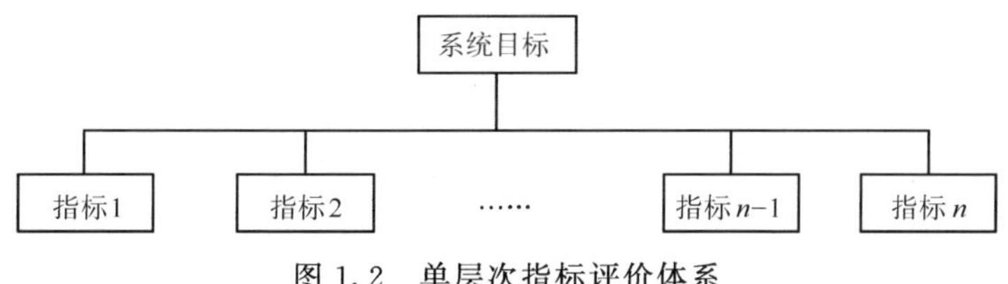

图 1.2　单层次指标评价体系

2. 序列型多层次指标评价体系

指标体系中各个指标，均可以按序列分解为若干低一层次的分指标，各分指标又可以继续分解，这样一层层按类别有序地进行分解，直到最低一层分指标可以按某个准则给出数量评价为止，其中不同类别的指标准则之间不发生直接联系。结构如图 1.3 所示。这类指标体系结构在宏观经济管理中经常遇到，例如，船只厂厂址的选择就属于此种类型。

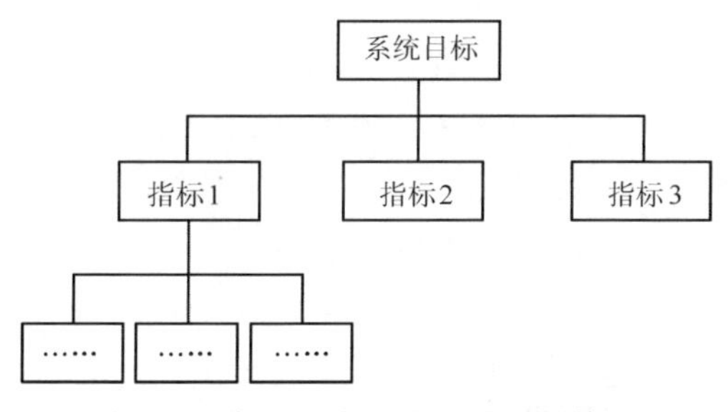

图 1.3　序列型多层次评价指标体系

3. 非序列型多层次指标评价体系

某些多指标评价问题，需要将所有的分指标按其性质划分为若干层次，最低一层为准则层，构成多层次指标体系。与序列型多层次指标评价体系不同，某一层次的分指标，一般不单是由相邻上一层次某分指标分解而成，各分指标也不能按序列关系分属各类。其结构如图 1.4 所示。非序列型多层次指标评价体系不满足独立性原则。

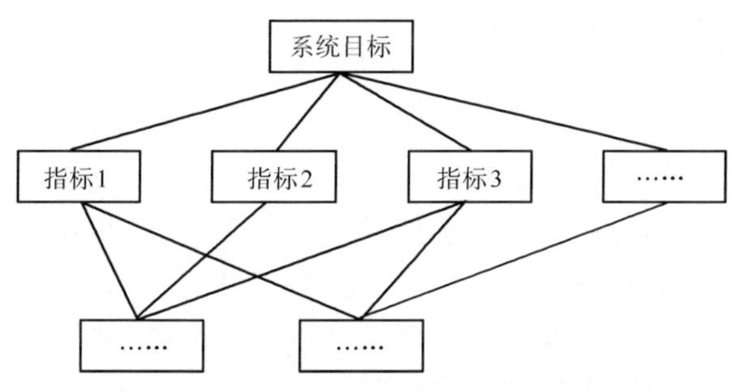

图 1.4　非序列型多层次评价指标体系

1.3.2 指标信息的统计分析

建立指标体系的方法概括起来有两类：一是专家主观评定和比较判断；二是数据统计分析。要基于被评价对象及其环境的信息特征选择相应的方法。

(1) 基于专家的群体知识、智慧、经验、直觉、推理、偏好和价值观的德尔菲法是专家评定的典型方法。

(2) 基于数据统计分析的主成分分析方法。主成分分析是通过线性变换从原来的多个变量筛选、组合出少数几个代表性变量的一种统计分析方法，亦称主分量分析。主成分分析是一种降维处理技术，是筛选、简化指标体系的典型方法。采用主成分分析方法得到的指标彼此相互独立，且能够以较少的指标基本反映原来较多指标所代表的信息。设原指标向量（成分）为 $X=(X_1, X_2, \cdots, X_n)$，新指标向量（成分）为 $Y=(Y_1, Y_2, \cdots, Y_m)$，其中 $Y_j(j=1, 2, \cdots, m)$ 是 $X_1, X_2, \cdots, X_n$ 的线性组合，即

$$Y=CX^{\mathrm{T}} \tag{1.1}$$

式中，Y_1 是 $X_1, X_2, \cdots, X_n$ 的所有线性组合中方差最大者，称为第一主成分，Y_2 是方差次大者，称为第二主成分……，而 C 是特征方程

$$|R-\lambda I|=0 \tag{1.2}$$

的 M 个特征值($\lambda_1>\lambda_2>\cdots>\lambda_m>0$)所对应的特征向量组成的矩阵，其中的 R 是原指标评价样本数据标准化处理后的相关系数矩阵。

$\dfrac{\lambda_j}{\sum_{j=1}^{m}\lambda_j}$，$j=1, 2, \cdots, m$ 称为第 j 主成分的贡献率。贡献率越大，说明对应的主成分在综合评价中越重要。$\dfrac{\sum_{j=1}^{k}\lambda_j}{\sum_{j=1}^{m}\lambda_j}(k=1, 2, \cdots, m)$ 称为前 k 个主成分的累计贡献率。累计贡献率代表前 k 个主成分对综合评价的总影响的大小，反映了前 k 个主成分能够在多大程度上代表原来的 n 个指标 $X_1, X_2, \cdots, X_n$ 所包含的信息。

最终保留的主成分的个数需要根据累计贡献率的大小确定，同时还要考虑实际问题对新的指标向量所包含信息的要求。一般若前 k 个主成分的累计贡献率超过85%，就认为新的指标向量基本上能够代表原来的 n 个指标 $X_1, X_2, \cdots, X_n$ 所包含的信息。如果要求新的指标向量包含的信息更多一些，可以提高累计贡献率的标准，这样所选主成分的个数可能会多一些；反之，可以降低累计贡献率的标准，这样对应主成分的个数就会少一些。

1.3.3　指标数值的确定

指标数值的确定，主要是指指标量化和归一化。

1. 指标量化

指标量化首先要强调科学性。在实际测算的基础上通过科学论证并广泛征求意见的基础上确定合理的量化方案。

实现指标量化的具体步骤如下：

第一步，确定用什么映射量表征相应的指标；

第二步，用什么方法计算以及是否需要对选定的计算方法进行改进；

第三步，明确映射量的目标数值；

第四步，确定指标评价方法，即如何根据映射量的具体值对相应指标实现程度进行评价。

对于量化后的指标数据通常还要考虑如下一些数字特征：

(1) 位置（水平）参数，是评价对象总体的平均水平和集中趋势的量度，常用公式是算术均值和几何均值。

$$\overline{X}_j = \frac{1}{N}\sum_{i=1}^{N} X_{ij}, \ j=1, 2, \cdots, M \tag{1.3}$$

$$\overline{X}_j = \sqrt[N]{\prod_{i=1}^{y} x_{ij}}, \ j=1, 2, \cdots, M \tag{1.4}$$

式中，x_{ij} 为第 i 个评价对象第 j 项指标的量化值；N 为评价对象样本个数；M 为评价指标个数。

(2) 离散参数，是评价指标量化数据的分散程度，如极差、平均偏差和标准差等。

(3) 分布参数，若评价指标量化参数符合正态分布，则可用标准偏度系数反映其对称程度，其计算公式为

$$G_j = \sqrt{\frac{1}{6N}\sum_{i=1}^{y}\left(\frac{\overline{X}_{ij} - X_{ij}}{\sigma_j}\right)^3}, \ j=1, 2, \cdots, M \tag{1.5}$$

若 $G_j > 0$ 为正偏度，$G_j = 0$ 为对称，$G_j < 0$ 为负偏度。

基于量化指标的数字特征可以对其数值范围进行修正或调整，还可以据以构造灰色信息的白化函数或模糊信息的隶属度函数。

2. 归一化

归一化的主要目的是以统一的价值形式解决指标值的不可公度问题，常用的归一化方法是变换法，且通常归一化为无量纲的 0～1 区间值。

变换法常分为线性和非线性变换两大类，而线性变换又分为标准化变换、极值变换、均值变换、初值变换、模块化变换等，下式为非线性变换：

$$X'_{ij}=\left(\frac{X_{ij}-X_{\min j}}{X_{\max j}-X_{\min j}}\right)^{N},\ i=1,\ 2,\ \cdots,\ N;\ j=1,\ 2,\ \cdots,\ M \tag{1.6}$$

若 $K=1$，则上式变为线性极限变换，式中 $X_{\min j}$ 和 $X_{\max j}$ 为第 j 个指标 N 个评价样本值的最小值和最大值。如果 $K=1$ 且 $X_{\min j}=0$，则式（1.6）变成极限比较公式。

1.3.4 指标权重的确定

权重是综合评价的重要信息，应根据指标的相对重要性，亦即指标对综合评价的贡献确定。基于信息基础，可以选择定性的经验判断方法、精确的定量数据处理方法，以及混合方法确定权重。这些方法的共同特征是“成对比”，而“对比”结果是否准确、一致是判断所得权重是否合理的关键。常用的“成对比”方法主要有权重的最小平方法和特征向量法。

1. 权重的最小平方法

M 个评价指标，构成 M 阶比较判断矩阵

$$A=\{a_{ij}\}_{M\times N}\approx\{W_i/W_j\}_{M\times N} \tag{1.7}$$

如果评价者对 a_{ij} 估计不一致，则 $a_{ij}\neq W_i/W_j$，因此，$a_{ij}W_j-W_i\neq 0$，我们可以选择一组权重(W_1，W_2，…，W_M)，使其平方和误差最小，即

$$\min\left\{Z=\sum_{i=1}^{M}\sum_{j=1}^{M}(a_{ij}W_j-W_i)^2\right\},\ \sum_{j=1}^{M}W_j=1 \tag{1.8}$$

2. 特征向量法

将式（1.7）右端的比较判断矩阵 $\left\{\frac{w_i}{w_j}\right\}_{M\times N}$ 记为 M，则有 $AW\approx MW$，因此有

$$(A-MI)W\approx 0 \tag{1.9}$$

式中，I 为单位矩阵，$W=(W_1,\ W_2,\ \cdots,\ W_M)^{\mathrm{T}}$，如果估计准确一致，则上式严格等于零，否则求解如下特征方程问题

$$|A-\lambda_{\mu}I|=0 \tag{1.10}$$

式中，λ_{μ} 为 A 矩阵的最大特征值，而 λ_{μ} 对应的特征向量就是权重向量。

3. 确定权重的其他方法

基于上述理论基础的具体确定权重的方法有很多，下面具体介绍主成分分

析法。

由式（1.2）解出 M 个特征值，如果第一个分量 Y_1 的贡献率

$$a_1=\frac{\lambda_1}{\sum_{j=1}^{m}\lambda_j}>0.85 \tag{1.11}$$

则λ_1对应的特征向量可以近似地看成是原始指标的权重向量，如 a_1 不够大，可以取前面几个主分量的贡献率和相应特征向量值乘积的组合，经归一化处理得到权重向量。

1.4　对比评价和逻辑框架方法

对比评价和逻辑框架方法是两种用于项目后评价的方法。项目后评价是指对已经完成的项目或规划的目的、执行过程、效益、作用和影响所进行的系统的客观的分析评价。通过对项目活动实践的检查总结，确定项目预期目标是否达到，项目或规划是否合理有效，项目的主要效益指标是否实现，通过分析评价找出成败的原因，总结经验教训，并通过及时有效的信息反馈，为未来项目的决策和提高、完善投资决策管理水平提出建议；同时也为被评价项目实施运营中出现的问题提出改进建议，从而达到提高投资效益的目的。项目后评价于 19 世纪 30 年代产生在美国，直到 20 世纪 70 年代，才广泛地被许多国家和世界银行、亚洲银行等双边或多边援助组织用于世界范围的投资活动结果评价中。

1.4.1　主要指标对比方法

主要指标对比方法主要有“前后对比”和“有无对比”两种。

“前后对比”是指将项目实施之前与完成之后的情况加以比较，以确定项目的作用和效益的一种对比方法。在后评价中，则是指将项目前期阶段的可行性研究和经济评价的预测结论与项目的实际运行结果相比较，以发现变化，分析原因的一种对比方法。通过对比，可以揭示项目的计划、决策和实施的质量水平。

“有无对比”是指将项目实际发生的情况与若无项目时可能发生的情况进行对比，以度量项目的真实影响和作用。对比的重点要分清项目作用的影响与项目以外作用的影响。有无对比常用于项目的效益评价和影响评价中。

这里说的“有”与“无”指的是评价对象，即项目、计划和政策是否存在。“有无对比”通过项目实施所付出的资源代价与项目实施后产生的实际效果进行对比，得出项目业绩和影响的结论。如果只进行前后对比，有可能把随着时间推移，项目以外的其他因素发生变化所产生的影响也算成项目的影响，导致评价结

论的扭曲。因此，简单的前后对比不能得出真正的项目效果的结论，必须同时运用“有无对比”方法。应用“有无对比”方法要求投入的代价与产出的效果口径一致。后评价中的效应评价的任务就是要去除那些非项目因素，对应当归因于项目本身的效果加以正确的定义和度量。

由于无项目时可能发生的情况没有办法确定地描述，项目后评价中只能用一些方法去近似度量项目的作用。按照对无项目情况的不同假定，主要有以下两种对比方法（图 1.5）。

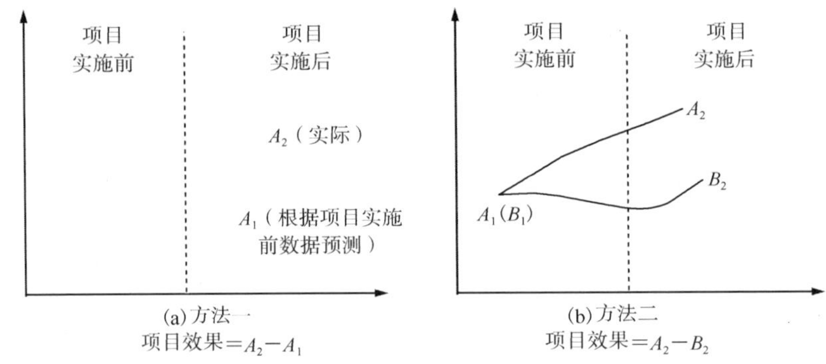

图 1.5　两种有无对比法示意图

1. 方法一

步骤：

（1）确定评价对象和指标。

（2）收集项目实施前若干时点的时间序列数据和项目实施后的结果数据。

（3）运用统计分析方法，根据项目实施前的数据预测各个指标值。

（4）比较预测值与项目实施后的实际结果，其差别代表了项目的实际作用。

（5）寻找项目以外的其他影响因素，如果有，确定它们的影响或在阐述项目作用时，说明这些影响因素。

这种方法适用于历史数据充足，而且预计无项目时，数据具有保持较为明显趋势的（上升或下降）情况。

2. 方法二

步骤：

（1）确定评价的内容和相应指标。

（2）选择可比较对象群，从中进行科学的随机抽取，以确定控制对象和实验对象，尽可能地使二者具有可比性。

（3）衡量每一组对象在项目实施前的评价值。

(4) 在实验组中实施项目，控制组不受项目影响。

(5) 监控实验组和控制组，并观察是否有异常情况发生影响项目结果。若可能，修正出现的异常；若无法修正，应对出现的情况进行鉴别并预计它对结果的影响。

(6) 测度每组对象在项目实施后的指标数值。

(7) 比较各组对象在项目实施前后指标值的变化，并据此确定项目引起的变化。

(8) 寻找是否有项目以外的造成两组对象差别的其他影响因素。如果有，确定它们的影响或在阐述项目作用时，说明这些影响因素。

方法二可以用来测定项目对居民个人的影响，但具体应用时需要耗费较多的时间和经费。运用这种方法可以对各个变量的作用和影响进行评价。

有无对比方法尤其适用于衡量政策、规划、计划等非工程项目的实施效果。

1.4.2 逻辑框架方法

逻辑框架法（logical framework approach）是美国国际开发署在 1970 年开发并使用的一种设计、计划和评价的工具。目前世界上 2/3 的国际组织把逻辑框架法作为援助项目计划、管理和评价的主要方法。在项目立项决策、可行性研究及评估、项目实施计划及管理、项目后评价等工作中采用逻辑框架法，有助于对关键因素和问题进行系统的合乎逻辑的分析。

1. 逻辑框架法的基本概念

逻辑框架法是一种概念化描述项目的方法，即用一张简单的框图来清晰地分析一个复杂项目的内涵和关系，使之更容易理解。这种方法从确定待解决的核心问题入手，向上逐级展开，得到其影响及后果，向下逐层推演找出其引发的原因，得到所谓的“问题树”。将问题树进行转换，即将问题树描述的因果关系转换为相应的手段-目标关系，得到所谓的目标树。目标树得到之后，进一步的工作要通过“规划矩阵”来完成。逻辑框架法为项目计划者和评价者提供一种分析框架，通过对项目目标和达到目标所需手段间逻辑关系的分析，用以确定工作的范围和任务。

逻辑框架法的核心概念是事物层次间的因果逻辑关系，即“如果”提供了某种条件，“那么”就会产生某种结果。这些条件包括事物内在的因素和事物所需要的外部条件。

逻辑框架法的模式是一个 4×4 的矩阵，基本模式如表 1.6 所示。

表 1.6　逻辑框架的模式

层次描述	客观验证指标	验证方法	重要外部条件
目标	目标指标	检测和监督手段及方法	实现目标的主要条件
目的	目的指标	检测和监督手段及方法	实现目的的主要条件
产出	产出物定量指标	检测和监督手段及方法	实现产出的主要条件
投入	投入物定量指标	检测和监督手段及方法	落实投入的主要条件

在投资项目建设中，逻辑框架通过对项目层次的清晰描述，使借贷双方和受益者更清楚地了解到项目目的和内容，有利于改进和完善项目的决策立项、项目准备和评估程序。逻辑框架法立足于项目的发展变化，对项目管理的诸多方面进行综合分析。因为要以较小成本获取最理想的效果，必须进行多方案比较。

应用逻辑框架法策划和评价时的一项主要任务，就是对项目最初确定的目标必须做出清晰的定义。因此，在逻辑框架模型应用过程中，对项目的以下内容应有清楚的描述。

(1) 清晰并可度量的目标；

(2) 不同层次的目标和最终目标之间的联系；

(3) 项目成功与否的测量指标；

(4) 项目的主要内容；

(5) 计划和设计时的主要假设条件；

(6) 检查项目进度的办法；

(7) 项目实施中要求的资源和投入。

2. 目标层次

逻辑框架法把目标及投入产出因果关系划分为四个层次，即目标、目的、产出、投入。

(1) 目标。目标是对项目建设水平的最终要求，目标的实现程度可以用多个指标测度。目标的设定应符合 SMART 原则：明确的（specific)、可测量的(measurable)、行动导向的（action-oriented)、务实的（realistic)、有时间表的(time-related)。

(2) 目的。目的指的是“为什么”要实施这个项目，即项目直接的效果和作用。一般应考虑项目为受益目标群带来什么，主要是社会和经济方面的成果和作用。项目建设的目的通常由项目建设者或独立的评价机构来确定。

(3) 产出。这里的“产出”是指项目“干了些什么”，即项目的建设内容或投入的产出物。一般要提供项目可计量的直接结果。

(4) 投入。该层次是指项目的实施过程及内容，主要包括资源的投入量和时间等。

以上四个层次自下而上由三个逻辑关系相联结。第一级是如果保证一定的资源投入，并加以很好地管理，则预计有怎样的产出；第二级是项目的产出与社会或经济的直接变化之间的关系；第三级是项目的目的与项目建设最终要求的关系。

3. 垂直逻辑的因果关系

在逻辑框架法中“垂直逻辑”可用来阐述各层次的目标内容及其上下间的因果关系，如图 1.6 所示。

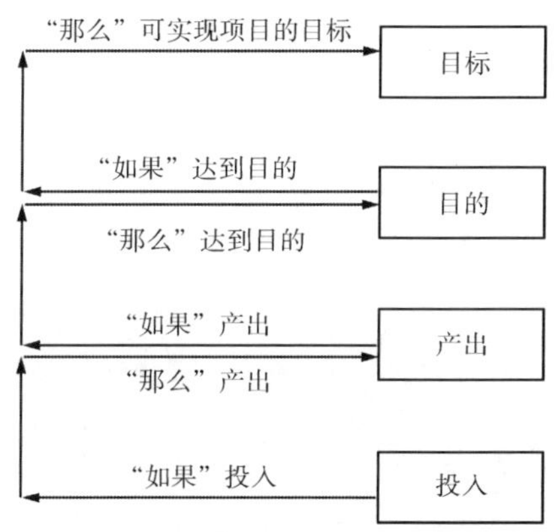

图 1.6　垂直逻辑中的因果关系图

在图 1.6 中，逻辑框架的四个目标层次之间有一些重要的限制条件，称为假定条件，即必要的外部条件或风险。重要的假定条件主要是指可能对项目的进展或成果产生影响，而项目管理者又无法控制的外部条件，即风险或限制条件。这种失控的发生有多方面原因。首先，项目所在地的特定自然环境及其变化；其次，政府在政策、计划、发展战略等方面的失误或变化会给项目带来严重的影响；再次，管理部门体制所造成的问题，使项目的投入产出与其目的目标分离。

项目的假定条件很多，一般应选定其中几个最主要的因素作为假定的前提条件。通常关于项目原始背景和“投入/产出”关系的假定条件较少；而“产出/目的”之间产生的不确定因素往往会对“目的/目标”层次产生重要影响，需要予以高度重视。

4. 水平逻辑关系

逻辑框架的垂直逻辑分清了评价项目的层次关系，但尚不能满足对项目实施分析和评价的要求。水平逻辑分析的目的是通过主要验证指标和验证方法来衡量一个项目的资源和成果。对应垂直逻辑每个层次目标，水平逻辑对四个层次的结果加以具体说明。水平逻辑关系由验证指标、验证方法和重要的假定条件所构成，形成了逻辑框架法的 4×4 逻辑框架。水平逻辑验证指标和验证方法的内容和关系如表 1.7 所示。

表 1.7　水平逻辑示意图

目标层次	验证指标	验证方法
影响/宏观目标	影响的程度	信息来源：文件、官方统计资料、项目受益者采用方法：资料分析、调查研究
作用/项目目的	作用的大小	信息来源：受益者 采用方法：调查研究
产出	不同阶段项目定性和定量产出	信息来源：项目纪录、报告、受益者 采用方法：资料分析、调查研究
投入	资源的性质、数量、成本、时间、区位	信息来源：项目评估报告、计划、投资者协议文件等

1） 验证指标

对于逻辑框架垂直各层次目标，应确定与之对应的客观且可度量的验证指标来说明不同层次目标的结果。为了表明各层次目标实现的程度（成功度），逻辑框架采用的验证指标应具备下列条件：

（1） 清晰的量化指标，以测定项目的成功程度。

（2） 必须针对项目主要目的，突出重点指标。

（3） 验证指标与对应目标的关系明确合理。

（4） 验证指标与层次目标一一对应，而且是唯一的。

（5） 验证指标必须是完整的、充分的、定义准确的。

（6） 验证指标必须是客观具体的，不是人为可以变动的。

（7） 间接指标的采用。有时项目很难找到直接的验证指标，需要采用间接指标。间接指标与验证对象的关系必须是明确的。

（8） 验证指标的准确性。准确的验证指标应该包括明确的定义、定量的数据和定性的表述以及确定的时间。

2） 验证方法

在逻辑框架水平逻辑的各个层次上，对应验证指标的是验证方法。验证方法就是资料收集及其验证过程中所采用的方法，验证方法可按照数据类型、信息来源和收集数据采用的技术来划分。

（1） 数据类型。数据类型应符合指标说明的要求，每个层次的指标都有不同的数据要求，明确数据类型能够使数据收集工作更有针对性。

（2） 信息来源。验证方法需要说明信息来源的可靠性，并尽可能选择能够节约时间和经费的途径。如工程项目的信息通常来自建设单位、当地群众和官方文件三个方面。

（3）数据收集。在数据类型和来源明确之后，需要先确认数据质量是否符合信息管理的要求，然后再编制调查表。如果采用抽样调查的方法，就要作好充分考虑和安排，如进一步明确取样规模、内容、统计标准等。

逻辑框架法不仅是工作程序，更重要的是一种帮助思维的模式。通过明确的总体思维，把与项目运作相关的重要因素集中加以分析，以确定“谁”在为“谁”干“什么”、“什么时间”、“什么原因”，以及“怎么干”。虽然编制逻辑框架是一件比较困难和费时的工作，但是对于项目决策者、管理者和评价者来讲，可以事先明晰项目应该达到的目的和实现的目标，这对提高项目管理、决策水平具有重要意义。

5. 逻辑框架法在项目后评价中的应用

项目评价提出需要解决三个问题：一是项目的原定目标和目的是否可能达到，目标是否需要调整？二是项目的原定效益是否可能实现以及实现程度？三是项目下一步会有什么风险，有多大风险？因而，项目后评价也要回答三个问题：一是项目的原定目标和目的是否已经达到以及达到的程度、原定的项目目标和目的是否合理？二是项目原定的效益是否已经实现以及实现的程度，项目有哪些经验教训？三是项目是否具有可持续性？

由此可见，逻辑框架法不仅可以应用于项目评估，而且是项目后评价十分重要的方法之一。项目后评价的逻辑框架基本格式如表 1.8 所示。

表 1.8　项目后评价的逻辑框架

目标层次	验证对比指标			原因分析		可持续性（风险）
	项目原定目标	实际实现指标	差别或变化	主要内部原因	主要外部条件	
目标（影响）						
目的（作用）						
产出（实施结果）						
投入（建设条件）						

虽然逻辑框架法在项目评估与项目后评价应用中有诸多优点，但也有一定的局限性，主要是：

（1）在项目开始时如果过分强调目标和外部因素，可能造成管理的僵化。

（2）作为总体分析的工具，逻辑框架法对政策问题只能做一般分析，如收入分配、就业机会、资源途径、地方参与、成本和策略可行性，以及项目因素与外部条件的关系等。

（3）逻辑框架法是项目准备、实施和评价过程中的一种思维模式，不能代替效益分析、进度计划、经济和财务分析、成本与效益分析、环境影响评价等具体方法。

1.5 层次分析法

层次分析法（analytic hierarchy process，AHP 法）是由美国运筹学家沙迪（T. L. Saaty）于 20 世纪 70 年代提出的一种定性与定量相结合的决策分析方法，用于多目标、多准则、多要素、多层次的非结构化的复杂决策问题的分析。层次分析法主要有互补、互反两种类型，在这里我们主要讨论互反层次分析法。

层次分析法建模过程可以分为以下四个步骤：

（1）建立递阶层次结构模型；

（2）构造出各层中的所有判断矩阵；

（3）层次单排序及一致性检验；

（4）层次总排序及一致性检验。

1.5.1 构建递阶层次结构模型

对于所要评价的事物或问题，首先应进行系统分析，明确系统与所处环境的关系，系统所包含的子系统、分子系统和要素，同一层次的子系统与子系统之间、要素与要素之间、不同层次的子系统与子系统之间、子系统与要素之间的关系等，并将具有共性的元素归并为一组作为模型的一个层次。层次的类型通常分为三种，具体情况如图 1.7 所示。

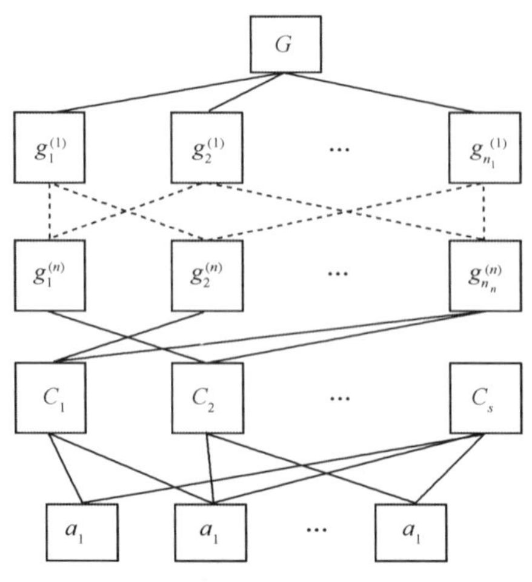

图 1.7　递阶层次结构模型

（1）最高层，又称总目标层，只有一个元素即决策分析的总目标，对应图 1.7 的 G 层。

（2）中间层，也称目标层，可能不止一层（即子目标下还有分子目标），包含总目标所包括的各个子目标，或上一层次子目标所包含的各个分子目标，如各种约束、准则、策略等，对应图 1.7 的 g、C 层。

（3）最低层，又称方案层，表示为实现目标的各种可行方案，对应图 1.7 的 a 层。

模型从上到下大致分成三个层次（不考虑分子目标层）。系统评价就是综合评估上述各层次目标和因素的实现情况。层次间的关联情况均以作用线标明。

1.5.2 构建判断矩阵

设有 m 个元素对上一阶层的元素存在相对重要性，元素 i 与 j 元素间（i、j 均大于 0 小于 m）进行两两比较，得到相对重要程度 a_{ij}，最终得到 m 阶矩阵 $A=(a_{ij})_{m\times m}$，称为判断矩阵。表 1.9 给出了 1～9 的相对重要性判断矩阵标度。

表 1.9　判断矩阵标度及其含义

标度	定义	含义
1	同样重要	两元素对某属性，一元素比另一元素同样重要
3	稍微重要	两元素对某属性，一元素比另一元素稍微重要
5	明显重要	两元素对某属性，一元素比另一元素明显重要
7	强烈重要	两元素对某属性，一元素比另一元素强烈重要
9	极端重要	两元素对某属性，一元素比另一元素极端重要
2、4、6、8	相邻标度中值	表示相邻两标度间的折中标度
上列标度倒数	反比较	元素 i 对元素 j 的标度记为 a_{ij}

表 1.9 中 1～9 的相对重要性标度是一种常用的标度。当然，在具体应用过程中，可以根据实际情况对相对重要性标度进行适当调整。比如，进一步细化或简化为 1～3 标度甚至 0～1 标度，还可以采用指数标度。

若判断矩阵 $A=(a_{ij})_{m\times m}$ 满足以下条件：

（1）$a_{ij}>0$；i，$j=1$，2，…，m；

（2）$a_{ii}=1$，$i=1$，2，…，m；　（1.12）

（3）$a_{ij}=\dfrac{1}{a_{ji}}$，i，j，…，m。

则称 $A=(a_{ij})_{m\times m}$ 为正互反矩阵。

1.5.3 层次单排序及一致性检验

对于只有一个准则 C，m 个元素 a_1，a_2，…，a_m 的简单情形，可以按照上述法则对 a_1，a_2，…，a_m 进行两两比较，得到判断矩阵表 1.10。

表 1.10 层次单排序判断矩阵

C	a_1	a_2	…	a_m
a_1	1	a_{12}	…	a_{1m}
a_2	a_{21}	1	…	a_{2m}
⋮	⋮	⋮		⋮
a_m	a_{m1}	a_{m2}	…	1

若判断矩阵 $A=(a_{ij})$ 为正互反矩阵，解如下的特征方程

$$|AW-\lambda_{\max}W|=0 \tag{1.13}$$

可得判断矩阵 A 的最大特征根 $\lambda_{\max}$ 和对应的特征向量 W，对 W 进行标准化处理即得 m 个元素 a_1，a_2，…，a_m 的权重向量

$$W=(w_1,\ w_2,\ \cdots,\ w_m)^{\mathrm{T}}$$

若一个正互反判断矩阵的元素同时满足传递性，即

$$a_{ik}=a_{ij}\cdot a_{jk},\quad i,\ j,\ k=1,\ 2,\ \cdots,\ m \tag{1.14}$$

则称该判断矩阵满足一致性条件。满足一致性条件的判断矩阵称为具有完全一致性的矩阵。由于客观事物错综复杂，人们的认识偏差难以避免，判断矩阵一般难以满足一致性条件，因而不具有完全一致性。

仅当判断矩阵满足一致性条件时，该判断矩阵才具有唯一的非零最大特征值，且其余特征值为零。判断矩阵 A 的最大特征值 $\lambda_{\max}=m$。

由于判断矩阵仅是正互反矩阵，不满足一致性条件，通常 A 的最大特征值为

$$\lambda_{\max}\geqslant m$$

其余特征值也不一定全为零。但如果一项判断大体上是合理的，对应的判断矩阵应基本满足一致性条件。即其最大特征值 $\lambda_{\max}$ 略大于矩阵的阶数 m，其余特征值虽然不全为零，但都接近于零。当判断矩阵基本满足一致性条件或具有满意的一致性特征时，对应的特征向量 W 和据此得到的权重向量才是有意义的。

一致性检验的目的就在于保证判断矩阵达到令人满意的一致性。

设判断矩阵 A 的全部特征值为

$$\lambda_1=\lambda_{\max},\ \lambda_2,\ \cdots,\ \lambda_m$$

由于 A 是正互反矩阵，故有

$$\mathrm{tr}(A)=\sum_{i=1}^{m}a_{ii}=m$$

于是 A 的全部特征值之和

$$\lambda_{\max}+\sum_{i=1}^{m}\lambda_i=m=\mathrm{tr}(A)$$

由此可以得到

$$\left|\sum_{i=2}^{m}\lambda_i\right|=\lambda_{\max}-m$$

取一致性指标

$$\mathrm{CI}=\frac{\lambda_{\max}-m}{m-1} \tag{1.15}$$

指标中的 m 为阶数，$\lambda_{\max}$ 为最大特征值。一般来说 CI 越大，偏离一致性越大，反之则越小。另外，判断矩阵的阶数 m 越大，判断的主观因素所造成的偏差越大，反之则越小。

为便于判断，首先引入平均随机一致性指标，记作 RI，RI 随着判断矩阵的阶数而变化，具体数值如表 1.11 所示。

表 1.11　矩阵的随机指标

阶数	1	2	3	4	5	6	7	8	9	10	11	12	13	14	15
RI	0	0	0.52	0.89	1.12	1.26	1.36	1.41	1.46	1.49	1.52	1.54	1.56	1.58	1.59

一致性指标与同阶的平均随机一致性指标的比值称为一致性比率，记为

$$\mathrm{CR}=\frac{\mathrm{CI}}{\mathrm{RI}} \tag{1.16}$$

通常用一致性比率 CR 来判断矩阵的一致性。一般认为当 CR 小于 0.1 时判断矩阵符合满意的一致性标准，对应的权重向量 $W=(w_1, w_2, \cdots, w_m)^{\mathrm{T}}$ 可以接受；否则需要修正判断矩阵直到 CR 检验通过。

1.5.4　层次总排序及一致性检验

以上我们得到的是一组元素关于其上一层次准则的权重向量。为得到多层递阶层次结构中各层次元素关于总目标的权重，需要自上而下地将单准则下得到的多重权重进行合成。下面介绍递阶层次结构权重计算过程。

假设系统有 s 个不同的层次，第 k 层元素的个数记为 n_k，$k=1, 2, \cdots, s$。第 1 层是总目标，只有一个元素，$n_1=1$。第 2 层 n_2 个元素关于第 1 层总目标的权重向量记为

$$W^{(2)}=(w_1^{(2)}, w_2^{(2)}, \cdots, w_{n_2}^{(2)})^{\mathrm{T}}$$

再设第 $k-1$ 层子目标关于总目标的优先权重向量为

$$W^{(k-1)}=(w_1^{(k-1)},\ w_2^{(k-1)},\ \cdots,\ w_{n_{k-1}}^{(k-1)})^{\mathrm{T}}$$

第 k 层子目标的 n_k 个元素对以第 $k-1$ 层子目标的第 j 个元素为准则的优先权重向量为

$$P_j^{(k)}=(p_{1j}^{(k)},\ p_{2j}^{(k)},\ \cdots,\ p_{n_kj}^{(k)})^{\mathrm{T}}$$

其中，与 j 无关的元素权重取零值，则第 k 层 n_k 个元素关于第 $k-1$ 层 n_{k-1} 个元素的权重矩阵为

$$\begin{aligned}P^{(k)}&=(p_1^{(k)},\ p_2^{(k)},\ \cdots,\ p_{n_{k-1}}^{(k)})^{\mathrm{T}}\\&=\begin{bmatrix}p_{11}^{(k)} & p_{12}^{(k)} & \cdots & p_{1n_{k-1}}^{(k)}\\ p_{21}^{(k)} & p_{22}^{(k)} & \cdots & p_{2n_{k-1}}^{(k)}\\ \vdots & \vdots & & \vdots\\ p_{n_k1}^{(k)} & p_{n_k2}^{(k)} & \cdots & p_{n_kn_{k-1}}^{(k)}\end{bmatrix}\end{aligned}$$

第 k 层元素关于总目标 G 的组合优先权重向量为矩阵 $P^{(k)}=(p_1^{(k)},\ p_2^{(k)},\ \cdots,\ p_{n_{k-1}}^{(k)})^{\mathrm{T}}$ 与权重向量 $W^{(k-1)}=(w_1^{(k-1)},\ w_2^{(k-1)},\ \cdots,\ w_{n_{k-1}}^{(k-1)})^{\mathrm{T}}$ 的点积，即

$$\begin{aligned}W^{(k)}&=(w_1^{(k)},\ w_2^{(k)},\ \cdots,\ w_{n_k}^{(k)})^{\mathrm{T}}=P^{(k)}\cdot W^{(k-1)}\\&=\begin{bmatrix}p_{11}^{(k)} & p_{12}^{(k)} & \cdots & p_{1n_{k-1}}^{(k)}\\ p_{21}^{(k)} & p_{22}^{(k)} & \cdots & p_{2n_{k-1}}^{(k)}\\ \vdots & \vdots & & \vdots\\ p_{n_k1}^{(k)} & p_{n_k2}^{(k)} & \cdots & p_{n_kn_{k-1}}^{(k)}\end{bmatrix}\cdot\begin{pmatrix}w_1^{(k-1)}\\ w_2^{(k-1)}\\ \vdots\\ w_{n_{k-1}}^{(k-1)}\end{pmatrix}\end{aligned}\tag{1.17}$$

其中，

$$\begin{aligned}w_i^{(k)}&=P_i^{(k)}\cdot W^{(k-1)}\\&=(p_{i1}^{(k)},\ p_{i2}^{(k)},\ \cdots,\ p_{in_{k-1}}^{(k)})\cdot(w_1^{(k-1)},\ w_2^{(k-1)},\ \cdots,\ w_{n_{k-1}}^{(k-1)})^{\mathrm{T}}\\&=\sum_{j=1}^{n_{k-1}}p_{ij}^{(k)}w_j^{(k-1)},\ i=1,\ 2,\ \cdots,\ n_k\end{aligned}$$

式（1.17）是由第 $k-1$ 层元素的权重计算第 k 层元素权重的递推公式。

由递推公式（1.17）易得第 s 层 n_s 个元素关于第 1 层总目标的权重向量

$$\begin{aligned}W^{(s)}&=P^{(s)}W^{(s-1)}=P^{(s)}P^{(s-1)}W^{(s-2)}\\&=P^{(s)}P^{(s-1)}P^{(s-2)}\cdots P^{(3)}W^{(2)}\end{aligned}\tag{1.18}$$

多层递阶权重向量计算过程可按以下步骤进行。

第一步，明确系统层次结构及各层元素个数。设有 s 个不同的层次，第 k 层元素的个数记为 n_k，$k=1,\ 2,\ \cdots,\ s$。

第二步，确定第 2 层 n_2 个元素关于第 1 层总目标的权重向量 $W^{(2)}=(w_1^{(2)},\ w_2^{(2)},\ \cdots,\ w_{n_2}^{(2)})^{\mathrm{T}}$。

第三步，计算第 k 层 n_k 个元素关于第 $k-1$ 层 n_{k-1} 个元素的权重矩阵，$P^{(k)}$，$k=3，4，\cdots，s$。

第四步，由式（1.18）计算第 s 层 n_s 个元素关于第1层总目标的权重向量 $W^{(s)}$。

对多层递阶权重向量也需要作一致性检验。虽然通过各层间层次单排序的一致性检验，可以保证各层间判断矩阵具有较为满意的一致性，但从总体上来看，各层次的非一致性仍有可能积累并导致总体非一致性，因此需要对合成权重向量进行检验。与递阶层次结构权重计算过程一样，检验的过程也是由高到低逐层进行的。

设第 k 层子目标的 n_k 个元素以第 $k-1$ 层子目标的第 j 个元素为准则计算出的一致性指标、随机一致性指标和一致性比率分别为

$$\mathrm{CI}_j^{(k)}，\mathrm{RI}_j^{(k)}，\mathrm{CR}_j^{(k)}，j=1，2，\cdots，n_{k-1}$$

第 $k-1$ 层子目标关于总目标的优先权重向量为

$$W^{(k-1)}=(w_1^{(k-1)}，w_2^{(k-1)}，\cdots，w_{n_{k-1}}^{(k-1)})^{\mathrm{T}}$$

则从第1层到第 k 层判断矩阵序列的整体一致性检验的一致性指标、随机一致性指标和一致性比率 $\mathrm{CI}^{(k)}$，$\mathrm{RI}^{(k)}$，$\mathrm{CR}^{(k)}$ 可分别由下式算出：

$$\mathrm{CI}^{(k)}=(\mathrm{CI}_1^{(k)}，\mathrm{CI}_2^{(k)}，\cdots，\mathrm{CI}_{n_{k-1}}^{(k)})W^{(k-1)} \tag{1.19}$$

$$\mathrm{RI}^{(k)}=(\mathrm{RI}_1^{(k)}，\mathrm{RI}_2^{(k)}，\cdots，\mathrm{RI}_{n_{k-1}}^{(k)})W^{(k-1)} \tag{1.20}$$

$$\mathrm{CR}^{(k)}=\frac{\mathrm{CI}^{(k)}}{\mathrm{RI}^{(k)}}，k=3，4，\cdots，s \tag{1.21}$$

若 $\mathrm{CR}^{(k)}<0.1$，则从第1层到第 k 层判断矩阵序列在整体上满足一致性条件，对应的综合权重向量 $W^{(k)}=(w_1^{(k)}，w_2^{(k)}，\cdots，w_{n_k}^{(k)})^{\mathrm{T}}$ 可以接受。

由于对不满足整体一致性的情形很难进行有效的调整，实际应用中通常并不特别强调整体一致性检验。

1.6　DEA相对效率评价方法

DEA是数据包络分析（data envelopment analysis）的简称，主要用于对多投入和多产出的同类型部门进行相对有效性评价，也是研究多投入、多产出生产函数的有力工具。

DEA方法由美国著名运筹学家查思斯和库伯教授等于1978年提出，其基本思想是把每一个被评价单位作为一个决策单元（decision making units，DMU），众多决策单元构成决策群体。通过对决策群体的投入和产出比率的综合分析，以各投入和产出指标的权重为变量进行综合评价，可以确定有效生产前沿面。进而根据各决策单元与有效生产前沿面的距离，将决策单元划分为DEA有效、弱

DEA 有效和非 DEA 有效。同时，指出导致非 DEA 有效或弱 DEA 有效的决策单元效率不高的原因及相应的改进路径。

近年来，DEA 方法在我国科技、经济、社会管理的许多领域得到广泛应用，例如，经济效益综合评价、投资项目评价等。这里，以 DEA 方法的最基本模型——C^2R 模型为例，介绍 DEA 相对效率评价方法。

1.6.1 DEA 效率评价指数及 C^2R 模型

1. DEA 效率评价指数

设有 n 个决策单元，每个决策单元都有 m 种投入和 p 种产出，由 n 个决策单元构成的多投入多产出评价系统用图 1.8 表示。在图 1.8 中，x_{ij} 表示第 j 个决策单元的第 i 种投入的投入量，$x_{ij}>0$；y_{rj} 表示第 j 个决策单元的第 r 种产出的产出量，$y_{rj}>0$；v_i 表示第 i 种投入指标的权系数，$v_i \geqslant 0$；u_r 表示第 r 种产出指标的权系数，$u_r \geqslant 0(i=1，2，\cdots，m；j=1，2，\cdots，n；r=1，2，\cdots，p)$。其中，$x_{ij}$ 和 y_{rj} 是已知数据，可以根据历史资料、统计数据和预测计算得到，权系数 u_r 和 v_i 需要通过建模计算得到。

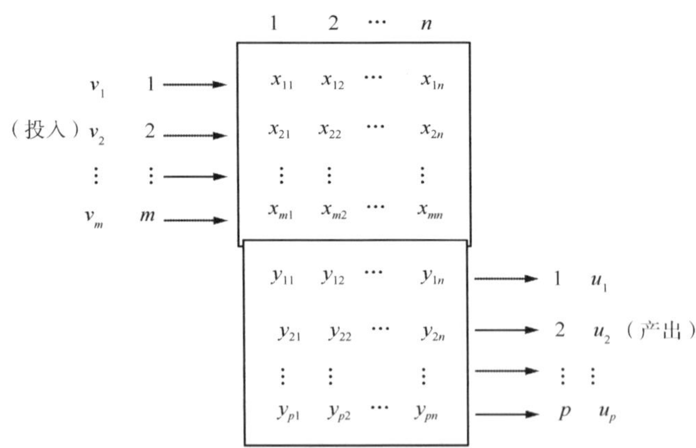

图 1.8　多指标投入和多指标产出的评价系统

对于决策单元 $j(j=(1，2，\cdots，n)$，可以定义一个效率评价指数

$$h_j=\frac{\sum_{r=1}^{p}u_r y_{rj}}{\sum_{i=1}^{m}v_i x_{ij}} \tag{1.22}$$

且可以适当地选择权系数向量 u，v，使得 $h_j \leqslant 1$。一般来说，决策单元 j 的效率评价指数 h_j 越大，表明决策单元 j 可以用相对较小的投入获取相对较多的产出。

2. C^2R 模型的构建

以决策单元 j_0 的效率评价指数最大化为目标，决策群体中所有决策单元的效率评价指数 $h_j \leqslant 1(j=1, 2, \cdots, n)$ 为约束条件，构造优化模型 1.23。

$$\begin{cases} \max h_0 = \dfrac{\sum\limits_{r=1}^{p} u_r y_{rj_0}}{\sum\limits_{i=1}^{m} v_i x_{ij_0}} \\ \text{s.t. } \dfrac{\sum\limits_{r=1}^{p} u_r y_{rj}}{\sum\limits_{i=1}^{m} v_i x_{ij}} \leqslant 1, \ 1 \leqslant j \leqslant n \\ v \geqslant 0, \ u \geqslant 0 \end{cases} \tag{1.23}$$

模型 1.23 即为最基本的 DEA 模型——C^2R 模型。显然，用 C^2R 模型评价第 j_0 个决策单元的有效性，是相对于其他决策单元而言的。

记第 j_0 个决策单元的投入向量和产出向量分别为

$$x_0 = (x_{1j_0}, \ x_{2j_0}, \ \cdots, \ x_{mj_0})^{\mathrm{T}}$$

$$y_0 = (y_{1j_0}, \ y_{2j_0}, \ \cdots, \ y_{pj_0})^{\mathrm{T}}$$

第 j 个决策单元的投入向量和产出向量分别为

$$x_j = (x_{1j}, \ x_{2j}, \ \cdots, \ x_{mj})^{\mathrm{T}}$$

$$y_j = (y_{1j}, \ y_{2j}, \ \cdots, \ y_{pj})^{\mathrm{T}}$$

投入指标和产出指标的权系数向量分别为

$$v = (v_1, \ v_2, \ \cdots, \ v_m)^{\mathrm{T}}$$

$$u = (u_1, \ u_2, \ \cdots, \ u_p)^{\mathrm{T}}$$

C^2R 模型 1.23 可以表示为矩阵形式：

$$(\bar{p})\begin{cases} \max h_0 = \dfrac{u^{\mathrm{T}} y_0}{v^{\mathrm{T}} x_0} \\ \text{s.t. } \dfrac{u^{\mathrm{T}} y_j}{v^{\mathrm{T}} x_j} \leqslant 1, \ 1 \leqslant j \leqslant n \\ v \geqslant 0, \ u \geqslant 0 \end{cases} \tag{1.24}$$

令 $t = 1/v^{\mathrm{T}} x_0$，$\omega = tv$，$\mu = tu$，则模型 $\bar{p}$ 转化为线性规划问题

$$(p)\begin{cases} \max V_p = \mu^{\mathrm{T}} y_0 \\ \text{s.t. } \omega^{\mathrm{T}} x_j - \mu^{\mathrm{T}} y_j \geqslant 0, \ 1 \leqslant j \leqslant n \\ \omega^{\mathrm{T}} x_0 = 1 \\ \omega \geqslant 0, \ \mu \geqslant 0 \end{cases} \tag{1.25}$$

线性规划（p）的对偶规划问题为

$$(D)\begin{cases}\min V_D=\theta \\ \sum_{j=1}^{n} x_j\lambda_j+s^-=\theta x_0 \\ \sum_{j=1}^{n} y_j\lambda_j-s^+=y_0 \\ \lambda_j\geqslant 0,\ (1\leqslant i\leqslant n) \\ s^+\geqslant 0,\ s^-\geqslant 0\end{cases} \tag{1.26}$$

式中，$s^-=(s_1^-,\ s_2^-,\ \cdots,\ s_m^-)^{\mathrm{T}}$，$s^+=(s_1^+,\ s_2^+,\ \cdots,\ s_m^+)^{\mathrm{T}}$ 为松弛变量。

线性规划（p）以及线性规划(D）都是 C^2R 模型的表达形式。

1.6.2　DEA 有效性的判定

采用模型（p），决策单元 j_0 的 DEA 有效性判别方法如下：

(1) 若线性规划（p）的最优解 ω^0，μ^0 满足条件 $V_p=(\mu^0)^{\mathrm{T}}y_0=1$ 时，决策单元 j_0 为弱 DEA 有效。

(2) 若线性规划（p）的最优解 ω^0，μ^0 满足条件 $V_p=(\mu^0)^{\mathrm{T}}y_0=1$，且 $\omega^0>0$，$\mu^0>0$ 时，决策单元 j_0 为 DEA 有效。

(3) 若线性规划（p）的最优解 ω^0，μ^0 满足条件 $V_p=(\mu^0)^{\mathrm{T}}y_0<1$ 时，决策单元 j_0 为非 DEA 有效。

采用模型 (D)，决策单元 j_0 的 DEA 有效性判别方法如下：

(1) 若线性规划 (D) 的最优值 $V_D=1$，则决策单元 j_0 为弱 DEA 有效。

(2) 若线性规划 (D) 的最优值 $V_D=1$，并且每个最优解 $\lambda^0=(\lambda_1{}^0,\ \lambda_2{}^0,\ \cdots,\ \lambda_n{}^0)^{\mathrm{T}}$，$s^{0-}$，$s^{0+}$，$\theta^0$ 都满足条件 $s^{0-}=0$，$s^{0+}=0$，则决策单元 j_0 为 DEA 有效。

(3) 若线性规划 (D) 的最优值 $V_D<1$，则决策单元 j_0 为非 DEA 有效。

显然，如果一个决策单元为 DEA 有效，则该决策单元也是弱 DEA 有效。某决策单元弱 DEA 有效表明该决策单元的效率评价指数可以达到最大值 1，表明该决策单元为技术有效。当某决策单元 DEA 有效时，表明该被评价决策单元不仅技术有效，而且规模有效。当某决策单元为非 DEA 有效时，表明该决策单元既非技术有效，又非规模有效。

在实际应用中，查思斯和库伯引用了非阿基米德无穷小量的概念，从而可以在限制权重向量严格大于 0 的同时，也能利用单纯形方法求解 C^2R 模型，判断决策单元的 DEA 有效性。设 ε 是非阿基米德无穷小量（在广义实数域内，ε 表示一个小于任何正数且大于零的数），带有非阿基米德无穷小量 ε 的 C^2R 模型为

$$
(p_\varepsilon)\begin{cases}\max \mu^{\mathrm{T}} y_0 = V_p \\ \text{s. t. } \omega^{\mathrm{T}} x_j - \mu^{\mathrm{T}} y_j \geqslant 0,\ 1 \leqslant j \leqslant n \\ \omega^{\mathrm{T}} x_0 = 1 \\ \omega^{\mathrm{T}} \geqslant \varepsilon \hat{e}^{\mathrm{T}},\ \mu \geqslant \varepsilon e^{\mathrm{T}}\end{cases} \tag{1.27}
$$

式中，$\hat{e}^{\mathrm{T}}=(1, 1, \cdots, 1)$ 是元素均为 1 的 m 维向量，$e^{\mathrm{T}}=(1, 1, \cdots, 1)$ 是元素均为 1 的 p 维向量。(p_ε) 的对偶规划为

$$
(D_\varepsilon)\begin{cases}\min \left[\theta - \varepsilon(\hat{e}^{\mathrm{T}} s^- + e^{\mathrm{T}} s^+)\right] = V_{D_\varepsilon} \\ \text{s. t. } \sum_{j=1}^{n} x_j \lambda_j + s^- = \theta x_0 \\ \sum_{j=1}^{n} y_j \lambda_j - s^+ = y_0 \\ \lambda_j \geqslant 0,\ 1 \leqslant i \leqslant n \\ s^+ \geqslant 0,\ s^- \geqslant 0\end{cases} \tag{1.28}
$$

规划问题 (D_ε) 的最优解为 λ^0，s^{0-}，s^{0+}，θ^0，利用带有非阿基米德无穷小量 ε 的 C^2R 模型判别决策单元有效性的方法如下：

(1) 若 $\theta^0=1$，则决策单元 j_0 为弱 DEA 有效。

(2) 若 $\theta^0=1$，且 $s^{0-}=0$，$s^{0+}=0$，则决策单元 j_0 为 DEA 有效。

(3) 若 $\theta^0<1$，则决策单元 j_0 为非 DEA 有效。

1.6.3 DEA 有效性的改进

DEA 有效性的改进，即对非 DEA 有效的决策单元，通过输入或输出值的调整，使得其成为 DEA 有效的决策单元。采用非阿基米德无穷小量 ε 的 C^2R 模型，DEA 有效性的最简单改进方案如下。

设 λ^0，s^{0-}，s^{0+}，θ^0 是线性规划问题 (D_ε) 的最优解，令

$$
\hat{x}_0 = \theta^0 x_0 - s^{0-},\quad \hat{y}_0 = \theta^0 x_0 + s^{0+} \tag{1.29}
$$

($\hat{x}_0$，$\hat{y}_0$) 构成了一个新的决策单元，容易证明，新的决策单元 ($\hat{x}_0$，$\hat{y}_0$) 相对于原来的 n 个决策单元来说，是 DEA 有效的。

记 $\Delta x_0 = x_0 - \hat{x}_0$，$\Delta y_0 = \hat{y}_0 - y_0$，称 Δx_0 为输入剩余，Δy_0 为输出亏空。对于非 DEA 有效的决策单元 j_0，只需要去掉其输入剩余，弥补其输出亏空，即可成为 DEA 有效的决策单元。

第 2 章　灰色系统评价模型

2.1　引言

本章将介绍几种新的灰色系统评价模型，包括广义灰色关联分析模型、基于相似性和接近性视角的灰色关联分析模型、基于混合三角白化权函数的灰色聚类评价模型、两阶段灰色综合测度决策模型和多目标加权灰靶决策评估模型。这些模型的计算软件可以从南京航空航天大学灰色系统研究所网站（http：//igss. nuaa. edu. cn/）免费下载。

广义灰色关联分析模型是基于整体或全局视角构造的新型灰色关联分析模型，广义灰色关联分析模型以灰色绝对关联度模型为主体，还包括以初值化变换和灰色绝对关联度模型为基础构造的灰色相对关联度模型，以及由灰色绝对关联度和灰色相对关联度合成的灰色综合关联度模型；基于相似性视角的灰色关联度模型用于测度序列 X_i 与 X_j 在几何形状上的相似程度。X_i 与 X_j 在几何形状上越相似，灰色相似关联度越大，反之就越小；基于接近性视角的灰色关联度用于测度序列 X_i 与 X_j 在空间中的接近程度。X_i 与 X_j 越接近，灰色接近关联度越大，反之就越小。接近关联度仅适用于序列 X_i 与 X_j 意义、量纲完全相同的情形，当序列 X_i 与 X_j 的意义、量纲不同时，计算其接近关联度没有任何实际意义。基于混合三角白化权函数的灰色聚类评价模型又分为基于端点混合三角白化权函数的灰色聚类评价模型和基于中心点混合三角白化权函数的灰色聚类评价模型两种，其中，基于端点混合三角白化权函数的灰色聚类评价模型适用于各灰类边界清晰，但最可能属于各灰类的点不明的情形；基于中心点混合三角白化权函数的灰色聚类评估模型适用于较易判断最可能属于各灰类的点，但各灰类边界不清晰的情形。两类基于混合三角白化权函数的灰色聚类评价模型均以适中测度三角白化权函数、下限测度白化权函数和上限测度白化权函数为基础。两阶段灰色综合测度决策模型，主要适用于灰色聚类系数向量 δ_i 的各分量取值趋于均衡或 δ_i 有若干个主分量取值相近情形下的综合评价问题。多目标加权灰靶决策评估模型针对具有满意域的效益型、成本型和适中型等不同性质的决策目标，分别构建不同的一致效果测度函数，可将具有不同意义、不同量纲、不同性质的决策目标转换为一致效果测度，从而能够方便地求出综合效果测度矩阵，并使综合效果测度的分辨率明显提高。

2.2　广义灰色关联评估模型

2.2.1　灰色绝对关联度

定义 1　设系统行为序列 $X_i=(x_i(1),\ x_i(2),\ \cdots,\ x_i(n))$，$D$ 为序列算子，且

$$X_iD=(x_i(1)d,\ x_i(2)d,\ \cdots,\ x_i(n)d)$$

式中，$x_i(k)d=x_i(k)-x_i(1)$，$k=1,\ 2,\ \cdots,\ n$，则称 D 为始点零化算子，X_iD 为 X_i 的始点零化像，记为

$$X_iD=X_i^0=(x_i^0(1),\ x_i^0(2),\ \cdots,\ x_i^0(n))$$

将序列 X_i，X_j，X_i^0，X_j^0 对应的折线亦记为 X_i，X_j，X_i^0，X_j^0，令

$$s_i=\int_1^n(X_i-x_i(1))\mathrm{d}t=\int_1^n X_i^0\mathrm{d}t \tag{2.1}$$

$$s_i-s_j=\int_1^n(X_i^0-X_j^0)\mathrm{d}t \tag{2.2}$$

$$S_i-S_j=\int_1^n(X_i-X_j)\mathrm{d}t \tag{2.3}$$

定义 2　称序列 X_i 各个观测数据间时距之和为 X_i 的长度。

要注意两个长度相同的序列中观测数据个数不一定一样多。例如：

$$X_1=(x_1(1),\ x_1(3),\ x_1(6))$$

$$X_2=(x_2(1),\ x_2(3),\ x_2(5),\ x_2(6))$$

$$X_3=(x_3(1),\ x_3(2),\ x_3(3),\ x_3(4),\ x_3(5),\ x_3(6))$$

X_1，X_2，X_3 的长度都是 5，但各序列中观测数据个数并不一样多。

定义 3　设序列 X_i 与 X_j 长度相同，s_i，s_j，s_i-s_j 如式（2.1）、式（2.2）所示，则称

$$\varepsilon_{ij}=\frac{1+|s_i|+|s_j|}{1+|s_i|+|s_j|+|s_i-s_j|} \tag{2.4}$$

为 X_i 与 X_j 的灰色绝对关联度，简称绝对关联度。

灰色绝对关联度是 X_i 与 X_j 相似程度的测度。X_i 与 X_j 几何上相似程度越大，$|s_i-s_j|$ 越小，从而 ε_{ij} 越大。

命题 1　设 X_i 与 X_j 的长度相同，且皆为 1－时距序列，而

$$X_i^0=(x_i^0(1),\ x_i^0(2),\ \cdots,\ x_i^0(n))$$

$$X_j^0=(x_j^0(1),\ x_j^0(2),\ \cdots,\ x_j^0(n))$$

分别为 X_i 与 X_j 的始点零化像，则

$$|s_i|=\left|\sum_{k=2}^{n-1}x_i^0(k)+\frac{1}{2}x_i^0(n)\right| \tag{2.5}$$

$$|s_j|=\left|\sum_{k=2}^{n-1}x_j^0(k)+\frac{1}{2}x_j^0(n)\right| \tag{2.6}$$

$$|s_i-s_j|=\left|\sum_{k=2}^{n-1}(x_i^0(k)-x_j^0(k))+\frac{1}{2}(x_i^0(n)-x_j^0(n))\right| \tag{2.7}$$

由式（2.5）、式（2.6）、式（2.7）可以十分方便地计算出式（2.4）中 ε_{ij} 的值。

命题 2　灰色绝对关联度 ε_{ij} 具有下列性质：

(1) $0<\varepsilon_{ij}\leqslant 1$。

(2) ε_{ij} 只与 X_i，X_j 的几何形状有关，而与其空间相对位置无关，或者说平移不改变绝对关联度的值。

(3) X_i 与 X_j 几何上相似程度越大，ε_{ij} 越大。

(4) X_i 与 X_j 平行，或 X_i^0 围绕 X_j^0 摆动，且 X_i^0 位于 X_j^0 之上部分的面积与 X_i^0 位于 X_j^0 之下部分的面积相等时，$\varepsilon_{ij}=1$。

(5) $\varepsilon_{00}=\varepsilon_{ii}=1$。

(6) $\varepsilon_{ij}=\varepsilon_{ji}$。

例 1

设序列

$$X_0=(x_0(1),\ x_0(2),\ x_0(3),\ x_0(4),\ x_0(5),\ x_0(7))$$
$$=(10,\ 9,\ 15,\ 14,\ 14,\ 16)$$
$$X_1=(x_1(1),\ x_1(3),\ x_1(5),\ x_1(7))=(46,\ 70,\ 84,\ 98)$$

试求其绝对关联度 ε_{01}。

解　(1) 将 X_1 化为与 X_0 时距相同的序列，令

$$x_1(2)=\frac{1}{2}(x_1(1)+x_1(3))=\frac{1}{2}(46+70)=58$$

$$x_1(4)=\frac{1}{2}(x_1(3)+x_1(5))=\frac{1}{2}(70+84)=77$$

于是有

$$X_1=(x_1(1),\ x_1(2),\ x_1(3),\ x_1(4),\ x_1(5),\ x_1(7))$$
$$=(46,\ 58,\ 70,\ 77,\ 84,\ 98)$$

(2) 将 X_0，X_1 化为等时距序列，令

$$x_0(6)=\frac{1}{2}(x_0(5)+x_0(7))=\frac{1}{2}(14+16)=15$$

$$x_1(6)=\frac{1}{2}(x_1(5)+x_1(7))=\frac{1}{2}(84+98)=91$$

$$X_0=(x_0(1),\ x_0(2),\ x_0(3),\ x_0(4),\ x_0(5),\ x_0(6),\ x_0(7))$$
$$=(10,\ 9,\ 15,\ 14,\ 14,\ 15,\ 16)$$
$$X_1=(x_1(1),\ x_1(2),\ x_1(3),\ x_1(4),\ x_1(5),\ x_1(6),\ x_1(7))$$
$$=(46,\ 58,\ 70,\ 77,\ 84,\ 91,\ 98)$$

已皆为 1—时距序列。

(3) 求始点零化像，得

$$X_0^0=(x_0^0(1),\ x_0^0(2),\ x_0^0(3),\ x_0^0(4),\ x_0^0(5),\ x_0^0(6),\ x_0^0(7))$$
$$=(0,\ -1,\ 5,\ 4,\ 4,\ 5,\ 6)$$
$$X_1^0=(x_1^0(1),\ x_1^0(2),\ x_1^0(3),\ x_1^0(4),\ x_1^0(5),\ x_1^0(6),\ x_1^0(7))$$
$$=(0,\ 12,\ 24,\ 31,\ 38,\ 45,\ 52)$$

(4) 求 $|s_0|$，$|s_1|$，$|s_1-s_0|$

$$|s_0|=\left|\sum_{k=2}^{6}x_0^0(k)+\frac{1}{2}x_0^0(7)\right|=20$$

$$|s_1|=\left|\sum_{k=2}^{6}x_1^0(k)+\frac{1}{2}x_1^0(7)\right|=176$$

$$|s_1-s_0|=\left|\sum_{k=2}^{6}(x_1^0(k)-x_0^0(k))+\frac{1}{2}(x_1^0(7)-x_0^0(7))\right|=156$$

(5) 计算灰色绝对关联度

$$\varepsilon_{01}=\frac{1+|s_0|+|s_1|}{1+|s_0|+|s_1|+|s_1-s_0|}=\frac{197}{353}\approx 0.5581$$

2.2.2 灰色相对关联度

定义 4 设 $X_i=(x_i(1),\ x_i(2),\ \cdots,\ x_i(n))$ 为因素 X_i 的行为序列，D_1 为序列算子，且

$$X_iD_1=(x_i(1)d_1,\ x_i(2)d_1,\ \cdots,\ x_i(n)d_1)$$

其中

$$x_i(k)d_1=x_i(k)/x_i(1);\ x_i(1)\neq 0,\ k=1,\ 2,\ \cdots,\ n \tag{2.8}$$

则称 D_1 为初值化算子，X_iD_1 为 X_i 在初值化算子 D_1 下的像，简称初值像。X_iD_1 通常简记为 X'_i。

定义 5 设序列 X_i，X_j 长度相同，且初值皆不等于零，X'_i，X'_j 分别为 X_i，X_j 的初值像，则称 X'_i 与 X'_j 的灰色绝对关联度 ε'_{ij} 为 X_i 与 X_j 的灰色相对关联度，简称相对关联度，记为 r_{ij}。

灰色相对关联度是序列 X_i 与 X_j 相对于始点的变化速率联系的表征，X_i 与 X_j 的变化速率越接近，r_{ij} 越大，反之就越小。

命题 3 设 X_i，X_j 为长度相同且初值皆不等于零的序列，则其相对关联度

r_{ij} 与绝对关联度ε_{ij}的值没有必然联系，当ε_{ij}较大时，r_{ij} 可能很小；反之，当ε_{ij}很小时，r_{ij} 可能很大。

命题 4 灰色相对关联度 r_{ij} 具有下列性质：

(1) $0 < r_{ij} \leqslant 1$。

(2) r_{ij} 只与序列 X_i 和 X_j 的相对于始点的变化速率有关，而与各观测值的大小无关，或者说，数乘不改变相对关联度的值。

(3) X_i，X_j 相对于始点的变化速率越趋于一致，r_{ij} 越大。

(4) X_i，X_j 相对于始点的变化速率相同，即 $X_j = aX_i$，或 X_i 与 X_j 的初值像的始点零化像X'^0_i，X'^0_j 满足：X'^0_i 围绕X'^0_j 摆动，且 X'^0_i 位于X'^0_j 之上部分的面积与 X'^0_i 位于 X'^0_j 之下部分的面积相等时，$r_{ij} = 1$。

(5) $r_{ii} = r_{jj} = 1$。

(6) $r_{ij} = r_{ji}$。

例 2

计算例 1 中 X_0 与 X_1 的相对关联度。

(1) 求 X_0，X_1 的初值像，得

$$X'_0 = (1, 0.9, 1.5, 1.4, 1.4, 1.5, 1.6)$$

$$X'_1 = (1, 1.26, 1.52, 1.67, 1.83, 1.98, 2.13)$$

(2) 求 X'_0，X'_1 的始点零化像

$$\begin{aligned} X'^0_0 &= (x'^0_0(1), x'^0_0(2), x'^0_0(3), x'^0_0(4), x'^0_0(5), x'^0_0(6), x'^0_0(7)) \\ &= (0, -0.1, 0.5, 0.4, 0.4, 0.5, 0.6) \end{aligned}$$

$$\begin{aligned} X'^0_1 &= (x'^0_1(1), x'^0_1(2), x'^0_1(3), x'^0_1(4), x'^0_1(5), x'^0_1(6), x'^0_1(7)) \\ &= (0, 0.26, 0.52, 0.67, 0.83, 0.98, 1.13) \end{aligned}$$

(3) 求 $|s'_0|$，$|s'_1|$，$|s'_1 - s'_0|$

$$|s'_0| = \left| \sum_{k=2}^{6} x'^0_0(k) + \frac{1}{2} x'^0_0(7) \right| = 2$$

$$|s'_1| = \left| \sum_{k=2}^{6} x'^0_1(k) + \frac{1}{2} x'^0_1(7) \right| = 3.828$$

$$|s'_1 - s'_0| = \left| \sum_{k=2}^{6} (x'^0_1(k) - x'^0_0(k)) + \frac{1}{2}(x'^0_1(7) - x'^0_0(7)) \right| = 1.925$$

(4) 计算灰色相对关联度

$$r_{01} = \frac{1 + |s'_0| + |s'_1|}{1 + |s'_0| + |s'_1| + |s'_1 - s'_0|} = \frac{6.825}{8.75} \approx 0.78$$

2.2.3 灰色综合关联度

定义 6 设序列 X_i，X_j 长度相同，且初值不等于零，ε_{ij} 和 r_{ij} 分别为 X_i 与

X_j 的灰色绝对关联度和灰色相对关联度，$\theta \in [0, 1]$，则称

$$\rho_{ij} = \theta\varepsilon_{ij} + (1-\theta)r_{ij} \tag{2.9}$$

为 X_i 与 X_j 的灰色综合关联度，简称综合关联度。

灰色综合关联度既体现了折线 X_i 与 X_j 的相似程度，又反映出 X_i 与 X_j 相对于始点的变化速率的接近程度，是较为全面地表征序列之间联系是否紧密的一个数量指标。一般地，我们可取 $\theta = 0.5$，如果对绝对量之间的关系较为关心，θ 可取大一些；如果对变化速率看得较重，θ 可取小一些。

命题 5　灰色综合关联度 ρ_{ij}，具有下列性质：

(1) $0 < \rho_{0i} \leqslant 1$。

(2) ρ_{ij} 既与序列 X_i 和 X_j 的各观测数据的大小有关，又与各数据相对于始点的变化速率有关。

(3) $\theta = 1$ 时，$\rho_{ij} = \varepsilon_{ij}$；$\theta = 0$ 时，$\rho_{ij} = r_{ij}$。

(4) $\rho_{ii} = \rho_{jj} = 1$。

(5) $\rho_{ij} = \rho_{ji}$。

例 3

求例 1 中 X_0 与 X_1 的灰色综合关联度。

解　由例 1 和例 2，已得 $\varepsilon_{01} = 0.5581$，$r_{01} = 0.78$，取 $\theta = 0.5$，可得

$$\rho_{01} = \theta\varepsilon_{01} + (1-\theta)r_{01} = 0.5 \times 0.5581 + 0.5 \times 0.78 \approx 0.669$$

类似，若取 $\theta = 0.2$，0.3，0.4，0.6，0.8，可求得灰色综合关联度，如表 2.1 所示。

表 2.1　灰色综合关联度

θ 值	0.2	0.3	0.4	0.6	0.8
综合关联度	0.735 62	0.713 43	0.691 24	0.646 86	0.602 48

2.3　基于相似性和接近性视角的灰色关联分析模型

分析曲线之间的关系，可以从相似性或接近性两种不同的视角进行考察。本节分别给出基于相似性和接近性视角的灰色关联分析模型。

定义 1　设序列 X_i 与 X_j 长度相同，$s_i - s_j$ 如式 (2.2) 所示，则称

$$\varepsilon_{ij} = \frac{1}{1 + |s_i - s_j|} \tag{2.10}$$

为 X_i 与 X_j 的基于相似性视角的灰色关联度，简称相似关联度。

相似关联度用于测度序列 X_i 与 X_j 在几何形状上的相似程度。X_i 与 X_j 在几何形状上越相似，ε_{ij} 越大，反之就越小。

定义 2 设序列 X_i 与 X_j 长度相同，$S_i - S_j$ 如式（2.3）所示，则称

$$\delta_{ij} = \frac{1}{1 + |S_i - S_j|} \tag{2.11}$$

为 X_i 与 X_j 的基于接近性视角的灰色关联度，简称接近关联度。

接近关联度用于测度序列 X_i 与 X_j 在空间中的接近程度。X_i 与 X_j 越接近，δ_{ij} 越大，反之就越小。接近关联度仅适用于序列 X_i 与 X_j 意义、量纲完全相同的情形，当序列 X_i 与 X_j 的意义、量纲不同时，计算其接近关联度没有任何实际意义。

对照式（2.4）和式（2.10）易知，灰色相似关联度与灰色绝对关联度具有相同的性质。

命题 1 灰色接近关联度 δ_{ij} 具有下列性质：

(1) $0 < \delta_{ij} \leqslant 1$。

(2) δ_{ij} 不仅与 X_i 和 X_j 的几何形状有关，还与其空间相对位置有关。

(3) X_i 与 X_j 越接近，δ_{ij} 越大，反之就越小。

(4) X_i 与 X_j 重合，或 X_i 围绕 X_j 摆动，且 X_i 位于 X_j 之上部分的面积与 X_i 位于 X_j 之下部分的面积相等时，$\delta_{ij} = 1$。

(5) $\delta_{ii} = \delta_{jj} = 1$。

(6) $\delta_{ij} = \delta_{ji}$。

按照式（2.10）或式（2.11）计算相似关联度或接近关联度时，当序列数据绝对值较大时，可能导致 $|s_i - s_j|$ 或 $|S_i - S_j|$ 的值较大，从而出现相似关联度或接近关联度数值较小的情形。这种情况对于序关系的分析没有实质性影响。如果认为数值较大的关联度更便于说明问题，可以考虑将式（2.10）或式（2.11）分子和分母中的数 1 取为一个与 $|s_i - s_j|$ 或 $|S_i - S_j|$ 相关的常数，也可以采用广义灰色关联分析模型或其他合适的模型。

2.4 基于混合三角白化权函数的灰色聚类评估模型

本节分别介绍基于端点混合三角白化权函数和基于中心点混合三角白化权函数的灰色聚类评估模型。其中，基于端点混合三角白化权函数的灰色聚类评估模型适用于各灰类边界清晰，但最可能属于各灰类的点不明的情形；基于中心点混合三角白化权函数的灰色聚类评估模型适用于较易判断最可能属于各灰类的点，但各灰类边界不清晰的情形。两类评估模型均以适中测度三角白化权函数、下限测度白化权函数、上限测度白化权函数三类常用白化权函数为基础。

2.4.1 常用白化权函数

设有 n 个聚类对象，m 个聚类指标，s 个不同灰类，灰色聚类评估方法就是

根据对象 $i(i=1, 2, \cdots, n)$ 关于 $j(j=1, 2, \cdots, m)$ 指标的观测值 $x_{ij}(i=1, 2, \cdots, n; j=1, 2, \cdots, m)$ 将第 i 个对象归入第 $k(k\in\{1, 2, \cdots, m\})$ 个灰类之中（邓聚龙，1985）。

将 n 个对象关于指标 j 的取值相应地分为 s 个灰类，称为 j 指标子类。j 指标 k 子类的白化权函数记为 $f_j^k(\cdot)$。

1. 梯形白化权函数

定义 1　设 j 指标 k 子类的白化权函数 $f_j^k(\cdot)$ 如图 2.1 所示的梯形白化权函数，则称 $x_j^k(1)$，$x_j^k(2)$，$x_j^k(3)$，$x_j^k(4)$ 为 $f_j^k(\cdot)$ 的转折点。梯形白化权函数记为

$$f_j^k[x_j^k(1), x_j^k(2), x_j^k(3), x_j^k(4)]$$

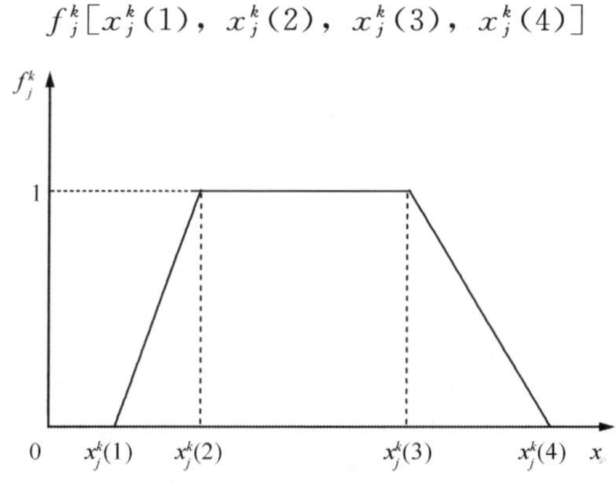

图 2.1　梯形白化权函数

设 x 为指标 j 的一个观测值，可由式（2.12）计算出梯形白化权函数的数值。

$$f_j^k(x)=\begin{cases}0, & x\notin[x_j^k(1), x_j^k(4)]\\ \dfrac{x-x_j^k(1)}{x_j^k(2)-x_j^k(1)}, & x\in[x_j^k(1), x_j^k(2)]\\ 1, & x\in[x_j^k(2), x_j^k(3)]\\ \dfrac{x_j^k(4)-x}{x_j^k(4)-x_j^k(3)}, & x\in[x_j^k(3), x_j^k(4)]\end{cases} \tag{2.12}$$

2. 下限测度白化权函数

定义 2　如图 2.1 所示的白化权函数 $f_j^k(\cdot)$ 无第一和第二个转折点 $x_j^k(1)$，$x_j^k(2)$，即如图 2.2 所示，则称 $f_j^k(\cdot)$ 为下限测度白化权函数，记为 $f_j^k[-, -, x_j^k(3), x_j^k(4)]$。对于指标 j 的一个观测值 x，下限测度白化权函数的数值可由式（2.13）计算。

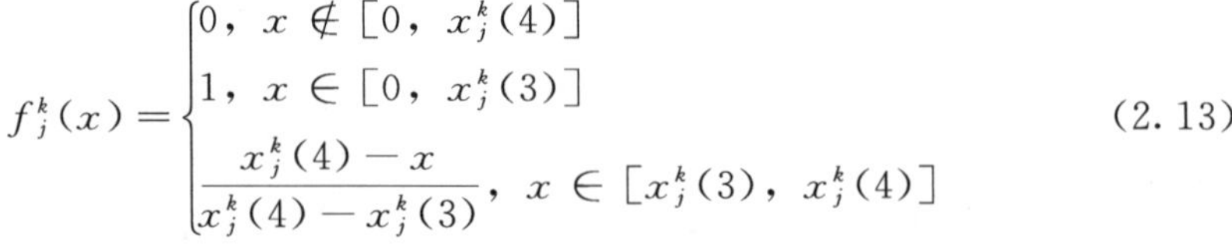

$$f_j^k(x)=\begin{cases}0, & x\notin[0,\ x_j^k(4)]\\ 1, & x\in[0,\ x_j^k(3)]\\ \dfrac{x_j^k(4)-x}{x_j^k(4)-x_j^k(3)}, & x\in[x_j^k(3),\ x_j^k(4)]\end{cases} \tag{2.13}$$

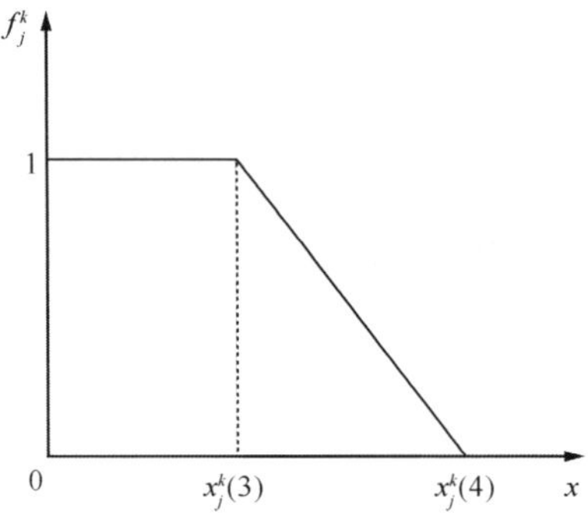

图 2.2　下限测度白化权函数

3. 适中测度三角白化权函数

定义 3　如图 2.1 所示的白化权函数 $f_j^k(\cdot)$ 第二和第三个转折点 $x_j^k(2)$，$x_j^k(3)$ 重合，如图 2.3 所示，则称 $f_j^k(\cdot)$ 为适中测度白化权函数，记为 $f_j^k[x_j^k(1),\ x_j^k(2),\ -,\ x_j^k(4)]$。对于指标 j 的一个观测值 x，适中测度三角白化权函数的数值可由式（2.14）计算。

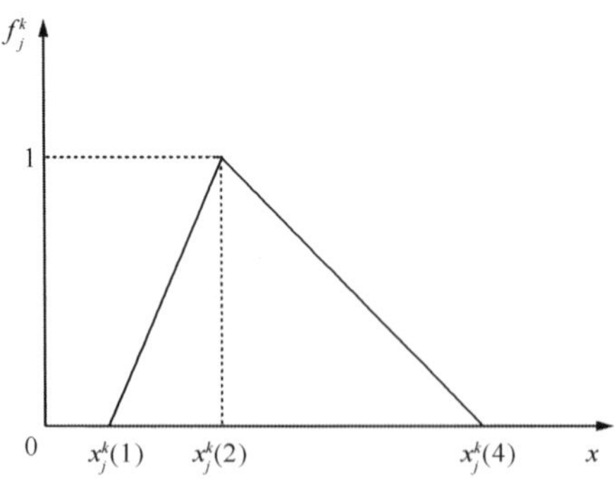

图 2.3　三角白化权函数

$$f_j^k(x)=\begin{cases}0, & x\notin[x_j^k(1),\ x_j^k(4)]\\ \dfrac{x-x_j^k(1)}{x_j^k(2)-x_j^k(1)}, & x\in[x_j^k(1),\ x_j^k(2)]\\ \dfrac{x_j^k(4)-x}{x_j^k(4)-x_j^k(2)}, & x\in[x_j^k(2),\ x_j^k(4)]\end{cases} \tag{2.14}$$

4. 上限测度白化权函数

定义 4　如图 2.1 所示的白化权函数 $f_j^k(\cdot)$ 无第三和第四个转折点 $x_j^k(3)$，$x_j^k(4)$，即如图 2.4 所示，则称 $f_j^k(\cdot)$ 为上限测度白化权函数，记为 $f_j^k[x_j^k(1), x_j^k(2), -, -]$。对于指标 j 的一个观测值 x，上限测度白化权函数的数值可由式 (2.15) 计算。

$$f_j^k(x)=\begin{cases}0, & x<x_j^k(1)\\ \dfrac{x-x_j^k(1)}{x_j^k(2)-x_j^k(1)}, & x\in[x_j^k(1), x_j^k(2)]\\ 1, & x\geqslant x_j^k(2)\end{cases} \tag{2.15}$$

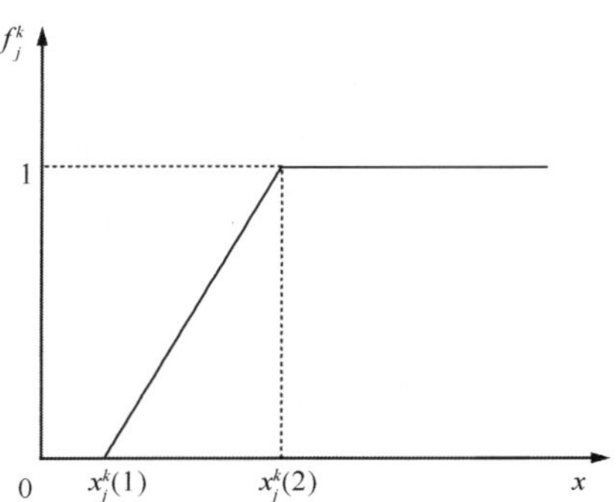

图 2.4　上限测度白化权函数

2.4.2　基于端点混合三角白化权函数的灰色聚类评估模型

基于端点混合三角白化权函数的灰色评估模型适用于各灰类边界清晰，但最可能属于各灰类的点不明的情形。其建模步骤如下：

第一步，按照评估要求所需划分的灰类数 s，将各个指标的取值范围也相应地划分为 s 个灰类，例如，将 j 指标的取值范围$[a_1, a_{s+1}]$划分为 s 个小区间

$$[a_1, a_2], \cdots, [a_{k-1}, a_k], \cdots, [a_{s-1}, a_s], [a_s, a_{s+1}]$$

式中，$a_k(k=1, 2, \cdots, s, s+1)$ 的值一般可根据实际评估要求或定性研究结果确定。

第二步，确定与 $[a_1, a_2]$ 和$[a_s, a_{s+1}]$对应的灰类 1 和灰类 s 的转折点λ_j^1，λ_j^s；同时计算各个小区间的几何中点，$\lambda_k=(a_k+a_{k+1})/2$，$k=1, 2, \cdots, s$。

第三步，对于灰类 1 和灰类 s，构造相应的下限测度白化权函数 $f_j^1[-, -, \lambda_j^1, \lambda_j^2]$ 和上限测度白化权函数 $f_j^s[\lambda_j^{s-1}, \lambda_j^s, -, -]$。

设 x 为指标 j 的一个观测值，当 $x\in[a_1, \lambda_j^2]$ 或 $x\in[\lambda_j^{s-1}, a_{s+1}]$ 时，可分别由公式

$$f_j^1(x)=\begin{cases}0, & x\notin[a_1, \lambda_j^2]\\ 1, & x\in[a_1, \lambda_j^1]\\ \dfrac{\lambda_j^2-x}{\lambda_j^2-\lambda_j^1}, & x\in[\lambda_j^1, \lambda_j^2]\end{cases} \tag{2.16}$$

或

$$f_j^s(x)=\begin{cases}0, & x\notin[\lambda_j^{s-1}, a_{s+1}]\\ \dfrac{x-\lambda_j^{s-1}}{\lambda_j^s-\lambda_j^{s-1}}, & x\in[\lambda_j^{s-1}, \lambda_j^s]\\ 1, & x\in[\lambda_j^s, a_{s+1}]\end{cases} \tag{2.17}$$

计算出其关于灰类 1 和灰类 s 的隶属度 $f_j^1(x)$ 或 $f_j^s(x)$。

第四步，对于灰类 $k(k\in\{2, 3, \cdots, s-1\})$，同时连接点$(\lambda_j^k, 1)$与灰类 $k-1$ 的中心点$(\lambda_j^{k-1}, 0)$，或灰类 1 的转折点$(\lambda_j^1, 0)$，以及$(\lambda_j^k, 1)$与灰类 $k+1$ 的中心点$(\lambda_j^{k+1}, 0)$，或灰类 s 的转折点$(\lambda_j^s, 0)$，得到 j 指标关于灰类 k 的三角白化权函数 $f_j^k[\lambda_j^{k-1}, \lambda_j^k, -, \lambda_j^{k+1}]$，$j=1, 2, \cdots, m$；$k=2, 3, \cdots, s-1$。如图 2.5 所示。

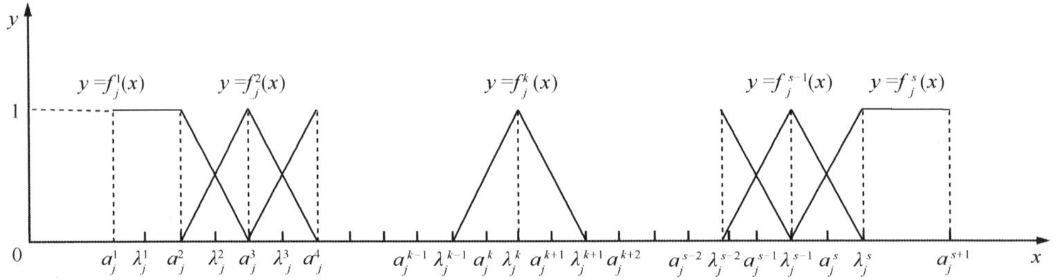

图 2.5　端点混合白化权函数示意图

对于指标 j 的一个观测值 x，可由式 (2.18)

$$f_j^k(x)=\begin{cases}0, & x\notin[\lambda_j^{k-1}, \lambda_j^{k+1}]\\ \dfrac{x-\lambda_j^{k-1}}{\lambda_j^k-\lambda_j^{k-1}}, & x\in[\lambda_j^{k-1}, \lambda_j^k]\\ \dfrac{\lambda_j^{k+1}-x}{\lambda_j^{k+1}-\lambda_j^k}, & x\in[\lambda_j^k, \lambda_j^{k+1}]\end{cases} \tag{2.18}$$

计算出其属于灰类 $k(k=1, 2, \cdots, s)$ 的隶属度 $f_j^k(x)$。

第五步，确定各指标的权重 w_j，$j=1, 2, \cdots, m$。

第六步，计算对象 $i(i=1, 2, \cdots, n)$ 关于灰类 $k(k=1, 2, \cdots, s)$ 的聚类系数 σ_i^k。

$$\sigma_i^k=\sum_{j=1}^{m}f_j^k(x_{ij})w_j \tag{2.19}$$

式中，$f_j^k(x_{ij})$ 为 j 指标 k 子类白化权函数；w_j 为指标 j 在综合聚类中的权重。

第七步，由 $\max\limits_{1\leqslant k\leqslant s}\{\sigma_i^k\}=\sigma_i^{k^*}$，判断对象 i 属于灰类 k^*；当有多个对象同属于 k^* 灰类时，还可以进一步根据综合聚类系数的大小确定同属于 k^* 灰类的各个对象的优劣或位次。

2.4.3　基于中心点混合三角白化权函数的灰色聚类评估模型建模步骤

基于中心点混合三角白化权函数的灰色聚类评估模型，适用于较易判断最可能属于各灰类的点，但各灰类边界不清晰的情形。

我们将属于某灰类程度最大的点称为该灰类的中心点。基于中心点混合三角白化权函数的灰色评估模型的建模步骤如下：

第一步，对于指标 j，设其取值范围为$[a_j, b_j]$，按照评估要求所需划分的灰类数 s，分别确定灰类 1、灰类 s 的转折点 λ_j^1，λ_j^s 和灰类 $k(k\in\{2, 3, \cdots, s-1\})$ 的中心点 λ_j^2，λ_j^3，…，λ_j^{s-1}。

第二步，对于灰类 1 和灰类 s，构造相应的下限测度白化权函数 $f_j^1[-, -, \lambda_j^1, \lambda_j^2]$ 和上限测度白化权函数 $f_j^s[\lambda_j^{s-1}, \lambda_j^s, -, -]$。

设 x 为指标 j 的一个观测值，当 $x\in[a_j, \lambda_j^2]$ 或 $x\in[\lambda_j^{s-1}, b_j]$ 时，可分别由公式

$$f_j^1(x)=\begin{cases}0, & x\notin[a_j, \lambda_j^2]\\ 1, & x\in[a_j, \lambda_j^1]\\ \dfrac{\lambda_j^2-x}{\lambda_j^2-\lambda_j^1}, & x\in[\lambda_j^1, \lambda_j^2]\end{cases} \tag{2.20}$$

或

$$f_j^s(x)=\begin{cases}0, & x\notin[\lambda_j^{s-1}, b_j]\\ \dfrac{x-\lambda_j^{s-1}}{\lambda_j^s-\lambda_j^{s-1}}, & x\in[\lambda_j^{s-1}, \lambda_j^s]\\ 1, & x\in[\lambda_j^s, b_j]\end{cases} \tag{2.21}$$

计算出其关于灰类 1 和灰类 s 的隶属度 $f_j^1(x)$ 或 $f_j^s(x)$。

第三步，对于灰类 $k(k\in\{2, 3, \cdots, s-1\})$，同时连接点$(\lambda_j^k, 1)$与灰类 $k-1$ 的中心点$(\lambda_j^{k-1}, 0)$，或灰类 1 的转折点$(\lambda_j^1, 0)$，以及$(\lambda_j^k, 1)$与灰类 $k+1$ 的中心点$(\lambda_j^{k+1}, 0)$，或灰类 s 的转折点$(\lambda_j^s, 0)$，得到 j 指标关于灰类 k 的三角白化权函数 $f_j^k[\lambda_j^{k-1}, \lambda_j^k, -, \lambda_j^{k+1}]$，$j=1, 2, \cdots; m$；$k=2, 3, \cdots, s-1$。如图 2.6 所示。

对于指标 j 的一个观测值 x，当 $k=2, 3, \cdots, s-1$ 时，可由公式

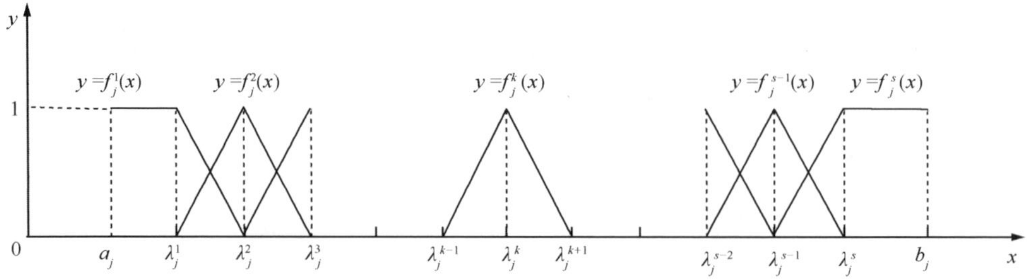

图 2.6 中心点混合白化权函数示意图

$$f_j^k(x)=\begin{cases}0, & x\notin[\lambda_j^{k-1}, \lambda_j^{k+1}]\\ \dfrac{x-\lambda_j^{k-1}}{\lambda_j^k-\lambda_j^{k-1}}, & x\in[\lambda_j^{k-1}, \lambda_j^k]\\ \dfrac{\lambda_j^{k+1}-x}{\lambda_j^{k+1}-\lambda_j^k}, & x\in[\lambda_j^k, \lambda_j^{k+1}]\end{cases} \tag{2.22}$$

计算出其属于灰类 $k(k\in\{2, 3, \cdots, s-1\})$ 的隶属度 $f_j^k(x)$。

第四步，确定各指标的权重 w_j，$j=1, 2, \cdots, m$。

第五步，计算对象 $i(i=1, 2, \cdots, n)$ 关于灰类 $k(k=1, 2, \cdots, s)$ 的聚类系数 σ_i^k。

$$\sigma_i^k=\sum_{j=1}^{m} f_j^k(x_{ij})w_j \tag{2.23}$$

式中，$f_j^k(x_{ij})$ 为 j 指标 k 子类白化权函数；w_j 为指标 j 在综合聚类中的权重。

第六步，由 $\max\limits_{1\leqslant k\leqslant s}\{\sigma_i^k\}=\sigma_i^{k^*}$，判断对象 i 属于灰类 k^*；当有多个对象同属于 k^* 灰类时，还可以进一步根据综合聚类系数的大小确定同属于 k^* 灰类的各个对象的优劣或位次。

2.5 两阶段灰色综合测度决策模型

两阶段灰色综合测度决策模型主要针对灰色聚类系数向量 δ_i 的各分量均衡取值，或灰色聚类系数向量 δ_i 有若干个位于前列的主分量取值相近，难以判定决策对象归属的情形（刘思峰，2013）。

定义 1 设 $\delta_i=(\delta_i^1, \delta_i^2, \cdots, \delta_i^s)$；$(i=1, 2, \cdots, n)$ 为决策对象 i 的单位化灰色聚类系数向量，则称

$$I(\delta_i)=-\sum_{i=1}^{s}\delta_i^k\ln\delta_i^k \tag{2.24}$$

为灰色聚类系数向量 δ_i 的熵。

式（2.24）中的负号是为了保证熵值 $I(\delta_i)\geqslant 0$。$I(\delta_i)$ 可以作为灰色聚类系

数向量 δ_i 的各分量取值均衡程度的一种度量. δ_i 的各分量 δ_i^k 的取值越趋于均衡，$I(\delta_i)$ 的值越大。

命题 1　灰色聚类系数向量 δ_i 的熵在各分量均衡分布时取得最大值 $\ln s$，即

$$0 \leqslant I(\delta_i) \leqslant \ln s$$

当 $I(\delta_i)=0$ 时，根据灰色聚类系数向量 δ_i 可以得到明确的结论。事实上，此时 δ_i 的某一分量取值为 1，其余各分量的值全为 0.

当 $I(\delta_i) \to 0$ 时，δ_i 的某一分量取值接近于 1，其余各分量的值均接近于 0. 此时根据灰色聚类系数向量 δ_i 得到的结论也具有较大的可靠性。

当 $I(\delta_i)=\ln s$ 时，灰色聚类系数向量 δ_i 各分量取值相等，δ_i 的熵在各分量均衡分布。在此情形下，根据灰色聚类系数向量 δ_i 无法得到任何有价值的结论。

当 $I(\delta_i) \to \ln s$ 时，灰色聚类系数向量 δ_i 各分量取值相近，δ_i 的熵在各分量的分布接近均衡分布。此时虽然可以比较出灰色聚类系数向量 δ_i 各分量数值的大小，但由于各分量差异不大，得到的结论可靠性较低。

将 δ_i 各分量按其数值大小依次排序，可得 $\delta_i^{k_1} \geqslant \delta_i^{k_2} \geqslant \cdots \geqslant \delta_i^{k_l} \geqslant \cdots \geqslant \delta_i^{k_s}$。

定义 2　若 $\delta_i^{k_1}+\delta_i^{k_2}+\cdots+\delta_i^{k_l} \geqslant 0.8$，则称 $\delta_i^{k_1}$，$\delta_i^{k_2}$，…，$\delta_i^{k_l}$ 为灰色聚类系数向量 δ_i 的主分量。

当 $I(\delta_i)=0$ 或 $I(\delta_i) \to 0$ 时，δ_i 只有一个主分量。一般情况下，δ_i 可能有多个主分量。若灰色聚类系数向量 δ_i 的最大主分量 $\delta_i^{k_1}$ 与其余主分量 $\delta_i^{k_2}$，…，$\delta_i^{k_l}$ 差异显著，仍可得到具有较大可靠性的决策结论。而对于 δ_i 的最大主分量 $\delta_i^{k_1}$ 与其余主分量 $\delta_i^{k_2}$，…，$\delta_i^{k_l}$ 差异不显著，即 δ_i 有若干个位于前列的主分量取值相近的情形，则难以得到可靠的决策结论。

当 δ_i 的熵在各分量的分布接近均衡分布或 δ_i 有若干个位于前列的主分量取值相近时，给出决策结论需要慎之又慎。两阶段灰色综合测度决策模型能够提高 δ_i 各分量取值相近或 δ_i 有若干个位于前列的主分量取值相近情形下的决策效率。

人们通常仅根据灰色聚类系数向量 δ_i 各分量的最大值对决策对象进行分类，所得结果虽然有一定的合理性，但有时也会产生偏颇。尤其在最大主分量 $\delta_i^{k_1}$ 与其余主分量差异不显著的情形下，难以得到可靠的决策结论。例如，对两个评价对象按“优”、“良”、“中”进行分类，若对象 1 和对象 2 的灰色聚类系数向量分别为 $\delta_1=(0.4，0.35，0.25)$，$\delta_2=(0.41，0.2，0.39)$，如果直接比较其聚类系数的最大值，由于 $0.41>0.4$，结论应为对象 2 优于对象 1。但如果综合考察 δ_1，δ_2 各分量的值，也许不少人会认为对象 1 优于对象 2。

造成这种认知差异的原因是我们在对灰色聚类系数向量进行比较时，有时候需要把灰色聚类系数向量视为一个整体进行综合考察。定义 3 和定义 4 给出的综合测度决策模型解决了这一问题。

定义 3　设有 s 个不同的决策灰类，令

$$\eta_1=\frac{2}{s(s+1)}(s,\ s-1,\ s-2,\ \cdots,\ 1)$$

$$\eta_2=\left(\frac{1}{\frac{s(s+1)}{2}+(s-2)}\right)(s-1,\ s,\ s-1,\ s-2,\ \cdots,\ 2)$$

$$\eta_3=\left(\frac{1}{\frac{s(s+1)}{2}+(2s-6)}\right)(s-2,\ s-1,\ s,\ s-1,\ \cdots,\ 3)$$

$$\cdots$$

$$\eta_k=\left\{\frac{1}{\frac{s(s+1)}{2}+\left[(k-1)s-\frac{k(k-1)}{2}\right]}\right\}(s-k+1,\ s-k+2,\ \cdots,\ s-1,\ s,\ s-1,\ \cdots,\ k)$$

$$\cdots$$

$$\eta_{s-1}=\frac{2}{\frac{s(s+1)}{2}+(s-2)}(2,\ 3,\ \cdots s-1,\ s,\ s-1)$$

$$\eta_s=\frac{2}{s(s+1)}(1,\ 2,\ 3,\ \cdots s-1,\ s)$$

称 $\eta_k(k=1,\ 2,\ \cdots,\ s)$ 为关于灰类 k 的综合加权决策向量。

注：s 维向量 $\eta_k=(\eta_k^1,\ \eta_k^2,\ \cdots,\ \eta_k^s)(k=1,\ 2,\ \cdots,\ s)$ 由数乘向量构成，其中数乘因子的作用是保证 $\eta_k(k=1,\ 2,\ \cdots,\ s)$ 为单位向量。向量部分的第 k 个分量为 s，以此为中心，步长为1，两侧的分量取值依次递减，体现了第 k 个分量对决策对象属于灰类 k 的贡献最大，因此被赋予最大的权重 s。其他各分量的值则按“与第 k 个分量距离越近的分量对决策对象属于灰类 k 的贡献越大，因而被赋予较大的权重；与第 k 个分量距离越远的分量对决策对象属于灰类 k 的贡献越小，因而被赋予较小的权重”的原则设定。

定义 4　设有 n 个决策对象，s 个不同灰类，则称 $\omega_i^k=\eta_k\cdot\delta_i^{\mathrm{T}}$ 为对象 i 关于灰类 k 的灰色综合测度决策系数，并称

$$\omega_i=(\omega_i^1,\ \omega_i^2,\ \cdots,\ \omega_i^s);\ i=1,\ 2,\ \cdots,\ n$$

为对象 i 的灰色综合测度决策系数向量。

定义 5　设 $\max\limits_{1\leqslant k\leqslant s}\{\omega_{i_1}^k\}=\omega_{i_1}^{k^*}$，$\max\limits_{1\leqslant k\leqslant s}\{\omega_{i_2}^k\}=\omega_{i_2}^{k^*}$，当 $\omega_{i_1}>\omega_{i_2}$ 时，则称在 k^* 灰类中，决策对象 i_1 优于决策对象 i_2。

定义 6　设 $\max\limits_{1\leqslant k\leqslant s}\{\omega_{i_1}^k\}=\omega_{i_1}^{k^*}$，$\max\limits_{1\leqslant k\leqslant s}\{\omega_{i_2}^k\}=\omega_{i_2}^{k^*}$，$\cdots$，$\max\limits_{1\leqslant k\leqslant s}\{\omega_{i_l}^k\}=\omega_{i_l}^{k^*}$，即对象 i_1，i_2，$\cdots$，i_l 均属于 k^* 灰类。且 $\omega_{i_1}>\omega_{i_2}>\cdots>\omega_{i_l}$，若决策灰类 k^* 容纳的对象个数为 l_1，则称对象 i_1，i_2，$\cdots$，i_{l_1} 为 k^* 灰类的取入对象，其余的对象

为 k^* 灰类的候选对象。

两阶段灰色综合测度决策模型可按以下步骤构建。

Stage 1：

Step 1，按照综合评价要求划分的灰类数 s，分别确定灰类 1、灰类 s 的转折点λ_j^1，λ_j^s 和灰类$k(k \in \{2, 3, \cdots, s-1\})$的中心点$\lambda_j^2$，$\lambda_j^3$，…，$\lambda_j^{s-1}$；设定$j$ 指标 k 子类白化权函数 $f_j^k(*)(j=1, 2, \cdots, m; k=1, 2, \cdots, s)$。

其中，灰类 1 和灰类 s 的白化权函数分别取为下限测度白化权函数 $f_j^1[-, -, \lambda_j^1, \lambda_j^2]$ 和上限测度白化权函数 $f_j^s[\lambda_j^{s-1}, \lambda_j^s, -, -]$，灰类 $k(k \in \{2, 3, \cdots, s-1\})$ 的白化权函数均取为三角白化权函数；

Step 2，确定每个指标的聚类权 w_j，$j=1, 2, \cdots, m$。

Step 3，计算对象 i 关于灰类k 的灰色聚类系数σ_i^k：

$$\sigma_i^k = \sum_{j=1}^{m} f_j^k(x_{ij}) w_j$$

式中，$f_j^k(x_{ij})$ 为对象 i 在指标j 下属于灰类k 的白化权函数；w_j 为指标j 在灰色评估决策中的权重。

Step 4，计算决策对象 i 属于灰类k 的单位化灰色聚类系数δ_i^k，其中，

$$\delta_i^k = \frac{\sigma_i^k}{\sum_{k=1}^{s} \sigma_i^k}$$

Step 5，评估决策系数向量各分量之间的分辨率。若最大聚类系数易于识别，则转向 Step 6；对于灰色聚类系数向量 δ_i 各分量取值相近，或 δ_i 有若干个位于前列的主分量取值相近的情形，最大决策系数难以识别，则转向 Step 7。

Step 6，由 $\max_{1 \leqslant k \leqslant s}\{\delta_i^k\} = \delta_i^{k^*}$，判定对象 i 属于 k^* 灰类，转向 Step 10。

Stage 2：

Step 7，计算综合加权决策向量$(\eta_1, \eta_2, \cdots, \eta_s)$。

Step 8，计算决策对象 i 关于灰类k 的综合测度决策系数向量

$$\omega_i = (\omega_i^1, \omega_i^2, \cdots, \omega_i^s);\ i=1, 2, \cdots, n。$$

Step 9，由 $\max_{1 \leqslant k \leqslant s}\{\omega_i^k\} = \omega_i^{k^*}$，判定对象 i 属于 k^* 灰类。

Step 10，若有多个对象同属于 k^* 灰类，根据定义 5 和定义 6，还可以进一步根据灰色聚类系数或综合测度决策系数对同属于灰类 k 的所有对象进行排序。

2.6　多目标加权灰靶决策评估模型

灰靶决策是灰色系统理论非唯一性原理在决策中的应用和体现，主要适用于目标具有满意域的情形。20 多年来灰靶决策广泛应用于石油开发、军事决策、

装备状态监测与磨损模式识别等领域，取得不少有价值的成果。

本节首先构造出四种新型一致效果测度函数，并据此建立一种新的多目标加权灰靶决策评估模型。新模型充分考虑了目标效果值中靶和脱靶两种不同情形，物理含义十分清晰，而且综合效果测度的分辨率亦得到大大提高。

2.6.1 基本概念

定义 1 某一决策问题研究范围内事件的全体称为该决策问题的事件集，记为

$$A=\{a_1,\ a_2,\ \cdots a_n\}$$

式中，$a_i(i=1,\ 2,\ 3,\ \cdots,\ n)$ 为第 i 个事件，相应的所有可能的对策全体称为对策集，记为

$$B=\{b_1,\ b_2,\ \cdots,\ b_m\}$$

式中，$b_j(j=1,\ 2,\ \cdots m)$ 为第 j 种对策。

定义 2 事件集 $A=\{a_1,\ a_2,\ \cdots a_n\}$ 与对策集 $B=\{b_1,\ b_2,\ \cdots,\ b_m\}$ 的笛卡儿积

$$A\times B=\{(a_i,\ b_j)\mid a_i\in A,\ b_j\in B\}$$

称为局势集，记为 $S=A\times B$。对于任意的 $a_i\in A$，$b_j\in B$，称 $(a_i,\ b_j)$ 为局势，记为 $s_{ij}=(a_i,\ b_j)$。

定义 3 设 $A=\{a_1,\ a_2,\ \cdots,\ a_n\}$ 为事件集，$B=\{b_1,\ b_2,\ \cdots,\ b_m\}$ 为对策集，$S=\{s_{ij}=(a_i,\ b_j)\mid a_i\in A,\ b_j\in B\}$ 为局势集，$u_{ij}^{(k)}$ 为局势 s_{ij} 在 k 目标下的效果值，R 为实数集，则称 $u_{ij}^{(k)}$：$S\mapsto R$

$$s_{ij}\mapsto u_{ij}^{(k)}$$

为 S 在 k 目标下的效果映射；目标效果值 $u_{ij}^{(k)}$ 是目标实现或偏离程度的具体体现。

定义 4 设 $d_1^{(k)}$，$d_2^{(k)}$ 为 k 目标下局势效果的上下临界值，则称 $S^1=\{r\mid d_1^{(k)}\leqslant r\leqslant d_2^{(k)}\}$ 为 k 目标下的一维决策灰靶，并称 $u_{ij}^{(k)}\in[d_1^{(k)},\ d_2^{(k)}]$ 为 k 目标下的满意效果，称相应的 s_{ij} 为 k 目标下的可取局势，b_j 为 k 目标下的关于事件 a_i 的可取对策。

以上是单目标的情况，类似地，可以讨论多目标局势的决策灰靶。

定义 5 设 $d_1^{(1)}$，$d_2^{(1)}$ 为目标 1 的局势效果临界值，$d_1^{(2)}$，$d_2^{(2)}$ 为目标 2 的局势效果临界值，则称

$$S^2=\{(r^{(1)},\ r^{(2)})\mid d_1^{(1)}\leqslant r^{(1)}\leqslant d_2^{(1)},\ d_1^{(2)}\leqslant r^{(2)}\leqslant d_2^{(2)}\}$$

为二维决策灰靶。若局势 s_{ij} 的效果向量 $u_{ij}=\{u_{ij}^{(1)},\ u_{ij}^{(2)}\}\in S^2$，则称 s_{ij} 为目标 1 和目标 2 下的可取局势，b_j 为事件 a_i 在目标 1，2 下的可取对策。

定义 6 设 $d_1^{(1)}$，$d_2^{(1)}$；$d_1^{(2)}$，$d_2^{(2)}$；…；$d_1^{(s)}$，$d_2^{(s)}$ 分别为目标 1，2，…，s

下的局势效果临界值，则称 s 维超平面区域

$$S^s=\{(r^{(1)},\ r^{(2)},\ \cdots,\ r^{(s)})\mid d_1^{(1)}\leqslant r^{(1)}\leqslant d_2^{(1)},$$

$$d_1^{(2)}\leqslant r^{(2)}\leqslant d_2^{(2)},\ \cdots,\ d_1^{(s)}\leqslant r^{(s)}\leqslant d_2^{(s)}\}$$

为 s 维决策灰靶。若局势 s_{ij} 的效果向量

$$u_{ij}=(u_{ij}^{(1)},\ u_{ij}^{(2)},\ \cdots,\ u_{ij}^{(s)})\in S^s$$

式中，$u_{ij}^{(k)}(k=1,\ 2,\ \cdots,\ s)$ 为局势 s_{ij} 在 k 目标下的效果值，则称 s_{ij} 为目标 1，2，…，s 下的可取局势，b_j 为事件 a_i 在目标 1，2，…，s 下的可取对策。

决策灰靶实质上是相对优化意义下满意效果所在的区域。在许多场合下，要取得绝对的最优是不可能的，因而人们常常退而求其次，试图寻求一个满意的结果，即要求局势 s_{ij} 的目标效果向量

$$u_{ij}=(u_{ij}^{(1)},\ u_{ij}^{(2)},\ \cdots,\ u_{ij}^{(s)})\in S^s$$

这就是我们通常说的“中靶”。

2.6.2　一致效果测度矩阵的构建

由于不同目标效果值的意义、量纲和性质可能各不相同，为得到具有可比性的局势综合效果测度，首先需要将目标效果值 $u_{ij}^{(k)}$ 转化为一致效果测度。

定义 7　设 $A=\{a_1,\ a_2,\ \cdots,\ a_n\}$ 为事件集，$B=\{b_1,\ b_2,\ \cdots,\ b_m\}$ 为对策集，$S=\{s_{ij}=(a_i,\ b_j)\mid a_i\in A,\ b_j\in B\}$ 为局势集，

$$U^{(k)}=(u_{ij}^{(k)})=\begin{bmatrix} u_{11}^{(k)} & u_{12}^{(k)} & \cdots & u_{1m}^{(k)} \\ u_{21}^{(k)} & u_{22}^{(k)} & \cdots & u_{2m}^{(k)} \\ \vdots & \vdots & & \vdots \\ u_{n1}^{(k)} & u_{n2}^{(k)} & \cdots & u_{nm}^{(k)} \end{bmatrix}$$

为局势集 S 在 $k(k=1,\ 2,\ \cdots,\ s)$ 目标下的效果样本矩阵，则：

（1）设 k 为效益型目标，即目标效果样本值越大越好；k 目标下的决策灰靶设为 $u_{ij}^{(k)}\in[u_{i_0j_0}^{(k)},\ \max\limits_i\max\limits_j\{u_{ij}^{(k)}\}]$，即 $u_{i_0j_0}^{(k)}$ 为 k 目标效果临界值，则

$$r_{ij}^{(k)}=\frac{u_{ij}^{(k)}-u_{i_0j_0}^{(k)}}{\max\limits_i\max\limits_j\{u_{ij}^{(k)}\}-u_{i_0j_0}^{(k)}}\tag{2.25}$$

称为效益型目标效果测度。

（2）设 k 为成本型目标，即目标效果样本值越小越好；k 目标下的决策灰靶设为 $u_{ij}^{(k)}\in[\min\limits_i\min\limits_j\{u_{ij}^{(k)}\},\ u_{i_0j_0}^{(k)}]$，即 $u_{i_0j_0}^{(k)}$ 为 k 目标效果临界值，则

$$r_{ij}^{(k)}=\frac{u_{i_0j_0}^{(k)}-u_{ij}^{(k)}}{u_{i_0j_0}^{(k)}-\min\limits_i\min\limits_j\{u_{ij}^{(k)}\}}\tag{2.26}$$

称为成本型目标效果测度。

（3）设 k 为适中型目标，即目标效果样本值越接近某一适中值 A 越好；k 目

标下的决策灰靶设为$u_{ij}^{(k)} \in [A-u_{i_0j_0}^{(k)}, A+u_{i_0j_0}^{(k)}]$，即$A-u_{i_0j_0}^{(k)}$，$A+u_{i_0j_0}^{(k)}$分别为$k$目标下的下限效果临界值和上限效果临界值，则

当$u_{ij}^{(k)} \in [A-u_{i_0j_0}^{(k)}, A]$时，称

$$r_{ij}^{(k)}=\frac{u_{ij}^{(k)}-A+u_{i_0j_0}^{(k)}}{u_{i_0j_0}^{(k)}} \tag{2.27}$$

为适中型目标下限效果测度。

当$u_{ij}^{(k)} \in [A, A+u_{i_0j_0}^{(k)}]$时，称

$$r_{ij}^{(k)}=\frac{A+u_{i_0j_0}^{(k)}-u_{ij}^{(k)}}{u_{i_0j_0}^{(k)}} \tag{2.28}$$

为适中型目标上限效果测度。

效益型目标效果测度反映效果样本值与最大效果样本值的接近程度及其远离目标效果临界值的程度；成本型目标效果测度反映效果样本值与最小效果样本值的接近程度及其远离目标效果临界值的程度；适中型目标下限效果测度反映小于适中值A的效果样本值与适中值A的接近程度及其远离下限效果临界值的程度，适中型目标上限效果测度反映大于适中值A的效果样本值与适中值A的接近程度及其远离上限效果临界值的程度。

对于脱靶的情形也可以相应分为以下四种。

（1）效益型目标效果值小于临界值$u_{i_0j_0}^{(k)}$，即$u_{ij}^{(k)}<u_{i_0j_0}^{(k)}$。

（2）成本型目标效果值大于临界值$u_{i_0j_0}^{(k)}$，即$u_{ij}^{(k)}>u_{i_0j_0}^{(k)}$。

（3）适中型目标效果值小于下限效果临界值$A-u_{i_0j_0}^{(k)}$，即$u_{ij}^{(k)}<A-u_{i_0j_0}^{(k)}$。

（4）适中型目标效果值大于上限效果临界值$A+u_{i_0j_0}^{(k)}$，即$u_{ij}^{(k)}>A+u_{i_0j_0}^{(k)}$。

为使各类目标效果测度满足规范性，即

$$r_{ij}^{(k)} \in [-1, 1]$$

对于效益型目标，不妨设$u_{ij}^{(k)} \geqslant -\max_i \max_j \{u_{ij}^{(k)}\}+2u_{i_0j_0}^{(k)}$。

对于成本型目标，不妨设$u_{ij}^{(k)} \leqslant -\min_i \min_j \{u_{ij}^{(k)}\}+2u_{i_0j_0}^{(k)}$。

对于适中型目标效果值小于下限效果临界值$A-u_{i_0j_0}^{(k)}$的情形，不妨设$u_{ij}^{(k)} \geqslant A-2u_{i_0j_0}^{(k)}$。

对于适中型目标效果值大于上限效果临界值$A+u_{i_0j_0}^{(k)}$的情形，不妨设$u_{ij}^{(k)} \leqslant A+2u_{i_0j_0}^{(k)}$。

由此可得如下的命题1。

命题1　定义7中给出的目标效果测度$r_{ij}^{(k)}$($i=1, 2, \cdots, n$; $j=1, 2, \cdots, m$; $k=1, 2, \cdots, s$)满足以下条件：①$r_{ij}^{(k)}$无量纲；②效果越理想，$r_{ij}^{(k)}$越大；③$r_{ij}^{(k)} \in [-1, 1]$。

在k目标效果值中靶情形，$r_{ij}^{(k)} \in [0, 1]$；在k目标效果值脱靶情形，$r_{ij}^{(k)}$

$\in [-1, 0]$。

定义 8　效益型目标效果测度、成本型目标效果测度、适中型目标下限效果测度、适中型目标上限效果测度 $r_{ij}^{(k)}(i=1, 2, \cdots, n; j=1, 2, \cdots, m; k=1, 2, \cdots, s)$ 通称为一致效果测度。

一致效果测度反映了各个目标实现或偏离的程度。对于效益型目标，即希望效果样本值“越大越好”、“越多越好”这一类的目标，可采用效益型目标效果测度表达目标实现或偏离的程度；对于成本型目标，即希望效果样本值“越小越好”、“越少越好”这一类的目标，可采用成本型目标效果测度表达目标实现或偏离的程度；对于适中型目标，即希望效果样本值“既不太大又不太小”、“既不太多又不太少”这一类的目标，对于小于设定适中值或大于设定适中值的效果样本值，可分别采用适中型目标下限效果测度和适中型目标上限效果测度表达目标实现或偏离的程度。

2.6.3　综合效果测度矩阵构建

定义 9　设 $\eta_k(k=1, 2, \cdots, s)$ 为目标 k 的决策权，$\sum_{k=1}^{s}\eta_k=1$，则

$$R^{(k)}=(r_{ij}^{(k)})=\begin{bmatrix} r_{11}^{(k)} & r_{12}^{(k)} & \cdots & r_{1m}^{(k)} \\ r_{21}^{(k)} & r_{22}^{(k)} & \cdots & r_{2m}^{(k)} \\ \vdots & \vdots & & \vdots \\ r_{n1}^{(k)} & r_{n2}^{(k)} & \cdots & r_{nm}^{(k)} \end{bmatrix}$$

为局势集 S 在 k 目标下的一致效果测度矩阵，则对于 $s_{ij}\in S$，称

$$r_{ij}=\sum_{k=1}^{s}\eta_k\cdot r_{ij}^{(k)} \tag{2.29}$$

为局势 s_{ij} 的综合效果测度，并称

$$R=(r_{ij})=\begin{bmatrix} r_{11} & r_{12} & \cdots & r_{1m} \\ r_{21} & r_{22} & \cdots & r_{2m} \\ \vdots & \vdots & & \vdots \\ r_{n1} & r_{n2} & \cdots & r_{nm} \end{bmatrix}$$

为综合效果测度矩阵。

命题 2　由式（2.29）得到的综合效果测度 $r_{ij}(i=1, 2, \cdots, n; j=1, 2, \cdots, m)$ 满足以下条件：①r_{ij} 无量纲；② 效果越理想，r_{ij} 越大；③$r_{ij}\in[-1, 1]$。

综合效果测度 $r_{ij}\in[-1, 0]$ 属于脱靶情形，综合效果测度 $r_{ij}\in[0, 1]$ 属于中靶情形；在中靶情形，我们还可以通过比较综合效果测度 $r_{ij}(i=1, 2, \cdots, n; j=1, 2, \cdots, m)$ 的大小判断事件 $a_i(i=1, 2, \cdots, m)$、对策 $b_j(j=1,$

2，…，n）和局势 $s_{ij}(i=1, 2, \cdots, n; j=1, 2, \cdots, m)$ 的优劣。

定义 10　（1）若 $\max\limits_{1\leqslant j\leqslant m}\{r_{ij}\}=r_{ij_0}$，则称 b_{j_0} 为事件 a_i 的最优对策。

（2）若 $\max\limits_{1\leqslant i\leqslant n}\{r_{ij}\}=r_{i_0 j}$，则称 a_{i_0} 为与对策 b_j 相对应的最优事件。

（3）若 $\max\limits_{1\leqslant i\leqslant n}\max\limits_{1\leqslant j\leqslant m}\{r_{ij}\}=r_{i_0 j_0}$，则称 $s_{i_0 j_0}$ 为最优局势。

2.6.4　多目标灰靶决策评估算法步骤

多目标灰靶决策评估算法步骤如下：

第一步，根据事件集 $A=\{a_1, a_2, \cdots, a_n\}$ 和对策集 $B=\{b_1, b_2, \cdots, b_m\}$ 构造局势集 $S=\{s_{ij}=(a_i, b_j) \mid a_i\in A, b_j\in B\}$。

第二步，确定决策目标 $k=1, 2, \cdots, s$。

第三步，确定各目标的决策权 $\eta_1, \eta_2, \cdots, \eta_s$。

第四步，对目标 $k=1, 2, \cdots, s$，求相应的目标效果样本矩阵

$$U^{(k)}=(u_{ij}^{(k)})=\begin{bmatrix} u_{11}^{(k)} & u_{12}^{(k)} & \cdots & u_{1m}^{(k)} \\ u_{21}^{(k)} & u_{22}^{(k)} & \cdots & u_{2m}^{(k)} \\ \vdots & \vdots & & \vdots \\ u_{n1}^{(k)} & u_{n2}^{(k)} & \cdots & u_{nm}^{(k)} \end{bmatrix}$$

第五步，设定目标效果临界值。

第六步，求 k 目标下一致效果测度矩阵

$$R^{(k)}=(r_{ij}^{(k)})=\begin{bmatrix} r_{11}^{(k)} & r_{12}^{(k)} & \cdots & r_{1m}^{(k)} \\ r_{21}^{(k)} & r_{22}^{(k)} & \cdots & r_{2m}^{(k)} \\ \vdots & \vdots & & \vdots \\ r_{n1}^{(k)} & r_{n2}^{(k)} & \cdots & r_{nm}^{(k)} \end{bmatrix}$$

第七步，由 $r_{ij}=\sum\limits_{k=1}^{s}\eta_k\cdot r_{ij}^{(k)}$ 得到综合效果测度矩阵

$$R=(r_{ij})=\begin{bmatrix} r_{11} & r_{12} & \cdots & r_{1m} \\ r_{21} & r_{22} & \cdots & r_{2m} \\ \vdots & \vdots & & \vdots \\ r_{n1} & r_{n2} & \cdots & r_{nm} \end{bmatrix}$$

第八步，按照定义 10，确定最优对策 b_{j_0} 或最优局势 $s_{i_0 j_0}$。

第3章　科学研究项目评价

3.1　引言

这里所讲的科学研究项目主要是指基础科学研究项目，项目评价包括立项选择评价、中期考核评价和后评价。项目评价结论直接影响科技资源的配置和使用，通常属于相关管理部门的主要职责范围和日常工作任务。

科学研究项目立项选择评价由于直接关系到科学基金的使用，历来受到高度重视。随着科学研究投入的大幅度增加，社会公众自然希望了解资金使用的效果，为呼应纳税人的诉求，各国科学基金会开始重视科学研究项目的结项评价或后评价，科学研究项目执行过程中的中期考核评价也逐步得到应有的关注。由于科学研究在某种意义上属于对未知事物的探索，存在较大不确定性，人们往往难以依据中期考核结果对项目资助计划做出重大改变。因此，虽然不少基金会要求项目执行人或承担单位定期填报项目研究进展的信息，但流于形式的居多。鉴于此，本章重点讨论科学研究项目的立项选择评价和后评价。

对于科学研究项目立项选择评价，目前世界各国普遍采用同行评议制度。同行评议制度作为一种通行的科学研究项目立项选择评价制度，自然有许多优点，比如，相对客观、公正，较少受到非科学因素的干扰等。但同行评议制度也存在一些弊端，比如，有可能扼杀最具原创性的科学思想，一些追随当时所谓“前沿”、“热点”的跟风研究更容易获得支持；最应当获得支持的新理论、新学科的开创性研究由于找不到同行评议专家，不仅难以得到科学基金资助，甚至发表论文也面临重重困难。关于同行评议制度的研究和讨论一直持续了许多年，人们仍然难以找到能够取而代之的更好的制度。本章的讨论也以同行评议制度为基础展开，主要介绍美国、英国和欧盟等欧美科学基金会和我国声誉较高的国家自然科学基金委员会现行的科学研究项目评价体系和方法。3.6节介绍教育部科学技术司最近发布的《高等学校科技分类评价指标体系及评价要点》(教技委〔2014〕4号）中的高等学校科技项目评价指标体系和评价要点。

3.2　美国科研项目评价

本节主要介绍美国国家科学基金会（NSF）项目评价。

对于通过NSF内审的项目申请书，NSF通常会邀请3～10位外部专家进行评议。申请者可以推荐若干适合评审本项目的专家和建议回避的专家供 NSF 在选择专家时参考。NSF 在网站和相关出版物上发布了科研项目评价的明确标准，要求评审专家从学术价值（intellectual merit）和影响广度（broader impacts）两方面对项目申请进行评议。根据国家对科学发展的总体要求和 NSF 战略调整的需要，NSF 也会适时对项目评审标准进行调整和修订，并提出更为具体的评审要求。

在 2014 年 2 月 24 日更新的最新政策文件中，NSF 进一步明确和细化了项目评审原则和评价指标，供项目申请者、评审专家和项目管理人员参阅。

3.2.1 项目评审原则

NSF 提出了三条项目评审的基本原则。

（1）质量高并能够改变既有知识或促进知识创新。

（2）NSF 项目应能够有助于社会目标的实现。项目的广泛影响既可以通过研究本身实现，或通过与特定研究项目相关的活动实现，也可以通过本项目支持的与其互补的活动实现。项目的研究活动可以基于已有的方法或途径，或是创新的方法或途径。但无论是采用已有的方法或途径，还是创新的方法或途径，都要经过严格论证。

（3）NSF 对于其资助的项目，将会基于适当的标准对其意义和价值进行评估。需要牢记评估的关注点仍然是项目研究过程中的创新和所产生影响及其效果。在项目活动规模有限的情况下，对单个项目活动进行孤立的评估似乎意义不大。因此，对项目资助活动效果的评估最好是在更高的、项目集合的层次上进行，而不是对单个项目。

虽然对项目影响的评估通常针对项目集合进行，但 NSF 仍然希望获得资助的项目承担者能够清晰地刻画其开展的活动。

项目评审标准中关于学术价值的评价明确要求项目评估人考虑以下因素：

（1）该申请在促进本领域或相关领域知识发展方面的重要性如何？

（2）申请者（个人或团队）是否有能力开展该项目？

（3）申请开展研究工作的创造性和独创性如何？

（4）该申请是否思路清晰和组织有序？资源是否充足？

关于影响广度的评价则要求项目评估人考虑以下主要因素：

（1）该申请是否在促进新发现过程中同时推动相关教学培训和学生的学习？

（2）该项目是否有利于弱势群体如女性、少数民族、残疾人或偏远地区等的参与？项目在多大程度上有利于研究和教育基础设施如设备、仪器、网络和协作关系等的发展？

（3）项目结果是否能够得到广泛传播并提高人们对科学和技术的理解能力？

(4) 该项目对全社会有何益处?

这两项评议标准在项目评审过程中会让评估者和申请人双方提前知晓。评审标准公开、透明,对于项目申请者和评议者具有很强的指导性、针对性和可操作性。

3.3　英国科研项目评价

为进一步加强各研究理事会的协调,英国政府于 2002 年 5 月成立了英国研究理事会(UK Research Councils,RCUK),也可称为总会。RCUK 是一个跨理事会的协调机构,执行小组以 7 个研究理事会的首席执行官为成员,主席在 7 个研究理事会的首席执行官中选举产生。

根据领域的不同,RCUK 共设有 7 个研究理事会:艺术与人文科学研究理事会(AHRC)、生物技术与生物科学研究理事会(BBSRC)、工程与自然科学研究理事会(EPSRC)、经济与社会科学研究理事会(ESRC)、医学研究理事会(MRC)、自然环境研究理事会(NERC)、科学与技术设施理事会(STFC)。

英国财政对本国科研活动的支持主要通过两种方式实现。一种是机构式资助,是指国家财政拨款通过资助机构(7 家研究理事会和高等教育拨款委员会)按年度一揽子分配给研究机构或大学,投入规模依据国家的整体科学政策的目标和战略。在国家法律法规体系和资助方规定限制范围内,研究机构或大学可以自由支配这些经费,以开展基本科研活动。另一种是项目式资助,即资助方(主要指 7 家研究理事会和政府部门)通过设立不同类型的研发计划/项目,来支持政府部门或资助机构具有引导性/特定的研究目标的实施,项目式资助方式在一定程度上增加了科研机构获取经费的难度,但这种通过与特定目标相联系的资助,有助于财政科研经费使用效率的提高,近年来,英国支持以项目等竞争方式获取财政科研经费的意愿有不断增强的趋势。

以下以英国工程与自然科学研究理事会(EPSRC)标准资助为例,介绍项目的立项评审过程。

作为英国工程与自然科学研究的主要资助机构,EPSRC 资助世界领先的研究和培训活动。EPSRC 的资助范围较为宽泛,包括数字经济、能源、工程、全球不确定性、医疗技术、信息与通信技术、随环境而变的生活、未来制造、数学科学、物理科学、量子技术、专题研究和研究基础设施等。EPSRC 资助的项目分为三大类:研究资助、EPSRC 人才项目和培训。

其中研究资助又分为标准资助、新人项目、研究群体项目(包括研究平台和长期计划项目)、研究网络与协作项目(包括研究网络、国际旅费、来访研究人员、学术讨论会等)。

标准资助类项目十分灵活，资助项目的规模从小项目、短期资助到数百万英镑的大型研究计划。标准资助类项目具有以下主要特点：①不设截止日期，EPSRC随时接受申请；②对于申请资助的额度和研究期限没有限制；③在符合EPSRC资助范围的前提下，具体研究领域不限。

标准资助项目的同行评议表按照质量、重要性、影响、申请者、资源和管理以及总体评价共设计了6个栏目，要求评审人在每个栏目中填写的评价意见不超过4000字。

3.3.1 质量

要求评审人评价申请项目的卓越性等级。具体评价内容包括：①创新性、时效性及其余本领域相关意见的关系；②确认的挑战性、变革和风险；③研究方法的符合性。

对于跨学科的研究项目，要求评审人说明自己有能力评价的内容。

3.3.2 重要性

从与本领域其他研究的关系评价10～50年内本项研究对国家的重要性。具体评价内容包括：①是否加强了其他研究领域；②是否对缓解社会挑战（包括EPSRC挑战性主体）有积极作用；③是否有助于英国经济的成功；④是否有利于新兴产业的发展。

3.3.3 影响

评价本项研究可识别的影响路径。具体内容包括：①本项研究完成或实现产生的影响；②有助于实现影响活动的有效性，包括为此需要投入的资源；③对受益人和合作者的相关性和恰当性。

3.3.4 申请者

评价申请者完成项目的能力。具体内容包括：①申请者以往研究经历的符合性；②项目团队（包括学术伙伴）能力的平衡性。

3.3.5 资源和管理

侧重于评价项目计划和管理的有效性。如所要求的资源是否恰当、合理；本项目对需要使用设备的说明及安排是否明确、可行，尤其需要关注需要大学或第三方支持的情况。

3.3.6　总体评价

给出评价结论，并对所评价项目按 1～6 分评定分数。具体评分标准如下：

1——该项目在科学或技术方面存在缺陷；

2——该项目有一项或多项指标未达到评估要求；

3——该项目已达到各项评估指标要求但明显偏弱；

4——该项目已达到各项评估指标要求，整体较好（good），但有小的（minor）弱项；

5——该项目是一项已大体上（broadly）达到各项评估指标要求的很强（strong）的申请；

6——该项目是一项完全（fully）达到各项评估指标要求的非常强（very strong）的申请。

与此同时，评审人还要按照低、中、高选择自己对评价结果的肯定程度。最后还要求评审人说明其专业领域与所评审项目的相关性，同样要求不超过 4000 字。

3.4　欧盟科研项目评价

以下以欧盟委员会第七研究框架玛丽·居里国际人才引进计划（Marie Curie International Incoming Fellowships—FP7-PEOPLE-2013- IIF）为例介绍欧盟科研项目评价标准。

玛丽·居里国际人才引进计划是欧盟委员会专门针对其成员国之外的杰出研究人员设立的专项资助计划，目的是为了吸引欧洲以外的优秀学者到欧洲开展研究、传播、交流活动，以期发展双方互惠的科学研究合作关系。该计划为期五年，计划每年引进 200 人左右，2013 年经过遴选决定资助 184 位学者。

该项目共设有 5 个评价指标：科学技术质量、知识转移、研究者、项目执行和影响力。欧盟委员会要求评审专家对上述 5 个指标从 0 到 5 进行评分，可以打小数分。具体评分标准如下：

0——该项申请不符合指标要求或由于所给信息缺失或不完全难以判断。

1——弱（poor）。该项指标内容表述方式不妥当，或存在严重弱项。

2——尚可（fair）。申请书虽然大体上符合该项指标要求，但存在重要薄弱之处。

3——好（good）。虽然有必要作进一步改进，但申请书关于该项指标论述较好。

4——很好（very good）。申请书关于该项指标论述很好，但仍有改进余地。

5——优秀（excellent）。申请书关于该项指标的所有相关方面均有成功论述，不足之处微不足道。

对于每一个指标，要求评审人逐项列出所评审项目的强项、弱项并给出总体评价。

（1）科学技术质量（s&t quality）。科学技术质量指研究/技术质量，包括交叉学科或多学科特征；研究方法和技术路线的合理性；项目的原创性及其与本领域最高水平的关系；项目的时效性和关联性；项目依托方关于本研究领域的知识背景；责任科学家/课题组的质量。

（2）知识转移（transfer of knowledge）。要求评价知识转移目标的质量及其清晰度，以及将知识转移到欧洲依托单位或带到欧洲的潜能。

（3）研究者（researcher）。拟引进人才的研究经验、已取得的研究成果，包括专利、出版物、教学等；其独立思想、领导素质和知识转移能力；是否与“Fellow”和项目的要求相匹配等。

（4）项目执行（implementation）。依托单位基础设施/设备及国际合作质量。包括研究项目的管理和项目执行计划的实际安排情况；项目及工作计划的可行性与可靠性；项目的实际管理安排及对拟引进 Fellow 的支持。

（5）影响力（impact）。建立长期合作关系的可能性；合作对欧洲和其他第三方国家的互利性；通过有价值的知识转移对提升欧洲优势和竞争力的贡献以及所提出的扩展活动的影响。

其中，科学技术质量指标的权重为 0.25，得分低于 3 分为不合格；研究者指标的权重为 0.25，得分低于 4 分为不合格；影响力指标的权重为 0.20，得分低于 3.5 分为不合格；知识转移指标和项目执行指标的权重均为 1.5，对这两个指标未设最低限。

整体评价结果按百分制给出，即对各指标评价结果加权平均后再乘以 20。函审各项指标均达到最低要求且总分达到 70 分的项目才能入围，进入下一轮评审。

3.5 国家自然科学基金委员会管理科学部项目评价

3.5.1 科学研究项目立项评价

国家自然科学基金委员会管理科学部对承担评议任务的同行专家提出了明确要求。

专家接受管理科学部的委托承担同行评议任务时，应根据《项目指南》（参阅国家自然科学基金委员会网站：www.nsfc.gov.cn）中管理科学部提出的基本要求、《国家自然科学基金申请书》对申请报告各条目与内容的撰写要求，并参照以下同行评议要求，认真阅读申请书进行科学、公正的评议，写出完整的评议意见。特别是对予以否定意见的项目申请，应提出实质性意见，指出其中的问题。原则上每份评议意见不应少于 100 字。

国家自然科学基金委员会管理科学部资助管理科学的“基础研究”，其目的在于发现人类管理活动的客观规律，完善和发展管理科学理论来解释这类规律，使之有助于指导人类的管理活动实践。管理科学基础研究的主要价值取向在于创新管理科学知识，即自然科学基金支持的研究，旨在为更加科学地解决管理实践问题提供“新武器”——创新性的管理理论与方法。

1. 关于基金项目创新性的一般性理解

（1）创新是基础科学研究的核心目标与价值标准。项目是否具有创新性是基金项目评价的核心要素。

（2）科学基金管理科学部资助的基础研究的创新，包括原始性创新、集成创新和引进消化吸收再创新。

（3）基础研究的创新（特别是原始性创新）通常应具有独创性的特点，包括新的科学问题、新的研究方法、新的技术路线、新的假设前提、新的分析框架等。

（4）创新性基础研究既不是对已有研究工作进行简单的重复，也不是直接利用已有的管理理论知识去解决实际问题（甚至是重要实际问题）这类应用性、开发性研究。

2. 管理科学研究要“顶天立地”

管理科学部提出，管理科学研究要“顶天立地”。所谓“顶天”，即瞄准国际研究前沿、采用科学的研究方法、关注成果的国际化；所谓“立地”即要从中国的管理实践中提炼（凝练）出可能产生理论创新的科学问题，通过科学研究完成理论升华，而新的科学理论与方法又可以指导解决实际管理问题（特别是中国的实际管理问题）。“顶天”与“立地”是一个整体，要重视基础科学问题同管理实践的对应关系和依存路径。

3. 面上项目的评议要点

根据基金委员会完善资助格局、明确项目定位、不断提高科学基金资助效益的要求。面上项目的定位是：全面均衡布局，瞄准科学前沿，促进学科发展，激励原始创新。面上项目评议时应注意如下事项：

1）选题与立论依据是否正确、严谨、有创意

（1）研究项目的选题应是前人没有解决或没有完全解决的科学问题，并预期

能从中产生创造性的成果，促进该领域新知识的发现。

（2）在立论依据中应以管理科学理论（包括符合哲学或逻辑的新推理、新思考）、前人研究基础以及管理实践为依据，阐述清楚相关问题的科学脉络，充分阐明开展本项研究在理论上与实践上的科学性、创新性与必要性，进行有说服力的论证。

（3）同行评议应对选题与立论依据是否正确、严谨、是否有创意进行评议，进而对科学意义、学术价值以及对管理实践的价值做出判断。

（4）管理科学具有“情景依赖”的特点，创新性、突破性的管理科学研究课题多来自于管理实践，而不是闭门造车提出的。评议时应关注并支持能够将“源于实践、高于实践、用于实践”三者高度统一，从我国管理实践凝练出具有新颖科学问题的申请。

（5）对于结合中国管理实践需求将国际前沿管理理论和方法予以有针对性的拓展和创新的申请，应当予以鼓励。

2）研究内容是否恰当

（1）研究内容是选题与研究目标的具体体现，任何一项科研工作都需要确定适度的研究内容，不能贪大求全、模糊虚泛、空洞无物。研究内容应阐明本项研究到底要研究解决哪些具体的科学问题，以实现总体目标。研究内容要求明确、具体。

（2）科学基金资助将实际管理问题凝练为科学问题的研究，即一定要透过表面现象，归纳出反映本质问题，针对具有普遍（普适）性、规律性、具有科学理论意义的科学问题开展研究，对拟解决的关键科学问题应有准确的把握。

（3）关键科学问题通常应理解为研究内容中所涉及的科学问题中的关键点、难点，也可理解为就是科学问题的核心，只要将这些关键科学问题解决，所涉及的其他问题及整体问题就有可能迎刃而解。也可以说，创新点往往就蕴藏在关键科学问题之中。

（4）同行评议应对研究内容涉及的科学问题凝练的是否准确，关键科学问题是否把握得准确，研究内容是否适度做出评价与判断。

3）研究目标是否明确

研究目标是说明本项研究最终期望要达到什么样的目的、实现怎样的目标，需要精练、集中、明晰的表述与概括。新的科学问题的研究总是在前人（包括自己）工作基础上开拓创新，不可能在一个项目或一次研究中将所有问题都解决，因此，对一个研究项目而言，需要确定有限度的研究目标。

同行评议应对研究目标是否明确、集中做出判断。

4）方法和技术路线是否恰当、合理可行

（1）研究方法、技术路线、实验方案要求，明确阐述本项目拟如何开展研究、用哪些方法进行研究。需要申请人尽可能说明各部分研究内容相应地运用什么具体研究方法、怎样逐步深入研究，直至最终获得预期成果。研究方法与技术路线应具体、正确、合理、可行。应将研究所涉及的研究方法和研究思路，通过技术路线、实验方案清晰、准确地表达出来。没有科学方法的申请，或是为方法而方法的研究，都是无法获得预期的研究成果的。特别地，研究方法和技术路线应当为解决关键科学问题提供有力的支撑。

（2）国家自然科学基金资助的管理科学研究项目强调运用与国际管理科学研究接轨的、规范的“科学方法”，即需要通过实验、观察、测量等手段获取“数据”，从而“观察和发现现象”（即所谓“实验研究”）；也需要通过建模、计算、归纳、演绎等手段来“分析与解释现象”（即所谓“理论研究”）。问题分析与研究结论应是以数据为基础，以事实为准绳，研究结果最终应能通过客观事实的检验。

（3）科学研究也可能需要资料求证、文献分析，进行直觉与顿悟等思辨过程作为研究的起点。但使用这类“非科学”方法的目的是为了获得新的知识猜想，并构成可以进一步进行“科学”论证的前提和假说。自然科学基金不资助仅仅通过上述“非科学”方法进行的研究。

（4）可行性分析需要具体回答研究方法、技术路线以及实验方案等是否能够操作（例如，数据/案例的可获得性、实验/计算设施或软件的完备性、技术路线的合理性等），应对其可行性进行有说服力的分析与说明。

（5）同行评议应判断申请人所提出的研究方法和技术路线对拟研究解决的科学问题（特别是关键科学问题）是否具有针对性、是否恰当合理、是否具有可行性；判断这些研究方法和技术路线是否有可能实现预期研究目标和完成主要研究内容。

5）申请者及其项目研究组是否具备科研能力与研究基础

申请者应通过本人及项目组主要成员的工作简历和受教育情况、以往获各类基金资助情况、结题情况和相关成果情况，详细论述和反映与本申请相关的前期工作基础。申请书中的“工作基础”部分（以及前面“参考文献”部分）涉及申请人和项目组成员的论文应该为已正式发表的论文，已录用待发表的论文应附录用复印件等证明。相关信息必须准确、可靠、实事求是，保证科研诚信。

申请人在以往国家自然科学基金项目基础上提出新的申请项目，应在申请书中详细阐明上一基金项目的进展情况；新申请项目与前一项目的区别、联系与发展；新申请项目与申请人已承担或参加的其他机构（如科技部、国家社会科学基金、地方基金等）资助项目研究内容相关的，应明确阐述二者的异同、继承与发展关系。

同行评议的一项重要内容是对申请者及其项目研究组是否具备承担本项目的研究基础与科研能力做出评价。主要需对以下几个方面做出评价与判断：

（1）在申请书所提出的拟开展研究领域及其相关研究领域中，申请者所做的研究工作基础如何？本人的学术贡献怎样？其项目研究团队在本领域的知识基础及其结构、研究经验和专门技能怎样？

（2）申请者在本研究领域中的学术影响（如应邀讲学、在重要学术刊物撰写评论文章、担任重要学术会议主席或大会报告、学术组织成员等）如何？应当注意的是，在评价申请者本领域的学术影响时，主要应考虑近年的学术成就。

（3）申请者及其项目研究组是否具备必要的、实现其技术路线的实验与研究条件等。

6）经费需求的合理性

同行评议应判断申请人的经费预算是否适当、合理。申请经费的额度应当客观地反映研究工作的实际需要。不应以申请经费的多少作为评审的依据，既不应因为申请经费低就认为其产生的成果价值有限而不建议给予资助，也不应因为申请经费低就倾向于支持。

关于其他经费来源。目前，自然科学基金已不是管理科学研究唯一的资助来源，许多申请人可以从政府或企业得到赞助。未获得其他基金资助的申请并不必然应给予优先资助；反之，获得其他基金资助，也不意味着自然科学基金必然应给予资助。如果有证据表明申请的主要研究内容属重复研究，更不应再资助，否则不利于科技资源的合理配置，会降低科学基金的使用效率。

特别提请评议专家注意：

（1）评议过程中需要避免门户之见与各类偏见。对某个二级学科、某个领域、某种研究方法，甚至某个学术流派都可能存在门户之见；对某些大学的规模、声誉，某某申请者的年龄、性别，依托单位的所在省区等都可能存在学术偏见或认识偏见。门户之见和偏见可能存在于评议专家的潜意识或不自觉的表现。因此，评议专家应当站在国家利益的角度为中国管理科学发展着想，有意识地摈弃门户之见和偏见，不要因申请者所在机构的规模小、声誉低、地理位置偏远而忽视其创新思想。好的研究可以出现在知名度低的研究机构中，平庸的研究可能出现在任何规模的研究机构中。

（2）认真关注非共识却包含着创新思想的申请项目。国家自然科学基金鼓励科学家自由探索，保护创新热情，鼓励创新实践，宽容创新挫折。基础研究通常具有较强的探索性、长期性、一定程度的不确定性和非共识性。特别在研究的初始阶段，对一些问题的认识往往是非共识的，而其中确实有某些包含着创新思想的工作或申请，即"真理有时掌握在少数人手里"。评议专家应认真关注与恰当评审某些看似突发奇想却包含着创新思想的、严肃的申请，对那些颠覆型、挑战当前范式的变革性创新研究给予关注（尽管此类研究可能存在比较高的不确定性和失败风险）。

（3）对相关研究工作基础的判断要客观。对探索性较强或者学术思想"另辟蹊径”的一类申请项目，往往与之直接相关的研究工作基础不足。这时，需要通过申请者的其他相关（甚至是弱相关）研究成果、研究工作或者受教育的经历进行判断。其实质主要是对其科学方法、科研能力等做出评价与判断，而非仅仅局限于研究问题所直接涉及学科领域的研究工作积累。

3.5.2　科学研究项目后评价

国家自然科学基金委员会管理科学部项目后评价指标体系，如表 3.1 所示。

表 3.1　国家自然科学基金委员会管理科学部项目后评价指标体系

评价指标	指标说明
报告论著	A. 在国外重要期刊或有重要影响的国际会议上发表论文及作特邀报告（9.0～10.0 分） B. 在重要的国内期刊上发表论文或出版专著（6.0～8.9 分） C. 较好地完成了研究报告（3.0～5.9 分） D. 在学术期刊上发表论文或一般完成研究报告（0.1～3.9 分） E. 无报告、无论文（0.0～0.0 分）
学术创新	A. 提出创新观点并获国际同行承认，或获国家级奖励（11.0～13.0 分） B. 提出创新观点并获国内同行承认，或获省部级奖励（6.0～10.9 分） C. 研究报告、论文有新意，或获有关奖励（0.1～5.9 分） D. 无创新（0.0～0.0 分）
政策建议	A. 对国家宏观决策产生重要影响（9.0～10.0 分） B. 对部门、地区、企业决策或管理产生重要影响（5.0～8.9 分） C. 对决策、管理产生影响（0.1～3.9 分） D. 无政策建议或虽有而无影响（0.0～0.0 分）
效益水平	A. 取得相当大的经济效益或社会效益（7.0～8.0 分） B. 有较大（含潜在）的经济效益或社会效益（3.0～6.9 分） C. 有经济效益或社会效益（0.1～3.9 分） D. 无效益（0.0～0.0 分）
国际交流	A. 项目推进了有实质内容的国际合作（3.0～3.0 分） B. 在开展项目研究中与国外有交流（0.1～2.9 分） C. 无国际交流（0.0～0.0 分）
人才培养	A. 在项目研究中培养出学术带头人（3.0～3.0 分） B. 有博士生、硕士生参与项目研究（0.1～2.9 分） C. 无人才培养（0.0～0.0 分）
总评分	
等级参考	特优≥31；31>优≥21；21>良≥11；11>中≥6；6>差
评议人加分	最低 0 分，最高 3 分

表 3.1 给出的后评价指标体系总评分最高为 50 分，达到 31 分者为特优等

级。如果按照百分制评价则刚刚过 60 分。这一后评价体系同时适用于理论创新成果和应用性成果，具有较为全面、客观的优势。但从其政策导向看，似乎更鼓励既有一定理论创新，同时又取得突出实践效果的成果。对于单纯的政策建议类成果，无论产生多么巨大的经济效益或影响，如果未能同时发表学术论文，实际上已经很难被评为特优等级。因为此类项目关于“报告论著”和“学术创新”两个指标可能得分较低。类似地，单纯的理论创新类成果因为关于“政策建议”和“效益水平”两个指标可能得分较低，要评为特优等级也不容易。

一个可行的解决方案是对理论创新类成果和政策建议类成果分别进行评价。对于理论创新成果重点评价其“学术创新”及其影响，对于政策建议类成果重点评价其在实际决策中的应用及其产生的社会经济效益。分类评价的目的是鼓励一部分学者瞄准“顶天”要求，致力于“理论创新”，争取取得具有较高学术创新的理论成果；同时也鼓励另外一部分学者瞄准“立地”要求，致力于“政策分析”，争取取得具有较高实际应用价值的“政策建议”成果。当然，对于既能“顶天”又能“立地”的成果，项目完成人可以根据情况选择后评价类别。

3.6　教育部科技项目评价体系

2014 年 7 月 25 日，教育部科学技术委员会发布了《高等学校科技分类评价指标体系及评价要点》（教技委〔2014〕4 号），表 3.2 是其中的高等学校科技项目评价指标体系和评价要点。

表 3.2　高等学校科技项目评价指标体系及评价要点

一级指标	二级指标	评价要点
目标意义	科学前沿	* 聚焦国际科技发展前沿，具有重大科学意义与较大国际影响力 * 符合国家基础研究发展规划或通过同行专家评议，或评议结果反映出强烈的非共识 * 具有原始创新意义，有望开辟新的研究领域，引领学科发展方向
	战略需求	* 服务国家行业产业发展的重点规划 * 针对行业产业核心共性技术需求，技术路线清晰，方案明确，系统性强，具有突破的可行性
	基础资源	* 聚焦学术发展或社会进步需求，积累、整理基本科学数据、资料和信息，有望提供专业优质公共服务 * 具有重要的开放共享、科学普及和文化传承创新意义

续表

一级指标	二级指标	评价要点
创新质量	重大成果产出	* 聚焦重大科技问题和重大战略需求，取得重大突破和重要进展
	代表性成果	* 在高水平期刊发表代表性论文 * 获授权专利，专利已实施或具有重要的潜在经济价值 * 出版高水平著作、工具书，编写国家标准或行业标准等，自主研发仪器设备，创新方法
	学术影响力	* 研究发现对未来科学和新兴技术的发展具有基础性、公益性作用 * 得到国内外学术界关注，并被国内外同行广泛引用
成果转化	成果产业化和推广	* 积极开展技术转移和推广，推动科技成果产业化，支撑行业、产业转型升级，产生实际效果 * 主动对接企业研发需求，推动研发成果转化为实际产品
	决策服务	* 研究成果转化为决策咨询报告，为政府科学决策产生重要支撑作用 * 研究成果转化为技术报告和行业产业发展报告，对行业企业发展产生重要影响 * 研究成果转化为科学技术发展前沿报告，对科学技术发展趋势预测产生重要影响
	科学普及	* 注重创新成果向公众实时传播，扩大成果的社会影响力 * 利用各种渠道将研究发现转化为科普资源，效果显著
科教结合	转化教育教学资源	* 推动研究成果转化为教学资源，取得标志性效果 * 依托项目研究成果举办暑期学校或夏令营，效果显著
	支撑人才培养	* 依托项目带动并促进青年教师科研和教学能力发展 * 吸纳本科学生参与研究，支撑创新创业人才培养 * 依托项目开展研究生培养工作，支持学生开展前沿科研研究工作，取得显著成效

这一指标体系包含 4 个一级指标：目标意义、创新质量、成果转化和富有高校特色的科教结合指标。教技委〔2014〕4 号文件中没有明确表 3.2 中的评价指标和评价要点是用于科技项目立项评价还是项目完成后的评价。但从评价要点可以看出，似乎是用这套指标同时指导科技项目立项评价和后评价。各高校具体应用时还要根据不同的用途重新拟定更具有针对性的指标体系。比如，对于立项评价，其中遗漏了申请人及其课题组的科研素质和水平、前期相关研究工作积累等十分重要的指标。而且在立项评价阶段，对于成果转化和科教结合指标，仅仅能够酌情对其可能性做出预测判断，无法给出确定性的评价结果。

另外，对于不同类型的科技项目如基础性研究、应用性研究、试验发展研究、科学技术普及性工作和科技基础性工作，如积累、整理基本科学数据、资料和信息等，应分别制定指标体系，进行分类评价。如果使用高校不加区别地用表3.2中的评价指标和评价要点套用各种不同类型的科技项目，就会导致评价结果出现严重偏差，有可能误导高校科技工作。

在发布评价指标体系的同时，最好同时发布各指标权重和具体评价标准。比如，对于代表作，是多多益善还是限制项目申请者（立项评价）和负责人（后评价）提交代表作的数量，如果限制数量，允许提交几项代表作，对重大突破、重要进展、科技成果转化的实际效果如何认定等，都需要明确界定，以便相关高校参照执行。

科学技术评价是一项政策性很强的工作，评价指标、评价要点、评价标准和不同指标权重反映了管理部门的偏好，均对科学技术工作有重要导向作用。一些很有影响的专家认为，多年来我国科技评价中过度重视大项目，过度重视政府大奖，过度重视产出数量，过度重视所谓国际 Top 期刊论文的科技评价导向已经产生了严重的负面影响，制约了我国的科技创新活动。很多高校为追求大项目、大奖和 SCI 或 Top 期刊论文数量，纷纷出台“重奖”政策，导致一大批本来具备创新潜能的青年人在实际利益驱动下变成了跑大项目、跑奖和炮制论文的专业户。能够不计名利，潜心研究，解决科学问题，追求卓越创新的人已成凤毛麟角。“重奖”政策催生的数量“泡沫”不可能换来高校的持久声誉，与高水平大学建设的目标更是南辕北辙。如果不从根本上扭转这种局面，中国建设创新型国家的梦想将难以实现。

第 4 章　科技活动效率评价

4.1　引言

综合国力的较量，区际或国际的经济竞争，归根结底还是科技实力的竞争。进入 21 世纪，科技水平的高低正逐渐成为一个国家综合国力强弱的象征和标志，直接影响国家经济、军事、国防等方面的发展。科技投入的强度直接关系到国家科学技术的发展，随着科技投入强度的增大，人们越来越关注科技活动的效率。

从 20 世纪 50 年代起，西方主要发达国家开始建立科技评价制度。1969 年，联合国教科文组织（UNESCO）开始在 UN 的统计年鉴中定期公布科技统计资料。70 年代初期，美国国家科学委员会发布的《科学指标》和日本科学技术厅发布的《科学技术白皮书》，开始系统地对科技活动状况及贡献进行定量的评价对比。

1980 年 9 月，经济合作与发展组织（OECD）在巴黎总部召开关于科技指标的重要会议，会上对 R &D 产出指标达成了共识。

1984 年 5 月，联合国科技促进发展中心在维也纳召开科技指标专家讨论会，专门研究“衡量科学技术对社会经济目标影响的指标”，提出对现有指标效用和局限性组织进一步研究的建议。出席会议的代表来自联合国系统的 9 个组织以及 OECD 和中国、美国、英国、加拿大、日本、法国、意大利、葡萄牙、奥地利、匈牙利、南斯拉夫、新加坡、巴西等。

1989 年 11 月，OECD 在巴黎总部召开国家科学技术指标专家会议，提出编写《奥斯陆手册》的建议。手册草稿经多次讨论、修改，得到 OECD 科学技术政策委员会的认可，并于 1992 年公开发表。

我国对科技创新能力评价的研究也比较重视，科技部（原国家科委）在不同时期相继推出针对地方科技进步和科技工作成效的综合评价监测指标体系，并曾公开发布“全国及各地区科技进步统计监测结果”。

本章将重点介绍英国高等院校科学研究质量评估的科学研究卓越框架、国家教育部科学技术委员会 2014 年 7 月 25 日发布的《高等学校科技分类评价指标体系及评价要点》（教技委〔2014〕4 号）中的高等学校科技人员评价指标体系及评价要点、高等学校科技创新团队评价指标体系及评价要点、高等学校科技创新平台（机构、基地）评价指标体系和评价要点，以及笔者根据近年来的实际数据对我国科技经费配置结构和使用效率所做的评价。

4.2 教育部科技活动效率评价指标体系及评价要点

在教育部科学技术委员会于 2014 年 7 月 25 日发布的《高等学校科技分类评价指标体系及评价要点》（教技委〔2014〕4 号）中，高等学校科技人员评价指标体系及评价要点（表 4.1）、高等学校科技创新团队评价指标体系及评价要点（表 4.2）和高等学校科技创新平台（机构、基地）评价指标体系及评价要点（表 4.3）都是对科技活动效率进行评价的。

表 4.1 高等学校科技人员评价指标体系及评价要点

一级指标	二级指标	评价要点
师德学风	师德师风	* 敬业爱生，以人才培养、科学研究、社会服务和文化传承创新为己任，做学生的良师益友 * 教书育人，教学相长，因材施教，诲人不倦，尊重学生个性，促进学生全面发展 * 为人师表，自尊自律，清廉从教，以身作则，以高尚师德、人格魅力和学识风范教育感染学生
	科研诚信	* 严谨治学，诚实守信，力戒浮躁，坚决抵制学术失范和学术不端行为 * 追求卓越，勇于探索，挑战未知，以探究新现象、发现新知识、创造新应用为使命 * 服务社会，传播优秀文化，普及科学知识，自觉承担社会义务，积极提供专业服务
创新质量	代表性成果	* 发现新现象，提出新理论、新概念，具有开创性意义或影响，发表代表性论文或在学术会议作邀请报告 * 设计新的实验方法或技术，有效改进研究质量或效率，并得到使用或验证，对发展科研手段或方法做出贡献 * 在科学研究、技术开发中取得新技术、新产品，获得自主知识产权，具有潜在经济效益 * 针对经济社会发展热点问题，提出解决问题的理论、思路、观点或方法，发表理论文章或形成咨询报告 * 基于研究成果出版学术著作、工具书，制定国家或行业技术标准 * 自主研发科学仪器设备，或拓展现有仪器设备功能和用途，具有明显的科学意义和使用价值 * 系统归纳整理基本科学数据、资料和信息，具有权威性、完整性、科学性，为相关领域科学研究提供支撑

续表

一级指标	二级指标	评价要点
创新质量	学术影响力	* 代表性工作开辟了新的研究领域或引领学科发展方向，对他人的研究工作产生贡献和影响 * 在国内外学术组织任职或担任重要学术期刊主编、副主编、编委 * 代表性工作为行业科技进步、产业持续发展发挥积极作用或做出实际贡献，技术或产品在用户、市场具有一定地位和影响力 * 担任国家科技计划高层专家，担任行业、企业或区域的领域专家、技术专家或科技顾问 * 战略研究工作得到实际应用和用户的肯定，担任政府、或企事业单位咨询专家，在相关领域具有一定影响 * 工具书、行业标准、科学数据得到广泛应用，在基础性工作方面产生重要影响
服务贡献	成果转化和推广	* 承担并完成企事业单位委托的科研、开发任务，实现合同约定目标，取得合同经费收入 * 从事技术转移、成果转化或产业化，满足用户或市场需求，产生良好的经济社会效益 * 充分发挥人才、资源优势，开展技术推广、技术咨询、技术服务工作，得到服务对象普遍认可
	服务决策	* 承担政府或企事业单位委托的战略研究任务，完成研究报告，对决策和管理产生积极作用 * 参与重大决策、重大项目论证咨询，提出建设性意见、建议获采纳
	科学普及	* 基于科研工作创作科普作品，向社会公众传播科学知识，弘扬科学精神和创新文化 * 基于科研积累举办科普展览或开设科普讲座，取得显著效果和良好社会反响
	试验技能	* 钻研仪器设备使用、维护和开发，为研究工作提供技术支撑，得到服务对象认可和好评 * 熟练使用大型、公用仪器设备，面向企事业单位需求，提供高水平专业化社会服务
科教结合	服务教学改革	* 积极将科研成果转化课堂教学内容和案例，编写特色教案，出版优质教材 * 指导本科生、研究生从事创新性研究工作，获得科学技术成果，发表学术论文或申请发明专利
	支撑人才培养	* 吸纳指导本科生参与科研或承担科技辅助性工作，接受科学研究训练，培养科学思维和科学精神 * 通过参与技术开发技术咨询、社会服务，培养学生的创新创业精神、实践能力和社会责任感

表 4.2　高等学校科技创新团队评价指标体系及评价要点

一级指标	二级指标	评价要点
创新质量	重大成果产出	* 聚焦国际科技发展前沿，围绕重要科学问题持续深入开展研究，取得重大突破或重要进展，受到国际同行关注 * 围绕经济社会发展规划中的科技问题，自主创新获得重大成果或取得重大突破，具有应用前景和潜在经济社会效益 * 针对行业产业关键共性技术开展协同创新和产学研合作，完成重大工程应用或取得系列自主知识产权 * 出版高水平学术著作、工具书，编制国家标准或行业标准，自主开发新型仪器设备
	学术声誉	* 具有原创性、开创性学术贡献，对本领域、本学科发展起到引领辐射作用，具有国内外学术声誉和广泛学术影响力 * 研究工作对产业核心、共性、关键技术进步和行业发展做出过重要贡献或提供有力支撑，在相关产业具有重要地位和影响力 * 团队成员在学术组织、学术期刊任职，在重要学术会议作特邀报告 * 团队成员在科技计划、规划等重要专家机构、产业技术联盟咨询机构等任职
服务贡献	成果转化和推广	* 持续承担并完成企事业单位委托任务，达到合同约定目标，实现一定经济效益或社会效益，持续获得委托科研经费 * 积极从事技术转移、成果转化或产业化，满足市场需求，产生重要的经济效益和社会效益 * 长期从事基础科学数据、资料和信息的收集整理，具有权威性、系统性、科学性，提供良好的公共服务或仪器装备资源开放共享
	决策服务	* 承担政府或企事业单位委托的重大战略研究任务，完成研究报告，对决策和管理产生积极作用 * 参与重大决策、重大项目论证咨询，以团队名义提出建设性建议并获采纳 * 参与国家、区域或行业发展规划研究制定工作
	科学普及	* 基于团队科研工作创作科普作品，向社会公众传播科学知识，弘扬科学精神和创新文化 * 基于团队科研积累举办科普展览，开设科普讲座，取得显著效果和良好社会反响 * 具有基于团队科研发现持续、稳定地开展科普工作的组织制度和激励机制
	试验技能	* 团队有专职技术人员，钻研仪器设备使用、维护和开发，提供技术支撑，得到广泛认可和好评 * 团队开放大型、公用仪器设备，面向社会需求提供高水平专业化服务

续表

一级指标	二级指标	评价要点
科教结合	支撑教学改革	* 积极将团队科研成果转化为教学内容和案例，编写特色教案，出版优质教材 * 具有推进科教结合、提升人才培养质量的稳定机制和制度安排
	支撑人才培养	* 吸纳指导本科生参与团队科学研究或承担辅助性工作，加强科研训练，培养科学精神 * 紧密依托团队科研工作培养研究生，指导研究生开展前沿性研究工作，注重科研诚信和优良学风的养成 * 为行业产业培训技术开发、技术咨询人员，并取得持续显著效果
团队机制	领军人才	* 带头人学术造诣高深、组织能力卓越，对学科前沿和国家需求有敏锐的判断力和把握能力 * 团队骨干人才是本领域有影响的学者，学术思想活跃，研究成果显著 * 团队成员岗位结构、年龄结构合理，青年人才培养与引进机制卓有成效
	合作机制	* 在长期合作基础上自然形成，学术自由和团队目标有机融合，学术氛围浓厚 * 仪器开放、资源共享、制度完善，广泛开展国内外学术交流，有实质性、可持续的国际合作伙伴
	创新文化	* 团队追求卓越，勇于探索，挑战未知，以探究新现象、发现新知识、创造新应用为使命 * 具有质量与贡献导向的内部评价机制，具备宽松民主、潜心研究的学术环境，注重学风建设 * 开展高水平、实质性的国内外学术交流，积极承办国际性、地区性、全国性学术会议

表 4.3　高等学校科技创新平台(机构、基地)评价指标体系及评价要点

一级指标	二级指标	评价要点
创新质量	重大成果产出	* 聚焦国际科技发展前沿,有重大原始创新科研成果产生,取得重大突破或重要进展,学术贡献国际公认 * 应对国家重大需求,产生重大技术突破,达到了国际先进或领先水平,有效支撑行业转型升级或产业结构调整 * 针对行业产业关键共性技术开展协同创新,完成重大工程应用或取得系列自主知识产权,具有潜在经济效益 * 出版高水平学术著作、工具书,搜集整理重要科技基础资源,自主开发新型仪器设备 * 产出了一批重要的技术标准、规范、规程等,技术服务、辐射效果显著
	学术影响力	* 对所在领域和学科的发展具有示范引领作用,具有重要学术地位和广泛学术影响力,学术交流频繁,国内外同行普遍认可 * 对产业核心共性技术进步和发展具有重要贡献,在相关领域的科技计划中,具有策划、组织、实施等方面的作用和影响力 * 平台成员在重要学术组织、期刊任职,在重要学术会议作特邀报告,参与国家科技计划高层专家组织 * 平台成员在重要专家机构、产业技术联盟任职
服务贡献	成果转化和推广	* 持续承担并完成企事业单位委托任务,达到合同约定目标,实现一定经济效益或社会效益 * 积极从事技术转移、成果转化或产业化,满足市场需求,产生重要的经济效益和社会效益 * 长期从事基础科学数据、资料和信息的收集整理,具有权威性、系统性、科学性,提供良好的公共服务和仪器装备资源开放共享
	决策服务	* 承担政府或企事业单位委托的重大战略研究任务,完成研究报告,对决策和管理产生积极作用 * 参与重大决策、重大项目论证咨询,以平台名义提出建设性建议并获采纳 * 参与行业规划战略研究制定
	科学普及	* 基于平台科研工作创作科普作品,向社会公众传播科学知识,弘扬科学精神和创新文化 * 基于平台科研积累举办科普展览或开设科普讲座,取得显著效果和良好社会反响 * 具有持续、稳定地开展科普工作的良好机制和制度安排
	试验技能	* 平台有专职技术人员,钻研仪器设备使用、维护和开发,提供技术支撑,得到广泛认可和好评 * 平台开放大型、公用仪器设备,面向社会需求提供高水平专业化服务 * 具备自行研制、改造仪器设备、发明实验技术手段的能力

续表

一级指标	二级指标	评价要点
科教结合	支撑学科建设	* 通过有组织创新，开辟新的学科方向或拓展原有方向的边界和内涵，支撑学科持续发展 * 积极将团队科研成果转化为教学内容和案例，编写特色教案，出版优质教材 * 具有推进科教结合、提升人才培养质量的稳定机制和制度安排
	支撑人才培养	* 向本科生开放，吸纳本科生参与科学研究或工程化开发、社会服务工作，培养创新精神、实践能力和社会责任感 * 紧密依托平台科研工作培养研究生，指导研究生开展前沿性研究工作，注重科研诚信和优良学风养成 * 为行业产业培训技术开发、技术服务和咨询人员，并取得持续显著效果
人才队伍	领军人才	* 平台负责人是本领域高水平学术带头人，具有较强的组织管理能力和宽阔的胸怀，有充分的时间在实验室工作，在实验室的建设和发展中起主导作用 * 各个研究方向学术带头人是本领域有影响的学者，对本领域的科学现状和发展有深刻理解，学术思想活跃，研究成果显著
	骨干人才	* 平台骨干人才是本领域有影响的学者，学术思想活跃，研究成果显著，40 岁以下的研究骨干承担重要科研任务并取得明显研究成果 * 聚集和稳定了一批优秀青年人才，具有引进和培养优秀青年人才的政策措施 * 保有一定数量的访问学者，积极吸引国内外优秀人才到平台开展博士后研究
	试验技能人才	* 具有专业化的技术实验人才队伍，并为他们提供成长发展的空间
管理运行	机构制度	* 学术委员会由国内外同领域高水平专家组成，运行规范，对平台发展方向具有实质性引领作用 * 平台规章制度健全，执行到位，日常管理科学有序，内部考核评价制度科学合理 * 研究资料、仪器设备和科研用房管理规范有序，国内外开放共享机制运行良好 * 专职管理或服务人员精干高效
	创新文化	* 平台追求卓越，勇于探索，挑战未知，以探究新现象、发现新知识、创造新应用为使命 * 具备宽松民主、潜心研究的学术环境，注重学风建设 * 开展高水平、实质性的国内外学术交流，积极承办国际性、地区性、全国性学术会议

科技人员评价体系包括师德学风、创新质量、服务贡献和科教结合四个一级指标，每个一级指标又包括若干二级指标，对于评价要点的说明也十分详尽。其实科学技术评价任务通常都是由同行专家完成，评审人应该有能力根据被评价对象提交的资料判断其创新质量与实际贡献。过于详细、具体的说明有利于评审人评价，但越是详细就越有可能发生重要遗漏。当所列细目发生重要遗漏时，可能会让评审人感到为难。比如，表 4.1 在对代表性成果的说明中出现了“在学术会议作邀请报告”，在对学术影响力的说明中出现了“在国内外学术组织任职或担任重要学术期刊主编、副主编、编委”及“担任国家科技计划高层专家，担任行业、企业或区域的领域专家、技术专家或科技顾问”等，但没有提到“在国内外学术机构作邀请报告”和“学术会议任职”等内容。如果“要点”说明被理解为排斥性说明，即“要点”说明中未出现的内容均不支持相关指标的评价，评审人即使认为“在国内外学术机构作邀请报告”和“学术会议任职”也很重要，但按照评审准则却不能因此而给被评审人加分。

高等学校科技创新团队评价体系（表 4.2）包括创新质量、服务贡献、科教结合和团队机制四个一级指标。科技创新平台（机构、基地）评价体系（表 4.3）包括创新质量、服务贡献、科教结合、人才队伍和管理运行五个一级指标。其实这两个评价体系可以统一起来。任何“团队”均依托某一机构或平台，没有优秀团队支撑的机构或平台通常也没有太大竞争力。甚至可以考虑将学科评估也整合到一起，可以有效避免同一个重复申报科技创新团队、机构、基地、实验室和学科，多头资助，所有的资源都堆积在一个研究群体身上，难免使用效率不高。参照英国科学研究卓越框架，可以考虑统一按一级学科进行评估。各高校可以自行确定参评学科和每个学科的参评人数，国家按照每所高校参加评估的学科数，每个学科参加评估的人数和获得评价等级确定科技资源配置，可以大大提高有限资源的使用效率。

4.3 我国科技经费配置结构与使用效率评价

经过几十年的发展，我国科技竞争力和综合国力显著增强。伴随着这一进程，各类科技投入不断增加，科技投入占 GDP 的比重逐步提高。2013 年，中央财政科技支出达到 2530 亿元，高于财政经常性收入增幅。2012 年，全社会 R&D 支出突破万亿元，占 GDP 的比例达到 1.97%，企业研发投入占 74%。2013 年，全社会 R&D 经费支出 11 906 亿元，占国内生产总值的 2.09%。国家加强了对基础研究的投入，2012 年，中央财政对基础研究投入 328 亿元，2013 年达到 569 亿元，比 2012 年增长 73%。科研经费人均资助强度也有了较大幅度的提高。其中，国家自然科学基金达到 170 亿元，部署了 4.8 万个项目，面上项目的平均资助强度，从“十一五”之初的 26 万元，提高到 74 万元。国家重点基础研究发展计划（“973”计划）达到 40 亿元，部署了 180 个项目，人均资助强度也达到 20 万元/（人·年）。

尽管随着科技投入的增加，科技产出亦明显增长。但同时我国科技活动效率低下的问题也十分突出。根据 1990 年以来的科技统计数据测算，我国 R&D 人员人均经费从 1990 年的 2.03 万元到 2013 年增加到 32.34 万元，增长了近 15 倍。科技投入的大幅度增加导致我国国际论文发表数量快速攀升，中国很快成为世界上首屈一指的论文大国；但这没有能够带来人们所期望的世界一流成果和重大技术突破，而且单位经费投入的产出明显下降，每 100 万元 R&D 经费产出的国内论文、国际论文和专利授权，均呈明显的下降趋势。即使考虑到物价变动因素，人均经费增长与单位经费产出下降的总态势仍然比较明显；科技成果数量由于国家奖励政策调整，下降幅度则更大。

科技活动效率的低下，严重制约了中国科技事业发展，在一定程度上浪费了宝贵的科技资源。

进入 21 世纪，科技水平的高低正逐渐成为一个国家综合国力强弱的象征和标志，科学技术直接影响到国家社会、经济、军事等各个领域的发展，科技经费的配置合理与否又直接影响科技经费的使用效率。本节结合 2000～2013 年的实际数据，分析国家科技经费的配置结构与使用效率情况，重点就 2000 年和 2013 年两个年度科技经费的配置和使用效率进行对比分析。

2000 年，我国 R&D 经费投入为 895.66 亿元，到 2013 年增长到 11 906 亿元，增长了 12 倍以上。在这 13 年里，我国 GDP 增长了 4 倍多，人均 GDP 增长了不到 4 倍。从增长幅度上看，科技投入增长幅度远远大于经济增长幅度，这表明我国政府和企业日益重视科技投入，“科技投入是高效益生产性投入”已为社会各界广泛接受。

但与世界上其他国家相比，尤其是与发达国家相比，我国在科技经费投入方面还存在着较大的差距。早在 1996 年，美国的人均 R&D 经费就已达到 720 美元，英国的人均 R&D 经费也达到 246 英镑，我国的差距显而易见。“经济基础相对薄弱，科技投入力度不足”是我们必须要正视的现实，利用十分有限的科技投入发展科技事业，提高自身的科技实力和科技、经济竞争力，我们必须努力实现科技经费的优化配置，不断提高科技经费的使用效率。

4.3.1　我国 R&D 经费配置结构

2004 年和 2012 年，我国 R&D 经费在科研机构、高等学校、规模以上工业企业和其他部门四类执行部门中的配置情况，如表 4.4、表 4.5 所示。

表 4.4 2004 年我国 R&D 经费支出结构

项目	总计	科研机构	高等学校	规模以上企业	其他
R&D 经费支出/亿元	1966.33	431.75	200.94	1140.50	193.14
结构比例/%	100	21.96	10.22	58.00	9.82

资料来源：《中国统计年鉴 2005》

表 4.5 2012 年我国 R&D 经费支出结构

项目	总计	科研机构	高等学校	规模以上企业	其他
R&D 经费支出/亿元	10 298.41	1 548.93	780.56	5 233.35	2 735.57
结构比例/%	100	15.04	7.58	50.82	26.56

资料来源：《中国统计年鉴 2013》

从 2004 年到 2012 年，随着我国 R&D 经费支出的大幅度增加，科研机构、高等学校和规模以上工业企业 R&D 经费支出所占的比例均明显降低。与此同时，这三类执行部门之外的其他执行部门 R&D 经费支出所占的比例从 2004 年的 9.82%提高到 2012 年的 26.56%，提高了 16.74 个百分点。其他部门中主要执行主体是在统计期限内未达到规模以上限额的中小型企业①。表 4.4 与表 4.5 数据对比说明我国 R&D 经费支出从 2004 年到 2012 年发生了两个明显的变化：①企业 R&D 经费支出所占比例从 2004 年的 67.82%提高到 2012 年的 77.38%，说明企业作为创新支出主体的地位进一步加强；②未达到规模以上限额的中小型企业 R&D 经费支出所占比例从 2004 年的 9.82%提高到 2012 年的 26.56%，2012 年 R&D 经费支出比科研机构和高等学校两类执行部门之和多 406.08 亿元，说明我国中小企业的创新活动日趋活跃。

表 4.6 和表 4.7 分别为 2004 年和 2012 年我国 R&D 经费在科研机构、高等学校、规模以上工业企业和其他部门四类执行部门 R&D 人员及人均 R&D 经费支出情况。

表 4.6 2004 年我国各类执行部门 R&D 人员及人均 R&D 经费支出

项目	总计	科研机构	高等学校	规模以上企业	其他
R&D 人员/万人	115.26	20.33	21.21	54.18	19.54
结构比例/%	100	17.64	18.40	47.01	16.95
人均 R&D 支出/万元	17.06	21.24	9.47	21.05	9.88

资料来源：《中国统计年鉴 2005》

① 1998～2006 年，规模以上工业是指全部国有和年主营业务收入达到 500 万元及以上的非国有工业法人企业；从 2007 年开始，按照国家统计局的规定，规模以上工业的统计范围为年主营业务收入达到 500 万元及以上的工业法人企业；2011 年经国务院批准，纳入规模以上工业统计范围的工业企业起点标准从年主营业务收入 500 万元提高到 2000 万元。

表 4.7　2012 年我国各类执行部门 R&D 人员及人均 R&D 经费支出

项目	总计	科研机构	高等学校	规模以上企业	其他
R&D 人员/万人	324.70	34.40	31.40	224.62	34.28
结构比例/%	100	10.59	9.67	69.18	10.56
人均 R&D 支出/万元	31.72	45.03	24.86	23.30	79.80

资料来源：《中国统计年鉴 2013》

由表 4.6 和表 4.7 可以看出，2012 年与 2004 年相比，科研机构、高等学校和其他执行部门从事 R&D 活动人员所占比例均明显下降，规模以上工业企业从事 R&D 活动人员所占比例则从 2004 年的 47.01%提高到 2012 年的 69.18%，提高了 22.17 个百分点。按从事 R&D 活动人员人均 R&D 经费支出考察，随着投入的增加，各类执行部门人均 R&D 经费支出均有不同程度提高。其中，增长最多的是其他执行部门，其人均 R&D 经费支出 2004 年只有 9.88 万元，到 2012 年猛增到 79.8 万元；科研机构和高等学校的人均 R&D 经费支出也增长了一倍以上。规模以上工业企业由于全时当量 R&D 人员大幅度增加，人均 R&D 经费支出仅增加 2 万多元。

4.3.2　我国 R&D 经费使用效率分析

科技成果的特殊性导致 R&D 活动效率难以准确评价。人们越来越关注科技工作者及各类执行部门取得的实质性重大创新，而不仅仅是产出数量。但限于数据，对于一般执行部门，通常仍采用科技活动产出数量反映其 R&D 经费的使用效率。此处采用发表科技论文、出版科技著作、科技成果登记数和发明专利授权数四项指标对各类执行部门 R&D 经费使用效率进行综合评价。

从 R&D 活动产出看（表 4.8、表 4.9），高等学校在发表科技论文和出版科技著作产出两个方面具有绝对优势。2012 年与 2004 年对比，各类执行部门的发明专利申请量均大幅度增加。各级政府呼应创新型国家建设的要求，纷纷出台专利申请补贴和奖励政策，在迅速使我国成为专利大国的过程中起到了决定性作用。但过度追求产出数量的政策导向无疑也是导致我国论文和专利等 R&D 产出中实质性创新不足的一个重要原因。

表 4.8　2004 年各类执行部门 R&D 活动产出

项目	科研机构	高等学校	规模以上企业	其他
发表科技论文/篇	104 699	668 520	—	—
出版科技著作/种	3 365	31 495	—	—
科技成果登记数/项	7 859	6 508	10 586	6 767
发明专利申请数/项	4 081	10 622	20 456	94 974

资料来源：《中国统计年鉴 2005》

表 4.9 2012 年各类执行部门 R&D 活动产出

项目	科研机构	高等学校	规模以上企业	其他
发表科技论文/篇	158 647	1 117 742	—	—
出版科技著作/种	4 458	38 760	—	—
科技成果登记数/项	11 850	12 305	15 383	12 185
发明专利申请数/项	23 406	66 755	176 167	386 449

资料来源：《中国统计年鉴 2013》

表 4.10 和表 4.11 是各类执行部门单位 R&D 经费支出产出情况。从每亿元 R&D 经费平均产出看，2012 年与 2004 年相比，各类产出均大幅度下降，说明资助强度提高导致 R&D 经费使用效率降低。这再次证实了某些 R&D 经费管理部门偏好大项目，偏好资助名人的投入倾向不完全合理，把大量 R&D 经费堆积在少数 R&D 人员或团队身上远远没有降低资助强度，扩大资助面，让更多的人有机会参与 R&D 活动更有效率。

表 4.10 2004 年每亿元 R&D 经费产出

项目	平均产出	科研机构	高等学校	规模以上企业	其他
发表科技论文/篇	420.33	242.50	3327.00	—	—
出版科技著作/种	18.98	7.79	156.74	—	—
科技成果登记数/项	16.13	18.20	32.39	9.58	35.03
发明专利申请数/项	66.18	9.45	52.86	18.52	491.74

资料来源：《中国统计年鉴 2005》

表 4.11 2012 年每亿元 R&D 经费产出

项目	平均产出	科研机构	高等学校	规模以上企业	其他
发表科技论文/篇	147.38	102.42	1431.97	—	—
出版科技著作/种	4.54	2.88	49.66	—	—
科技成果登记数/项	5.02	7.65	15.76	2.94	4.45
发明专利申请数/项	21.08	15.11	85.52	33.66	141.27

资料来源：《中国统计年鉴 2013》

从表 4.10 和表 4.11 还可以看出，在四类执行部门中，高等学校是单位 R&D 经费产出最高的部门；科研机构除单位 R&D 经费产出的科技成果高于全国平均水平外，其余各类产出均低于全国平均水平；2012 年，规模以上工业企业每亿元 R&D 经费申请受理的发明专利与 2004 年相比有较大幅度增加，反映了国家和地方政府专利补贴政策的效应。其他执行部门单位 R&D 经费申请受理发明专利数中包含了大量民间 R&D 人士的贡献。近年来，在政府专利补贴政策吸引下，许多民间 R&D 人士在未获得任何资助的情况下自发开展专利创新活动，贡献了大量未统计 R&D 经费投入的发明专利产出，这也是我国专利申请中，非职务发明一直占据较大比重的主要原因。

表 4.12 和表 4.13 给出了各类执行部门每 100 名 R&D 活动人员的产出情况。从全国 R&D 活动人员平均产出数据看，2012 年与 2004 年对比，除人均发明专利申请受理数有较大提高外，人均发表科技论文、出版科技著作和登记科技成果均明显减少，说明政府的专利补贴政策对 R&D 人员的创新活动产生了导向作用。如果进一步与表 4.6 和表 4.7 中的数据对比，还可以发现，人均 R&D 经费支出强度的大幅度提高并没有产生人均产出增加的效果。再一次印证了对 R&D 人员的经费资助达到一定强度之后，继续提高资助强度难以产生预期效果。

表 4.12　2004 年每 100 名 R&D 活动人员产出

项目	平均产出	科研机构	高等学校	规模以上企业	其他
发表科技论文/篇	71.71	51.50	315.19	—	—
出版科技著作/种	3.24	1.66	14.85	—	—
科技成果登记数/项	2.75	3.87	3.07	1.95	3.46
发明专利申请数/项	11.29	2.01	5.01	3.78	48.60

资料来源：《中国统计年鉴 2005》

表 4.13　2012 年每 100 名 R&D 活动人员产出

项目	平均产出	科研机构	高等学校	规模以上企业	其他
发表科技论文/篇	46.74	46.07	355.97	—	—
出版科技著作/种	1.44	1.30	12.34	—	—
科技成果登记数/项	1.59	3.44	3.92	0.68	3.55
发明专利申请数/项	20.10	6.80	21.26	7.84	112.73

资料来源：《中国统计年鉴 2013》

从表 4.12 和表 4.13 还可以发现，如果剔除未被计入 R&D 人员的大量民间 R&D 人士的发明专利申请数，在四类执行部门中，高等学校是人均产出最高的部门；科研机构除人均科技成果登记数高于全国平均水平外，其余各类产出均与全国平均水平相当或低于全国平均水平。结合表 4.10 和表 4.11 还可以看出，在四类执行部门中，规模以上工业企业无论是单位 R&D 经费产出还是人均产出均偏低，说明我国工业企业的创新效率还有待进一步提高。尤其是企业的 R&D 经费支出占我国 R&D 经费支出总额的比例高达 77%，R&D 人员所占的比例更是接近 80%，企业已经成为我国 R&D 经费和 R&D 人员投入的主体。激发企业创新活力对于提高我国整体创新效率具有决定性意义。同时，通过提高基础研究经费在 R&D 经费支出中所占的比例和制定更为科学的科技政策，鼓励协同创新，让创新资源使用效率较高的高等学校和科研机构获得更多的创新资源，也是提高我国创新资源使用效率的可行途径。

4.4 基于DEA模型的部分高校科技活动效率评价

随着我国对科技创新的重视，科研活动的投入量持续在增加，2006年高等学校用于科研活动的经费为276.8亿元，比上年增加了34.5亿元，增长14.2%，但存在较大的地区差异。以2006年申请到国家自然科学基金项目的129所高校为例，78所高校位于东部地区，资助经费总额为11.22亿元；30所高校位于中部地区，资助经费总额为4.72亿元；西部地区21所高校，总经费额达到1.99亿元。科技活动产出也有大幅度的增加，例如，2002年专利申请量只有25.3万件，到2006年申请量达到57.3万件，增加了2倍多；授权量也从2002年的14.2万件增长到2006年的26.8万件，增长了近一倍。国内科技论文数也从2002年的22.88万篇增长到2006年的40.49万篇，国际科技论文数更是从2002年的7.7395万篇，增长到2006年的17.20万篇，增长2倍多。在同比增长的同时，我们也清楚地看到，东部是我国经济相对发达的地区，拥有较多的高等院校，科研经费总量及产出总量都相对较多，西部地区高校的科研经费投入量及产出量相对较少。在我国科研经费使用和配置问题研究方面，相关学者也进行了积极探索。如魏守华等学者以R&D经费为对象研究了我国科技经费的空间分布及变动特征，提出了我国R&D经费空间分布高度不均衡的结论。吴和成运用DEA方法对我国14个省市的R&D效率进行了评价，得出我国的R&D资源利用效率低的结论。

4.4.1 指标的选取

科研经费利用效率评价指标体系的设置是为了建立一个考核科研经费利用效率的标准或比较高校和科研机构经费利用的尺度，最终是为提高我国高校科研经费的使用效率服务的。因此为了减少仅由定性方法确定指标体系给评价结果带来的偏差，我们结合统计方法建立相应的评价指标体系，先由定性方法确定一个大的指标范围，即待选指标集，然后利用主成分分析方法和相关分析方法从中筛选评价指标。

1. 投入指标筛选的主成分法

在选取指标时，首先，被选取的指标必须反映评价目的和评价内容；其次，必须注意指标体系的精练、低相关，避免输入与输出指标的完全相关或内部高度相关；最后，应该考虑指标的重要性和可获得性。

设有 m 个待选指标 x_1，x_2，…，x_m，其 n 个样本值以 x_{ij} 表示($i=1$，2，…，m，$j=1$，2，…，n)。以 $(x_{11}，x_{12}，…，x_{1n})$，$(x_{21}，x_{22}，…，x_{2n})$，…，$(x_{m1}，x_{m2}，…，x_{mn})$ 表示 m 个变量的一组样本观测值，这里，$(x_{i1}，x_{i2}，…，x_{in})$ 表示第 i 个变量的容量为 n 的一组样本值($i=1$，2，…，m)，则有样本相关矩阵 R。记 $\lambda_1 \geqslant \lambda_2 \geqslant \cdots \geqslant \lambda_m \geqslant 0$ 为 R 的 m 个特征值，$p_k=[p_{1k}，p_{2k}，…，p_{nk}]^{\mathrm{T}}$ 为 R 与 λ_k 对应的特征向量，则由主成分分析理论，第 k 个主成分为 $z_k=\sum_{i=1}^{m} p_{ik}x_i$，$z_k$ 对 m 个变量 x_{m1}，x_{m2}，…，x_{mn} 的方差贡献率为 λ_k，如 $\lambda_m \approx 0$，则由 $Rp_m=\lambda_m p_m$，得 $Rp_m \approx 0$，即 $XX^{\mathrm{T}}p_m \approx 0$，进而可以得到 $X^{\mathrm{T}}p_m \approx 0$，也即 $\sum_{i=1}^{m} p_{ik}x_i \approx 0$，这表明 x_1，x_2，…，x_m 间线性相关。由于 x_k 对 λ_m 的方差为 p_{km}^2，因此，找出 p_m 的分量中绝对值最大的一个，将其所对应的指标变量剔除。依此类推。这里 $\lambda_m \approx 0$ 的判定标准，经过试算，认为其值小于 0.01 即可，当 $\lambda_m \geqslant 0.01$ 时停止。

2. 产出指标筛选的相关分析法

产出指标的选择应基于以下原则：所选指标间的相关性要大，集中度要高。设有 k 个待选指标，记为 y_1，y_2，…，y_k，其 n 个样本值以 y_{ij} 表示，($i=1$，2，…，k，$j=1$，2，…，n)。以 $(y_{11}，y_{12}，…，y_{1n})$，$(y_{21}，y_{22}，…，y_{2n})$，…，$(y_{k1}，y_{k2}，…，y_{kn})$ 表示 k 个变量的一组样本观测值，这里，$(y_{i1}，y_{i2}，…，y_{in})$ 表示第 i 个变量的容量为 n 的一组样本值($i=1$，2，…，k)，则有样本相关矩阵，根据相关系数的大小，剔除相关性较小的指标，从而确定产出指标。

待选指标，是根据评价工作的目的、要求，以及被评价对象的特点，利用评价者所掌握的专业知识，由定性方法所确定。将我国科技进步监测指标体系作为待选指标集，通过广泛的专家调查、筛选，得到所需要的评价指标体系，如表 4.14 所示。

表 4.14　投入、产出评价指标

指标	项目	含义
投入指标	政府资金	指学校上级主管部门下拨的科研经费
	企事业单位委托	指学校从校外企业、事业单位获得的研究经费
	全时当量人员	指在统计年度中，从事科研工作或从事科研成果应用、科技服务、科研管理工作时间占本人全部工作时间 90%及以上的人员，即工作时间在 9 个月以上的人员。寒暑假和加班工作时间不计，一年按 10 个月计算

续表

指标	项目	含义
产出指标	课题总数	指当年投入科研课题总数
	专著数	指当年出版的专著数量
	学术论文	指当年发表的学术论文数，包括国外以及全国性刊物发表
	技术转让数	指科研成果或技术转让其他单位数
	成果授奖数	指科研成果被肯定并授权的数量

4.4.2 DEA评价模型

在评价单元间的相对有效性方面，DEA 方法具有重要的地位。为此，我们运用此方法对我国地域各高校科研经费使用的相对效率进行评价分析。

$$\begin{cases}\min \quad [\theta-\varepsilon(e^{\mathrm{T}}s^{-}\overset{\wedge}{+}e^{\mathrm{T}}s^{+})]=V_D(\varepsilon)\\ \text{s. t.} \quad \sum_{j=1}^{n}X_j(t)\lambda_j+s^{-}=\theta X_j(t)\\ \sum_{j=1}^{n}Y_j(t+k)\lambda_j-s^{+}=Y_0(t+k)\\ \sum_{t=1}^{n}\lambda_i=1\\ \lambda_j\geqslant 0.\ j\in J,\ s^{-}\geqslant 0,\ s^{+}\geqslant 0\end{cases}$$

式中，$X_j(t)=(x_{1j}(t_1),\ x_{2j}(t_2),\ \cdots,\ x_{mj}(t_m))^{\mathrm{T}}$，$Y_j(t+k)=(y_{1j}(t_1+k_1),\ y_{2j}(t_2+k_2),\ \cdots,\ y_{sj}(t_s+k_s))^{\mathrm{T}}$ 且 t_i，k_i 均为非负整数，这里的 k 即产出相对于投入的滞后期。对于滞后期的测定，借助于多元线性回归的修正判定系数 R^2，测定出四个产出指标分别滞后于投入指标为 1、2、1、2、2，即 $k_1=1$，$k_2=2$，$k_3=1$，$k_4=k_5=2$。其中，θ 表示第 j_0 个被评价的决策单元效率值，满足 $0\leqslant\theta\leqslant 1$。其经济含义是：在某一决策单元产出 Y 可由所有 j 个决策单元产出线性组合替代的情况下，其投入 X 的可压缩程度，压缩比例为 θ，所以，θ 也称为效率测度值。当 $\theta=1$ 时，表示该被考察单元是效率前沿面上的点，处于有效状态。对于 $\theta<1$ 的无效单元，$1-\theta$ 就是第 j 个决策单元多投入的比例，也就是可以减少(或称浪费)投入的最大比例。λ 使各个有效点连接起来，形成有效的前沿面；非零的 S^{+}、S^{-} 使有效前沿面可以沿着水平和垂直方向延伸，形成包络面。在实际应用中，对非零松弛变量的研究是有意义的。θ 则表明 DMU 离有效的前沿面或包络面的一种径向优化量或“距离”。

4.4.3　部分高校科研经费使用效率评价

本章选取了 2002～2006 年平均年科研经费收入总额较高的前 31 个学校，基于《2003—2007 年高等学校科研统计资料汇编》的截面数据对我国高校科研经费使用效率进行分析。

运用 Lingo8.0 计算得出 31 所高校科研经费使用效率的 DEA 值，计算结果如表 4.15 所示，并对非有效决策单元进行投影分析，计算结果如表 4.16 所示。

表 4.15　各决策单元评价结果

地域	DMU	DEA 值	规模效应	地域	DMU	DEA 值	规模效应
东部高校	北京大学	1.0000	不变	东部高校	河海大学	0.5700	递减
	清华大学	0.8877	递减		浙江大学	1.0000	不变
	北京工业大学	1.0000	不变		山东大学	1.0000	不变
	北京航空航天大学	1.0000	不变		中山大学	1.0000	不变
	北京理工大学	1.0000	不变		华南理工	1.0000	不变
	北京科技大学	0.7760	递增	中部高校	吉林大学	0.4482	递减
	中国农业大学	1.0000	不变		哈尔滨工业大学	0.5811	递增
	天津大学	0.9384	递减		中国科技大学	1.0000	不变
	大连理工大学	1.0000	不变		武汉大学	1.0000	不变
	复旦大学	0.9662	递减		华中科技大学	1.0000	不变
	同济大学	0.9253	递减		中南大学	1.0000	不变
	上海交通大学	0.6999	递减	西部高校	重庆大学	0.8408	递减
	上海大学	0.2870	递减		四川大学	0.6085	递减
	南京大学	0.8879	递增		西安交通大学	1.0000	不变
	东南大学	0.8023	递减		西北工业大学	0.6953	递增
	南京航空航天大学	1.0000	不变				

表 4.16　非有效决策单元投影分析

非有效 DMU	投入剩余（基于现有产出）			产出不足(基于现有投入)				
指标	x_1/ 千元	x_2/ 千元	x_3/ 人	y_1/ 项	y_2/ 部	y_3/ 篇	y_4/ 项	y_5/ 项
清华大学	0.00	−147 092	0.00	1 234.09	0.00	0.00	0.00	78.67
北京科技大学	0.00	−204 759	0.00	0.00	0.00	322.00	22.63	0.00
天津大学	0.00	0.00	0.00	694.15	0.00	0.00	90.18	0.00
吉林大学	0.00	−180 228	1 584.55	0.00	0.00	440.77	98.15	0.00

续表

非有效 DMU	投入剩余（基于现有产出）			产出不足(基于现有投入)				
指标	x_1/千元	x_2/千元	x_3/人	y_1/项	y_2/部	y_3/篇	y_4/项	y_5/项
哈尔滨工业大学	0.00	−414 972	0.00	1 896.39	16.07	0.00	44.86	0.00
复旦大学	−361 148.89	0.00	0.00	0.00	0.00	142.36	0.00	0.00
同济大学	0.00	0.00	0.00	0.00	8.36	2 274.97	30.26	0.00
上海交通大学	0.00	0.00	−1 085.91	0.00	0.00	0.00	4.87	0.00
上海大学	0.00	0.00	−965.26	0.00	4.64	611.23	29.29	0.00
南京大学	0.00	0.00	−150.84	337.39	0.00	0.00	74.96	8.78
东南大学	0.00	−182 532	0.00	785.55	0.00	0.00	14.99	0.00
河海大学	0.00	0.00	0.00	0.00	0.00	20.23	64.08	0.00
重庆大学	0.00	0.00	−981.69	412.19	4.64	0.00	0.00	0.00
四川大学	0.00	0.00	−1 344.34	852.09	0.00	0.00	106.34	0.00
西北工业大学	−483 447.88	0.00	0.00	0.00	4.93	0.00	61.52	0.00

由表 4.15 决策单元有效性计算结果可以看出，所选取的 31 所高校中 DEA 有效的高校有 16 所，其中东部高校 11 所，中部高校 4 所，西部高校 1 所；得分在 0.7～1.0 的高校有 8 所，其中东部高校 7 所，西部高校 1 所；0.5～0.7 的高校共有 5 所，其中东部高校 2 所，中部高校 1 所，西部高校 2 所；得分在 0.5 以下的只有 2 所，上海大学和吉林大学。如果我们把得分 0.9 以上的认为是效率高，得分在 0.7～0.9 的认为是较高，得分 0.5～0.7 的划为一般，0.3～0.5 的评为较低，0.3 以下的判定为低，按照这 5 类划分，31 所高校中有 24 所高校的计算结果大于 0.7，因此高校科研经费使用效率总体水平相对较高。

由表 4.15 规模有效性的计算结果可以看出，在所选取的 31 所高校中，有 15 所高校是非有效的，其主要表现在科研投入未能充分利用，同时也表现为科研产出相对较少，从 DEA 的计算结果可以看出非有效的 15 所高校中，有 11 所高校都是规模递减的，4 所高校是规模递增的，因此，对于规模递减的高校不宜过多地强调科研经费的投入而要关注科研产出和成果转化问题，从而快速有效提高非有效单元的科研经费使用效率，对于递增的高校，增加投入将会获得相对更多的产出，提高经费使用效率。

由表 4.16 非有效决策单元的投影计算可以看出，在投入方面，非有效的 15 所高校中存在不同程度的投入不足和产出剩余现象，其中有 13 所高校相对于现有的产出，政府资金基本没有剩余，只有复旦大学和西北工业大学基于现有产出分别存在−36 114.889 万元和−48 344.788 万元的剩余，因此，我国大部分高校的政府投入资金还存在不足，加大政府科研经费投入是提高科研经费使用效率的一种有效途径。非有效的 14 所高校相对于现有产出存在企事业委托资金和投入科研人员剩余问题，只有吉林大学相对现有产出科研人员存在一定的不足。在产出方面，基于现有投入只有清华大学和南京大学在成果授奖数方面存在 78.67 项和 8.78 项不足。在产出指标中，技术转让数存在严重不足，15 所非有效的高校中有 12 所高校存在不足，我国科技成果转化非常低，加快成果转化是推动我国高技术发展的有效途径。

由表 4.15 和表 4.16 可以看出，尽管近年来各所高校对科研活动的投入量持续增加，科研活动的部分产出成果数量每年也有一定的增长，但科研活动的效率并不高，存在以下主要问题。

1. 科研经费及人力资源存在较大剩余，科研资源未能充分利用

由表 4.16 可以看出，我国科研经费普遍存在投入过剩的现象；在 DEA 非有效的 15 个决策单元中，企事业单位委托和全时当量人员资源存在较大剩余。哈尔滨工业大学的科研经费中企事业单位委托资金投入为 73 012.2 万元，剩余 41 497.2万元，这表明 2007 年哈尔滨工业大学的科研投入产出的效率要达到 DEA 有效，在保持现有产出的条件下，要将企事业单位委托资金支出减少 41.49 亿元，清华大学、东南大学、北京科技大学、吉林大学都存在不同程度上的经费剩余。人力资源也存在相当程度上的浪费，其中重庆大学问题最为突出。2007 年重庆大学投入科研活动的全时当量人员为 2099 人，要想保持 DEA 有效，应在原有基础上把投入科研活动的全时当量人员减少 982 人，吉林大学、四川大学、南京大学、上海大学、上海交通大学也存在人力资本的剩余。对于政府资金的使用，绝大部分高校使用效率很高，没有剩余，但也存在个别现象。比如，复旦大学政府资金投入 70 477.8 万元，应减少 36 114.889 万元；西北工业大学也是如此，2007 年政府投入用于科研经费的资金为 61 140.2 万元，利用率较低，应在原有基础上减少 48 344.788 万元。因此，为使非有效决策单元达到相对有效水平，各决策单元应在现有科研资源基础上，根据输出结果，相对减少投入量，以期达到更好的利用效果。

2. 科技成果与技术转让存在严重不足，生产力转化效率过低

我国科研经费的使用还存在产出不足的情况，尤其是科技成果与技术转让最为显著。比如，哈尔滨工业大学要想达到 DEA 有效，则应在保持投入不变的情况下，课题总数、专著数及技术转让数分别增加 1896.39 项、16.07 本、44.86 项，存在课题总数产出不足的学校有清华大学、天津大学、吉林大学、哈尔滨工业大学、南京大学、东南大学、重庆大学及四川大学；存在专著数产出不足的学校有哈尔滨工业大学、同济大学、重庆大学及西北工业大学；其他高校也在学术

论文、技术转让、成果授权等产出上存在相当数量上的不足。由此可见，我国高校科研经费在科技成果与技术转让的产出方面存在严重不足，科研经费利用率低，科研成果不能得到有效利用，从而生产力转化效率低下。

3. 科研经费管理制度不完善或可实施性低，导致经费使用效率不高

高校科研项目的来源、学科领域和用途等影响因素的复杂多样在一定程度上影响科研经费管理制度的运行。由于不同科研项目的经费使用情况具有较大的区别，管理制度必须能够满足不同项目对于资金支出结构以及经费使用的要求，这就必然增加了制定高校科研经费管理制度的难度。同时，高校科研经费管理制度的不健全还表现在科研管理信息的不确定性，科研项目的创新性，科研人员的复杂性以及产、学、研关系的复杂性上。经费管理制度的实用性与可操作性不高，也是导致科研经费利用率低的一个方面。

因此，在今后的发展中，在强调高校科研活动投入资源数量增加的同时，应较多地关注投入人力、物力和财力的利用率，在现有资源有效利用的情况下，避免出现投入剩余的现象；另外，还应注意科研成果产出和转化的问题。目前我国科研经费存在较大的产出不足和技术转化率低的情况，应切实提高投入与产出的转化效率，优化科研资源配置，加快科技成果转化，提高科研经费使用效率。

第5章　高等学校学科评价

5.1　引言

大学是以知识为材料，学科为单元的学术组织。学科是大学学术组织存在的本质特征。大学的三大基本职能：人才培养、科学研究和社会服务，无不是以学科为基础单元来进行的。建设一流大学的关键在于逐步建立并拥有一批举世公认的高水平学科。因此，高等学校学科评价历来受到高度重视。

从20世纪80年代开始，西方发达国家开始发布基于学科评价的大学排行榜。从1983年起，《美国新闻与世界报道》(USNWR)开始定期发布的“美国最佳大学排行榜”，1987年起USNWR开始发布分学科“美国最佳研究生院排行榜”，2008年后，开始推出“世界最佳大学排名”。1986年，英国《泰晤士报》(THES)开始发布英国高校学科排行榜，后来又推出“优秀大学指南”，2004年后，又推出“世界大学TOP400”“世界大学TOP500”和按学科领域排出的“TOP300”。USNWR和THES皆为具有广泛影响力的新闻媒体，发布大学、学科排行榜受到社会公众高度关注。从1987年开始，广东管理科学研究所开始发布中国大学排行榜，此后内容逐步扩展，包括研究生院、学科门类和一级学科排名。自2003年起，中国校友会网开始发布大学评价报告。自2002年起，教育部学位与研究生教育发展中心按照教育部和国务院学位委员会颁布的《学位授予和人才培养学科目录》，对具有研究生培养和学位授予资格的一级学科进行整体水平评估，并根据评估结果进行聚类排位，此项学科评估具有官方背景，至今已完成三轮评估。

自1986年开始，英国政府每7年左右组织一次大学科研水平评估(research assessment exercise，RAE)。RAE作为英国最具权威性的大学评价，评估结果还直接决定大学研究经费的分配，成为大学的重要指挥棒。2008年的RAE排名发布之后，英国决定终止大学科研水平评估RAE，并以新的高等学校科学研究卓越框架(Research Excellence Framework，REF)取而代之。REF在RAE的基础上作了较大调整，通过学科合并，大大减少了评估单元UOA和评审组的数量，更加强调追求卓越，但仍然申明评估结果将直接决定大学研究经费的分配。REF首轮评估的数据采集工作已于2013年年底完成，最终评估结果将于2014年年底发布。本章5.4节将介绍REF的评价体系。我国政府组织的重点学科、重点实验室、创新群体评审等也直接决定经费的分配。

其实，一项公开发布并具有一定社会影响力的大学排行榜，无论是民间自发的行为还是有官方背景，无论是否与经费分配有关，都是大学办学的指挥棒。虽然有的大学排行榜由于评价指标体系不够科学、采集的基础数据不够准确、评价过程不够严谨而饱受诟病，但因其能够在很大程度上左右考生的选择和社会公众对大学的认识，大学当局不得不高度重视。有的大学甚至明确以提升在某排行榜中的位次为目标。如美国某些大学的董事会，明确排名上升重奖校长。

正确的评价导向对于大学的健康发展具有决定性影响，因此对于评价指标体系及其权重的设置应当慎之又慎。政府相关管理部门难以驾驭为数众多的民间评价和排行榜的活动，却能够制定一套更为科学、合理且被广泛认可的评价体系，加之官方背景的权威性，足以对大学办学起到决定性的引导作用。英国的高等学校科学研究卓越框架以追求卓越为目标、只关注优秀学者的少量代表作、评估结果直接决定研究经费分配的做法具有借鉴价值。我国教育部科学技术委员会于2014年7月25日发布的《高等学校科技分类评价指标体系及评价要点》（教技委〔2014〕4号）也属于有益的尝试。

本章主要介绍教育部学位与研究生教育发展中心高等学校学科评价体系，笔者课题组于2005年针对某大学学科建设项目绩效评价制定的指标体系和英国REF评价体系。

5.2 教育部学位与研究生教育发展中心高等学校学科评价

在有关部门的支持下，教育部学位与研究生教育发展中心（以下简称学位中心）按照教育部和国务院学位委员会颁布的《学位授予和人才培养学科目录》，对具有研究生培养和学位授予资格的一级学科进行整体水平评估（以下简称学科评估），并根据评估结果进行聚类排位。此项工作于2002年首次在全国开展，至今已完成三轮评估。现将有关情况介绍如下。

5.2.1 评估目的

学位中心开展学科评估的目的，一是服务大局，贯彻落实国家教育规划纲要提出的“鼓励专门机构和社会中介机构对高等学校学科、专业、课程等水平和质量进行评估”的精神，服务研究生教育“提高质量、优化结构、鼓励特色、协同创新”的大局；二是服务高校，通过对学科建设成效和质量的评价，帮助高校了解学科现状、优势与不足，促进学科内涵建设，提高研究生培养和学位授予质量；三是服务社会，提供客观的学科水平信息，为学生选报学校、学科和社会人才流动提供参考。

5.2.2　参评条件与参评情况

学位中心坚持“自愿申请参加，免收参评费用”的原则开展学科评估工作。各单位只要有一个及以上二级学科具有博士或硕士学位授予权（即具有研究生培养和学位授予资格），均可申请参加该一级学科的评估。第三轮评估按“新学科目录”进行，要求“拆分学科”（如原“历史学”、“建筑学”）相关学科必须同时申请参评，以客观反映学科拆分后的真实情况。

第一轮评估于 2002～2004 年分三次进行（每次评估部分学科），共有 229 个单位的 1366 个学科申请参评。第二轮评估于 2006～2008 年分两次进行，共有 331 个单位的 2369 个学科申请参评。本轮评估在 95 个一级学科中进行（不含军事学门类），共有 391 个单位的 4235 个学科申请参评，比第二轮增长 79%。

5.2.3　评估指标体系

根据教育部“提高高等教育质量三十条”、“2011 协同创新计划”和“研究生教育综合改革”等有关精神，第三轮评估广泛征求各方意见，指标设置突出“质量、成效、特色”，在各方普遍关注的“学生评价、论文评价、科研评价、特色评价”等方面进行改革创新，倡导新的“学科评价质量文化”。

学科评估采用“客观评价与主观评价相结合、以客观评价为主”的指标体系，包括“师资队伍与资源”、“科学研究水平”、“人才培养质量”和“学科声誉”四个一级指标，指标权重全部由参与学科声誉调查的专家（本轮评估约 5000 名）确定。

5.2.4　评估工作程序

为保证“严谨规范、公开透明”，学科评估按照以下程序进行，并将以下程序对参评单位预先明示。

1. 数据采集

数据采集包括“公共数据采集”与“单位材料报送”两部分。学位中心通过教育部、科技部、国家自然科学基金委员会、有关教育指导委员会、学会等官方数据源获取公共数据；通过参评单位申报获取参评学科数据。

2. 数据核实

评估数据的真实性是评估结果可靠性的重要保证。数据核查主要包括四个方面：一是按数据采集标准，对单位填报数据进行筛查；二是开发专门系统，对多单位、多学科重复填写的数据进行核查；三是利用学位中心构建的公共信息库，开发专门系统对填报数据进行核对；四是对发表学术论文等数据进行抽查。此项工作是学科评估最重要的环节之一，核查反馈材料多达近万页。

3. 信息公示

在确保国家信息安全的前提下，对单位填报的部分信息在参评单位范围内进行网上信息公示，接受各方异议，并对异议情况再按评估标准进行确认。

4. 专家问卷调查

学科评估借鉴国内外经验，采用“客观评价和主观评价相结合”的评价模式，邀请专家对学科声誉、学术道德、社会贡献与学生毕业后质量等进行主观评价。主观评价通过“问卷调查”方式进行，每个学科参与调查的一般为 50～100 人。本次评估除邀请本学科专家外，还特邀了部分来自教育部、科技部、文化部、国家自然科学基金委员会等 30 多个部委和大型企业的近 500 名行业、企业界人士。

5. 结果统计与发布

学科评估结果按照“精确计算、聚类统计”的原则产生。本轮评估首先按指标体系精确计算得到的原始得分，然后改变以往“四舍五入取整”产生并列排位的做法，采用“聚类统计”算法，将原始得分相近的聚为一类，使得分类更科学、同一类并列的单位更多，从而淡化名次，引导单位更加关注学科建设的优势与不足。考虑到科研院所的特殊情况，高校和科研院所评估数据进行统一计算，公布时分别排列。

2012 年进行的第三轮学科评估对评价指标体系五大改革措施。

1）强调质量，淡化规模，树立学科评价的正确导向

为全面贯彻落实以质量为核心的精神，引导参评单位树立注重质量的良好氛围，本轮评估全面改革排名性评估的一般做法，采用多项代表性指标代替总量指标，同时对规模指标设置数量上限，克服单纯追求规模的倾向，在“比总量”和“比人均”之间找到“比质量”这个平衡点。

2）创新学生质量评价模式，开创学生质量评价的新视角

改革人才评价方式，强调以学生为本，注重在学校培养质量与毕业后发展质量相结合的评价理念。引入用人单位对“学生毕业后质量跟踪评价”；新增学生派出留学、交流指标，鼓励对学生培养的投入；首次引入全国博士学位论文抽检情况指标，促进博士学位论文质量全面提高。

3）创新学术论文评价模式，营造学术论文评价的良好氛围

以“SCI论文数”单一指标评价学术论文的做法早已饱受诟病。本轮评估首次采用“定量与定性、质量与数量、国内与国外”相结合的“多维度学术论文评价”方法。如将论文“他引次数”及“ESI高被引论文数”与最新发表的高水平期刊论文同时纳入评价指标等，创立了学术论文评价的新质量文化。

4）改革科研成果评价模式，强调学科的社会服务能力

强调专利成果的转化与应用，鼓励专利成果为社会经济建设服务。同时，在主观评价部分增加了社会服务和学术道德等内涵，邀请大量行业和企业人士及所有参评单位本学科专家对学科的社会声誉进行全面评价，形成了“崇尚创新、重视质量、社会参与”的科研评价新模式。

5）分类设置指标体系，突出学科特色，强化分类指导

进一步分门类、分学科设置指标体系，对特色一级学科设置特色指标，克服评估趋同导向。如对艺术类、建筑类、体育、工商管理等学科，设置“艺术创作水平”、“建筑设计水平”、“学生体育比赛获奖”、“优秀案例”等特色指标，鼓励不同学科办出特色。

科学的评估指标体系确定后，可靠的评估数据是确保评估结果真实可信的根本保证。学位与研究生教育发展中心按既定程序，采取四项措施来保障数据可靠性。

（1）优化数据获取模式，明确数据采集标准。一是明确信息采集标准，保证数据采集的准确度；二是继续采用“归属度”方法合理解决跨学科、跨单位合作成果的重复使用问题，从而既保证了数据使用的可信度，又肯定了不同学科、单位的团队合作，鼓励协同创新。

（2）使用专门系统，进行重复数据检查。利用专门系统，对可能在多个单位或学科重复出现的数据进行全面分析，对重复出现的信息进行甄别。

（3）利用公共信息，全面核查填报数据。利用学位中心建立的公共数据库，对学校填报数据进行比对，核查所填数据是否准确、学科和单位归属是否正确。

（4）部分数据网上公示，接受各方异议。在确保国家信息安全的前提下，对部分内容进行“网上公示”，并对异议情况再按评估标准进行确认，确保评估工作公开、公正、公平。

2012年学科评估，按照学科门类特色对“人文社科类”、“理工农医类”、“管理学门类”、“艺术学门类”、“体育学”、“建筑类”、“计算机类”等分类设置指标体系。其中，指标体系结构和内容经多次研讨，在广泛征求各单位和各方面专家意见后确定，并在评估初期就提供给参评单位；指标“权重”由参与学科声誉调查的5000余名专家最终确定。表5.1为2012年学科评估指标体系框架。

表 5.1 教育部学位与研究生教育发展中心学科评估指标体系框架

一级指标	二级指标	备注
A. 师资队伍与资源	A1. 专家团队情况	
	A2. 生师比	
	A3. 专职教师情况（设置上限）	
	A4. 重点学科、重点实验室情况	
B. 科学研究水平	B1. 代表性学术论文质量（含国内和国外，定性和定量）	
	B2. 科学研究获奖情况	
	B3. 出版学术专著或转化成果专利情况（部分学科考察出版学术专著情况，部分学科考察成果专利转化情况）	
	B4. 代表性科研项目情况（含人均情况）	
	B5. 艺术创作水平（仅对艺术门类学科，不含艺术学理论）	
	B6. 建筑设计水平（仅对建筑类学科）	
C. 人才培养质量	C1. 教学与教材质量	
	C2. 学位论文质量	
	C3. 学生国际交流情况	
	C4. 学生体育比赛获奖（仅对体育学科）	
	C5. 优秀在校生及毕业生情况	
	C6. 授予学位数（设置上限）	
D. 学科声誉	D1. 学科声誉（含学术声誉、社会贡献、学术道德等）	

指标说明如下。

A1. 专家团队情况：院士、千人计划入选者、长江学者、国家杰出青年科学基金获得者、百千万人才工程国家级人选、国家级教学名师、马工程首席专家、国家四个一批人才、教育部新世纪人才，以及国家自然基金委员会创新群体、教育部创新团队；体育学科还包括规定范围内的优秀运动员、教练员、裁判员。

A2. 生师比：博士、硕士授权学科分别考虑。生师比过高或过低均不为最佳状态，最佳区间的划分由各学科专家确定。

A3. 专职教师情况（设置上限）：本学科专职教师和研究人员总数。此指标设“上限”，超过上限值的均为满分，不按规模的增大递增得分。

A4. 重点学科、重点实验室情况：①国家重点学科及省级重点学科情况；②国家级及省部级重点实验室、基地、中心情况。

B1. 代表性学术论文质量（含国内和国外，定性和定量）：①国内、国外收录的代表性学术论文的他引次数及 ESI 高被引论文情况；②提供规定篇数的高水平学术论文，由专家进行主观评价；（①和②不针对体育及艺术类）③在 SSCI、

AHCI、CSSCI、CSCD 源期刊上人均发表的学术论文数（仅对人文社科类、管理门类与艺术门类）；计算机 A 类论文数（仅对计算机类）。

B2. 科学研究获奖情况：① 国家自然科学奖、技术发明奖、科技进步奖；②教育部高校科研成果奖（科学技术、人文社科）；③省级自然科学奖、技术发明奖、科技进步奖，省级哲学人文社科奖。

B3. 出版学术专著或转化成果专利情况（部分学科考察出版学术专著情况，部分学科考察成果专利转化情况）：①学术专著仅统计“著”的情况，不含编著、译著等；②专利仅统计已转化或应用的发明专利与国防专利，需提供相关证明。

B4. 代表性科研项目情况（含人均情况）：①“973”计划、“863”计划、支撑计划等科技部项目，国家自然科学基金，国家社会科学基金，全国教育科学规划课题；②教育部人文社会科学基金、国家清史纂修工程项目、全国高等院校古籍整理研究工作委员会项目；③其他省部级项目（省人文社会科学、哲学社会科学基金，省自然科学基金等）；④30 项其他重要科研项目（如横向项目）情况。

B5. 艺术创作水平（仅对艺术门类学科，不含艺术学理论）：代表性艺术创作成果，由学科专家进行主观评价。

B6. 建筑设计水平（仅对建筑类学科）：设计作品获得国际、国内重要奖项情况。

C1. 教学与教材质量：①国家级和省级优秀教学成果奖；②国家级规划教材与精品教材情况；③优秀案例情况（仅对工商管理学科）。

C2. 学位论文质量：①全国优秀博士学位论文入选论文与提名论文数，及计算机学会优秀博士论文数（仅对计算机学科）或 MPA 优秀专业硕士学位论文数（仅对公共管理学科）；②全国博士学位论文抽检情况。

C3. 学生国际交流情况：①授予学位的境外留学生人员情况；②派出境外交流（时间需超过规定时限）的学生情况。

C4. 学生体育比赛获奖（仅对体育学科）：学生在校期间，获世界比赛、全国比赛单项前三名或团体前六名的奖项数。

C5. 优秀在校生及毕业生情况：提供规定数量的优秀在校学生及毕业生，由学科专家及用人单位进行主观评价。

C6. 授予学位数（设置上限）：授予博士、硕士学位人数。设置“上限”，超过上限值均得满分，不按规模的增大递增得分。

D1. 学科声誉（含学术声誉、社会贡献、学术道德等）：由同行专家和行业人士根据学科的学术声誉、社会贡献、学术道德等印象，参考《学科简介》，做出“学科声誉”主观评价。《学科简介》包括学科基本情况与特色，客观指标未能统计的重要学术贡献、成果应用等社会贡献以及学术道德等方面的情况。

5.3 学科建设项目绩效评估指标体系构建

学科建设项目绩效评估是一项系统工程，科学合理的绩效评价具有导向、鉴定、改进、激励、管理的功能。尽管各类高校对学科建设的要求有所不同，但学科建设的内容应是基本一致的。学科建设绩效评估指标体系应该是一个有机的整体。由于影响学科建设绩效的因素十分复杂，目前尚无公认的学科建设评估指标体系和评价方法。本课题组研究构建的学科建设项目绩效评估指标体系，旨在对高校“十五”学科建设项目投入的绩效及“十五”期间高校学科建设所达到的目标、效果、效率进行系统、客观的科学评价，为“十一五”更加科学、有效地配置学科建设资源，加快推进高水平研究型大学的建设提供科学依据。

5.3.1 评估指标体系构建的基本原则

评估指标体系是否科学、合理直接影响到评估结果的科学性和合理性，进而影响着研究目标的实现。根据学科建设绩效评估的一般规律，结合高校“十五”学科建设项目的目标，本研究遵循以下原则研究制定学科建设绩效评估指标体系。

1. 完备性

学科建设评估指标体系应尽可能覆盖学科建设的各个方面，选择的评估指标应有代表性，指标间相互联系、补充，层次清晰，共同构成评估指标体系的有机整体。

2. 科学性

科学性是可信度的重要标志。学科建设项目绩效评估指标体系应建立在一定的科学理论基础之上，主要依据相关学科建设部门的文件和国内外现有研究成果，同时征询校内外专家的意见等，并且选择的指标应能有效反映学科建设中的绩效和问题，尽量减少人为因素的干扰，缩小误差，确保指标具有科学性和权威性。

3. 系统性

影响和决定学科建设绩效的因素相当广泛，需采用系统设计、系统评价的原则，并设置合理的指标层次结构，全面、系统地反映学科建设的绩效，并能为评估提供必要的数据支撑。

4. 独立性

学科建设项目绩效评估指标体系应由一组相互间有着紧密联系的指标构成，每项指标内涵和外延必须明确，具有较强的针对性，且指标体系内各项指标还应具有相对的独立性。

5. 可行性

可行性是指标体系应具有较强的可操作性。有些指标虽然很合适，但基础数据无法得到，缺乏可操作性，把这样的指标选进指标体系中会给评价工作造成较大困难。

6. 可比性

学科建设项目投入的绩效，在一定程度上取决于选择的比较标准。为使学科建设项目绩效评估指标体系能够客观真实地反映高校“十五”学科建设项目投入的目标实现程度，应保证构建的评估指标具有横向和纵向的可比性。

5.3.2 评估指标体系的构建

参照现有教学研究型大学、研究型大学的学科建设评价指标体系，结合高校实际和高水平研究型大学学科建设的目标要求，经课题组广泛调研与深入研讨，初步构建了适合高校自身特点且能够满足高校“十五”学科建设项目后评价需要的学科建设项目绩效评估指标体系，并在问卷调查及征求校内外众多专家、学者意见的基础上，对评估指标体系进行了进一步调整、充实和完善，最终构建完成的学科建设项目绩效评估指标体系包含 6 项一级指标和 57 项二级指标。

课题组将初步构建的指标体系分别制成了一级指标权重问卷调查表和二级指标当量问卷调查表。根据本课题的研究目标，课题组选择的问卷调查对象为校内、校外重点高校的学校领导、学科带头人、教授、副教授、研究人员、其他教师及教学管理人员等各个层次的优秀教育工作者，并撰写了问卷调查表的填写说明，委托高校学科建设办公室统一组织书面问卷调查，本次问卷调查历时两个多月，权重、当量问卷调查表及填表说明如附件所示。学科建设项目绩效评估指标体系、权重和当量确定流程，如图 5.1 所示。

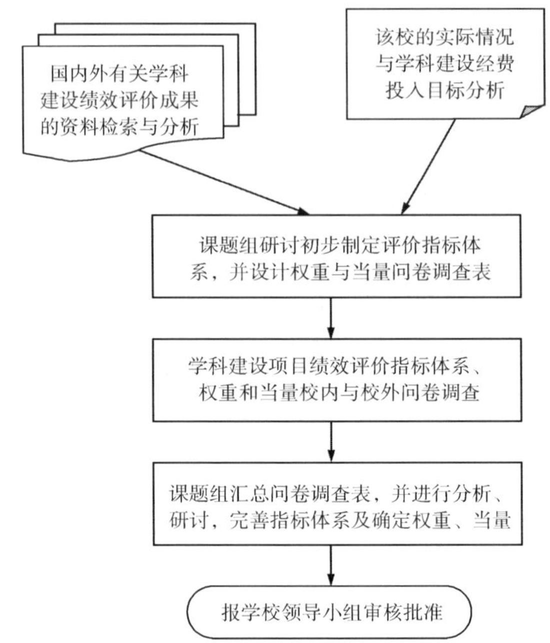

图 5.1 高校学科建设绩效评估指标体系、权重和当量问卷调查流程图

本次问卷调查，累计发放调查问卷 244 份，回收 234 份，剔除部分不完整问卷和无效问卷，获得了 226 份有效问卷，有效问卷的回收率为 92.6%。在有效问卷调查对象中，教授占 65%（其中包括 3 名校领导），研究员占 1%，副教授占 12%，副研究员占 1%，讲师占 20%，助教占 1%，职称分布如图 5.2 所示。

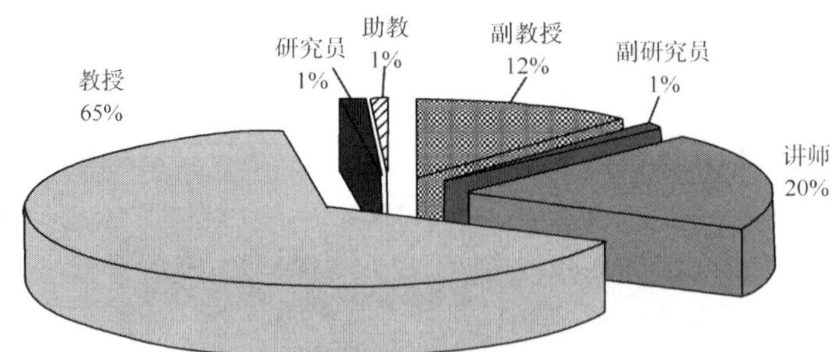

图 5.2 学科建设项目绩效评估问卷调查样本分布图

学科建设项目绩效评估指标权重和当量原始调查数据如本节后附件所示。对这些问卷进行统计分析，可以看出问卷调查的各指标权重或当量服从正态分布，由于调查指标数量较大，这里我们仅给出一级指标问卷调查权重的频率分布特征图，如图 5.3～图 5.8 所示，图中的每一条形高度分别代表相应组别的频率。

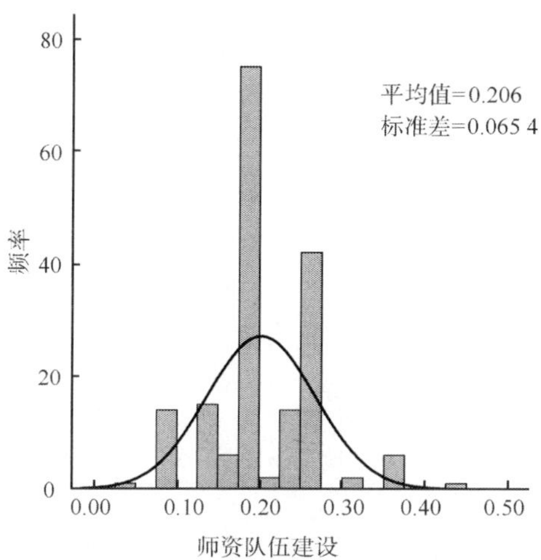

图 5.3　师资队伍问卷调查样本值频率分布图

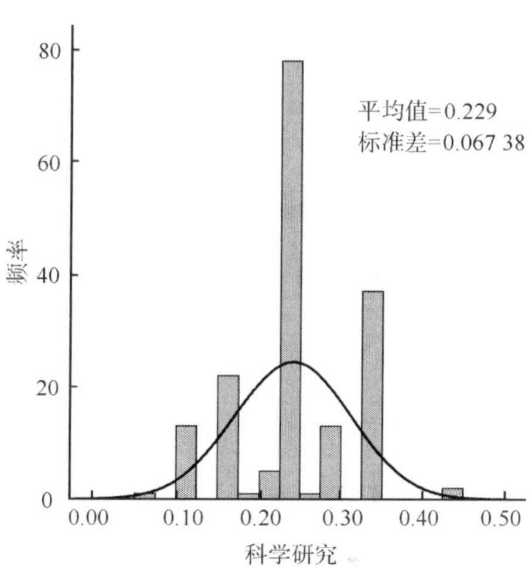

图 5.4　科学研究问卷调查样本值频率分布图

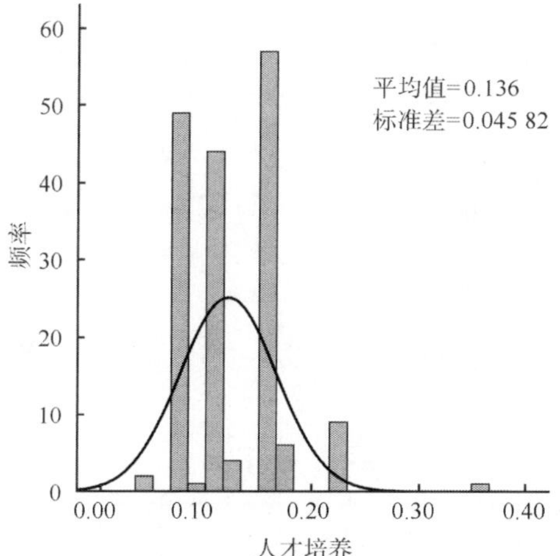

图 5.5　人才培养问卷调查样本值频率分布图

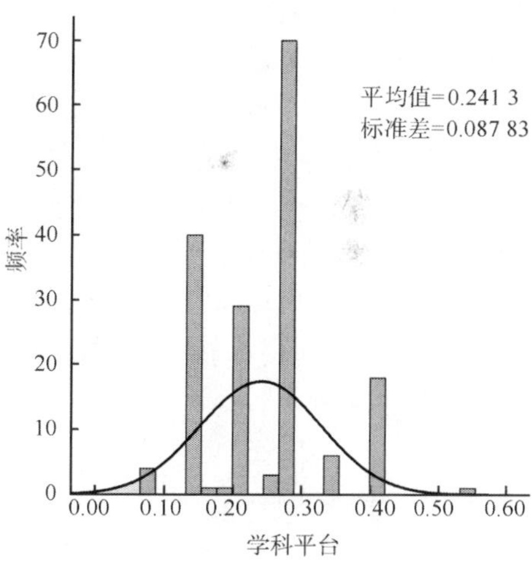

图 5.6　学科平台问卷调查样本值频率分布图

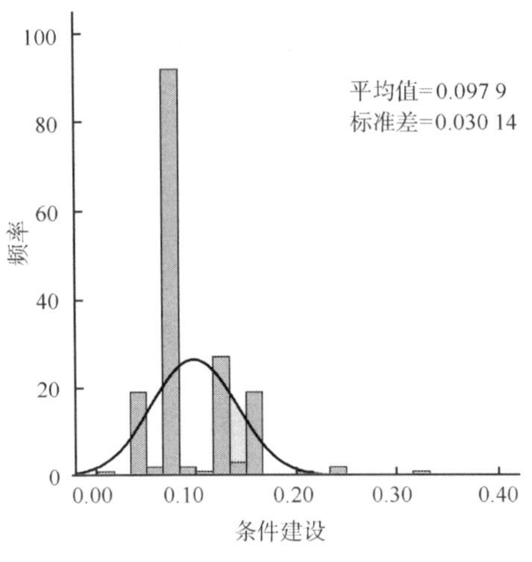

图 5.7 条件建设问卷调查样本值频率分布图

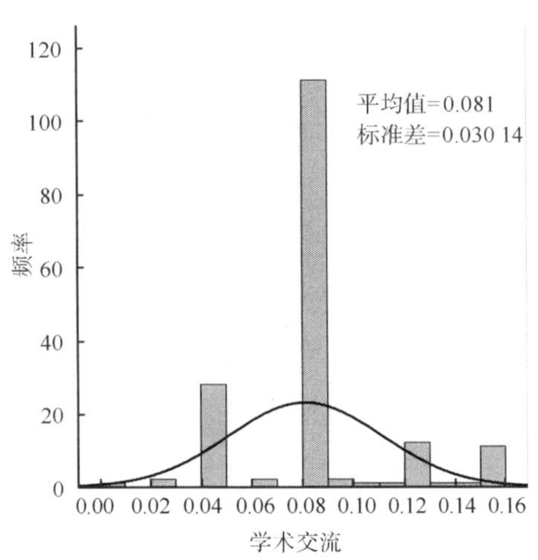

图 5.8 学术交流问卷调查样本值频率分布图

课题组针对有争议的指标及问卷偏差较大的权重、当量多次深入研讨，并进一步征询了有关专家、学者的意见，在此基础上完善了学科建设绩效评价指标体系，确定了问卷调查一级指标的权重及各二级指标的当量。此外，为了科学评估高校“十五”期间以及前期学科建设取得的成就，本次问卷调查同时对保有量与新增量两个指标的相对当量进行了问卷调查，经统计分析，新增量的当量确定为1，保有量的当量确定为 0.5。由于文科和理科的学科性质不同，根据高校《专业技术职务评审暂行办法》任职资格要求的理科和文科科研经费到款的比例，确定文科科研经费的当量为理科科研经费当量的 4 倍。最后将课题组确定的学科建设项目绩效评估指标体系、权重与当量报请学校领导小组批准。

课题组最终确定的高校学科建设项目绩效评估指标体系及各指标的权重、当量，如表 5.2 所示。

表 5.2 学科建设项目绩效评估指标体系及权重、当量表

一级指标	权重	二级指标	当量
师资队伍建设	0.21	院士	7
		长江学者	3.5
		国家级人才工程培养对象	3
		博导	1.5
		教授	1
		省部级人才工程培养对象	1.2
		具有博士学位的教师	0.7
		其他教师	0.5

续表

一级指标	权重	二级指标	当量
学科平台建设	0.24	国家级重点学科	3
		省部级重点学科	1.5
		国家级重点实验室（包括基地、中心）	2
		省部级重点实验室（包括基地、中心）	1.2
		一级学科博士点	1
		二级学科博士点	0.5
		国家级创新群体	1.5
		省部级创新群体	1
		校级创新群体	0.6
		硕士点	0.1
科学研究	0.23	SCI 或 SSCI	1.5
		EI	1
		ISTP	0.7
		重要核心	1
		一般核心	0.7
		检索期刊	0.3
		其他非检索期刊	0.06
		著作	3
		主编教材	1
		主编工具书	0.5
		国家级科研成果	15
		省部级科研成果	6
		国家级项目	5
		省部级项目	3
		理科项目横向科研经费（每 10 万元）	1.2
		文科项目横向科研经费（每 10 万元）	4.8
		理科项目纵向科研经费（每 10 万元）	1.2
		文科项目纵向科研经费（每 10 万元）	4.8
		专利授权	2
		国家级教学成果	6
		省部级教学成果	3

续表

一级指标	权重	二级指标	当量
人才培养	0.14	每招收一名本科生	0.5
		每招收一名硕士生（含工程硕士）	1
		每招收一名博士生	2
		每毕业一名本科生	0.5
		每毕业一名硕士生（含工程硕士）	1.2
		每毕业一名博士生	3
		每获一项国家百篇优秀博士论文奖	10
		每获一项省部级优秀硕、博士论文奖	5
		每获一项国家级奖励	4
		每获一项省部级奖励	2
		每获一项国家级创新基金	4
		每获一项省部级创新基金	2
条件建设	0.10	每形成10万元固定资产	1
学术交流	0.08	举办一次国际学术会议	2
		举办一次全国性学术会议	1
		参加国际学术会议（1人次）	0.1
		担任国家级学会正副理事长（1人次）	1.2
		担任国家级学会理事或省部级学会正副理事长（1人次）	0.4

根据调查结果，新增量与保有量的当量分别为0.5和1。

将多个意义、量纲不同的指标合成一个具有可比性的综合指标在多指标综合评价中十分普遍。基于不同视角和出发点，产生了很多不同的综合评价方法。此处将意义、量纲不同的指标值折算为当量的办法亦是一种可行的方案。其主要优点是当量值可以累积计算，能够充分反映规模效应。

附件：学科建设项目绩效评估指标的填表说明及权重与当量问卷调查表

1. 关于填写学科建设项目绩效评估指标权重与当量调查表的说明

（1）本表对于正确评价学科建设绩效十分重要，作为有关部门和领导推荐的专家，您对学科建设倾注了大量心血，做出了重要贡献，这次请您在百忙之中抽出时间认真填写学科建设项目绩效评估指标权重与当量调查表。

（2）一个指标的权重大小反映了该指标在综合评价中的重要程度，请根据您对不同指标重要程度的理解给出其权重，请注意所有一级指标权重之和应为 1。

（3）每个二级指标的当量大小反映了该二级指标在综合为一级指标当量时的重要程度。为使不同专家给出的当量有一个统一的标准，对每个二级指标当量调查表我们均给出了一个指标的当量（取为 1），请参照该指标的当量，给出相应一级指标其他二级指标的当量。比如，师资队伍建设二级指标，我们把教授的当量取为 1，您可以根据自己的理解把博士生导师的当量确定为 1.2，1.5，1.8 等，其余类似。

（4）若您认为表格中给出的某些指标不合适，请直接修改或删除；若认为还有其他应该考虑的指标，请在表中相应空白的单元格中补充，并给出其权重或当量。

（5）问卷调查表返回时间：2005 年 12 月 10 日前。

（6）回收单位：南京航空航天大学学科建设办公室；联系人，葛少卫；电话，84895789。

感谢您对我们工作的支持！

南京航空航天大学学科建设办公室

2005 年 11 月 29 日

2. 权重和当量问卷调查表

权重和当量问卷调查表如表 5.3～表 5.10 所示。

表 5.3　学科建设项目绩效评估一级指标权重问卷调查表

一级指标	师资队伍建设	学科平台建设	科学研究	人才培养	条件建设	学术交流		
权重								

表 5.4　师资队伍建设二级指标当量问卷调查表

师资队伍建设二级指标	院士	长江学者	国家级人才工程培养对象	博导	教授	省部级人才工程培养对象	具有博士学位的教师	其他教师		
当量					1					

表 5.5　学科平台建设二级指标当量问卷调查表

学科平台建设二级指标	国家级重点学科	省部级重点学科	国家级重点实验室（包括基地、中心）	省部级重点实验室（包括基地、中心）	一级学科博士点	二级学科博士点	国家级创新群体	省部级创新群体	校创新群体	硕士点	
当量					1						

表 5.6　科学研究二级指标当量问卷调查表

科学研究二级指标	SCI 或 SSCI	EI	ISTP	重要核心	一般核心	检索期刊	著作	主编国家规划教材	主编一般教材	国家级科研成果	省部级科研成果	国家级项目	省部级项目	横向科研经费（每 10 万元）	纵向科研经费（每 10 万元）	专利授权	国家级教学成果	省部级教学成果		
当量		1																		

表 5.7　人才培养二级指标当量问卷调查表

人才培养二级指标	每招收一名本科生	每招收一名硕士生（含工程硕士）	每招收一名博士生	每毕业一名本科生	每毕业一名硕士生（含工程硕士）	每毕业一名博士生	每获一项国家百篇优秀博士论文奖	每获一项省部级优秀硕、博士论文奖	每获一项国家级奖励	每获一项省部级奖励	每获一项国家级创新基金	每获一项省部级创新基金		
当量		1												

表 5.8　条件建设二级指标当量问卷调查表

条件建设二级指标	每形成 10 万元固定资产				
当 量	1				

表 5.9　学术交流二级指标当量问卷调查表

学术交流二级指标	举办一次国际学术会议	举办一次全国性学术会议	参加国际学术会议（1 人次）	担任国家级学会正副理事长（1 人次）	担任国家级学会理事或省部级学会正副理事长（1 人次）		
当量		1					

表 5.10　保有量与新增量相对当量问卷调查表

	保有量	新增量			
当量		1			

5.4　英国高等学校科学研究卓越框架

高等学校科学研究卓越框架（Research Excellence Framework，REF）由英格兰高等教育基金会（The Higher Education Funding Council for England，HEFCE）、苏格兰基金会（The Scottish Funding Council，SFC）、威尔士高等教育基金会（The Higher Education Funding Council for Wales，HEFCW）和北爱尔兰就业和学习部（The Department for Employment and Learning，Northern Ireland，DEL）联合发起并组织实施，日常工作依托英格兰高等教育基金会，由REF团队负责管理。

REF将为公共研究投资及其产生的效益提供清晰的量化结果，同时为高等教育和公共信息部门提供标杆信息和衡量声誉的尺度。

REF的目标，一是提升高等教育研究数据库和各种形式的研究项目的质量；二是支持和鼓励创新以及由好奇心驱动的研究（包括新的方法、新的领域和交叉学科的工作）；三是鼓励高等教育机构与商业组织和第三方组织有效地分享、传播和应用研究成果。

REF评价结果分为四个星（等）级。最高为四星级（世界领先，world-leading），其次是三星级（国际优秀，internationally excellent），再次为两星级（国际认可，internationally recognized），最后是一星级（全国认可，nationally recognized），另外还有一个U级为未评定星级的情况。

5.4.1　REF评审组和评估单元的划分

英国此前沿用的RAE将所有研究学科划分为67个不同的学科领域，称为67个评估单元，记为UOA。REF在RAE的基础上对评估单元进行大幅度合并，UOA减少到36个。评审组也从15个缩减到4个。

评审组A包括6个单元：①临床医学；②公共健康、健康服务和初级保健；③综合职业健康、牙医学、护理和药学；④心理学、精神病学和神经科学；⑤生物科学；⑥农学、兽医学和食品科学。

评审组B包括9个单元：⑦地球系统与环境科学；⑧化学；⑨物理学；⑩数学科学；⑪计算机科学与信息学；⑫航空、机械、化工和制造工程；⑬电气和电子工程、冶金与材料；⑭土木与建筑工程；⑮一般工程。

评审组C包括11个单元：⑯建筑、建筑环境与规划；⑰地理、环境研究和考古学；⑱经济学和计量经济学；⑲商业与管理研究；⑳法学；㉑政治学与国际研究；㉒社会工作与社会政策；㉓社会学；㉔人类学与发展研究；㉕教育；㉖体育及运动科学、休闲和旅游。

评审组 D 包括 10 个单元：㉗区域研究；㉘现代语言和语言学；㉙英语语言文学；㉚历史；㉛古典文学；㉜哲学；㉝神学与宗教研究；㉞艺术与设计，历史、理论与实践；㉟音乐、戏剧、舞蹈和表演艺术；㊱通信、文化和媒体研究，图书馆和信息管理。

REF 的评估单元介于我国的学科门类和一级学科之间，这与英国的高等教育规模基本对应。我国由于高等教育规模大，按一级学科组织评估是可行的。

按照 REF 的规定，每所大学可以自行选择拟参加评估的 UOA，由不同渠道资金资助的各类研究均可参加评估。REF 规定，每一所高校对每一个 UOA 原则上只能提交一套参与评估的资料，在征得 REF 同意后方可对同一个 UOA 提交第二份资料。REF 鼓励多所高校联合提交一份资料参与某一 UOA 水平评估。为鼓励合作研究，REF 允许同一篇代表作的多位作者同时提交该代表作参加评估，而且在评价时不加区别。

REF 是针对高等教育机构的评价，每个高等教育机构可以自行筛选并提名本单位最具代表性的学者及其研究成果参加评估。REF 对于参加每个 UOA 评估的人员数量没有限制。比如，某一高校有 100 名学者属于同一个 UOA，它可以选择 10 位学者参加评估，也可以选择 20 位甚至更多的学者参加评估。REF 按照推荐参加评估的人数多少将参评高校划分为 7 个类别：$1 \leqslant x < 15$，$15 \leqslant x < 25$，$25 \leqslant x < 35$，$35 \leqslant x < 45$，$45 \leqslant x < 55$，$55 \leqslant x < 75$，$75 \leqslant x$。能够参加 REF 星级评估的 UOA 数和有条件参加 REF 星级评估的学者人数在一定程度上反映了一所高校的实力，而星级的高低则代表其研究水平。REF 不关注参评学者的经历、头衔和职级，只对其代表作进行评估。高等教育机构虽然可以自主决定参加哪些 UOA 评估以及推荐多少学者参加评估，但往往很难取舍。不参加某些 UOA 评估说明自认为在相关领域没有竞争力，参加评估如果获得的星级很低或未授予星级当然也对高校的声誉产生负面影响。对于推荐多少学者参与某一 UOA 评估，也难以轻易决定。只选择少数最具竞争力的学者参评，固然有可能获得较高的星级，却同时暴露了参评高校在该领域整体实力不强；多推荐一些人参加评估，又可能因为其中某些学者代表作偏弱而得到低星级或无星级的结果。在高校完成参评资料网上提交后，REF 将组建专家评审团对每一个提交资料的 UOA 进行评估并确定等级。评审团成员由实际研究者和研究成果用户组成。

5.4.2　REF 评估指标与评价标准

REF 有三个评估指标：研究产出质量、学术界以外影响和研究环境。对照之前一直沿用的 RAE 评价指标，REF 中不再提声誉（esteem）指标，而增加了非学术影响指标，同时，作为体现成果学术意义的附加信息，REF 工作团队将组织检索并向评审专家提供研究成果的引用数据。

REF 要求每一位被评估者提交近 6 年内（2008～2013 年）的代表作数量不超过 4 篇，关于非学术影响的例证，成果可以放宽到近 20 年内（1993～2013 年）。这说明这一评价框架更加注重研究质量而不是成果数量，而且承认历史贡献，对具有实际影响的成果放宽时限。评估的形式为专家评议。最后的评估结果是其提交的全部代表作被授予不同星级的百分比，而不是被授予不同星级的代表作的数量。

1. 研究产出质量评估

研究产出质量评估重点关注三个要素：原创性、严谨性和重要性。其中关于重要性的评估则要求同时考虑学术影响及在学术界之外获得直接或间接应用的情况。

有关引用率的信息在科研产出评估中受到高度重视。

研究产出质量评价结果也对应分为四个星（等）级。首先，最高为四星级（世界领先），要求成果的原创性、严谨性、重要性均居世界领先水平；其次是三星级（国际优秀），成果的原创性、严谨性、重要性略次于世界最高水平；再次为二星级（国际认可），成果的原创性、严谨性、重要性获得国际认可；最后是一星级（全国认可），成果的原创性、严谨性、重要性得到全国公认。另外还有一个 U 级为未评定星级的情况，属于研究工作未达到全国公认的水准或是不符合 REF 发布的关于研究的定义。

2. 学术界以外影响评估

学术界以外影响主要是指研究成果对经济、社会、公共政策、文化或生活质量产生的影响程度及范围。评估小组将在整体上对某一机构所提交全部研究成果的非学术影响进行评价，而不是具体评议某一位研究者的非学术影响。在评估时特别关注其中最卓越成果的影响。评估小组根据研究成果影响所达到的水准，包括其在多大范围内被感受到，以及其动态变化情况进行评议。这里的“非学术影响”有些类似我们通常所理解的科研成果的实际应用价值。

与研究产出质量评价类似，非学术影响评价结果也分为四个星（等）级。最高为四星级，成果影响的范围和意义突出（outstanding）；其次为三星级，成果影响的范围和意义很大（very considerable）；再次为二星级，成果影响的范围和意义较大（considerable）；一星级表示成果影响的范围和意义得到适当认可（recognized but modest）。如果成果没有产生影响或影响的范围和意义很小，或是影响不合意，或被评估单元的研究影响不符合 REF 的主张，则不予评定星级。

3. 研究环境评价

研究环境指的是研究机构能够在多大程度上保持一个卓越研究的活力和可持续性，并支持其有效传播和应用。研究环境评价的具体内容包括资源、管理和雇佣三个方面。资源包括研究人员、研究收入、研究的基础设施和设备；管理包括研究发展的策略，研究人员的发展以及对研究生的培养；雇佣的内涵较为宽泛，不仅包括研究人员的公开招聘情况，还包括研究机构与用户之间关于人员和思想的交流。另外还要考虑对交叉学科和合作式研究的支持情况以及有关研究数据库的开发及其在更大范围内所做出的贡献等。

如果研究环境有助于保持产生世界领先水平的研究活力和可持续性，则评为四星级；如果研究环境有助于保持产生国际优秀水平的研究活力和可持续性，则评为三星级；如果研究环境有助于保持产生国际认可水平的研究活力和可持续性，则评为二星级；如果研究环境有助于保持产生全国认可水平的研究活力和可持续性，则评为一星级；如果研究环境不能支持产生全国认可水平的研究活动，则不授予星级。

上述三个要素中研究产出质量的权重最大，占 65%，非学术影响的权重为 20%，研究环境的权重为 15%。评估小组将会基于卓越标准对上述三个要素逐一进行评估。

最终评估结果按照研究产出质量、学术界以外影响与研究环境三个指标的评价结果计算加权平均值，然后再经过四舍五入取整数。表 5.11 给出一个实例及评估结果计算过程。

表 5.11　REF 最终评估结果的计算

指标	权重	四星级	三星级	二星级	一星级	未定星级
成果	0.65	12.8	32.8	43	11.4	0
影响	0.20	20	45	35	0	0
环境	0.15	0	40	40	20	0
加权和		12.3	36.3	41	10.4	0
加权和累加		12.3	48.6	89.6	100	100
累加结果取整		12	49	90	100	100
取整累加结果累减		12	37	41	10	0

REF 最终发布的关于某高校某个 UOA 的评估结果就是表 5.11 最后一行的取整累加结果再累减后得到的不同星级成果所占的比例。在下一轮评估结果公布之前，英国政府将一直根据上一轮评估结果分配研究经费。

5.4.3 REF 对我国的借鉴价值

由 RAE 改进而来的 REF 由许多特点值得我们借鉴。

（1）追求卓越，明确了世界一流的评估目标导向。

（2）以人（学者）为基点进行评估，对学者的评估以研究产出为唯一依据。

（3）高度重视产出质量，不以数量论英雄。REF 严格限制每位参评学者提交的代表作数量，评估结果只说明不同星级代表作所占的比例而不涉及代表作数量。

（4）评估时间间隔较长，每 6～7 年组织一次。

（5）承认学者的历史性贡献，对于有实际价值的成果时限放宽到 20 年。

（6）评估结果直接作为科研基金分配的依据。

REF 有利于引导高校和广大学者在好奇心驱动下持续开展卓越研究，创造一流成果。6 年左右（重大成果时限放宽到 20 年）的高水平研究工作经 REF 评估认定后，能够让大学及其研究者在未来 6～7 年内得到充足的经费支持，心无旁骛地从事研究，这一机制本身就是许多学者梦寐以求的研究环境。他们只需要凭其本能追求卓越，而不需要关注成果数量。大学也可以卸下与其他高校比拼诸如论文数量、诺奖数量、冠名学者数量、某级别重点学科、重点实验室数量等的包袱，只需要遵循科研规律，造就出能产生一流成果的学者队伍。在一批能够创造出一流成果的学者群体支撑下，一流学科的产生自然水到渠成。

我国具有官方背景的学科评估是国家教育部学位与研究生教育发展中心自 2002 年起对具有研究生培养和学位授予资格的一级学科进行的整体水平评估，至今已完成三轮评估。以一级学科整体水平评估为基础构建我国高等学校科学研究质量评估的卓越框架，有可能扭转我国高校过度追求产出数量的被动局面，成为引导我国高校千千万万学者潜心从事卓越研究，创造一流成果的重要里程碑。这也许是解答“钱学森之问”的一条可行路径。

构建我国高等学校科学研究质量评估卓越框架的基本思路：

（1）评审组和评估单元设置。按学科门类设置评审组，以一级学科为评估单元。对于学科点数量很少的一级学科，可以归并到相近的评估单元；对于学科点数量过多的一级学科，也可以考虑划分成两个或多个单元进行评估。

（2）评估目标导向。明确追求世界一流的评估目标导向，可以考虑设置 6 个等级：国际领先、国际先进、全国领先、全国先进、本省领先和一个不认定等级的情形。

（3）评估周期设置。每 5 年评估一次，对前 5 年的科研产出进行评价，有重大实际价值的成果时限可以放宽到 15 年。

（4）评估依据。以学者为评估基点，以代表作为评估依据。

（5）代表作数量限制。每位参评学者提交的代表作数量不超过 3 篇，评估结果只说明不同等级代表作所占的比例而不涉及代表作数量。

（6）高校自主权。每所高校可以自主决定参加哪些一级学科的评估，自行选择参加评估的学者及其代表作。

（7）评估结果使用。评估结果公开发布，并作为未来 5 年内高校研究经费分配的依据。可以考虑将“985”、“211”学科建设经费、国家重点实验室、重点学科建设经费、中央高校科研业务费等多头管理的科研经费集中使用，按评估结果进行分配。经费分配应同时考虑代表作评估等级和参加评估且代表作被认定等级的优秀学者人数。比如，若某高校某一级学科只推荐一名学者参加评估，代表作评估结果为“本省领先”，经费定为 10 万元，随着代表作评估等级的提高，经费也相应增加。学科总经费按本学科参加评估且代表作被认定等级的优秀学者人数倍增。

这样可以有效避免同一个研究群体重复申报科技创新团队、机构、基地、实验室和学科，多头资助，所有的资源都堆积在少数研究群体身上，导致资源浪费的现象。

评估结果还可以同时提供国家科技部和国家自然科学基金委员会作为重大竞争性科研项目立项资助的参考。

越来越多的大学排行榜时不时向公众发布，令大学当局疲于应对。

一项公开发布并具有一定社会影响力的大学排行榜，无论是民间自发的行为还是具有官方背景，无论是否与经费分配有关，都是大学办学的指挥棒。虽然有的大学排行榜由于评价指标体系不够科学、采集的基础数据不够准确、评价过程不够严谨而饱受诟病，但因其能够在很大程度上左右考生的选择和社会公众对大学的认识，大学当局不得不高度重视。面对排名的大幅度上升或急剧下降，很少有大学能够淡然处之。有的大学甚至明确以提升在某排行榜中的位次为目标。如美国某些大学的董事会，明确排名上升重奖校长。

重大项目数、大奖数、重点学科数、重点实验室数、发表论文数以及院士、千人计划学者、长江学者、杰出青年、优秀青年等人数关乎排名的各种各样的数字，成为我国许多大学简介中的突出指标。国家原本为激励创新设置的计划、奖励、头衔、荣誉一旦异化为相互比拼的数字，反而成为束缚创新的桎梏。以数量论英雄的评价导向压得大学当局喘不过气来，继而把压力转嫁到每一位教师头上，千千万万大学教师为完成学校和学院下达的各种指标数疲于奔命。能够不被各种“数”左右，潜心研究的学者少之又少。这正是“钱学森之问”长期无解的根本症结。

构建我国高等学校科学研究质量评估的卓越框架，让评估结果与研究经费的分配挂钩，再加上官方评估本身所具有的权威性和影响力，有可能把我国高校和广大学者从各种数字桎梏中解救出来，引导我国的科学研究从此走上追求卓越、创造一流的坦途。

若能如此，破解“钱学森之问”将指日可待。

第6章　某高校学科建设项目绩效评价

6.1　引言

学科建设是高等学校的一项根本性建设，是学校改革和发展的龙头。高等院校发展水平的差异，实际上就是学科发展特色和水平的差异。一流的大学，肯定拥有一流的学科；而一流的学科又能聚集一流的学者，反过来一流的大学又促进学科的进一步发展，形成良性循环。没有一流的学科，就没有一流的大学。一个学校的学科建设如何，直接反映这所学校在全国乃至世界高校中的地位。

国务院学位委员会转发的《中国学位与研究生发展战略报告》指出："学科建设是高等教育，特别是研究生教育发展的基础，也是高等学校办学实力和办学水平的重要标志。高等学校只有搞好学科建设，使其成为高层次人才培养基地和实现国家的知识创新和技术创新的基地，才能解决国家经济建设和社会发展中的重大问题，才能在实施科教兴国的过程中发挥重大作用。"

学科建设工作需要高水平的规划和管理，也离不开经费的投入和项目的实施。可以说，项目是学科建设的突破口，也是学科建设的得力"抓手"。学科建设项目的顺利实施，能够有力地促进相关学科高水平学科平台和师资队伍建设，为不断提高办学水平和人才培养质量提供可靠保障，也有利于提高学校的整体科学研究水平。学校通过学科建设项目的立项建设，可以更好地贯彻学校建设和发展的总体思路，突出重点，进而达到不断提升学校整体竞争实力的目的。

6.2　某高校"十五"学科建设项目完成情况概述

6.2.1　"十五"学科建设项目设置情况

1. 项目总体目标

学科建设是高等院校一项综合性、长远性的工作，是全面提高人才培养质量、提高学术水平和整体水平的根本和基础，也是建设高水平研究型大学的关键。

某高校一直非常重视学科建设工作，"十五"期间，共投入了2.1576亿元资金进行了40个学科项目的建设。项目的整体目标是以学科建设为龙头，按照"突出重点、强化特色、加强基础、积极发展"的学科建设思路，坚持"长远规划与近期建设相结合、传统学科创新与新兴学科开拓相结合、条件建设与队伍建设相结合”的科学发展观，本着“有所为、有所不为”的建设原则，以特色学科建设为主线，优势学科建设和基础学科建设为重点，拓展新兴、交叉、边缘学科以及国民经济建设和国防现代化建设急需的学科，形成以工为主，理工结合，工、理、管、经、文、法、哲、教等多学科协调发展，航空航天民航特色更加鲜明的学科格局。同时，到“十五”末期，“211 工程”所确定的重点学科建设项目达到国内领先，其中部分项目接近国际先进水平，形成一个结构布局合理、国防特色明显、学科门类较齐全、新兴学科茁壮成长的学科整体格局；构建一支由大师领军的素质全面、结构合理的高水平教学、科研队伍；形成国防科技工业基础研究及高难度武器装备与配套产品研制基地；学校特色更加鲜明，办学规模有较大的发展，条件明显改善，教育质量、科研水平、办学效益进一步提高，使学校初步完成向研究型大学的转变。

2. 学科建设项目设置

“十五”期间该校投入大量资金进行学科项目建设，共建设 40 个项目，涉及全校 11 个学院。在 40 个学科建设项目中，理工科项目数 33 个，投入经费 20 596万元，占总投入的 95.46%；经济管理、人文与艺术类项目数 7 个，投入经费 980 万元，占总投入的 4.54%，并且由于学科的差异，在各学院的经费分配上也具有很大的差异。具体而言，学院 A 经费投入最多，占总经费的比重为 41.83%，学院 E 和学院 C 分别居于第二、第三位，分别占 12.05%和 11.82%，居于后五位的学院 G、学院 H、学院 I、学院 J（含学院 L）和学院 K 的经费投入之和为 2400 万元，占项目总投入的 11.12%。详见表 6.1。

表 6.1 学科建设项目经费配置表

学院	项目编号	总经费/万元	各学院项目总经费/万元	学院的项目总数/个	文理学科类别
A	XK -0101	1 700	9 026	9	理工科项目 33 个，投入经费 20 596 万元
	XK-0102	500			
	XK-0103	400			
	XK-0104	700			
	XK-0105	1 626			
	XK-0106	200			
	XK-0110	1 600			
	XK-ky01	2 000			
	ZXK-0107	300			

续表

学院	项目编号	总经费/万元	各学院项目总经费/万元	学院的项目总数/个	文理学科类别
B	XK-0201	900	1 900	4	理工科项目 33 个，投入经费 20 596 万元
	XK-0202	700			
	XK-0203	220			
	XK-0204	80			
C	XK-0301	600	2 550	4	
	XK-0302	1 100			
	XK-0303	250			
	XK-0304	600			
D	XK-0401	700	1 200	2	
	XK-0402	500			
E	XK-0501	500	2 600	3	
	XK-0502	1 900			
	XK-0503	200			
F	XK-0601	150	1 900	7	
	XK-0602	150			
	XK-0603	200			
	XK-0604	1 000			
	ZXK-0605	200			
	ZXK-0606	100			
	ZXK-0607	100			
G	XK-0701	552	920	2	
	XK-0702	368			
H	XK-0801	300	500	2	
	XK-0802	200			
I	XK-0901	300	500	2	经济、管理、人文与艺术类项目 7 个，投入经费 980 万元
	XK-0902	200			
J	XK-1001	150	300	2	
	XK-1002	150			
K	ZXK-1101	100	180	3	
	ZXK-1102	18			
	ZXK-1103	62			
	总经费	21 576 万元	21 576 万元	40 个	

3. 项目的覆盖率分析

截止到2005年12月，该校共有博士后流动站9个；博士学位授权一级学科10个，二级学科博士点52个；硕士学位授权一级学科20个，二级学科硕士点127个；工程硕士专业学位点18个；本科专业44个。

一级学科博士点包括力学、机械工程、光学工程、仪器科学与技术、电气工程、信息与通信工程、控制科学与工程、交通运输工程、航空宇航科学与技术以及管理科学与工程。

一级学科硕士点包括应用经济学、数学、物理学、力学、机械工程、光学工程、仪器科学与技术、材料科学与工程、动力工程及工程热物理、电气工程、电子科学与技术、信息与通信工程、控制科学与工程、计算机科学与技术、土木工程、交通运输工程、航空宇航科学与技术、管理科学与工程以及工商管理。

其中，飞行器设计、机械制造及自动化、工程力学3个学科为国家级重点学科；流体力学、工程力学、机械制造及自动化、电力电子与电力传动、通信与信息系统、导航制导与控制、飞行器设计及微型飞行器设计与制造8个学科为国防科学技术工业委员会重点学科；一般力学与力学基础、航空宇航推进理论与工程、电力电子与电力传动、导航制导与控制、计算机应用技术、航空宇航制造工程、先进制造技术7个学科为江苏省重点学科。

航空、航天和民航是该校的特色学科，多年来，学校遵循高等航空工程教育的规律，从单一的航空专业起步，逐步向航天、民航学科领域拓展，促使“航空、航天、民航”三航特色学科快速形成与发展。目前，该校已拥有航空、航天、民航学科的全部博士后流动站、博士点、硕士点和本科专业。

另外，近年来，该校在新兴交叉学科多样化等方面取得了长足的进展。目前，超声电机技术、微型飞行器技术、磁悬浮技术、仿生结构技术、纳米科学与技术、医学物理6个学科发展势头比较好。

根据40个学科建设项目所属的学科类别，再参考“十五”末学校本科专业、硕士点、博士点等方面的数据，我们可以计算出学科建设项目对于各类学科的覆盖率：“十五”学科建设项目覆盖了44个本科专业中的31个专业，覆盖率达到70%；项目对于博士、硕士授权一级学科、国家级重点学科、省部级重点学科的覆盖率都达到100%（注：不包括应用经济学一级学科硕士点）；航空、航天和民航“三航”特色学科是学校重点发展的学科，40个学科建设项目中有一半项目与“三航”特色学科直接相关。此外，在发展势头较好的超声电机技术、微型飞行器技术、磁悬浮技术、仿生结构技术、纳米科学与技术、医学物理6个新兴交叉学科中，学科建设项目的覆盖率为67%（图6.1）。

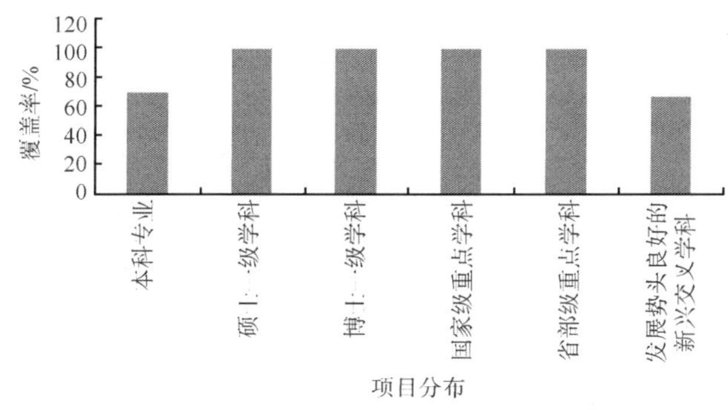

图 6.1　“十五”学科建设项目对学科覆盖率分析

由此可以看出，该校“十五”学科建设项目设置合理，重点突出，通过五年的建设，学校已逐步形成了一个结构布局合理、国防特色鲜明、学科门类较为齐全、优势学科国内一流、新兴学科茁壮成长的学科建设新局面，为建设高水平研究型大学奠定了坚实的基础。

6.2.2　项目对于学校高水平研究型大学建设贡献的分析

一般而言，高水平研究型大学要求在学科结构上比较齐全，在学科体系上形成基础学科、主干学科、支撑学科和新兴交叉学科组成的体系结构，在学科建设的布局上尽可能按一级学科建设。

研究型大学的发展离不开学科建设，影响最为广泛的卡内基分类法就是从学科建设的布局、规模和水平以及研究经费的来源渠道和规模两个方面来判断大学的性质与办学水平的。学者张振纲在全面分析了卡内基分类法后指出：“研究型大学最重要的标志是学科建设的布局、规模和水平。”

学科是研究型大学凝聚人才、开展科学研究和培养创新人才的核心载体，学科建设是研究型大学实现教学与科研结合理念的基本途径，是培养具有创新精神和创新能力人才的途径，是建立优势学科、造就高水平师资队伍的途径，也是建立一流科研基地、取得高水平研究成果的途径。

在中国管理科学研究院科学学研究所武书连等的中国大学排名中，中国大学 100 强的排名是从人才培养和科学研究两个角度考察高校的综合实力。研究型大学标准则是将全国所有普通本科大学的科研成果得分降序排列，并从大到小依次相加，直至得分累计达到上述大学科研成果得分的 61.8％为止；各个被加大学是研究型大学。

“十五”期间，该校的排名不断上升，从 2002 年的第 51 位上升到 2005 年的第 45 位（表 6.2)。该校综合排名的上升，意味着在人才培养和科学研究方面都取得了相应的成就。从人才培养来看，学科建设项目参与人员共招收博士生 776

名，毕业博士生 146 名；产生国家百篇优秀博士论文 2 篇，省部级优秀硕、博士论文 14 篇；并获得省部级创新基金 8 项。从科学研究来看，“十五”期间各学科承担了一大批高水平的研究项目，包括国家级项目 166 项，省部级项目 561 项；纵向科研经费到款 18 310.86 万元，横向科研经费到款 19 371.19 万元，并且取得了多项科研成果，其中高水平论文（三大检索系统收录和重要核心）856 篇，占论文总数的 31.97%，专利 26 项，专著 40 部，国家级科研和教学成果 4 项，省部级科研和教学成果 54 项。

表 6.2　某高校“十五”排名

年份	排名	总得分	人才培养			科学研究		
			得分	研究生培养	本科生培养	得分	自然科学研究	社会科学研究
2002	51	23.31	12.94	5.43	7.51	10.37	9.96	0.41
2003	52	22.94	12.30	5.16	7.14	10.64	10.21	0.43
2004	46	27.25	14.11	6.58	7.53	13.14	12.78	0.36
2005	45	28.25	15.36	6.85	8.51	12.89	12.43	0.46

资料来源：《中国大学评价》课题组

虽然目前该校还未进入排名中的研究型大学之列，但是，学科建设项目的实施，培养了大批高层次人才，也取得了丰硕的科研成果，这一切为实现“2030 年左右建成高水平研究型大学”的宏伟目标奠定了坚实基础。

6.2.3　“十五”学科建设项目完成情况

每个学科建设项目在立项之初都有具体的可行性研究报告，因此，对于项目完成情况的评价本应结合可行性研究报告的内容来进行。但是，由于学科建设项目不同于一般的科研项目，因此，以下将从项目经费的使用和实施效果两个方面来分析项目的完成情况。

1. 项目的经费使用情况

项目的经费使用情况直接反映了项目的进展情况。同时，学校在划拨学科建设经费时采取动态监控的原则，即根据项目的进展和效果来划拨经费。虽然由于不同学科的特点和差异，各项目、各学院的经费使用比例也会有很大不同，但是，项目的经费使用情况至少可以从一个侧面反映出项目的完成情况和效果。

1）全部项目的经费使用情况

从全部项目的经费使用情况来看，该校“十五”学科建设项目经费使用率平均为 72.30%，有 21 个项目的经费使用率在平均水平以上。其中 XK-0601、XK-0201、XK-1001、XK-0603、XK-0110、ZXK-1102、ZXK-0606、XK-0303 和

ZXK-0607 这 9 个项目已使用经费占总经费比重在 90% 以上，经费使用率在 80%～89%的有 5 个，在 70%～79%的有 7 个，在 60%～69%的有 8 个，在 50%～59%的有 6 个，另有 XK-0802、ZXK-0605、XK-0501、XK-0502 和 XK-1002 这 5 个项目的经费使用率在 49%以下（图 6.2）。

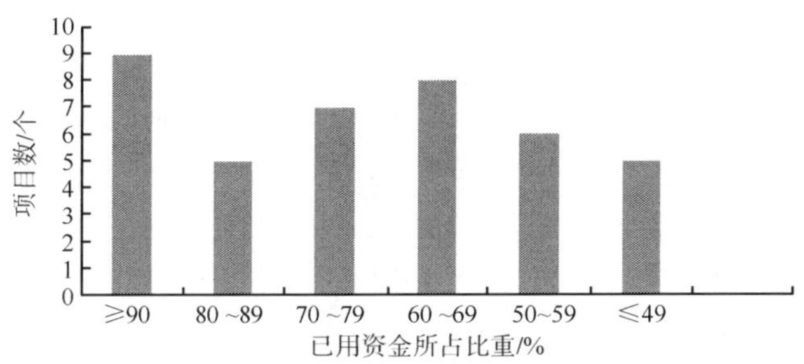

图 6.2　全部项目的经费使用情况

2）重点项目的经费使用情况

重点项目的实施对于学科建设整体目标的达成起着至关重要的作用。根据前文所述，学科建设项目与“十五”“211 工程”重点学科建设项目的对应情况，我们可以来分析重点项目的完成情况。需要注意的是，由于有些“211 工程”重点项目只与学科建设项目中的部分相对应，而相关部门也无法提供确切的数据，因此，我们就直接以对应项目进行计算。虽然计算结果可能与实际情况不完全一致，但可以用来说明重点项目完成的大体情况。从图 6.3 中可以看出，7 个重点项目中，经费使用比率最高的是高超声速气动力与气动热技术项目，已使用经费占总经费的比重为 97.31%；使用比率最低的是航空航天先进制造技术项目，已使用经费占总经费的比重为 44.64%；在 7 个重点项目中有 5 个项目的经费使用比率大于全部学科建设项目的平均经费使用比率。

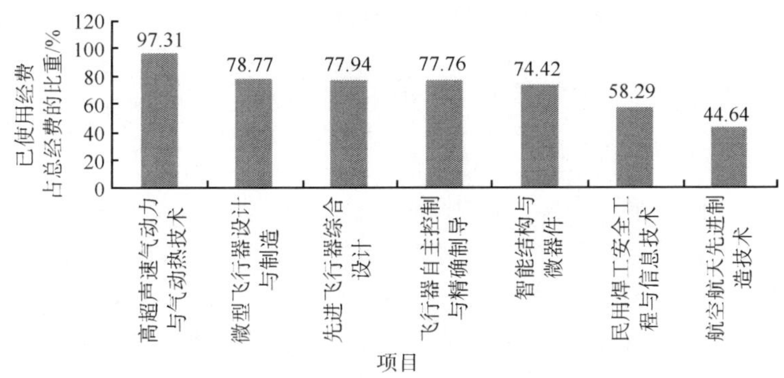

图 6.3　重点项目的经费使用情况

2. 项目的实施效果

对于项目实施效果的分析将依据本次学科建设项目评估的指标体系，根据计算出来的当量值，对项目实施效果进行评价。

通过对各项目在师资队伍建设、学科平台建设、科学研究、人才培养、条件建设、学术交流 6 个一级指标和 57 个二级指标测算学科建设项目的综合效益，可以看出，在 40 个学科建设项目中，如果以总绩效来排名，项目 XK-0502、XK-0101、XK-0302、XK-0105 和 XK-ky01 分别居于第 1、2、3、4、5 位，实施效果较好，ZXK-0605、ZXK-0606、ZXK-0607、ZXK-1102 和 ZXK-1103 分别居于第 36、37、38、39、40 位，实施效果欠佳；有 17 个项目的总绩效在平均水平以上，居于第一位的 XK-0502 项目的综合效益是居于最后一位的 ZXK-1103 项目综合效益的 32.3 倍。

如果以人均绩效来排名，XK-0102、XK-0204、XK-0104、XK-0110 和 XK-ky01 这 5 个项目分别居于第 1、2、3、4、5 位，实施效果较好；ZXK-0606、XK-0607、XK-0802、XK-0801 和 ZXK-1103 这 5 个项目分别居于第 36、37、38、39、40 位，实施效果欠佳；同时不同项目的实施效果差异性较大，有 15 个项目的人均绩效在平均水平以上，而其余 25 个项目的人均绩效在平均水平以下，居于第一位的 XK-0102 项目的人均绩效是居于最后一位的 ZXK-1103 项目人均绩效的 5.3 倍。

如果以每万元经费的效益进行排名，那么 ZXK-1102、XK-0902、XK-0204、XK-0901 和 ZXK-1001 这 5 个项目分别居于第 1、2、3、4、5 位，单位经费投入的产出效益较高；XK-0301、XK-ky01、XK-104、XK-0110 和 XK-0604 这 5 个项目分别居于第 36、37、38、39、40 位，单位经费投入的产出效益较低；有 15 个项目的经费效率在平均水平以上，居于第一位的 XK-1102 项目的万元经费绩效是居于最后一位的 ZXK-0604 项目经费效率的 10.7 倍。

6.2.4　“十五”学科建设项目取得的成就

“十五”期间的学科建设项目紧紧围绕经济建设、国防建设、社会发展和人才培养的需要，同时瞄准国际、国内科技发展的前沿，通过五年的建设，在师资队伍、学科平台、科学研究、人才培养、条件建设、学术交流等方面都取得了显著成效。通过对全部项目的综合分析可知，学科建设项目的效益中有 40.3%来自师资队伍建设，18.2%来自科学研究，18.1%来自学科平台建设，10.5%来自条件建设，7.4%来自人才培养，5.5%来自学术交流。

1. 师资队伍建设成效显著

师资队伍建设既是学校发展的核心，也是学科建设的关键。清华大学老校长梅贻琦先生说："所谓大学者，非谓有大楼之谓也，有大师之谓也。"学科建设项目的实施，应当有利于师资队伍整体水平的不断提高，职称结构、学历结构、年龄结构和学缘结构不断改善，学科带头人和学术带头人迅速成长，以促进高水平的教学、科研活动的顺利开展。

截至 2005 年 12 月，该校共有中国科学院院士 2 名，国务院学位委员会学科评议组成员 3 人，教育部教学指导委员会委员 11 人，长江学者 3 人，国家级突出贡献专家 5 人，省部级突出贡献专家 17 人，有 8 人入选国家百千万人才工程，3 人入选教育部跨世纪人才培养计划，7 人入选教育部新世纪优秀人才支持计划，32 人入选国防科工委 511 工程，33 人入选江苏省 333 工程，49 人入选青蓝工程；共有 135 人享受政府特殊津贴；另有双聘院士 8 人，外聘博士生导师 31 人。

"十五"期末，该校共有专业技术人员 2217 人，其中博士生导师 151 人，占全部专业技术人员的 6.81%；副高职称以上 850 人，占全部专业技术人员的 38.34%；其中专任教师 1355 人，副教授职称以上的 654 人，占全部专业技术人员的 48.27%。其中 115 名教师作为学科带头人受聘校级关键岗，50 岁以下的中青年学科带头人占 60%。41 名专业负责人中，有博士学位者占 41%，有正高职称者占 88%。

在建设过程中，"十五"学科建设项目直接培养和引进了各类人才，促进了师资队伍的建设。我们将 2001 年前学科建设项目参与者的保有量和 2005 年的保有量相对比，发现"十五"期间，增加了 2 名院士、47 名博士生导师、50 名教授、6 名省部级人才培养对象、72 名具有博士学位的教师，以及 63 名其他教师。

从 40 个学科建设项目来看，按照其总绩效排名，居于第一位的是 XK-0302 项目，该项目所属的导航、制导和控制学科于 1986 年获准为博士学位授予权学科，1994 年和 2001 年该学科连续被评为省重点学科，2002 年被评为国防科工委"十五"国防重点学科。学科师资结构合理，学术交流活跃，"十五"期间共承担了 3 项国家 863 重点项目、2 项国家自然科学基金重点项目、多项国家和江苏省自然科学基金、多项国防重大预研项目等的研究，科研经费总额达到 6450 万元，其中国家重大研究项目（"863"项目，"973"项目，自然科学基金等）经费达到 2450 万元，各类高新工程和预研项目为 3060 万元，国防某飞控系统型号生产经费 6250 万元。目前学科已形成若干处于国内领先地位或具有国际先进水平的研究领域，获得国家级、省部级科研成果和教学成果奖励 18 项，三大检索系统论文数达到 385 篇。在国内航空航天的导航、制导与控制领域有较强的影响力；按照其人均绩效排名，居于第一位的是 ZXK-1103、ZXK-1102、XK-0604 和 XK-0204 项目；按照其每万元经费绩效排名，居于第一位的是 ZXK-1102 项目。

从学院来看，按照总产出排名，居于第一位的是学院 A。2005 年该学院比 2001 年新增加了 1 名院士、1 名长江学者、3 名国家级人才工程培养对象、26 位博士生导师、9 位教授，以及 57 位具有博士学位的教师；按照每百万元经费产出来排名，居于第一位的是学院 J。学院 J“十五”学科建设项目经费为 300 万元，但是与 2001 年相比，新增加了 2 位博士生导师、5 位教授、3 位省部级人才工程培养对象，以及 17 位具有博士学位的教师；按照标准人均总产出排名，居于第一位的是学院 F。2005 年学院 F 比 2001 年新增加了 1 位院士、7 位博士生导师、5 位教授，1 位省部级人才工程培养对象，以及 24 位具有博士学位的教师。

可以说，“十五”学科建设项目在师资队伍建设方面成效显著，在一定程度上促进了合理的学术梯队的建立以及高水平学术和学科带头人的培养和引进。

2. 科研成果显著，科研水平不断提高

科研经费和科研成果是衡量大学科研水平的重要标志，既是研究型大学的重要标志，也是评价学科建设项目完成情况的重要指标。

“十五”期间各学科承担了一大批高水平的研究项目，包括国家级项目 166 项，省部级项目 561 项，纵向科研经费到款 19 993.22 万元，横向科研经费到款 19 900 万元，并且取得了多项科研成果，其中高水平论文（三大检索系统收录和重要核心）857 篇，占论文总数的 30.48%，专利 17 项，专著 40 部，国家级科研和教学成果 4 项，省部级科研和教学成果 53 项（表 6.3）。

表 6.3　学科建设项目的科研成果

成果	SCI 或 SSCI 检索/篇	EI 检索/篇	ISTP 检索/篇	重要核心/篇	一般核心/篇	检索期刊/篇	其他/篇
数量	149	239	86	383	965	704	286
成果	纵向科研经费/万元	横向科研经费/万元	省部级科研成果/项	国家级科研成果/项	专利授权/项	国家级教学成果/项	省部级教学成果/项
数量	19 993.22	19 900	45	2	17	2	8
成果	专著/本	工具书/本	主编教材/本	国家级项目/项	省部级项目/项		
数量	40	18	184	166	561		

一批科研成果获得了各层次、各级、各类的奖励。从表 6.4 中可以看出，2001～2005 年，相关学科共获得国家科学技术进步奖、国家技术发明奖等奖项

154 项。从数据中也可以看出，虽然奖项的数目没有呈现出逐年上升的趋势，但是高层次的奖项正在不断增加。此外，2001 年，全校共获得 4 项实用新型专利；2002 年，有 2 个项目获得国家发明专利，1 个项目获得实用新型专利；2003 年，获得国家发明专利和实用新型专利的项目数分别上升至 12 项和 2 项。从具体获得各种奖励的项目内容来看，大多属于学科建设项目的直接成果或相关成果，说明“十五”学科建设项目科研成效显著。

表 6.4　2001～2005 年科研获奖情况

奖励类别		2001 年	2002 年	2003 年	2004 年	2005 年
国家科学技术进步奖	一等			1		
	二等					2
国家技术发明奖	二等				1	
国家自然科学奖	二等		1			
国防科学技术奖	一等		1	1	2	2
	二等	5	6	6	6	5
	三等	12	10	11	13	14
江苏省科技进步奖	一等				2	
	二等	1	2	2	1	1
	三等		4	3		1
民航总局科技进步奖	二等	1		2		1
江苏省人文社会科学奖	二等			2		
江苏省哲学社会科学奖	一等					1
	二等					2
中国高校科学技术奖	一等	1	2		2	1
	二等	5	5	3	3	
中国机械工业科技进步奖	二等					1
	三等	1				1
总装备部科学技术奖	二等		1			
云南省科技进步奖	一等	1				
甘肃省科技进步奖	三等		1			
天津市科技进步奖	二等		1			
小计		27	34	31	30	32

按照各个项目的科学研究总绩效和人均绩效排名，居于第一位的是 XK-0101 项目；按照每万元经费绩效排名，居于第一位的是 XK-0106 项目。XK-0101 项目共发表了 79 篇论文，其中 SCI 或 SSCI 论文 6 篇、EI 论文 10 篇、重要核心期

刊论文 12 篇，三者累计占到论文总数的 35.4%；此外还出版了 1 部著作、1 部教材，获得省部级教学和科研成果各 1 项，并承担了 12 项国家级项目和 83 项省部级项目，横向课题经费到款 1592.8 万元，纵向课题经费到款 4228.1 万元。

各学院按照总产出排名，居于第一位的是学院 A。2001～2004 年，该学院共发表论文 1192 篇，其中三大检索系统和重要核心期刊的论文达到了 513 篇，占比为 43%。此外还出版了 3 部著作，获得专利 19 项，国家级科研成果 2 项，国家级教学成果 1 项，省部级科研成果 37 项，省部级教学成果 2 项，并承担了 56 项国家级项目和 254 项省部级项目，横向课题经费到款 10 633.6 万元，纵向课题经费到款 8200.35 万元。按照每百万元经费产出排名，居于第一位的是学院 J。2001～2004 年，该学院共发表重要核心期刊论文 17 篇，一般核心期刊论文 181 篇，并出版了 7 部著作，获得省部级科研成果 5 项，省部级教学成果 2 项，承担了 46 项省部级项目，科研经费到款 69.2 万元。按照标准人均产出排名，居于第一位的是学院 B。2001～2004 年，该学院共发表论文 411 篇，其中三大检索系统和重要核心期刊的论文达到了 217 篇，占比为 52.8%。此外还出版了 1 部著作，获得专利 3 项，省部级教学成果 14 项，并承担了 29 项国家级项目和 125 项省部级项目，横向课题经费到款 1761.8 万元，纵向课题经费到款 3984.7 万元。

3. 学科平台建设取得重要进展

学科平台指从事教学和科研的场所、设备、设施、手段等，是学者进行开创性教学、科研工作的物质平台。学科平台在高层次人才培养、高水平科学研究、高质量的社会服务等方面肩负着重要的使命，它能提供良好的研究条件和学术环境。通过“十五”期初和期末的数据对比可以看出，该校的学科建设项目在学位点、重点学科建设、新兴交叉学科以及实验室建设等方面都取得了重要进展，成效显著。

截至 2005 年 12 月，该校共有博士后流动站 9 个，“十五”期间新增加了信息与通信工程、电气工程、交通运输工程、仪器科学与技术和管理科学与工程 5 个博士后流动站；博士学位授权一级学科 10 个，二级学科博士点 52 个，比 2000 年增加了 31 个；硕士学位授权一级学科 20 个，二级学科硕士点 127 个，比 2000 年增加了 83 个。

在重点学科建设方面，飞行器设计、机械制造及自动化、工程力学 3 个国家级重点学科，流体力学、工程力学、机械制造及自动化、电力电子与电力传动、通信与信息系统、导航制导与控制、飞行器设计和微型飞行器设计与制造 8 个国防科学技术工业委员会重点学科，以及一般力学与力学基础、航空宇航推进理论与工程、电力电子与电力传动、导航制导与控制、计算机应用技术、航空宇航制造工程、先进制造技术 7 个江苏省重点学科都是在“十五”期间获得批准的。

通过“十五”学科建设，该校几个新兴交叉学科也得到了快速发展，超声电机技术、微型飞行器技术、纳米科学与技术、医学物理等 6 个学科发展势头都比较好。

“十五”期末，全校实验室数目达到 51 个，其中直升机旋翼动力学国家级重点实验室 1 个，国家工科基础课程教学基地 2 个，部级重点实验室 2 个，部级开放实验室 5 个，省级工程中心 4 个，省级实验教学示范中心 3 个。

从学科建设项目来看，按照总绩效排名，居于第一位的是 XK-0502 项目；按照人均绩效和每万元经费绩效排名，居于第一位的是 XK-0204 项目。

从以上的分析中可以看出，“十五”学科建设项目的实施，促进了学科平台的建设和发展，使教学、科研的基础更加扎实，有利于人才的引进和培养，有利于争取重要科研项目和科研成果，也有利于高水平优秀师资的引进和培养，从而为高水平研究型大学这一宏伟目标的实现奠定了良好的基础。

4. 学科发展条件明显改善

固定资产的形成有助于教学和科研的开展，也有助于学科的发展。40 个学科建设项目共投入资金 21 576 万元，到 2005 年年底，已经使用经费为 15 598.15 万元，其中包括仪器设备 13 679.90 万元，软件及其系统 1046.30 万元，图书、资料、出版物、办公用品等 176.37 万元，会议交流出差费用 131.36 万元，元器件费用 143.63 万元，实验室装修费用、招待费用、设备安装和维修费用、产品加工费用等其他支出 420.59 万元。各学科建设项目形成的固定资产比例平均数值为 64.13%。有 5 个项目形成的固定资产比例在 90%以上，6 个项目形成的固定资产比例在 80%～89%，6 个项目形成的固定资产比例在 70%～79%，8 个项目形成的固定资产比例在 60%～69%，5 个项目形成的固定资产比例在 50%～59%，其余 10 个项目形成的固定资产比例在 49%以下。

在 40 个项目中，形成固定资产比例最高的是 XK-0601 项目；从固定资产的形成总量和人均形成固定资产量来看，排在第一位的是 XK-0110 项目；从每万元经费形成固定资产量来看，排在第一位的是 XK-0201 和 XK-0601 项目。

5. 人才培养成绩显著

高等学校学科建设的中心任务，就是为国家和社会培养出合格的、具有创新意识的高素质人才。“十五”学科建设项目在高层次人才培养方面取得了一定的成绩，共招收博士生 1006 名，毕业博士生 210 名，毕业博士生占招收总人数的比例为 20.9%，并且已经获得省部级优秀硕士、博士学位论文 20 篇，全国百篇优秀博士学位论文 2 篇，省部级创新基金 12 项。

在 40 个项目中，按照人才培养绩效和人均人才培养绩效排名，居于第一位的都是 XK-0502 项目。“十五”期间，该项目共招收博士 128 名，毕业博士 50 名，毕业博士生占招收总人数的比例为 39.1%，并且获得省部级优秀硕士、博士学位论文 3 篇，省部级创新基金 1 项；按照每万元投入的人才培养绩效排名，居于第一位的则是 XK-0902 项目。“十五”期间，该项目共招收博士 89 名，毕业博士 2 名。

6. 学校声誉和影响力明显提升

高水平研究型大学的建设离不开与外界的交流，参与学术交流的情况可以从一个侧面说明该校的学术水平和影响力，积极参与学术交流也有助于提高学校的声誉。“十五”期间，各学科参与人员有 120 人次参加国际学术会议，10 人担任国家级学会正副理事长，70 人担任国家级学会理事或省部级学会正副理事长。

40 个项目按照学术交流绩效排名，位居第一的是 XK-0105 项目，项目成员中担任国家级学会正副理事长的有 3 人，担任国家级学会理事或省部级学会正副理事长的有 6 人，并有 14 人次参加国际学术会议；按照人均学术交流绩效排名，位居第一的是 XK-0102 项目，项目成员中担任国家级学会正副理事长的有 3 人，担任国家级学会理事或省部级学会正副理事长的有 5 人，并有 3 人次参加国际学术会议；按照每万元学术交流绩效排名，位居第一的是 XK-1102 项目。

6.2.5 学科建设项目存在的问题与缺陷

“十五”期间，该校安排的学科建设项目在师资队伍、学科平台、科学研究等各个方面都取得了显著成效，但是也暴露出一定的问题，这主要表现在以下七个方面。

(1) 有的学科建设项目团队组织涣散，未能形成团队合力。在本评价项目的研究过程中，项目组在进行项目调研时发现，有的学科建设项目团队组织涣散，未能形成团队合力，其主要现象有：一是有的项目负责人竟然不知道自己是不是其所应该负责项目的负责人；二是有相当一部分项目的参加人员，不清楚自己是否参加了相关的项目，在需要进行相关项目参加人员的申报时，由相关项目负责人或相关人员（学院相关负责人等）对其项目参加人员进行填写；有个别项目负责人在进行项目参加人员填报时，坚持认为，其学院所有教师均是该项目的参加人员；三是有相当一部分项目在日常研究过程中，少有合作或者是共同研究攻关，团队合作、沟通与交流未能形成惯例和机制。

(2) 有的学科建设项目团队组建通过十分“强硬”的行政命令实现，或者是出于一种争取资源（项目）的需要而“强”行组织起来的，团队成员之间缺乏共同的合作基础与研究兴趣。

(3) 相关学科建设项目之间的协作、合作基础差，未能形成有效的合作机制。一些建设内容相近、紧密相关的学科建设项目从设立到最终完成，也少有真正的共同协作与交流。

（4）学术梯队与创新团队的建设力度还不够大。学科建设成功的关键是拥有一支研究方向稳定、学术造诣深厚、能团结带动一班人进行教学和科研的学科带头人队伍，以及结构合理、爱岗敬业、团结协作的学科梯队。因为有了好的学科带头人，才能形成有重大影响的课题和成果，也才能带动一大批人成长和提高；有了一支结构合理、素质高的学科梯队，才能多出人才，多出成果，学科发展就有潜力。所以，队伍建设是学科建设的基础和关键。

该校到目前为止，还没有一个国家级创新集体，这与该校应有的学术地位、社会影响和创新实力等都是极不匹配的。在一定的程度上可以说，缺乏高水平创新团队已对该校学科建设和发展形成了瓶颈制约。

（5）学科建设经费配置不十分合理。我们利用评价决策单元相对有效性的成熟方法 DEA 模型对 11 个学院的学科建设效率进行投入产出分析。结果表明，学院 B、学院 D、学院 I 和十（含十二）院为 DEA 有效，这表明这些单位在现有的产出水平下其投入不能再减少，或者说这些单位的投入得到了有效的产出。而其余 7 个单位则为非 DEA 有效，按照 DEA 模型的经济含义，这些单位在现有的产出水平下，其投入可以减少。我们看到，学院 E、学院 G 和学院 K 投入过剩占其总经费投入的比例在 30%左右；学院 A 和学院 F 在 13%左右；学院 H 超过 8%。

（6）高水平、高层次，在国内外具有很大影响力的成果还不是很多。近年来，尽管该校取得了一批在国内外有一定影响力的成果，如有两篇文章在 *Physical Review Letters*（2002 年影响因子 7.32）上发表，但是总体来说，高水平、高层次，在国内外具有很大影响力的成果还不是很多。如国家科学技术进步一等奖仅获得了 1 项，二等奖仅获得了 2 项；国家技术发明奖仅获得 2 等奖 1 项；国家自然科学奖也仅获得二等奖 1 项；到目前为止，还无人能在 *Nature* 和 *Science* 等特别高端的杂志上发表文章。

（7）高水平、高层次、高影响力的人才引进与培养的成效还不够大。师资队伍建设既是学校发展的核心，也是学科建设的关键。虽然“十五”期间，该校在高水平、高层次、高影响力的人才引进与培养方面做了不少的工作，但是成效还不是十分明显。例如，截止到 2005 年 12 月，该校仅有中国科学院院士两名，长江学者奖励计划特聘教授 3 人，国家级有突出贡献的专家 5 人；国家杰出青年科学基金获得者 2 人。与位于同一层次的院校相比，这些指标还不能令人十分满意。

6.3　学科建设项目投资结构分析

本部分以学校 40 个学科建设项目为评价对象，分析各项目的经费配置结构、人力资源投入结构以及各项目的投资结构。

6.3.1　“十五”学科建设经费配置分析

（1）如表 6.1 所示，理工科项目数 33 个，投入经费 20 596 万元，经济、管理、人文与艺术类项目数 7 个，投入经费 980 万元；理工科项目和经济、管理、人文与艺术类项目的总经费比为 21∶1。

经济、管理、人文与艺术类项目平均建设经费为 140 万元/项，理工科项目平均建设经费为 624 万元/项。

（2）学科建设项目的学院配置情况为：学院 A 9 个项目，经费计 9026 万元，占总经费的 41.8%；学院 E 3 个项目，经费计 2600 万元，占总经费的 12.1%，学院 C 4 个项目，经费计 2550 万元，占总经费的 11.8%，这三个学院的经费合计为 14 176 万元，占总经费的 65.7%，学院项目经费分布如图 6.4 所示。

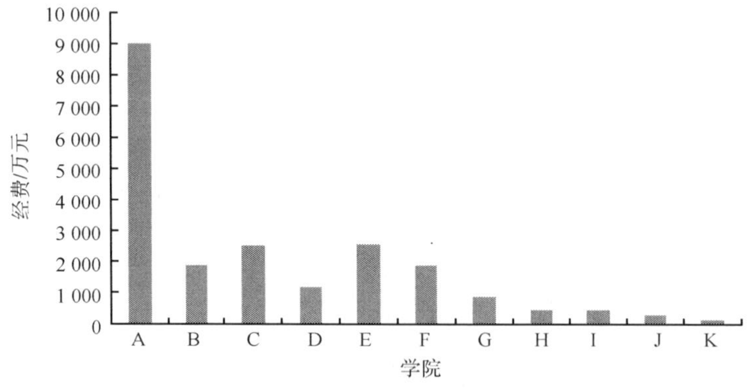

图 6.4　“十五”学科建设项目按学院经费分布

学科建设项目经费配置体现了突出重点、向特色学科和优势学科倾斜的指导思想。

6.3.2　“十五”学科建设项目人力资源投入结构分析

1. 人力资源投入结构分析的说明

（1）学科建设项目的主要人力投入为教师投入，因此，主要分析各项目的教师投入结构。

(2) 在计算项目的教师投入结构时，依投入当量表 6.5 分析教师投入的层次结构。

(3) 项目负责人和参与人，依据当量表选择其当量最大项目进行计算，相关次序如下：院士—长江学者—国家级人才培养对象—博士生导师—省部级人才工程培养对象—教授—具有博士学位的教师—其他教师，不重复计算。例如，若某参与人是长江学者特聘教授，就不再重复统计其作为博士生导师的得分。

表 6.5　人力资源投入当量表

师资队伍建设二级指标	院士	长江学者	国家级人才工程培养对象	博士生导师	省部级人才工程培养对象	教授	具有博士学位的教师	其他教师
当量	7	3.5	3	1.5	1.2	1	0.7	0.5

(4) 对于一位教师参加多个项目建设任务的情形，该教师在各个项目中的当量得分数值根据其参与项目的个数平均分摊。例如，某教授参与了两项学科建设项目，依据投入当量表则每项目投入按 0.5 计算。

2. 计算方法及公式

师资人力投入当量＝院士×7＋长江学者×3.5＋国家级人才工程培养对象×3
＋博士生导师×1.5＋教授×1
＋省部级人才工程培养对象×1.2
＋具有博士学位的教师×0.7
＋其他教师×0.5

根据上述计算公式，得到各学科建设项目的人力资源投入当量数值。其中，师资投入层次系数＝某项目人力资源投入当量数值/总人数。该项指标反映了学科建设项目组教师队伍的职称、学历等综合水平状况，其数值越大，说明项目参与人员综合层次越高，反之则越低。

师资投入当量位于前 5 名的项目：XK-0502、XK-0302、XK-0101、XK-0105、XK-0304。

师资投入层次系数位于前 5 名的项目：XK-0604、XK-0105、XK-0101、XK-0201、XK-1002。

各项目师资投入分布并不均匀，其中，理工科项目每项目平均投入教师当量数值为 13.93，经济管理、人文与艺术类项目投入教师平均当量数值为 9.91，理工科项目平均每项目人力投入大于经济、管理、人文与艺术类项目，40 个学科建设项目的总人力投入平均当量数值为 13.23。

各学科建设项目的师资队伍建设层次结构不一，其中，XK-0604 和 XK-0105 的层次系数分别达到了 1.84 和 1.41，表明其项目参与人综合层次结构相当高，原因是这些项目分别由该校陈达院士（XK-0604）和赵淳生院士（XK-0105）领导。此外，这些项目的教授比例和博士所占比例较高，说明由高层次学科带头人组成的学科建设项目组，能很好地发挥传帮带作用。

经济、管理、人文与艺术类项目和理工科学科建设项目的师资队伍的层次系数平均值分别为 0.82、0.89（图 6.5）。文科、理工科项目的师资层次水平相当，经过近几年的人才引进措施，文科类项目的师资水平普遍上了一个层次，已经接近理工科项目的师资层次水平。

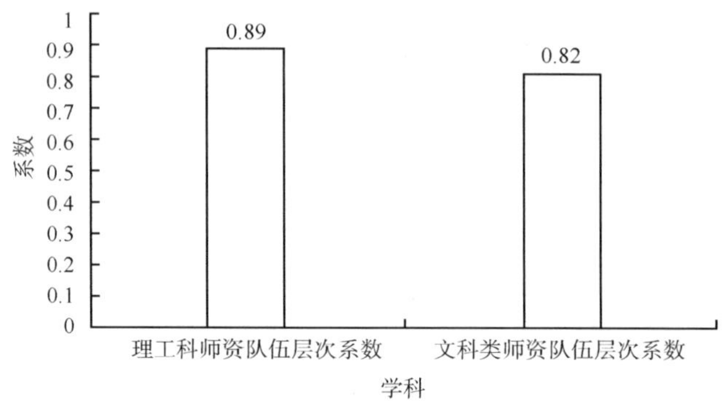

图 6.5　文理科学科建设项目教师综合层次对比

40 个学科建设项目师资队伍建设的投入系数平均数值达到 0.88，说明该校学科建设项目参与人的学历、职称和教师水平的综合层次较高。

6.3.3　“十五”学科建设项目投资结构分析

1. 学科建设项目的资金用途分类

根据学科建设办公室提供的“十五”学科建设项目经费使用明细，项目评估组将各项目经费用途分为如下六类（表 6.6），具体说明如下。

表 6.6　“十五”学科建设项目经费用途分类表

序号	1	2	3	4	5	6	1+2
经费用途类别	仪器设备	软件及系统	图书/资料/出版物/版面费	会议交流出差费用	元器件费用/办公用品	其他（如实验室装修）	固定资产费用

仪器设备，是指具有一定价值和使用年限，能独立使用的机器、电器、仪器等设备的总称。分类的依据是学校《仪器设备固定资产账务管理规定》的有关规定，“仪器设备固定资产的范围：仪器设备是固定资产 16 大类中机器、电器、仪器等的总称，根据上级有关文件精神，结合该校实际情况，该校的固定资产按如下条件确定，①单价在人民币 500 元以上；②耐用期在一年以上；③能独立使用”。

软件及其系统，是指为配合机器、电器、仪器等硬件设备正常运转而配置必要的软件及相关系统，其单价在人民币 500 元以上，耐用期在一年以上，包括系统软件、应用软件、数据库等。

图书/资料/出版物/版面费，是指项目负责人、参与人为项目完成而必须购置的图书及相关文字资料，以及将研究成果公开出版的发行费用，如论文版面费用、图书出版费用等。

会议交流费用，是指项目负责人、参与人为完成项目而进行的学术会议组织费用，参加学术活动的差旅费、注册费等费用。

元器件费/办公用品，是指项目负责人、参与人为完成项目而购置的仪器设备和办公用品，但尚不满足形成仪器设备固定资产的条件。

其他，是指项目负责人、参与人除上述开销以外的费用，包括实验室装修费用、招待费用、设备安装和维修费用、产品加工费用、软件升级费用、攻读学位的学费、论文答辩费用等。

固定资产，是指根据各项目的经费用途，将仪器设备及其配套的软件系统作为该项目的固定资产，即表 6.6 中的 1 与 2 两项经费之和。

2. “十五”学科建设经费支出结构分析

根据学校学科办公室提供的“十五”学科建设项目的经费使用明细，按经费用途分类，得到各学科建设项目的经费用途和形成固定资产情况。

各学科建设项目形成的固定资产比例平均数值为 68.3%。有 11 个项目形成的固定资产比例在 80% 以上，4 个项目形成的固定资产比例在 40% 以下，如表 6.7 所示。

表 6.7　学科建设项目形成的固定资产比例

形成固定资产比例/%	≥90	≥80	≥70	≥60	≥50	≥40	≥30	≥20	≥10	≥0
项目数/%	5	6	6	8	5	5	1	2	0	2

注：表 6.7 中数据“≥70”表示大于等于 70%，小于 80%，其余相同

理工科项目形成的固定资产比例较高，平均数值为 69.7%；而经济、管理类项目形成的固定资产比例稍低一些，平均数值为 52.2%；人文、艺术等学科项目形成的固定资产比例较小，平均数值为 21.5%。由于人文、艺术等学科的特殊性质，难以形成仪器设备及大型软件系统。

形成固定资产总量位于前 5 名的项目：XK-0110、XK-ky01、XK-0105、XK-0101、XK-0201。

人均形成固定资产位于前 5 名的项目：XK-0110、XK-0104、XK-ky01、XK-0202、XK-0102。

每万元投入形成固定资产位于前 5 名的项目：XK-0201、XK-0601、XK-

0603、ZXK-0607、XK-0110。

文科类学科建设项目在图书、资料、出版物、学术交流等方面经费使用占有较大比例，其中，ZXK-1102 项目 92%的花费在图书资料、出版物、学术交流上，而理工科项目在图书资料、出版物、学术交流等方面的支出多数仅为1%左右。实际上，此类支出对有效提升文科类学科建设项目的绩效具有重要作用。

6.4　“十五”学科建设项目绩效评估

项目效益、效率测算的基础数据来自学校行政职能管理部门、各学院和项目负责人，各部分数据的来源如图 6.6 所示。

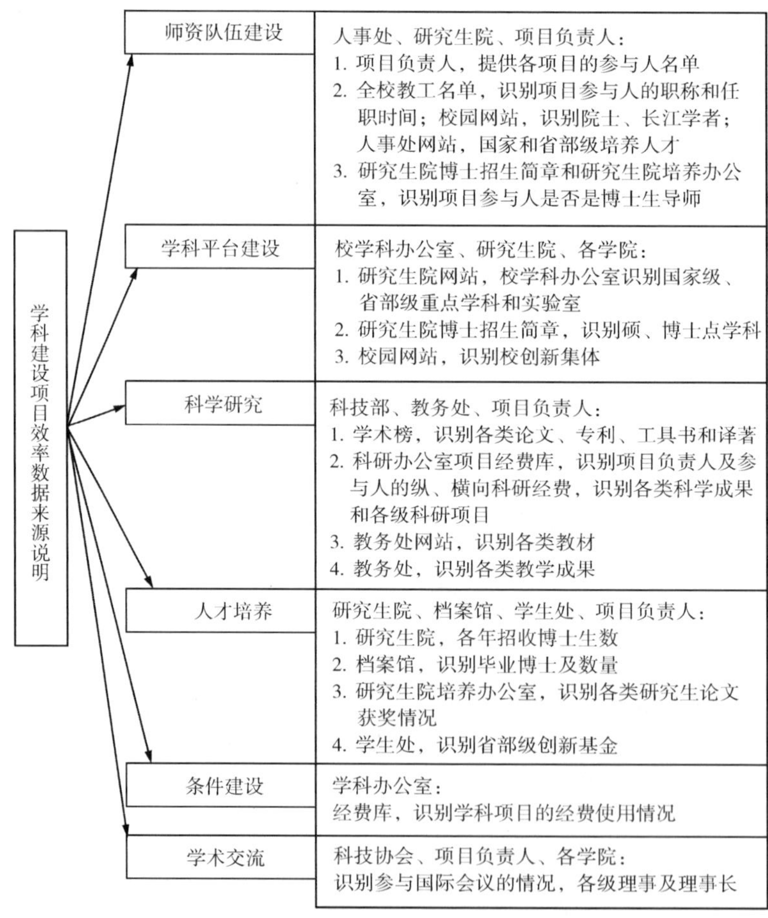

图 6.6　学科建设项目效益分析的基础数据来源

由于很多数据都源自纸质材料，基础数据的收集和整理工作难度很大，项目组为此付出了大量的时间和精力。数据收集的主要难点体现在以下几个方面。

1. 科学研究论文的基础数据收集

由于学校科技部的学术论文管理系统不具备数据统计功能，无法将电子版的数据导出，因此，项目组利用科技部每年发布的权威统计数据纸质材料《学术榜》对每篇论文进行甄别、统计。

2. 学科建设经费的投入结构分析

在分析学科建设项目的经费使用情况时，工作初期利用学科办公室提供的纸质项目审批表统计项目的经费使用，浪费了大量人力，统计工作一度陷入困境。后来，在学科办公室的支持下，利用其学科经费管理数据库进行统计分析，取得了良好的效果。

3. 毕业博士生数量的统计

由于研究生院没有每年的毕业博士生数据，而各学院由于人事交接等原因，也没有毕业博士生的电子数据，项目评估组根据档案馆的存档材料，统计每年的毕业博士生数量，统计效率较低。

为确保项目评价的公平性和科学性，评估组在反复核对采集的各指标数据后，将项目的统计数据反馈给项目负责人加以核对。项目负责人及项目参与人经过为期两周的仔细核对后，向评估组反馈信息，提出部分数据的疑义。评估组对项目负责人调整的数据进行重新审核，将数据的差错可能性减少到最低限度，如图 6.7 所示。

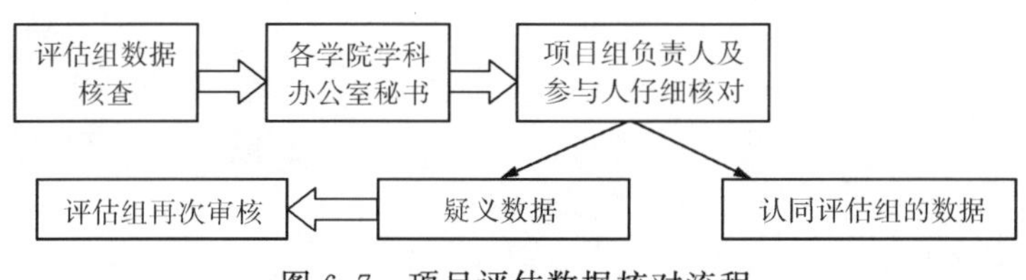

图 6.7　项目评估数据核对流程

考虑到学科建设项目参加人数统计数据不准确，存在这样的一些情况，有些项目参与人不清楚自己是否为项目参加人，有些项目负责人不知道到底有哪些人参加项目建设工作。在进行参加学科建设项目人数统计时，各项目参加人员是由各项目负责人临时确定的，因此，在进行效率评价时，尽量排除人数对项目排序的影响，采用人均绩效和单位经费绩效对项目进行总体评价。此外，有一些项目负责人填报参与人过多，甚至一些负责人坚持整个学院都参加某个项目，为更好地分析项目的综合效益、人均绩效和经费效率，应该对项目参与人的数目进行识别和调整。我们按照理工科、经济管理和人文类项目分别测算人均经费投入，得到如下结论：理工科学科建设项目人均经费投入额度平均为 20 万元/人，经济管理和人文类学科建设项目人均经费投入额度平均为 10 万元/人。根据上述数值，对个别项目的参与人数进行了适当调整。

6.4.1 一级指标绩效及效率计算

1. 师资队伍建设

1）师资队伍建设绩效计算说明

根据师资队伍建设一级指标的当量表 6.8，对于项目负责人和参与人的当量得分项目，选择其当量得分最大的项目计算，次序如下：院士—长江学者—国家级人才培养对象—博士生导师—省部级人才工程培养对象—教授—具有博士学位的教师—其他教师，不重复计算。比如，若某参与人是长江学者特聘教授，就不再重复统计其作为博士生导师的得分。

表 6.8 师资队伍建设二级指标当量表

师资队伍建设二级指标	院士	长江学者	国家级人才工程培养对象	博士生导师	省部级人才工程培养对象	教授	具有博士学位的教师	其他教师
当量	7	3.5	3	1.5	1.2	1	0.7	0.5

对于一位教师参加多个项目建设任务的情形，该教师在各个项目中的当量得分数值根据其参与项目的个数平均分摊。

在上述得分项计算时，2001 年前的得分项目（保有量）乘以 0.5。

2）计算方法及公式

师资队伍建设绩效＝院士×7＋长江学者×3.5＋国家级人才工程培养对象×3
＋博士生导师×1.5＋教授×1＋省部级人才工程培养对象×1.2
＋具有博士学位的教师×0.7＋其他教师×0.5

根据上述计算公式，可以得到各学科建设项目师资队伍建设绩效值。

师资队伍建设绩效位于前 5 名的项目：XK-0302、XK-0502、XK-0101、XK-0105、XK-0901。

人均师资队伍建设绩效位于前 5 名的项目：XK-0604、ZXK-1103、XK-0204、ZXK-1102、XK-0601。

每万元经费师资队伍建设绩效位于前 5 名的项目：ZXK-1102、XK-0902、XK-0901、ZXK-1101、XK-0503。

2. 学科平台建设

1）学科平台建设得分计算说明

根据学科平台建设的当量表 6.9，确定学科建设项目所支撑各类学科平台的得分计算项目，选择得分最大的项目计算，相关次序如下：国家级重点学科—国家级重点实验室（包括基地、中心）—省部级重点学科—省部级重点实验室（包括基地、中心）——级学科博士点—二级学科博士点—硕士点；国家级创新群体—省部级创新群体—校创新群体。

表 6.9　学科平台建设二级指标当量表

学科平台建设二级指标	国家级重点学科	省部级重点学科	国家级重点实验室（包括基地、中心）	省部级重点实验室（包括基地、中心）	一级学科博士点	二级学科博士点	国家级创新群体	省部级创新群体	校创新群体	硕士点
当量	3	1.5	2	1.2	1	0.5	1.5	1	0.6	0.1

在得分项计算中，2001 年前的得分项目（保有量）乘以 0.5。

得分数值根据项目所在学科点支撑的项目个数平均分摊，例如，存在两个项目所在学科是国家级重点学科，则每个项目得分采用平均分摊方式。

2）计算方法及公式

学科平台建设绩效数值＝国家级重点学科（2001 年前）×1.5＋国家级重点学科（2001 年后）×3＋省部级重点学科（2001 年前）×0.75＋省部级重点学科（2001 年后）×1.5＋国家级重点实验室（2001 年前）×1＋国家级重点实验室（2001 年后）×2＋省部级重点实验室（2001 年前）×0.6＋省部级重点实验室（2001 年后）×1.2＋一级学科博士点（2001 年前）×0.5＋一级学科博士点（2001 年后）×1＋二级学科博士点（2001 年前）×0.25＋二级学科博士点（2001 年后）×0.5＋国家级创新群体（2001 年前）×0.75＋国家级创新群体（2001 年后）×1.5＋省部级创新群体（2001 年前）×0.5＋省部级创新群体（2001 年后）×1＋校创新群体（2001 年前）×0.3＋校创新群体（2001 年后）×0.6＋硕士点（2001 年前）×0.05＋硕士点（2001 年后）×0.1

学科平台建设绩效位于前 5 名的项目：XK-0502、XK-0101、XK-0102、XK-0105、XK-ky01。

人均学科平台建设绩效位于前 5 名的项目：XK-0204、XK-0102、ZXK-0107、XK-0104、XK-ky01。

每万元投入学科平台建设绩效位于前 5 名的项目：XK-0204、ZXK-1102、ZXK-0107、XK-1001、XK-0103。

3. 科学研究

1）科学研究得分计算说明

根据科学研究项目的当量值表 6.10，确定各项目得分。

表 6.10　科学研究二级指标当量表

科学研究二级指标	SCI或SSCI	EI	ISTP	重要核心	一般核心	检索期刊	人文类期刊	著作	教材	工具书、译著等	国家级科研成果	省部级科研成果	国家级项目	省部级项目	横向科研经费（每10万元）	纵向科研经费（每10万元）	专利授权	国家级教学成果	省部级教学成果
当量	1.5	1	0.7	1	0.7	0.3	0.06	3	1	0.5	15	6	5	3	1.2	1.2	2	6	3

2）计算方法及公式

科学研究绩效＝SCI 或 SSCI×1.5＋EI×1＋ISTP×0.7＋重要核心×1＋一般核心×0.7＋检索期刊×0.3＋人文类期刊×0.06＋著作×3＋教材×1＋主编工具书×0.5＋专利授权×2＋国家级教学成果×6＋省部级教学成果×3＋国家级科研成果×15＋省部级科研成果×6＋国家级项目×5＋省部级项目×3＋理科横向科研经费（每 10 万元）×1.2＋理科纵向科研经费（每 10 万元）×1.2＋文科横向科研经费（每 10 万元）×4.8＋文科纵向科研经费（每 10 万元）×4.8

科学研究绩效位于前 5 名的项目：XK-0101、XK-0302、XK-0502、XK-0304、XK-0105。

人均科学研究绩效位于前 5 名的项目：XK-0101、XK-0110、XK-0302、ZXK-0107、XK-0104。

每万元经费科学研究绩效位于前 5 名的项目：XK-0106、XK-0503、XK-0902、XK-0901、ZXK-0107。

项目 XK-ky01 和 XK0502 产出的 SCI 论文都在 20 篇左右，项目 XK-0304、XK-0302、XK0502 产出的 EI（含重要核心）论文较多。而从人均绩效上来看，XK-0102 和 XK-ky01 人均发表 SCI 论文较多，而 XK-0304 和 ZXK-0107 人均发表 EI（含重要核心）论文较多。

从教材绩效方面来看，XK0902 效益较好，一共出版了 10 余本教材。

人均论文绩效位于前 5 名的项目：ZXK-0107、XK-ky01、XK-0102、XK-0304、XK-0502。

人均著作绩效位于前 5 名的项目：ZXK-1101、ZXK-1102、XK-1002、XK-0402、XK-0503。

人均教材绩效位于前 5 名的项目：XK-0102、XK-0902、ZXK-1101、XK-0503、XK-0603。

人均省部级以上教学成果效益位于前 5 名的项目：XK-1002、XK-0503、XK-0902、XK-0601、XK-0303。

人均省部级以上科研成果效益位于前 5 名的项目：XK-1002、XK-0502、XK-0202、XK-0102、XK-0304。

人均横向经费绩效位于前 5 名的项目：XK-0106、XK-0302、XK-0304、XK-0103、XK-0701。

人均纵向经费绩效位于前 5 名的项目：XK-0101、XK-0302、XK-0110、XK-0201、XK-0103。

每万元经费论文绩效位于前 5 名的项目：ZXK-0107、XK-0902、XK-0901、XK-0304、XK-1002。

每万元经费著作绩效位于前 5 名的项目：ZXK-1102、ZXK-1101、XK-1002、XK-0902、XK-0503。

每万元经费教材绩效位于前 5 名的项目：XK-0902、ZXK-1101、XK-0503、XK-0901、XK-0402。

每万元经费省部级以上教学成果效益位于前 5 名的项目：XK-0902、XK-0503、XK-1002、XK-0901、XK-0303。

每万元经费省部级以上科研成果效益位于前 5 名的项目：XK-1002、XK-0304、XK-0502、XK-0503、ZXK-0107。

每万元经费横向经费绩效位于前 5 名的项目：XK-0106、XK-0902、XK-0901、XK-0503、XK-0304。

每万元经费纵向经费绩效位于前 5 名的项目：XK-0302、XK-0101、XK-0503、XK-0103、ZXK-0107。

4. 人才培养

1）人才培养得分计算说明

根据人才培养的权重得分表 6.11，确定各项目得分数值。

考虑到人才培养的二级指标特点，以及基础数据的可获取性和可分离性特点，在学科建设项目评估时，确定博士生的招收和培养，以及省部级创新基金等 6 项指标进行计算分析。

表 6.11　人才培养二级指标当量

人才培养二级指标	每招收一名博士生	每毕业一名博士生	每获一项国家百篇优秀博士论文	每获一项省部级优秀硕士、博士论文	每获一项国家级创新基金	每获一项省部级创新基金
当量	2	3	10	5	4	2

2）计算方法及公式

人才培养得分数值＝每招收一名博士生×2＋每毕业一名博士生×3＋每获一项国家百篇优秀博士论文×10＋每获一项省部级优秀硕士、博士论文×5＋每获一项省部级创新基金×2

人才培养绩效位于前 5 名的项目：XK-0502、XK-0101、XK-0105、XK-0902、XK-0901。

人均人才培养绩效位于前 5 名的项目：XK-0502、XK-ky01、XK-0902、XK-0901、XK-0501。

每万元经费人才培养绩效位于前 5 名的项目：XK-0902、XK-0901、XK-1001、ZXK-0107、XK-0402。

5. 条件建设

投入的人力资源、经费（包括形成的固定资产、图书、软件、会议交流等），可视为条件建设。具体参见 6.3 节。

6. 学术交流

1）学术交流得分计算说明

根据学术交流二级指标当量表 6.12，确定各项目得分数值。

考虑到学术交流的二级指标特点，基础数据的可获取性和可分离性，在学科建设项目评估时，确定参加国际学术会议、担任国家级学会正副理事长、担任国家级学会理事或省部级学会正副理事长等 3 项指标进行计算分析。

表 6.12　学术交流二级指标当量

学术交流二级指标	参加国际学术会议（1 人次）	担任国家级学会正副理事长（1 人次）	担任国家级学会理事或省部级学会正副理事长（1 人次）
当量	0.1	1.2	0.4

2）计算方法及公式

学术交流得分数值＝参加国际学术会议人次数×0.1＋担任国家级学会正副理事长人次数×1.2＋担任国家级学会理事或省部级学会正副理事长人次数×0.4

学术交流绩效位于前 5 名的项目：XK-0105、XK-0901、XK-0102、XK-0502、XK-0101。

人均学术交流绩效位于前 5 名的项目：XK-0102、XK-0110、XK-0104、XK-0901、XK-0105。

每万元经费学术交流绩效位于前 5 名的项目：ZXK-1102、XK-0901、XK-0102、XK-0902、XK-0501。

6.4.2 总绩效计算与效率评估

1. 总绩效计算

综合上节单项指标评价分值，可以得到各项目一级指标评价值表 6.13。

表 6.13　一级指标评价值表

项目编号	师资队伍绩效	学科平台绩效	科学研究绩效	人才培养绩效	条件建设绩效	学术交流绩效
XK-0101	21.975	3	1072.01	243	121.997	3.85
XK-0102	4.225	1.8	127.69	44.5	30.666	5.3
XK-0103	11.175	1.5	364.65	72	21.449	0.9
XK-0104	3.575	0.495	114.05	23	56.826	1.35
XK-0105	21.875	1.8	516.00	196	127.771	6.75
XK-0106	10.750	0.25	346.80	2	15.759	0
XK-0110	5.950	0.495	277.82	15	145.205	3.4
XK-ky01	11.009	1.7	317.93	132.34	131.604	2.467
ZXK-0107	9.275	1.625	298.91	80.5	25.105	0.65
XK-0201	16.700	1.5	480.24	68	90.000	0.4
XK-0202	6.650	0.495	215.82	48	56.145	1.6
XK-0203	5.700	0.25	33.30	12	14.323	0
XK-0204	2.950	1	76.89	11	6.387	0.1
XK-0301	8.005	0.125	86.73	36	47.101	0.15
XK-0302	28.705	1.5	1057.71	157	81.786	1.1
XK-0303	8.955	0.1	83.63	64	22.345	0.2
XK-0304	16.375	1.5	559.35	107	37.515	1.9
XK-0401	16.950	1.5	238.10	122	43.176	0.5
XK-0402	14.100	1.5	314.91	130	25.451	0.4
XK-0501	9.750	0.5	214.20	115.5	19.736	3.65
XK-0502	27.400	3.975	865.72	420.5	79.412	4.6
XK-0503	11.500	0.125	242.96	32	13.067	1.35

续表

项目编号	师资队伍绩效	学科平台绩效	科学研究绩效	人才培养绩效	条件建设绩效	学术交流绩效
XK-0601	5.142	0.2	67.90	7.34	15.000	0.133
XK-0602	7.817	0.2	81.88	12.34	11.831	0.133
XK-0603	6.117	0.2	65.96	1	19.163	0.333
XK-0604	14.750	0.1	9.80	2	67.888	0
ZXK-0605	3.675	0.05	43.50	2	8.832	0
ZXK-0606	3.367	0.1	37.89	1	8.801	0.033
ZXK-0607	2.717	0.2	14.90	0	9.271	0.1
XK-0701	14.800	0.5	297.83	75	29.594	0.4
XK-0702	14.100	0.75	196.00	62	21.171	0.2
XK-0801	17.100	0.25	94.35	26	19.412	0.1
XK-0802	8.150	0.25	74.00	12	9.331	0
XK-0901	18.300	0.8	328.41	174	17.312	5.8
XK-0902	15.800	0.5	240.39	184	8.773	1.5
XK-1001	8.150	0.625	53.35	55	3.392	1
XK-1002	5.825	0.025	110.66	34	3.417	0.6
ZXK-1101	5.900	0.2	42.97	8	0.622	0.4
ZXK-1102	2.250	0.15	5.26	0	0.028	0.4
ZXK-1103	3.000	0.05	0.70	0	2.875	0

由于各一级指标的度量单位并不统一，且各一级指标均为效益型指标（数值越大越利于项目的排名），因此，采用下述方法进行归一化：

$$a'_{ij}=\frac{a_{ij}}{a^*_{ij}} \tag{6.1}$$

式中，a_{ij} 为学科建设项目 i 在一级指标 j 下的得分数值；a^*_{ij} 为学科建设项目 i 在一级指标 j 下的最大得分数值，$i=1$，2，…，40，$j=1$，2，…，6，于是，得到一级指标评价值归一化的矩阵表 6.14。

表 6.14　一级指标评价值归一化矩阵（×100）

项目编号	师资队伍	学科平台	科学研究	人才培养	条件建设	学术交流
XK-0101	76.55	75.47	100.00	57.79	84.02	57.04
XK-0102	14.72	45.28	11.91	10.58	21.12	78.52
XK-0103	38.93	37.74	34.02	17.12	14.77	13.33
XK-0104	12.45	12.45	10.64	5.47	39.13	20.00

续表

项目编号	师资队伍	学科平台	科学研究	人才培养	条件建设	学术交流
XK-0105	76.21	45.28	48.13	46.61	87.99	100.00
XK-0106	37.45	6.29	32.35	0.48	10.85	0.00
XK-0110	20.73	12.45	25.92	3.57	100.00	50.37
XK-ky01	38.35	42.77	29.66	31.47	90.63	36.55
ZXK-0107	32.31	40.88	27.88	19.14	17.29	9.63
XK-0201	58.18	37.74	44.80	16.17	61.98	5.93
XK-0202	23.17	12.45	20.13	11.41	38.67	23.70
XK-0203	19.86	6.29	3.11	2.85	9.86	0.00
XK-0204	10.28	25.16	7.17	2.62	4.40	1.48
XK-0301	27.89	3.14	8.09	8.56	32.44	2.22
XK-0302	100.00	37.74	98.67	37.34	56.32	16.30
XK-0303	31.20	2.52	7.80	15.22	15.39	2.96
XK-0304	57.05	37.74	52.18	25.45	25.84	28.15
XK-0401	59.05	37.74	22.21	29.01	29.73	7.41
XK-0402	49.12	37.74	29.38	30.92	17.53	5.93
XK-0501	33.97	12.58	19.98	27.47	13.59	54.07
XK-0502	95.45	100.00	80.76	100.00	54.69	68.15
XK-0503	40.06	3.14	22.66	7.61	9.00	20.00
XK-0601	17.91	5.03	6.33	1.75	10.33	1.97
XK-0602	27.23	5.03	7.64	2.93	8.15	1.97
XK-0603	21.31	5.03	6.15	0.24	13.20	4.93
XK-0604	51.38	2.52	0.91	0.48	46.75	0.00
ZXK-0605	12.80	1.26	4.06	0.48	6.08	0.00
ZXK-0606	11.73	2.52	3.53	0.24	6.06	0.49
ZXK-0607	9.47	5.03	1.39	0.00	6.38	1.48
XK-0701	51.56	12.58	27.78	17.84	20.38	5.93
XK-0702	49.12	18.87	18.28	14.74	14.58	2.96
XK-0801	59.57	6.29	8.80	6.18	13.37	1.48
XK-0802	28.39	6.29	6.90	2.85	6.43	0.00
XK-0901	63.75	20.13	30.64	41.38	11.92	85.93
XK-0902	55.04	12.58	22.42	43.76	6.04	22.22
XK-1001	28.39	15.72	4.98	13.08	2.34	14.81

续表

项目编号	师资队伍	学科平台	科学研究	人才培养	条件建设	学术交流
XK-1002	20.29	0.63	10.32	8.09	2.35	8.89
ZXK-1101	20.55	5.03	4.01	1.90	0.43	5.93
ZXK-1102	7.84	3.77	0.49	0.00	0.02	5.93
ZXK-1103	10.45	1.26	0.07	0.00	1.98	0.00

各学科建设项目的一级指标总得分采用下述公式计算：

$$a_i = \sum_{j=1}^{6} a'_{ij} w_j \tag{6.2}$$

式中，a_i 为各学科建设项目的总得分数值；w_j 为第 j 个一级指标的权重数值；a'_{ij} 为归一化数值。

一级指标的权重数值如表 6.15 所示。

表 6.15　学科建设项目绩效评估一级指标权重

一级指标	师资队伍建设	学科平台建设	科学研究	人才培养	条件建设	学术交流
权 重	0.21	0.24	0.23	0.14	0.1	0.08

基于式（6.2）和权重数值表，计算各学科建设项目的综合绩效评价值，如表 6.16 所示。

表 6.16　学科建设项目综合绩效评价值

项目编号	师资队伍	学科平台	科学研究	人才培养	条件建设	学术交流	总绩效
XK-0101	16.076	18.1132	23.0000	8.0904	8.402	4.5630	78.24
XK-0102	3.091	10.8679	2.7396	1.4816	2.112	6.2815	26.57
XK-0103	8.175	9.0566	7.8236	2.3971	1.477	1.0667	30.00
XK-0104	2.615	2.9887	2.4470	0.7658	3.913	1.6000	14.33
XK-0105	16.003	10.8679	11.0707	6.5256	8.799	8.0000	61.27
XK-0106	7.864	1.5094	7.4406	0.0666	1.085	0.0000	17.97
XK-0110	4.353	2.9887	5.9607	0.4994	10.000	4.0296	27.83
XK-ky01	8.054	10.2642	6.8211	4.4061	9.063	2.9239	41.53
ZXK-0107	6.785	9.8113	6.4131	2.6801	1.729	0.7704	28.19
XK-0201	12.217	9.0566	10.3035	2.2640	6.198	0.4741	40.51
XK-0202	4.865	2.9887	4.6304	1.5981	3.867	1.8963	19.85
XK-0203	4.170	1.5094	0.7145	0.3995	0.986	0.0000	7.78
XK-0204	2.158	6.0377	1.6497	0.3662	0.440	0.1185	10.77

续表

项目编号	师资队伍	学科平台	科学研究	人才培养	条件建设	学术交流	总绩效
XK-0301	5.856	0.7547	1.8608	1.1986	3.244	0.1778	13.09
XK-0302	21.000	9.0566	22.6932	5.2271	5.632	1.3037	64.91
XK-0303	6.551	0.6038	1.7942	2.1308	1.539	0.2370	12.86
XK-0304	11.980	9.0566	12.0007	3.5624	2.584	2.2519	41.43
XK-0401	12.400	9.0566	5.1085	4.0618	2.973	0.5926	34.19
XK-0402	10.315	9.0566	6.7564	4.3282	1.753	0.4741	32.68
XK-0501	7.133	3.0189	4.5956	3.8454	1.359	4.3259	24.28
XK-0502	20.045	24.0000	18.5740	14.0000	5.469	5.4519	87.54
XK-0503	8.413	0.7547	5.2126	1.0654	0.900	1.6000	17.95
XK-0601	3.762	1.2075	1.4569	0.2444	1.033	0.1576	7.86
XK-0602	5.719	1.2075	1.7568	0.4108	0.815	0.1576	10.07
XK-0603	4.475	1.2075	1.4152	0.0333	1.320	0.3947	8.85
XK-0604	10.791	0.6038	0.2103	0.0666	4.675	0.0000	16.35
ZXK-0605	2.689	0.3019	0.9332	0.0666	0.608	0.0000	4.60
ZXK-0606	2.463	0.6038	0.8130	0.0333	0.606	0.0391	4.56
ZXK-0607	1.988	1.2075	0.3196	0.0000	0.638	0.1185	4.27
XK-0701	10.827	3.0189	6.3899	2.4970	2.038	0.4741	25.25
XK-0702	10.315	4.5283	4.2051	2.0642	1.458	0.2370	22.81
XK-0801	12.510	1.5094	2.0242	0.8656	1.337	0.1185	18.36
XK-0802	5.962	1.5094	1.5876	0.3995	0.643	0.0000	10.10
XK-0901	13.388	4.8302	7.0461	5.7931	1.192	6.8741	39.12
XK-0902	11.559	3.0189	5.1576	6.1260	0.604	1.7778	28.24
XK-1001	5.962	3.7736	1.1446	1.8312	0.234	1.1852	14.13
XK-1002	4.261	0.1509	2.3743	1.1320	0.235	0.7111	8.87
ZXK-1101	4.316	1.2075	0.9218	0.2663	0.043	0.4741	7.23
ZXK-1102	1.646	0.9057	0.1129	0.0000	0.002	0.4741	3.14
ZXK-1103	2.195	0.3019	0.0150	0.0000	0.198	0.0000	2.71

2. 人均绩效与每万元经费效率计算

由式（6.2）可得，人均绩效 $b_i=\frac{a_i}{k_i}$，其中，k_i 为第 i 个学科建设项目的项目人力资源投入数值；a_i 为第 i 个学科建设项目的总得分，于是，得到人均绩效如表6.17所示。由式(6.2)可得，每万元经费效率$c_i=\frac{a_i}{m_i}$，其中，m_i为第i个学科建设项目的总经费，a_i为第i个学科建设项目的总绩效，得到每万元经费效率如表6.17所示。

表6.17　项目综合绩效、人均绩效与每万元经费绩效及排名

项目编号	综合绩效		人均绩效		每万元经费绩效	
	测算值	排名	测算值	排名	测算值	排名
XK-0502	87.5401	1	2.3251	9	0.0461	24
XK-0101	78.2447	2	2.4879	8	0.0460	25
XK-0302	64.9130	3	1.8478	15	0.0590	17
XK-0105	61.2668	4	2.5475	7	0.0377	32
XK-ky01	41.5325	5	2.7779	5	0.0208	37
XK-0304	41.4348	6	1.9138	14	0.0691	11
XK-0201	40.5136	7	2.0206	12	0.0450	28
XK-0901	39.1236	8	1.9759	13	0.1304	4
XK-0401	34.1933	9	1.6321	18	0.0488	22
XK-0402	32.6833	10	1.7293	17	0.0654	13
XK-0103	29.9966	11	2.2639	10	0.0750	9
XK-0902	28.2435	12	1.3514	26	0.1412	2
ZXK-0107	28.1893	13	2.7236	6	0.0940	6
XK-0110	27.8313	14	3.2743	4	0.0174	39
XK-0102	26.5734	15	4.8315	1	0.0531	18
XK-0701	25.2453	16	1.4426	20	0.0457	26
XK-0501	24.2778	17	1.7851	16	0.0486	23
XK-0702	22.8079	18	1.3576	25	0.0620	14
XK-0202	19.8451	19	2.0459	11	0.0284	34
XK-0801	18.3647	20	0.9159	39	0.0612	15
XK-0106	17.9664	21	1.4373	22	0.0898	7
XK-0503	17.9458	22	1.3858	24	0.0897	8
XK-0604	16.3468	23	1.1083	34	0.0163	40
XK-0104	14.3303	24	3.6279	3	0.0205	38
XK-1001	14.1305	25	1.4390	21	0.0942	5
XK-0301	13.0919	26	1.1978	30	0.0218	36
XK-0303	12.8560	27	1.3420	27	0.0514	20

续表

项目编号	综合绩效		人均绩效		每万元经费绩效	
	测算值	排名	测算值	排名	测算值	排名
XK-0204	10.7702	28	3.6509	2	0.1346	3
XK-0802	10.1015	29	0.9183	38	0.0505	21
XK-0602	10.0663	30	1.1750	33	0.0671	12
XK-1002	8.8650	31	1.1899	31	0.0591	16
XK-0603	8.8455	32	1.2228	29	0.0442	29
XK-0601	7.8612	33	1.4925	19	0.0524	19
XK-0203	7.7798	34	1.2548	28	0.0354	33
ZXK-1101	7.2290	35	1.1754	32	0.0723	10
ZXK-0605	4.5985	36	1.0107	35	0.0230	35
ZXK-0606	4.5586	37	0.9629	36	0.0456	27
ZXK-0607	4.2718	38	0.9563	37	0.0427	31
ZXK-1102	3.1406	39	1.3958	23	0.1745	1
ZXK-1103	2.7096	40	0.9032	40	0.0437	30

综合绩效排在前 5 位的项目分别为：XK-0502、XK-0101、XK-0302、XK-0105、XK-ky01。人均绩效排在前 5 位的项目分别为：XK-0102、XK-0204、XK-0104、XK-0110、XK-ky01。每万元经费绩效排在前 5 位的项目分别为：ZXK-1102、XK-0902、XK-0204、XK-0901、XK-1001。

6.4.3 “十五”学科建设项目主要指标贡献份额分析

1. 各项目一级指标贡献份额分析

对各学科建设项目的一级指标绩效得分进行统计，其得分构成比例如表 6.18 所示。表中数值表示某一项目在相应指标上的得分比例，例如，在项目编号 XK-0101 中，“0.21” 表示 XK-0101 项目的总得分中有 21％是来自师资队伍建设，“0.23” 表示有 23％来自学科平台建设。

总绩效＝师资队伍建设绩效＋学科平台效益＋科学研究绩效＋人才培养绩效＋学术交流绩效＋条件建设绩效

师资队伍建设得分比例＝师资队伍建设绩效/总绩效；

学科平台效益得分比例＝学科平台效益/总绩效；

科学研究得分比例＝科学研究绩效/总绩效；

人才培养得分比例＝人才培养绩效/总绩效；

学术交流得分比例＝学术交流绩效/总绩效；

条件建设得分比例＝条件建设绩效/总绩效。

结合各指标的权重，得分比例计算项可以分析各学科建设项目自身的优势与有待于进一步发展的指标。比如，XK-0101 项目，师资队伍建设绩效得分比例为21%，学科平台得分比例为 23%，科学研究得分比例为 29%，人才培养得分比例为 10%，学术交流得分比例为 6%，条件建设得分比例为 11%，对照一级指标权重，该项目得分比例与一级指标权重基本吻合，项目建设的各项指标发展平衡。而 XK-0106，师资队伍建设得分比例为 44%，学科平台得分比例为 8%，低于学科平台的一级指标权重 24%，表明在学科平台建设方面，该项目尚需重点发展，项目各指标建设与发展不平衡，需要调整项目的发展与建设方向，以求各项指标的协调与平衡发展。

表 6.18　学科建设项目一级指标贡献分析

项目编号	师资队伍建设指标得分比例	学科平台指标得分比例	科学研究指标得分比例	人才培养指标得分比例	学术交流指标得分比例	条件建设指标得分比例
XK-0101	0.21	0.23	0.29	0.10	0.06	0.11
XK-0102	0.12	0.41	0.10	0.06	0.24	0.08
XK-0103	0.27	0.30	0.26	0.08	0.04	0.05
XK-0104	0.18	0.21	0.17	0.05	0.11	0.27
XK-0105	0.26	0.18	0.18	0.11	0.13	0.14
XK-0106	0.44	0.08	0.41	0.00	0.00	0.06
XK-0110	0.16	0.11	0.21	0.02	0.14	0.36
XK-ky01	0.19	0.25	0.16	0.11	0.07	0.22
ZXK-0107	0.24	0.35	0.23	0.10	0.03	0.06
XK-0201	0.30	0.22	0.25	0.06	0.01	0.15
XK-0202	0.25	0.15	0.23	0.08	0.10	0.19
XK-0203	0.54	0.19	0.09	0.05	0.00	0.13
XK-0204	0.20	0.56	0.15	0.03	0.01	0.04
XK-0301	0.45	0.06	0.14	0.09	0.01	0.25
XK-0302	0.32	0.14	0.35	0.08	0.02	0.09
XK-0303	0.51	0.05	0.14	0.17	0.02	0.12
XK-0304	0.29	0.22	0.29	0.09	0.05	0.06
XK-0401	0.36	0.26	0.15	0.12	0.02	0.09
XK-0402	0.32	0.28	0.21	0.13	0.01	0.05
XK-0501	0.29	0.12	0.19	0.16	0.18	0.06

续表

项目编号	师资队伍建设指标得分比例	学科平台指标得分比例	科学研究指标得分比例	人才培养指标得分比例	学术交流指标得分比例	条件建设指标得分比例
XK-0502	0.23	0.27	0.21	0.16	0.06	0.06
XK-0503	0.47	0.04	0.29	0.06	0.09	0.05
XK-0601	0.48	0.15	0.19	0.03	0.02	0.13
XK-0602	0.57	0.12	0.17	0.04	0.02	0.08
XK-0603	0.51	0.14	0.16	0.00	0.04	0.15
XK-0604	0.66	0.04	0.01	0.00	0.00	0.29
ZXK-0605	0.58	0.07	0.20	0.01	0.00	0.13
ZXK-0606	0.54	0.13	0.18	0.01	0.01	0.13
ZXK-0607	0.47	0.28	0.07	0.00	0.03	0.15
XK-0701	0.43	0.12	0.25	0.10	0.02	0.08
XK-0702	0.45	0.20	0.18	0.09	0.01	0.06
XK-0801	0.68	0.08	0.11	0.05	0.01	0.07
XK-0802	0.59	0.15	0.16	0.04	0.00	0.06
XK-0901	0.34	0.12	0.18	0.15	0.18	0.03
XK-0902	0.41	0.11	0.18	0.22	0.06	0.02
XK-1001	0.42	0.27	0.08	0.13	0.08	0.02
XK-1002	0.48	0.02	0.27	0.13	0.08	0.03
ZXK-1101	0.60	0.17	0.13	0.04	0.07	0.01
ZXK-1102	0.52	0.29	0.04	0.00	0.15	0.00
ZXK-1103	0.81	0.11	0.01	0.00	0.00	0.07

由表 6.18 可以看出，各学科建设项目的相对优势明显，XK-0106 项目主要得分由师资队伍建设和科学研究两项组成，两者之和占总得分的 85%，ZXK-1103 项目，则有 81%的得分来自师资队伍建设，主要原因是新建的艺术学院，近几年新调入大批教师。

不同门类学科建设项目的得分构成比例，如表 6.19 所示。

表 6.19　不同门类学科建设项目得分构成对比分析

得分项目		师资队伍建设	学科平台	科学研究	人才培养	学术交流	条件建设
工科	平均比例	0.36	0.19	0.20	0.07	0.05	0.13
	极差	0.54	0.52	0.4	0.17	0.24	0.32
理科	平均比例	0.64	0.12	0.14	0.05	0.01	0.07
	极差	0.09	0.07	0.05	0.01	0.01	0.01
经济与管理	平均比例	0.375	0.115	0.18	0.185	0.12	0.025
	极差	0.07	0.01	0	0.07	0.12	0.01
人文与艺术	平均比例	0.566	0.172	0.106	0.06	0.076	0.026
	极差	0.39	0.27	0.26	0.13	0.15	0.07
一级指标权重		0.21	0.24	0.23	0.14	0.08	0.1

注：极差项中数值表示数值的上限和下限的差，反映数据的离散程度

由表 6.19 可知，学科建设一级指标贡献具有一定规律性。文理科项目的师资队伍建设得分比例均超过其权重数值 0.21，学科平台建设、科学研究的得分比例均小于权重数值。经济与管理类学科建设项目的科学研究得分比例超过了理科类项目，接近工科类项目。

工科学科与理科学科建设项目相同，主要得分顺序为师资队伍建设、科学研究、学科平台、条件建设、人才培养、学术交流。

经济与管理类学科建设项目的得分顺序为师资队伍建设、人才培养、科学研究、学术交流、学科平台、条件建设。

人文与艺术类学科的得分顺序为师资队伍建设、学科平台、科学研究、学术交流、人才培养、条件建设。

理工科和文科学科项目的主要得分点均是师资队伍建设，由此看出，学科建设项目首先应进行师资队伍建设，不断壮大教师队伍，不断提升师资队伍的整体水平。只有一流的教师队伍，才能培养出一流的人才。

学科平台建设指标对综合绩效的贡献，以工科最为突出，人文与艺术类学科、理科、经济与管理学科的贡献均在 10%以上。

科学研究指标对综合绩效的贡献，经济与管理类学科与工科比较接近，理科次之，人文与艺术类学科最低。

人才培养指标对综合绩效的贡献，以经济与管理类学科最为突出，其他学科贡献均较低。

学术交流指标对综合绩效的贡献，以经济与管理类学科最为突出。

理工科与文科项目的差别较大的是条件建设，由于文科的特殊性质，形成固定资产没有理工科项目大。

2. 教学、科研贡献分析

对各个项目科学研究的二级指标评价值进行统计，其评价值构成比例如表 6.20 所示。例如，“0.02”表示 XK-0101 项目的科学研究评价值中有 2％是来自三大检索论文，“0.65”表示有 65％来自纵、横向科研经费。

表 6.20　学科建设项目的科学研究评价值构成比例

项目编号	三大检索论文	核心论文	其他论文	著作	教材及工具书	专利授权	省部级以上教学成果	省部级以上科研成果	省部级以上项目	科研经费
XK-0101	0.02	0.03	0.01	0.00	0.00	0.00	0.00	0.00	0.29	0.65
XK-0102	0.16	0.14	0.00	0.02	0.02	0.00	0.00	0.08	0.22	0.35
XK-0103	0.02	0.04	0.02	0.00	0.00	0.00	0.00	0.02	0.38	0.53
XK-0104	0.01	0.05	0.00	0.00	0.00	0.00	0.00	0.03	0.59	0.32
XK-0105	0.06	0.07	0.02	0.01	0.00	0.01	0.00	0.05	0.28	0.49
XK-0106	0.02	0.06	0.01	0.00	0.00	0.00	0.00	0.01	0.10	0.80
XK-0110	0.04	0.08	0.01	0.00	0.00	0.00	0.01	0.02	0.39	0.46
XK-ky01	0.13	0.19	0.04	0.02	0.01	0.00	0.00	0.01	0.28	0.33
ZXK-0107	0.10	0.18	0.02	0.01	0.00	0.00	0.01	0.03	0.26	0.38
XK-0201	0.04	0.13	0.01	0.00	0.00	0.00	0.00	0.01	0.33	0.49
XK-0202	0.05	0.05	0.01	0.01	0.00	0.00	0.00	0.06	0.29	0.52
XK-0203	0.16	0.17	0.01	0.00	0.00	0.00	0.00	0.00	0.18	0.49
XK-0204	0.05	0.07	0.01	0.00	0.00	0.00	0.00	0.00	0.53	0.34
XK-0301	0.07	0.15	0.07	0.01	0.02	0.00	0.01	0.08	0.14	0.45
XK-0302	0.03	0.09	0.03	0.00	0.00	0.00	0.01	0.02	0.13	0.69
XK-0303	0.07	0.25	0.09	0.05	0.02	0.00	0.03	0.01	0.27	0.21
XK-0304	0.09	0.12	0.03	0.00	0.00	0.03	0.00	0.05	0.19	0.49
XK-0401	0.06	0.17	0.03	0.00	0.00	0.00	0.00	0.07	0.28	0.39
XK-0402	0.11	0.16	0.06	0.06	0.02	0.00	0.00	0.01	0.25	0.35
XK-0501	0.10	0.16	0.04	0.01	0.00	0.01	0.00	0.04	0.32	0.31
XK-0502	0.08	0.14	0.03	0.00	0.00	0.00	0.00	0.10	0.20	0.44
XK-0503	0.03	0.07	0.02	0.04	0.02	0.00	0.02	0.03	0.32	0.46
XK-0601	0.03	0.18	0.03	0.01	0.02	0.00	0.02	0.00	0.26	0.45
XK-0602	0.03	0.06	0.02	0.03	0.02	0.00	0.01	0.03	0.29	0.51
XK-0603	0.03	0.18	0.07	0.00	0.03	0.02	0.00	0.00	0.35	0.31
XK-0604	0.15	0.31	0.03	0.00	0.10	0.00	0.00	0.00	0.26	0.15

续表

项目编号	三大检索论文	核心论文	其他论文	著作	教材及工具书	专利授权	省部级以上教学成果	省部级以上科研成果	省部级以上项目	科研经费
ZXK-0605	0.02	0.11	0.05	0.00	0.02	0.00	0.02	0.01	0.32	0.46
ZXK-0606	0.06	0.12	0.01	0.00	0.00	0.02	0.00	0.00	0.42	0.36
ZXK-0607	0.24	0.16	0.02	0.00	0.02	0.00	0.01	0.00	0.13	0.42
XK-0701	0.04	0.11	0.02	0.00	0.00	0.00	0.00	0.01	0.34	0.48
XK-0702	0.01	0.03	0.01	0.00	0.01	0.00	0.00	0.05	0.54	0.36
XK-0801	0.20	0.23	0.03	0.03	0.02	0.00	0.00	0.00	0.37	0.11
XK-0802	0.20	0.08	0.01	0.00	0.01	0.00	0.01	0.02	0.45	0.22
XK-0901	0.03	0.16	0.02	0.03	0.01	0.00	0.01	0.01	0.17	0.56
XK-0902	0.02	0.17	0.03	0.05	0.05	0.00	0.02	0.01	0.14	0.52
XK-1001	0.00	0.28	0.13	0.04	0.14	0.00	0.01	0.05	0.20	0.14
XK-1002	0.00	0.28	0.02	0.11	0.00	0.00	0.02	0.16	0.27	0.13
ZXK-1101	0.00	0.09	0.03	0.31	0.05	0.00	0.00	0.00	0.07	0.45
ZXK-1102	0.00	0.13	0.01	0.86	0.00	0.00	0.00	0.00	0.00	0.00
ZXK-1103	0.00	1.00	0.00	0.00	0.00	0.00	0.00	0.00	0.00	0.00

统计不同门类学科建设项目的科学研究评价值构成比例，数据如表 6.21 所示。

表 6.21　不同门类学科建设项目科学研究评价值构成对比分析

二级指标		三大检索论文	核心论文	其他论文	著作	教材及工具书	专利授权	省部级以上教学成果	省部级以上科研成果	省部级以上项目	科研经费
工科	平均比例	0.068	0.124	0.027	0.009	0.011	0.003	0.005	0.027	0.295	0.434
	极差	0.23	0.28	0.09	0.06	0.1	0.03	0.03	0.1	0.49	0.65
理科	平均比例	0.2	0.155	0.02	0.015	0.015	0	0.005	0.01	0.41	0.165
	极差	0	0.15	0.02	0.03	0.01	0	0.01	0.02	0.08	0.11
经济管理	平均比例	0.025	0.165	0.025	0.04	0.03	0	0.015	0.01	0.155	0.54
	极差	0.01	0.01	0.01	0.02	0.04	0	0.01	0	0.03	0.04
人文艺术	平均比例	0	0.356	0.038	0.264	0.038	0	0.006	0.042	0.108	0.144
	极差	0	0.91	0.13	0.86	0.14	0	0.02	0.16	0.27	0.45

注：极差项中数值表示数值的上限和下限的差，反映数据的离散程度

由表 6.21 可以看出，不同门类学科建设项目科学研究评价值二级指标的贡献度有较大区别。

工科建设项目科学研究评价值二级指标贡献依次为科研经费、省部级以上项目、核心论文。在 3 个贡献最大的指标中，科研经费贡献占 43.4%，省部级以上项目贡献占 29.5%，核心论文贡献占 12.4%，三者之和达到 85.3%。

理科建设项目科学研究评价值二级指标贡献依次为省部级以上项目、三大检索论文、科研经费、核心论文。在 4 个贡献最大的指标中总贡献达到 93%。

经济与管理类学科建设项目科学研究评价值二级指标贡献依次为科研经费、核心论文、省部级以上项目。3 个指标的贡献之和达到 86%。

人文与艺术类学科建设项目科学研究评价值二级指标贡献依次为核心论文、著作、科研经费、省部级以上项目。4 个指标的总贡献之和达到 87.2%。

3. 典型项目得分构成比例分析

XK-0102 为人均绩效排名第一，其效益得分构成比例如图 6.8 所示，学科平台、学术交流和师资队伍建设三部分的贡献占到了 75%，而其余各指标只占到 25%。

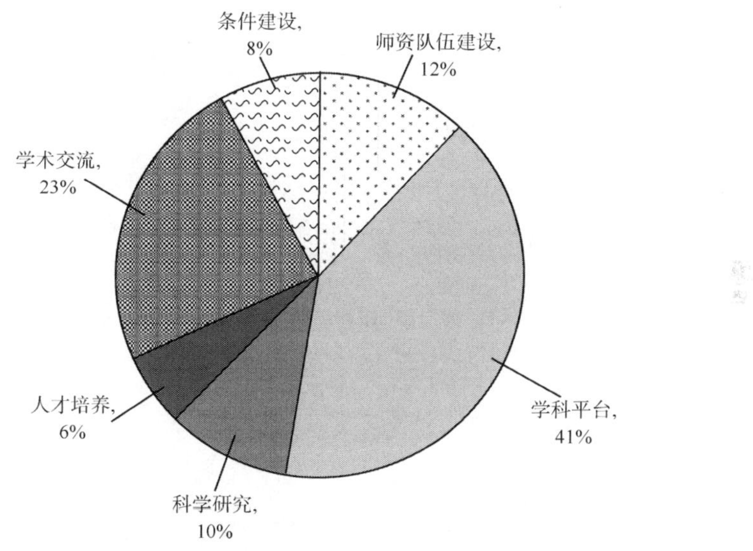

图 6.8 XK-0102 项目贡献构成比例

XK-0204 为人均绩效排名第二，其效益贡献构成比例如图 6.9 所示，学科平台、科学研究和师资队伍建设三部分比重较大，占到了 92%，而其余三个指标只占 8%。

XK-0104 为人均绩效排名第三，其绩效值构成比例如图 6.10 所示，学科平台、条件建设、科学研究、师资队伍建设部分比重较大，占 84%，而其余指标贡献只占 16%。

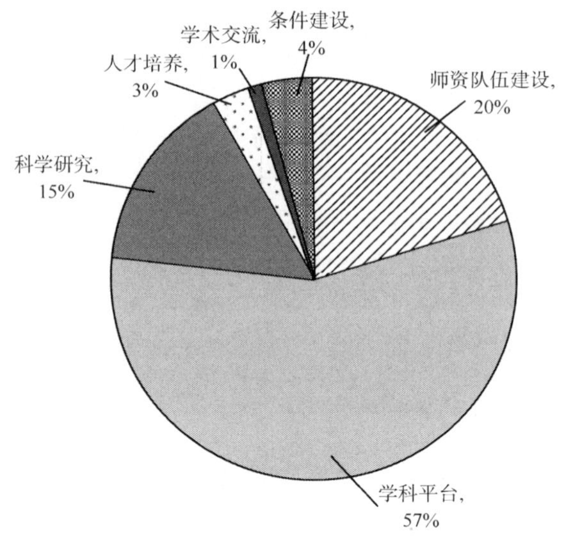

图 6.9 XK-0204 贡献构成比例

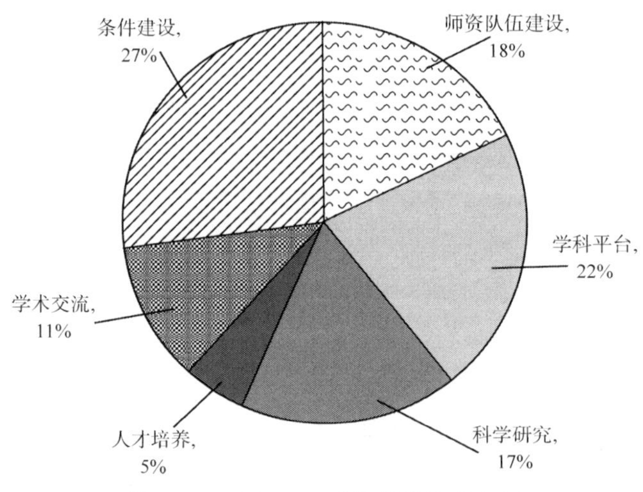

图 6.10 XK-0104 项目得分构成比例

4. 影响学科建设项目绩效的关键因素分析

在进行“十五”学科建设综合效益后评价时，我们选取了 6 个一级指标和 57 个二级指标，这些指标虽然能对学科建设的基本情况有较全面、完整的反映，但要从众多的指标中找出影响“十五”学科建设的关键性指标是不容易的，而且各变量之间还存在着极大的相关性，从而出现信息的重叠。所以对“十五”学科建设评估这个复杂的系统进行关键因素的分析和评价就显得尤为重要。下面我们分别以各学院和项目的数据为样本进行主成分分析和关联分析。应用主成分分析方法分别对影响学科建设的指标进行研究，找出影响其效益的关键性指标，并对其进行分析和评价，为该校“十一五”学科建设中要给予关注的因素提供决策依据。

主成分分析方法可以在降低数据维数的同时对分类变量进行量化，其目的是将多个原始变量简化成少数几个不相关的成分，从而寻找出变量之间的主要因素。假设有 p 个指标 x_1，x_2，…，x_p，这 p 个指标反映了客观对象主要的各个特性，因此每个对象观察到的 p 个指标值就是一个样本值，它是一个 p 维的向量，如果观察到了 n 个对象，就有 n 个 p 维向量，观测值可用矩阵 X 表示为

$$\begin{bmatrix} x_{11} & x_{12} & \cdots & x_{1p} \\ x_{21} & x_{22} & \cdots & x_{2p} \\ \vdots & \vdots & & \vdots \\ x_{n1} & x_{n2} & \cdots & x_{np} \end{bmatrix}$$

每一行就是一个样本的观察值。主成分分析方法就是根据已知数据矩阵 X，能否找到反映 p 个指标 x_1，x_2，…，x_p 的线性函数 $\sum_{i=1}^{p} a_i x_i$，它能最好地反映 x_1，x_2，…，x_p 的变化状况，也就是说，把 p 个变量在 n 个样本上的差异，能否用它们的一个线性函数就是一个代表性很好的指标，它就是这 p 个变量的主要成分。

下面我们以学科建设项目的数据来分析影响学科建设的关键因素。

1）师资队伍建设

师资队伍建设各个指标的当量数据与综合效益因子分析，如表 6.22 所示。

表 6.22　师资队伍建设各个指标的当量数据与综合效益因子分析表

指标名称	各个因子的载荷值		
	因子 1	因子 2	因子 3
院士	0.724	0.021	−0.064
长江学者	0.540	0.082	0.180
国家级人才工程培养对象	0.194	−0.075	0.825
博士生导师	0.860	0.112	−0.341
教授	0.791	0.292	0.027
省部级人才工程培养对象	−0.251	0.063	0.682
具有博士学位的教师	0.780	0.042	−0.257
其他教师	0.025	0.813	−0.314
累计贡献率/%	64.260	79.910	88.203

师资队伍建设的关键因素，如表 6.23 所示。

表 6.23　师资队伍建设的关键因素

关键因素占师资队伍建设的贡献率/%	关键因素
64.260	博士生导师 教授 具有博士学位的教师 院士 长江学者

以师资队伍的各个指标的数据来进行因子分析，得到的结论和按学院进行分析的结果很接近，只是在以学院分析中具有博士学位的教师在关键因素中是第五位，而在以项目分析中位居第三，说明在科学建设项目中，具有博士学位的教师具有重要作用。

2）学科平台建设

学科平台建设各个指标的当量数据与综合效益因子分析，如表 6.24 所示。

表 6.24　学科平台建设各个指标的当量数据与综合效益因子分析表

指标名称	各个因子的载荷值		
	因子 1	因子 2	因子 3
国家级重点学科	−0.090	0.712	−0.239
省部级重点学科	0.925	−0.103	−0.028
一级学科博士点	0.901	−0.135	−0.135
二级学科博士点	−0.138	0.695	0.010
校级创新群体	0.908	−0.048	−0.053
硕士点	−0.303	−0.627	−0.494
累计贡献率/%	30.642	53.910	72.459

学科平台建设的关键因素，如表 6.25 所示。

表 6.25　学科平台建设的关键因素

正交旋转因子	累计贡献率/%	高载荷指标
因子 1	30.642	省部级重点学科 一级学科博士点 校级创新群体

影响学科平台建设的关键因素是省部级重点学科、一级学科博士点、校级创新群体。这与采用学院数据所得的结果略有差别。但在两组数据的分析结果中，

重点学科和博士点都是关键指标。

3）科学研究

科学研究各个指标的当量数据与综合效益因子分析，如表 6.26 所示。

表 6.26　科学研究各个指标的当量数据与综合效益因子分析表

指标名称	各个因子的载荷值		
	因子 1	因子 2	因子 3
三大检索期刊论文	0.919	−0.012	0.202
重要核心期刊论文	0.848	−0.145	0.257
一般核心期刊论文	0.654	0.402	0.485
检索期刊论文	0.621	0.051	0.443
其他（经管人文类）	−0.121	0.807	−0.081
著作	0.024	0.734	0.092
教材类	0.031	0.900	0.108
专利授权数	0.722	−0.128	−0.299
省部级以上教学成果	−0.080	0.375	0.758
省部级以上科研成果	0.776	0.032	0.159
纵向科研经费与项目	0.400	−0.204	0.732
横向经费	0.524	−0.023	0.674
累计贡献率/%	69.970	72.256	83.950

影响科学研究各个指标绩效的关键因素为三大检索期刊论文、重要核心期刊论文、省部级以上科研成果、专利授权数、一般核心期刊（表 6.27）。

表 6.27　科学研究的关键因素

关键因素占学科平台建设的贡献率/%	关键因素
69.97	三大检索期刊论文 重要核心期刊论文 省部级以上科研成果 专利授权数 一般核心期刊

综上所述，我们可得到影响每个一级指标综合绩效的关键指标。

影响师资队伍建设绩效的关键指标：博士生导师、教授、院士、长江学者、具有博士学位的教师。

影响学科平台建设绩效的关键指标：一级学科博士点、二级学科博士点、省部级重点学科、校级创新群体。

影响人均科学研究绩效的关键指标：省部级以上科研成果、三大检索期刊论文、重要核心期刊论文、一般核心期刊论文、纵向科研经费与项目、专利授权数。

影响人才培养绩效的关键指标：省部级优秀硕士论文、博士毕业人数、博士招生人数、省部级创新基金。

影响学术交流绩效的关键指标：参加国际学术会议、担任国家级学会正副理事长、担任国家级学会理事或省部级学会正副理事长。

6.4.4 重要绩效指标关联分析

1. 重要一级指标关联分析

我们以上节关键因素作为因素特征序列，首先把师资队伍建设、科学研究、学科平台作为系统特征序列进行关联分析（表 6.28）。

表 6.28 师资队伍建设、科学研究、学科平台与相关指标的关联度

指标名称	师资队伍建设	科学研究	学科平台
博士生导师	0.879 986	0.892 561	0.885 19
教授	0.903 327	0.897 35	0.862 899
院士	0.703 8	0.613 873	0.894 809 8
长江学者	0.703 8	0.557 079	0.888 098
具有博士学位的教师	0.956 453	0.972 803	0.767 238
一级学科博士点	0.721 439	0.727 462	0.878 226
二级学科博士点	0.974 608	0.784 257	0.777 868
省部级重点学科	0.805 446	0.897 846	0.979 191
校创新群体	0.754 623	0.670 668	0.934 905
省部级以上科研成果	0.881 109	0.707 07	0.905 326
三大检索期刊论文	0.828 426	0.942 48	0.945 662
重要核心期刊论文	0.875 776	0.944 027	0.889 505
一般核心期刊论文	0.971 816	0.823 447	0.810 221
纵向科研经费与项目	0.792 98	0.842 091	0.999 579
专利授权数	0.790 993	0.619 311	0.997 027
省部级以上优秀博士、硕士论文	0.934 813	0.784 257	0.836 62
博士毕业	0.907 092	0.736 641	0.859 543
博士招生	0.977 989	0.940 683	0.779 847
省部级创新基金	0.689 279	0.746 394	0.823 295
参加国际学术会议	0.816 534	0.965 065	0.962 405
担任国家级学会正副理事长	0.754 623	0.883 647	0.934 905
担任国家级学会理事或省部级学会正副理事长	0.874 993	0.903 342	0.890 319

由表 6.28 可以看出，与师资队伍建设绩效关联度最大的主要指标：博士招生人数、一般核心期刊论文、具有博士学位的教师、省部级以上优秀博硕士论文、博士毕业人数、教授、省部级以上科研成果、博士生导师人数等。

与科学研究绩效关联度最大的主要指标：具有博士学位的教师、参加国际学术会议、三大检索期刊论文、重要核心期刊论文、博士招生人数、担任国家级学会理事或省部级学会正副理事长、教授、省部级重点学科等。

与学科平台建设绩效关联度最大的主要指标：纵向科研经费与项目、专利授权数、省部级重点学科、参加国际学术会议、三大检索期刊论文、校创新群体、担任国家级学会正副理事长、省部级以上科研成果、院士、担任国家级学会理事或省部级学会正副理事长、长江学者。

2. 重要二级指标关联分析

我们以学科建设重要二级指标为特征序列，以上节所得关键指标作为相关因素进行关联分析（表 6.29）。

表 6.29　重要二级指标关联分析

指标名称	一级学科博士点	二级学科博士点	省部级重点学科	省部级以上科研成果	三大检索期刊论文	重要核心期刊论文	纵向科研经费与项目
博士生导师	0.791 378	0.890 689	0.901 917	0.975 161	0.932 155	0.994 461	0.925 515
教授	0.774 516	0.902 844	0.878 658	0.947 663	0.907 146	0.965 846	0.863 205
院士	0.960 171	0.693 45	0.933 611	0.782 186	0.810 268	0.771 172	0.947 805
长江学者	0.960 171	0.693 45	0.833 611	0.782 186	0.810 268	0.771 172	0.927 805
具有博士学位的教师	0.702 153	0.980 874	0.778 843	0.829 658	0.799 822	0.843 048	0.767 463
一级学科博士点	1	0.710 193	0.862 485	0.806 61	0.837 122	0.794 642	0.877 908
二级学科博士点	0.710 193	1	0.789 934	0.842 77	0.811 747	0.856 693	0.778 102
省部级重点学科	0.862 485	0.789 934	1	0.922 927	0.965 015	0.906 419	0.979 595
校创新群体	0.934 837	0.741 692	0.916 805	0.852 557	0.887 641	0.838 796	0.934 539
省部级以上科研成果	0.806 61	0.842 77	0.922 927	1	0.954 746	0.980 484	0.905 667
三大检索期刊论文	0.937 122	0.811 747	0.965 015	0.954 746	1	0.936 996	0.946 037
重要核心期刊论文	0.924 642	0.856 693	0.906 419	0.980 484	0.936 996	1	0.889 833
一般核心期刊论文	0.734 667	0.947 855	0.823 692	0.882 68	0.848 045	0.898 224	0.810 482
纵向科研经费与项目	0.977 908	0.778 102	0.979 595	0.905 667	0.946 037	0.889 833	1
专利授权	0.880 489	0.776 215	0.976 342	0.902 916	0.943 012	0.887 189	0.996 609
省部级优秀博士、硕士论文	0.754 637	0.912 732	0.851 238	0.915 246	0.877 663	0.932 113	0.836 904

续表

指标名称	一级学科博士点	二级学科博士点	省部级重点学科	省部级以上科研成果	三大检索期刊论文	重要核心期刊论文	纵向科研经费与项目
博士毕业	0.771 977	0.886 418	0.875 156	0.943 523	0.903 381	0.961 538	0.859 846
博士招生	0.711 691	0.996 464	0.791 999	0.845 212	0.813 968	0.859 234	0.780 083
省部级创新基金	0.883 84	0.679 667	0.809 841	0.762 080	0.788 161	0.751 851	0.823 024
参加国际学术会议	0.849 787	0.800 459	0.982 484	0.938 281	0.981 896	0.921 174	0.962 794
担任国家级学会正副理事长	0.934 837	0.741 692	0.916 805	0.852 557	0.887 641	0.838 796	0.934 539
担任国家级学会理事或省部级学会正副理事长	0.795 258	0.855 949	0.907 269	0.981 488	0.937 909	0.998 957	0.890 648

由表 6.29 可以看出，影响一级学科博士点建设的主要因素：院士、长江学者、校创新群体、三大检索期刊论文、重要核心期刊论文、纵向科研经费与项目、担任国家级学会正副理事长等。

影响二级学科博士点建设的主要因素：博士生导师、教授、具有博士学位的教师、一般核心期刊论文、省部级优秀博（硕）士论文、博士招生、参加国际学术会议、担任国家级学会正副理事长等。

影响省部级重点学科建设的主要因素：博导、院士、校创新群体、省部级以上科研成果、三大检索期刊论文、重要核心期刊论文、纵向科研经费与项目、专利授权、参加国际学术会议、担任国家级学会正副理事长等。

影响省部级以上科研成果的主要因素：博士生导师、教授、省部级重点学科、三大检索期刊论文、重要核心期刊论文、纵向科研经费与项目、专利授权、省部级优秀博（硕）士论文、博士毕业、参加国际学术会议、担任国家级学会理事或省部级学会正副理事长等。

影响三大检索期刊论文发表的主要因素：博士生导师、教授、省部级重点学科、省部级以上科研成果、重要核心期刊论文、纵向科研经费与项目、专利授权、博士毕业、参加国际学术会议、担任国家级学会理事或省部级学会正副理事长等。

影响重要核心期刊论文发表的主要因素：博士生导师、教授、省部级重点学科、省部级以上科研成果、三大检索期刊论文、省部级优秀博（硕）士论文、博士毕业、参加国际学术会议、担任国家级学会理事或省部级学会正副理事长等。

影响纵向科研经费与项目的主要因素：博士生导师、院士、长江学者、省部级重点学科、校创新群体、省部级以上科研成果、三大检索期刊论文、专利授权、参加国际学术会议、担任国家级学会正副理事长等。

第7章　复杂装备供应商选择与评价

7.1　引言

在大型复杂装备研制过程中，系统集成制造商需要大量供应商的协作。如波音公司在全球有2.2万个合作伙伴和供应商，像空客A380项目，建立“风险共担合作伙伴”关系的主供应商就达30多家。随着全球制造业的迅速发展，供应商的选择、评价和有效管理已成为大型复杂装备项目成功的关键。相关的研究也日益受到重视。

早在1966年，迪克森（G. W. Dickson）就根据问卷调查结果，提出了包括质量、交货、历史效益等23项指标的供应商评价标准。1991年，韦伯（Charles A. Weber）基于对供应商选择文献的统计分析，发现了供应商评价中的三个重要指标：价格、准时交货率和质量。1994年，威尔逊（Elizabeth J. Wilson）提出了包括质量、价格、服务、技术、财务、地理位置、美誉度和互利安排等内容的评价指标体系。随着全球化进程的日益加快，分工协作已成为复杂产品制造的主要模式之一，供应商选择也成为复杂产品制造过程中的典型决策问题。基于不同视角的研究成果也不断涌现。近年来，我国学者在制造业供应商选择、评价、决策方面开展了大量有意义的研究，由于研究视角和出发点不同，提出的选择、评价指标也有较大差异。

供应商选择通常通过“招投标”的方式来完成。一般由主制造商提出明确需求，各家供应商根据主制造商需求和具体要求制订投标方案，然后主制造商对各供应商提交的方案进行综合比较，选择最优方案，并在进一步修改完善的基础上签订合作意向书及协议书。影响供应商选择决策的因素十分复杂，为实现科学决策，需要对各种因素进行综合分析。本章的主要内容包括复杂装备供应商选择与评价流程设计、复杂装备供应商选择评价指标体系、复杂装备供应商绩效评价指标体系等，最后给出我国商用大飞机某关键组件国际供应商选择的一个实例。

7.2　供应商选择与评价流程

7.2.1　供应商选择评价的流程

负责供应商管理的有关部门首先要根据业经公司决策层批准的定性设计方案

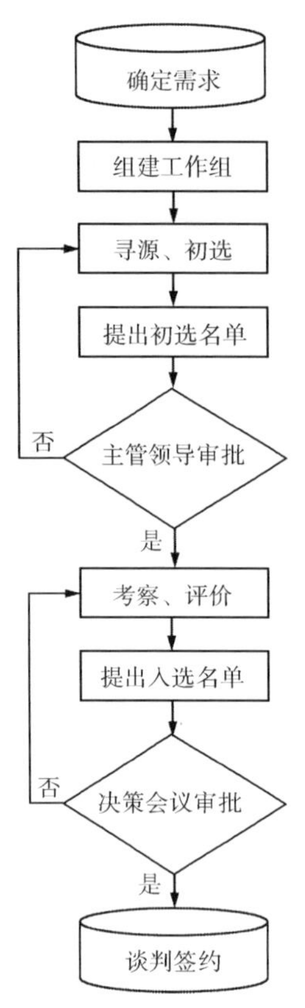

图 7.1　供应商选择流程图

明确大型复杂装备需要与供应商合作的关键组件需求任务，在此基础上组建工作小组，经过初步调研及对国内外政治、经济形势及市场竞争环境的分析，完成供应商寻源任务。其次，进一步对可能的备选供应商进行初步考察、分析，提出初选入围的供应商名单，经主管领导审批后，组织进一步考察、评价。在深入考察、综合评价的基础上，提出入选供应商名单，提交决策评议会议审批。

决策评议会议根据需求目标对提交的供应商选择方案进行分析评议，做出决策。对于决策评议会议通过的入选供应商，可以授权有关责任部门谈判并签订合作协议书；若决策者对提交的选择方案基本认可，还可以提出进一步修改完善的意见，并授权相关执行部门与入选供应商沟通，商请他们按照决策评议会议的意见和建议对提交的设计方案进一步修改完善，然后签订合作协议书。否则，需重新组织考察、评价。

制造商选择供应商的流程通常如图 7.1 所示。

中国商用飞机有限公司的供应商评价与选择流程包含以下五个关键节点。

1. 供应商寻源

一般情况下，供应商调查需要企业采购人员随时关注市场信息，密切关注该行业市场中占有一定份额的知名企业及新出现的企业，同时要监督这些企业的变化情况，对所选供应商进行预审。了解企业有哪些可供选择的供应商，各个供应商的基本情况如何，信用度如何等，都需要在调查中得到结果。这样就能了解资源系统以及正式选择供应商的重要信息。

由于需要投入大量的资金以及对技术能力和技术成熟度的高要求，与其他行业相比，航空工业有着非常高的进入壁垒，因此合格的供应商，尤其是一级供应商形成了一定程度的不完全竞争，有些关键部件制造甚至是寡头垄断，主要的系统供应商往往达到数十亿美元的年销售额的规模。例如，航空发动机是资本技术密集型产业，同时航空发动机研制周期长、投入资金极高。20 世纪 90 年代，国外研制一台 100kN 级推力的加力涡轮风扇发动机要投资 15 亿～20 亿美元，研制工程周期为 9～15 年。世界上独立研制、生产航空发动机的公司并不多，行业集中度非常高。国际上主要有美国通用公司、英国罗罗公司、加拿大普惠公司、法国斯奈克玛公司。而且世界上著名的大型客机制造商都与近乎相同的供应商有着长期和紧密的合作关系。空中客车更是将主要供应商限定在欧洲市场。市场声誉实际上是一种隐性的契约关系，这种建立在相互信任基础上的隐性契约是在位企业最重要的无形资产，并且也构成了新进入企业的主要进入障碍。当主制造商没有长期使用过新进入供应商的产品时，新进入供应商的任何承诺和游说都显得缺乏说服力。市场声誉的一个重要性质是，它是一种只能依靠较长时间才能积累起来的无形资产，短期内无法获得。因此，至少在飞机的主要部件和系统中，供应商的选择范围是有限的，只有部分结构件、厨房、内饰、座椅及更小的部件才有可能有充分的供应商竞争。

通过大致的调查过程，可以锁定潜在的供应商进行评价和选择。供应商评价与选择过程可以分为供应商初选、供应商评价、确定潜在供应商、确定合格供应商四步。

2. 供应商初选

供应商信息之间的可比性是很重要的，还应具有时效性和准确性，可以根据飞机项目可行性报告制定供应商信息征询书进行书面调查，如请求信息书（request for information，RFI），了解供应商的财务和技术情况，同时也将飞机的主要参数和要求等顶层信息告知供应商。这也就进入了联合概念定义阶段（joint concept definition phase，JCDP）。

3. 供应商评价

供应商评价是一项很重要的工作。不仅在供应商合作阶段需要评价，而且在供应商选择阶段也需要评价。只有通过合理的评价，才能对供应商进行更加全面的了解，才能对供应商的选择做好支持工作。

在大多数公司中，供应商评价的基本准则是“QCDS”原则，也就是质量（quality）、成本（cost）、交付（delivery）与服务（service）并重的原则。但作为飞机的供应商，还需额外关注技术和适航。首先，供应商持续、稳定的支持能力是最重要的，优先选择成熟可靠的技术，并不一味追求新技术、新指标。客机不同于航天产品，是需要重复使用、大批量生产的，因此可靠有效的质量体系运行非常重要，不仅要生产出一件精品，更要能生产出一千件精品。所谓适航审查，就是对新型号飞机按照申请和受理确定的适航标准进行审查，如能通过审查即颁发“型号合格证”（type certificate，TC），表示此飞机的安全性设计符合适航标准规定的“最低安全性要求”，在法律上意味着通过对航空器安全性设计的批准来履行对公众安全负责的一种政府监管制度。适航证体现的是国家监管，飞机输出国的适航证能否得到输入国和其他相关国家的认可，要视具体情况而定，但美国联邦航空局（FAA）和欧洲航空安全局（EASA）是国际公认的适航认证机构，也就是说，FAA 和 EASA 颁发的适航证是国际通行的。其次是商务成本，也就是价格，价格包括研发费用和单机成本。研发费用是供应商要求主制造商提供的用于研制交付物的费用，包含研究人员费用、出国费用、试验费用等，有时供应商自己投入研发，但在飞机交付后的批量生产中要求价格优惠。在交付方面，要确定供应商是否拥有足够的生产能力，人力资源是否充足，有没有扩大产能的潜力。最后，也是非常重要的一点就是供应商的售前、售后服务的记录，包括适航认证的文件、技术支持、后续的返厂维修等，再对各大类指标的每一项进行细化分解，从而成为一套完整的评价指标体系，以此对供应商反馈的信息进行评价。

4. 确定潜在供应商

在建立了一套完整的评价指标体系后，由于是具有多指标的综合评价模型，需要较为谨慎地确定权重。可以采用定性、定量和定性与定量相结合的办法。定性的方法有专家打分法，设置调查问卷让相关领域专家打分，尽可能地包含飞机设计、制造、营销等多个领域的专家，把相应的指标得分化为指标权重，再通过计算得到分数排名，如果是系统供应商，还要结合 JCDP 的评估，有针对性地发放邀标书（request for proposal，RFP）。

5. 确定合格的供应商

组织各部门对收到的供应商建议书进行评议，写出评标报告，并组织拟定合同技术条款，准备合同技术条款的谈判。组织相关部门参与合同技术条款的谈判。在公司供应商选择领导小组批准确定供应商后，组织完成与供应商签订合作备忘录（memorandum of understanding，MOU）、意向书（letter of intent，LOI）的准备工作。如果是系统供应商，还要根据联合定义阶段（joint definition phase，JDP）工作情况，组织各设计研究部门完成与供应商签订主合同（master contract）的准备工作。

为了寻求合适的供应商进行大飞机协同研制工作，主制造商需要通过招标的方法得到供应商的相关信息，并对多个供应商进行筛选，最终确定中标的供应商，与其签订合约，进而开展协同研制工作。COMAC 的供应商选择的详细流程如图 7.2 所示。

图 7.2 中，“发布 RFI”环节表示 COMAC 发布信息征询书（request for information），即主制造商向供应商进行初步信息征询，同时也提供 COMAC 比较顶层的要求（飞机整体信息、起飞交付节点、系统/机体需求等）；“JCDP”环节表示 COMAC 与供应商进入联合概念定义阶段，在此阶段，COMAC 和供应商会联合交换系统信息，COMAC 给出要求，并接受供应商的反馈；“发布 RFP”

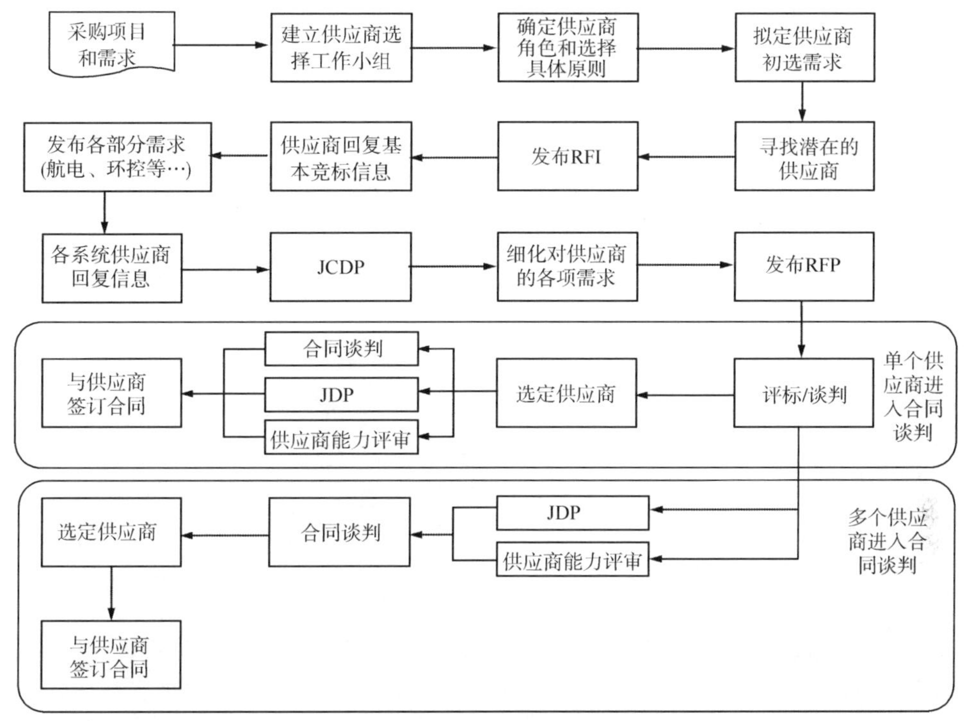

图 7.2　COMAC 的供应商选择流程图

表示 COMAC 发布邀标书，在发布 RFP 之前，COMAC 会根据 RFI 和 JCDP 的评估，有针对性地对一些供应商发布 RFP；“JDP”环节表示供应商的选择进入了联合定义阶段，在此阶段，COMAC 与中标的供应商正式形成合作关系，双方（供应商主要为系统供应商）一起完成系统、子系统需求、设计要求、技术规范，确定系统构架，冻结系统方案等，双方的协同研制工作正式展开。

7.2.2　供应商选择评价流程的优化设计

“单个供应商进入合同谈判”指的是选定唯一供应商进行联合定义（JDP）工作，适用于主制造商具备一定的技术能力，但设计和合同谈判资源有限的情况。在“单个供应商进入合同谈判”的情况下，产品方案和架构比较固定，不易产生更改，但是在 JDP 阶段的设计更改可能遭遇供应商较高的更改费用要求。

“多个供应商进入合同谈判”指的是多个供应商进行联合定义（JDP）工作，合同谈判最终确定供应商，适用于设计方案固定需要一定的研究和时间，变化可能性大的情况。COMAC 在设计力量和合同谈判力量配置充足，可同时进行多方案设计研究时会选择“多个供应商进入合同谈判”的模式，此模式的优点是多个方案同时进行研究，可对多个方案进行权衡性分析。

优化的供应商选择流程图，如图 7.3 所示。

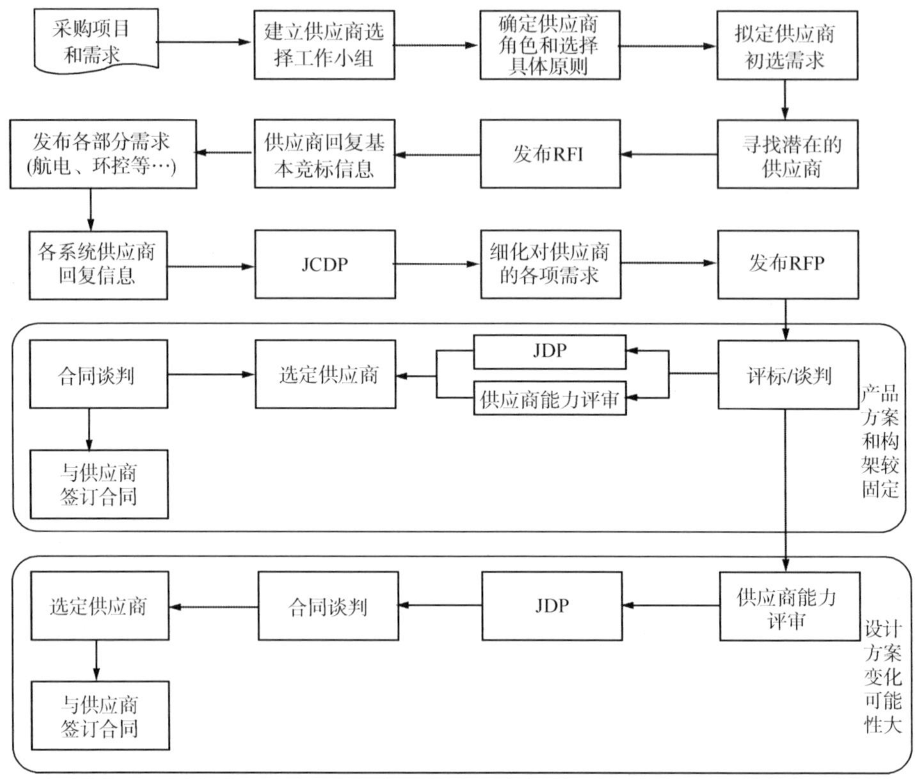

图 7.3　优化的供应商选择流程图

在“单个供应商进入合同谈判”的情况下，在不超出设计和合同谈判资源使用的范围内，应当至少选定两家供应商进入合同谈判，将 JDP 环节置于“选定供应商”环节之前，使得两家供应商在 JDP 阶段的设计更改的情况下可以形成更改费用的竞争关系，在最终选定供应商的时候也可以避免更改费用要求过高问题的出现。

在“多个供应商进入合同谈判”的情况下，应当将供应商能力评审环节置于 JDP 环节之前，在保证方案的选择层面足够广的情况下尽可能地减少进入合同谈判的供应商数量，这需要评审小组在 JDP 环节之前对供应商进行充分的了解与评价，以免方案设计能力相对较弱的供应商耗费不必要的资源和力量。

7.3　复杂装备供应商选择评价指标体系

7.3.1　供应商选择评价指标体系的构建

供应商作为大型客机主制造商产品和服务的原始提供者，既是供应链的源头，也是主制造商的延伸，对其进行科学的评价与选择决定了大型客机的产品质量、成本、交付等。

基于 AS9100 系列标准、波音 AQS 体系和我国各类民用航空法规和国际相关法规惯例，以及国内外学者的研究成果等，可以提炼出相应的供应商管理要求和评价要素（图 7.4）。

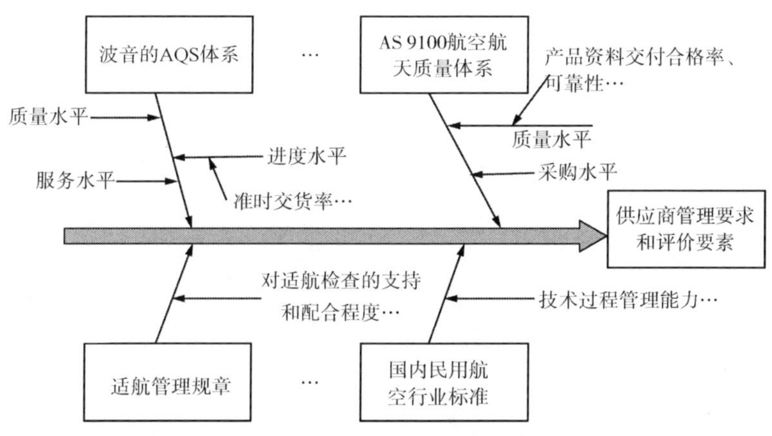

图 7.4　供应商评价要素分析

国际通行的技术标准和国家相关法规体系明确了对供应商的要求。如 AS9100 航空航天质量体系——设计、开发、生产、安装和服务的质量保证模式标准，规范了供应商在质量设计上的要求。质量水平是评价供应商的重要标准。从 AS9100 系列标准里，可分析提炼出产品资料交付合格率、可靠性等相关质量指标。通过分析以上文件体系后可得到如表 7.1 所示的供应商评价影响因素。

表 7.1　供应商评价影响因素表

因素	交付		质量		成本	
指标	准时性	柔性	合格率	可靠性	采购总成本及价格	降低成本的主动性
因素	服务		综合		其他	
指标	响应及技术服务人员到现场时间	售前、售中及售后服务	供应商高层对项目的关注和支持度	对项目支持的突出表现	自然地理环境	经济技术环境

针对航空制造业产业的特点，根据供应商管理的有关规范化文件，课题组围绕指标构成及其权重开展了三轮德尔菲函询调查，并在此基础上进一步进行现场调研，据此构建的大型客机供应商选择评价指标体系，如表 7.2 所示。

表 7.2　大型客机供应商选择评价指标体系及权重表

一级指标及权重	二级指标	代号	单位	权重
质量（25%）	合格率	x_1	%	6
	美誉度	x_2	定性	5
	质量控制体系	x_3	定性	5
	适航取证能力	x_4	定性	5
	次级供应商管控	x_5	定性	4
成本（18%）	研发成本	x_6	万元	6
	价格	x_7	万元	5
	物流成本	x_8	万元	3
	价格稳定性	x_9	定性	4
交付（17%）	准时性	x_{10}	定性	9
	柔性	x_{11}	定性	8
合作（12%）	信用	x_{12}	定性	6
	信息交流	x_{13}	定性	3
	合作意愿	x_{14}	定性	3
竞争力（16%）	专业 R&D 人员	x_{15}	人	3
	R&D 经费	x_{16}	万元	3
	发明专利拥有量	x_{17}	项	3
	市场占有率	x_{18}	%	3
	技术先进性	x_{19}	定性	2
	技术成熟度	x_{20}	定性	2
服务（12%）	快速反应	x_{21}	定性	4
	备件支持	x_{22}	定性	3
	培训	x_{23}	定性	2
	技术支持	x_{24}	定性	3

7.3.2　各指标的含义

1. 质量指标

(1) 合格率：(合格产品数/生产产品总数) ×100%。

(2) 美誉度：指供应商获得市场信任、好感、接纳和欢迎的程度。

(3) 质量控制体系：指是否具有完善、规范的质量控制标准，良好的质量管理结构，质量管理效果明显。

（4）适航取证能力：取得由适航当局根据民用航空器产品和零件合格审定的规定对民用航空器颁发的证明该航空器处于安全可用状态的证件的能力。

（5）次级供应商管控：指供应商对其次级供应商的控制是否有名录、有控制，供应商是否负责其次级供应商的产品支援。

2. 成本指标

（1）研发成本：包括研发费用和产品成本，研发费用包括开发费用、测试费用和人工费用等，产品成本包括采购和材料费用、制造费用等。

（2）价格：指供应商交付产品的合同价格。

（3）物流成本：指供应商交付产品时所造成的物流运输成本。

（4）价格稳定性：指供应商提供的产品一年内价格波动的幅度。

3. 交付指标

（1）准时性：指供应商在研制和生产阶段能否根据项目进度按时交付产品。

准时交付率＝（按期交付次数/同期内总交付次数）×100％

（2）柔性：指灵活应变的产品交付能力，提供产品交货数量、时间发生改变时，供应商能否保证供货。

4. 合作指标

（1）信用：指供应商对合作项目是否有长期承诺与支持。这里引用穆迪公司制定的信用评级标准。

（2）信息交流：指供应商与制造商之间就合作项目进行信息交流的密切程度。

（3）合作意愿：指供应商持续改善合作的主动性。

5. 竞争力指标

（1）专业 R&D 人员：指参与新知识、新产品、新流程、新方法或新系统的概念形成或创造，以及相关项目管理的专业人员。

（2）R&D 经费：指企业在产品、技术、材料、工艺、标准的研究、开发过程中发生的各种费用的总量。

（3）发明专利拥有量：指供应商拥有的发明专利数量。

（4）市场占有率：指供应商的产品在一定区域内占同类产品总销售量的百分数，一般把市场占有率的大小作为销售业绩的评定指标。

（5）技术先进性：指供应商是否在一个或多个技术领域（或系统）拥有先进

技术并处于行业领先地位。

(6) 技术成熟度：指供应商在一个或多个技术领域（或系统）拥有的技术的成熟程度。

6. 服务指标

(1) 快速反应：指供应商是否具备快速响应机制，是否提供热线电话，满足COMAC关于航材采购和技术问题请求的相应要求。

(2) 备件支持：指供应商能否提供在飞机研制和取证时所必需的系统及备件。

(3) 培训：指供应商是否提供产品安装、试验和维护的相关培训，培训计划是否详尽，包括培训课程支持和对培训设备研制的支持。

(4) 技术支持：指供应商是否及时处理总装现场和试验、试飞中出现的产品质量问题和其他问题。该指标要求供应商出示维修能力清单以及相关的证明文件。

所有定性指标均由专家按10分制由高到低打分确定。

7.4 复杂装备供应商绩效评价指标体系

7.4.1 基于过程管理的供应商绩效评价影响因素分析

供应商评价伴随着大型客机从研制、生产、交付和客户服务的整个周期。对于已签约的供应商，正确地评估其合作绩效就成为供应商管理的重要内容。供应商绩效评价的影响因素与供应商选择评价的主要因素既有相同点也有区别。课题组通过过程管理、理论依据、文献调研和调查问卷对大型客机项目供应商绩效评价的影响因素进行分析。

过程管理作为大型客机项目评价因素分析的依据，分别根据产品控制过程及交付、使用过程中的关键控制点进行分析，提高准确性及针对性，建立有效的、完善的供应商评价体系，加强公司和供应商协作，提高供应商绩效。

在整个大型客机全生命周期中的各个阶段，供应商评价的影响因素不尽相同。在不同阶段，各项影响因素的重要程度及其内涵会发生相应的变化，例如，在研发阶段质量指标受到高度关注，进入批量生产阶段后，质量水平已相对稳定。在关注质量指标的同时，成本和准时交付的重要性更为突出。以下内容是基于过程管理的角度，从产品控制过程以及产品交付与使用过程两个方面对大型客机供应商的评价影响因素进行分析。

1. 基于产品控制过程的供应商评价影响因素分析

无论是工程发展阶段的设计、试制与试飞，还是批量生产与国产化阶段的取证与生产，质量、成本、交付和技术水平、服务合作水平等，都对项目的成功开展起着决定性作用。

大型客机项目产品实现过程及各阶段目标，如图 7.5 所示。

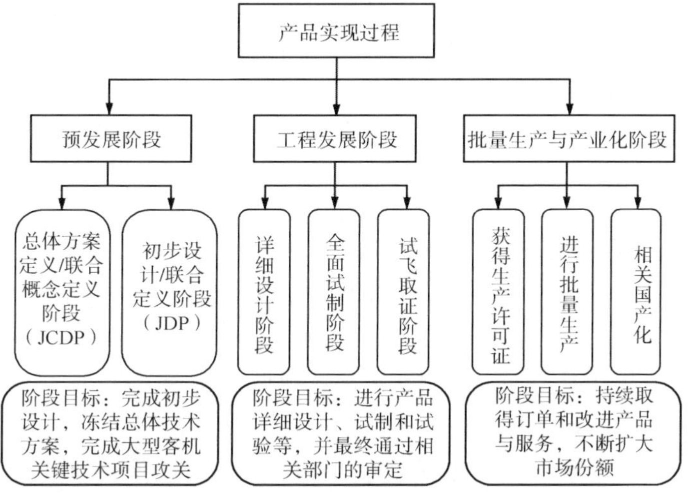

图 7.5　产品实现过程

无论是预发展、工程发展还是批量生产阶段，进度的有效控制都是保证项目顺利实施的关键因素，例如，预发展阶段的初步设计方案完成、关键技术攻关，工程发展阶段的试制和实验及最终相关部门审核，批量生产阶段的生产许可证获取等，某个阶段的实施情况脱离进度控制，将导致整个项目的延后，因此需要对供应商交付的准时性进行实时的监督和评价。

成本和费用是最终产品竞争力的决定因素之一。因此，在产品实现过程中应该注重对费用的控制。成本是企业为获得单位产品所支付的总和，不仅仅指采购产品的价格，更包括为获得该产品所支付的各种变动费用。考察供应商是否具有竞争优势，要看整体成本。此外，供应商应该具有较强的采购成本风险承受能力，同时为建立长期的战略合作关系，供应商应该有良好的主动降低成本的意愿。

而在产品生产过程中，无论是试制还是批量生产阶段，供应商的质量和技术水平都是必须重视的关键因素。在生产过程中，有必要应用过程控制能力指数对供应商进行实时评价，不断检测供应商的生产、制造能力，保证最终产品的质量。

此外，在产品实现过程中，尤其是预发展阶段，需要供应商与主制造商不断沟通。因此供应商的合作性也是关键的评价影响因素。只有供应商的通力配合，才能保证项目的顺利实施与进行。

2. 基于产品交付与使用过程的供应商评价影响因素分析

产品交付阶段的质量控制、运输条件以及服务合作水平都是必须重视的关键控制点，对项目最终成功起着至关重要的作用。产品交付后的服务与合作上升为对供应商考核的主要因素。

1）产品交付过程基本流程

产品交付过程主要划分为产品交付准备、产品交付实施和产品交付后续处理三个阶段。

（1）产品交付准备阶段。产品交付准备阶段主要完成产品未完工项目的申请与处理和《供应商发运通知单》的发送与处理两项工作。存在未完工项目，机体供应商应向买方质量代表提交未完工项目的工艺文件，由买方质量代表在工艺文件后增加一栏“质量代表验证”工序。机体供应商完成满足买方有关技术及管理要求的全部交付文件，买方总装制造中心的供应商管理部接收《供应商发运通知单》，并在规定的时间内予以反馈，同时，由其通知相关部门（包括物流中心、技安环保部、质量管理部和设施保障部）和供应商代表做好提货和接收的准备工作。

基于产品交付准备阶段的工作性质，供应商绩效评价的主要影响因素有进度、质量以及服务合作。

（2）产品交付实施阶段。本阶段主要完成交付产品的包装、储存与运输、交付产品的提货（此步骤存在与否取决于交货地点是否为买方）以及交付产品的接收与检验。机体供应商根据《包装、存储、防护、搬运和接收的通用规定》，完成交付产品的包装、储存与运输工作。买方安排相关部门到合同指定交货地点完成起吊装运作业，并运送到买方。买方物流中心完成交付产品的接收工作。在此基础上，买方质量管理部完成交付产品的检验工作。

基于产品交付实施阶段的工作性质，供应商绩效评价的主要影响因素可归纳为质量、服务合作、交付准时性以及运输条件。

（3）产品交付后续处理阶段。产品交付后续处理主要完成产品交付问题的沟通协调、不合格产品处理、未完工项目的处理，以及检验合格交付产品处理等相关工作。供应商管理部根据《材料/零件接收信息单》和交付产品书面评审报告与机体供应商进行协商。物流中心将不合格交付产品和《故障拒收报告（FRR）》送至不合格品审理控制中心（MRCC）。不合格品审理控制中心（MRCC）《机体供应商不合格品控制规定》（GYG426-5-2010A）进行处理，对不合格交付产品提出处理意见和纠正措施（原样接受、返修/返工、退回机体供应商或者报废）。对于未完工项目，依据《机体供应商未完工项目在买方区域装配、试验及检验的管理规定》（GYG426-6-2010）进行处理。交付产品检验合格后，买方各相关部门完成相应工作。

基于产品交付后续处理阶段的工作性质，供应商评价的主要影响因素总结为质量、服务合作以及交付。

综上所述，在产品交付过程中，供应商绩效评价的影响因素主要有以下几个方面：

（1）质量，主要涉及产品的一次交货验收合格率；

（2）成本费用，包括价格和相关变动费用等；

（3）技术水平，指主要考核交付产品在同类产品中的技术先进性；

（4）交付，主要涉及供应商准时交货能力与柔性交货能力；

（5）服务合作，主要涉及产品在交付时，机体供应商与买方的行动配合程度；

（6）运输条件，在产品的交付实施阶段，运输条件的选择也是供应商评价的重要影响因素。

2）产品使用过程

产品在使用过程中涉及的主要是机体的零部件维修。

以可靠性为中心的维修（reliability centered maintenance），是目前国际上流行的、用以确定设备预防性维修工作、优化维修制度的一种系统工程方法，也是发达国家军队及工业部门制定军用装备和设备预防性维修大纲的首选方法。其基本思路是：对系统进行功能与故障分析，明确系统内各故障的后果；用规范化的逻辑决断方法，确定出各故障后果的预防性对策；通过现场故障数据统计、专家评估、定量化建模等手段在保证安全性和完好性的前提下，以维修停机损失最小为目标优化系统的维修策略。其维修过程如下。

（1）维修大纲和计划的制订，主要包括：维修大纲的制订；定检计划；发动机更换计划；飞机大修计划；有寿件更换计划；飞机梯次使用计划；特定检查计划；特别加改计划；人员培训计划。

（2）监控方案管理，主要包括：发动机管理；航材保障管理；有寿件控制；技术通报落实情况；指标管理；履历管理；技术档案管理；保障人员培训与考核；保障设备管理。

（3）监控查询，主要包括：飞机营运情况；故障报告与处理；维修工作进度；定检维修进度；质量检查；加改装管理。

基于产品使用过程的工作性质，供应商评价的主要影响因素主要有以下几个方面。

（1）服务：主要涉及响应时间及技术服务人员到现场、现场支持工作出勤率及加班工作时间、现场问题反馈及解决效率、对适航检查的支持和配合程度，以及其他与技术响应相关的内容。

（2）质量：主要涉及运行过程中出现质量问题情况、耐久性、质量保证、重复故障、重大故障发生率、批准的让步申请/保留交付率/数量，以及其他与质量水平相关的内容。

(3) 综合水平：主要涉及供应商高层对产品使用过程及售后服务的支持和关注度。

7.4.2 不同阶段供应商绩效评价指标体系

基于上述分析，仍然采用德尔菲专家调查方法，分别针对研发阶段和批量生产阶段构建了供应商绩效评价指标体系。详见表 7.3 和表 7.4。

表 7.3 研发阶段供应商绩效评价指标体系及权重表

一级指标及权重	二级指标	代号	单位	权重
质量（22%）	合格率	x_1	%	6
	质量控制体系	x_2	定性	6
	适航取证能力	x_3	定性	5
	次级供应商管控	x_4	定性	5
成本（18%）	价格	x_5	万元	8
	物流成本	x_6	万元	4
	价格稳定性	x_7	定性	6
交付（17%）	准时性	x_8	定性	12
	柔性	x_9	定性	5
合作（13%）	信用	x_{10}	定性	6
	信息交流	x_{11}	定性	4
	合作意愿	x_{12}	定性	3
技术（16%）	专业 R&D 人员	x_{13}	人	3
	R&D 经费	x_{14}	万元	3
	发明专利拥有量	x_{15}	项	3
	市场占有率	x_{16}	%	3
	技术水平	x_{17}	定性	4
服务（14%）	快速反应	x_{18}	定性	4
	备件支持	x_{19}	定性	4
	培训	x_{20}	定性	3
	技术支持	x_{21}	定性	3

表 7.4　批量生产阶段供应商绩效评价指标体系及权重表

一级指标及权重	二级指标	代号	单位	权重
质量（20%）	合格率	x_1	%	7
	质量控制体系	x_2	定性	4
	故障发生率	x_3	%	5
	次级供应商管控	x_4	定性	4
成本（20%）	价格	x_5	万元	9
	物流成本	x_6	万元	5
	价格稳定性	x_7	定性	6
交付（17%）	准时性	x_8	定性	12
	柔性	x_9	定性	5
合作（13%）	信用	x_{10}	定性	6
	信息交流	x_{11}	定性	4
	合作意愿	x_{12}	定性	3
技术（16%）	专业 R&D 人员	x_{13}	人	3
	R&D 经费	x_{14}	万元	3
	发明专利拥有量	x_{15}	项	3
	市场占有率	x_{16}	%	3
	技术水平	x_{17}	定性	4
服务（14%）	快速反应	x_{18}	定性	4
	备件支持	x_{19}	定性	4
	培训	x_{20}	定性	3
	技术支持	x_{21}	定性	3

表 7.3、表 7.4 与表 7.2 中的指标及其权重略有不同，反映了不同阶段供应商评价关注的重点有所改变。

研发阶段的质量指标反映的是在研发阶段对产品的质量、可靠性和质量改进等方面的评价；批量生产阶段的质量指标反映的是供应商批量产品质量控制情况。

研发阶段的成本指标反映的是供应商在研制过程中对材料价格的控制和风险承担状况，即此处的价格包括研发成本分担因素；批量生产阶段的成本水平指标反映的是批量生产后供应商对材料价格的控制能力和对原材料价格波动的消解能力。与研发阶段相比，批量生产阶段对成本的关注程度更高。

研发交付指标反映的是在研发过程中交付的准时性；批量生产阶段的交付指

标反映的是供应商组织批量生产的效率水平，决定了其能否准时地生产和交付客户需求的产品。

合作、技术和服务三个指标研发阶段和批量生产阶段的主要关注点及其权重均保持不变。

7.4.3　质量水平二级指标调查情况

在研发阶段，产品质量要求符合性和研发过程质量管理能力是反映质量水平的关键二级指标。

在批量生产阶段，交付产品的合格率（包括文件符合率）和由供应商原因造成的故障拒收报告数量是反映质量水平的关键二级指标；批准的供应商让步申请、保留率、质量文件要求的符合率和及时提供率、质量偏差通知、供应商纠正措施通知和质量归零报告的情况、架次质量的趋势情况，以及重复故障、重大故障发生率是反映质量水平的重要二级指标。

7.5　商用大飞机某关键组件国际供应商选择

在商用大飞机某关键组件国际供应商选择决策中，初选入围的国际供应商共有三家。

第一步，建立事件集、对策集及决策方案集。我们将商用大飞机某关键组件国际供应商选择决策作为事件 a_1，事件集 $A=\{a_1\}$。选择供应商 1、供应商 2 和供应商 3 分别作为对策 b_1，b_2，b_3，对策集 $B=\{b_1, b_2, b_3\}$。由事件集 A 和对策集 B 构造决策方案集 $S=\{s_{ij}=(a_i, b_j) \mid a_i \in A, b_j \in B, i=1; j=1, 2, 3\}=\{s_{11}, s_{12}, s_{13}\}$。

第二步，确定决策评估指标及各指标的权重。这一步的工作已在本章 7.4 节完成，结果如表 7.2 所示。

第三步，对 3 家不同的供应商（对应三个决策方案），测算其二级指标的效果值，得到二级指标效果样本矩阵。

通常可以根据二级指标样本值分别设定临界值，直接测算一致效果测度矩阵，然后根据二级指标的权重即可计算出不同决策方案的综合评价结果。此处尊重合作企业的意见，略去二级指标效果样本矩阵，直接给出由二级指标加权综合得到的 6 个一级指标的效果样本向量。

$R^{(1)}=(0.2364, \ 0.2305, \ 0.1261)$，$R^{(2)}=(0.033, \ -0.0749, \ 0.0665)$

$R^{(3)}=(0.09, \ 0.054, \ 0)$，$R^{(4)}=(0.1069, \ 0.1125, \ 0.0441)$

$R^{(5)}=(0.124, \ 0.0238, \ -0.0241)$，$R^{(6)}=(0.1, \ 0.0225, \ -0.0625)$

鉴于多目标加权灰靶决策评估模型算法的第四步和第五步已经在由二级指标

样本值综合得到一级指标样本值的过程中完成，故可由一级指标的效果样本向量直接计算综合效果测度向量。因一级指标效果样本向量已经包含了指标权重信息，因此由一级指标效果样本向量对应分量直接相加即可得到综合效果测度向量。

第四步，由 $r_{ij}=\sum_{k=1}^{6}r_{ij}^{(k)}$ 得综合效果测度向量

$$r=(r_{11},\ r_{12},\ r_{13})=\left(\sum_{k=1}^{6}r_{11}^{(k)},\ \sum_{k=1}^{6}r_{12}^{(k)},\ \sum_{k=1}^{6}r_{13}^{(k)}\right)$$
$$=(0.6903,\ 0.3684,\ 0.1501)$$

第五步，决策。

由于 $r_{11}>0$，$r_{12}>0$，$r_{13}>0$，3 家供应商均中靶，说明初选这 3 家供应商入围是合理的。再由 $\max\limits_{1\leqslant j\leqslant 3}\{r_{1j}\}=r_{11}=0.6903$，故最终应首选供应商 1 进行谈判、签约。

第 8 章　区域国际科技合作项目选择——以江苏省为例

8.1　引言

在科学技术飞速发展和全球化的大背景下，国际科技竞争日趋激化的同时，国际科技合作也方兴未艾。无论是关键技术领域的合作，还是一般性技术领域的合作，都在不断增长。但是不同类型技术的国际合作有不同的特点。一般性成熟的物化技术、专利和 Know-how 以及一般性软技术的国际合作是受到普遍支持的，没有特别的限制。但关键技术的国际合作与转让则受到严格限制。关键技术属于国家战略性资产，各国政府均予严格控制。以美国为首的西方发达国家在对中国的关键技术合作方面实行不同程度的出口管制政策，且对华出口管制内容与中国重大科技规划紧密相关，这一直是我国技术引进的重大障碍。本章重点研究关键国际科技合作项目的选择。

目前，国际科技合作关键技术选择研究在国内乃至世界都是一个有待开拓的领域，而立足于区域主导产业实际发展需求，系统选择海外优质技术源、项目源的基础性研究工作尚属空白。就我国而言，如何筛选出我国区域主导产业急需的且通过国际合作可获得的关键技术并提供相关的对策建议以提升自主创新能力尚缺少系统的理论和方法。从国际现状和国内现实需要来看，研究区域国际科技合作项目选择显得至关重要。

区域国际科技合作项目选择的系统方法包含国际合作技术来源调查、项目征集、现状问卷调查和国际合作关键技术评价专家问卷调查等活动，并在此基础上运用灰色系统等多种软技术方法对国际合作领域及关键技术的优先顺序进行综合排序，确定重要的海外合作机构、国际合作需重点支持的关键技术、一般支持的关键技术、技术输出及其合作国家的国别等，并提供相关的决策建议。

本章将以“面向江苏主导产业需求的国外关键技术供给选择研究”项目为例，来研究区域国际科技合作项目选择。从经济发展状况来看，江苏省属于沿海发达省份，它的快速发展对其他省区具有示范效应，对我国经济总体发展产生积极影响，所以基于江苏省国际科技合作项目选择来研究区域国际科技合作项目选择具有一定的代表性。

围绕国际合作关键技术选择，项目组开展了两个阶段的调研工作，第一阶段为国际合作技术来源调查、项目征集与现状问卷调查，其目标一方面是把握江苏省当前需求与供给的国际合作技术情况，另一方面是摸清江苏国际科技合作以及技术引进消化吸收再创新的现状，系统了解技术创新政策中对技术引进消化吸收再创新政策的反馈信息和意见，更好地引导和支持企业做好技术引进、技术合作以及消化吸收再创新服务工作。第二阶段为国际合作关键技术评价专家问卷调查，其目的是请专家根据项目组建立的紧迫性指标和可能性指标对征集的技术进行评价。在第一阶段、第二阶段工作的基础上，运用灰色系统等软技术方法对国际合作领域及关键技术的优先顺序进行综合排序（本项目采用基于端点混合三角白化权函数定权聚类方法），研究确定重要的海外合作机构、国际合作需重点支持的关键技术、一般支持的关键技术、技术输出及其合作国家的国别等，并提供相关的决策建议。面向江苏主导产业需求的国际合作关键技术选择的流程，如图 8.1 所示。

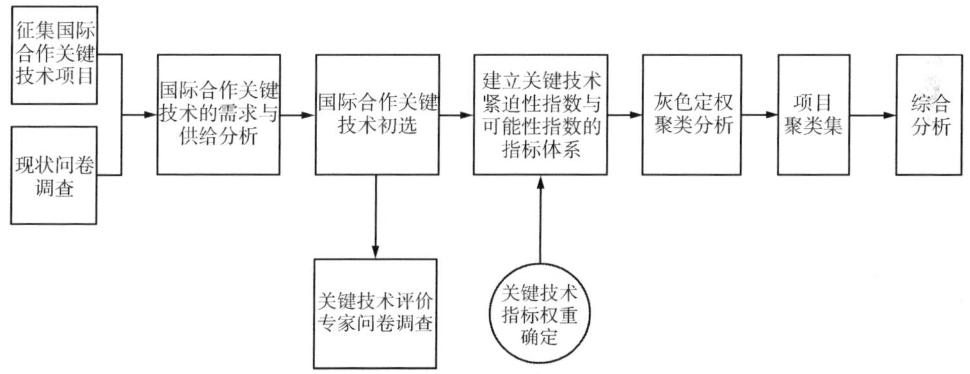

图 8.1　面向江苏主导产业需求的国际合作关键技术选择的流程

8.2　江苏省国际合作关键技术需求与供给分析

8.2.1　国际科技合作的需求分析

随着经济全球化步伐加快和社会主义市场经济体系的快速发展，以中心城市为核心的区域经济一体化浪潮在我国方兴未艾。长三角、珠三角、环渤海等区域城市群的兴起，成为推动我国经济发展重要增长极。从某种意义上来说，区域国际科技合作的迅速兴起是现阶段我国经济社会发展的迫切需求。区域国际科技合作的不断深化，也是我国经济社会朝着又快又好的方向发展的有效途径。

近年来，江苏国际科技合作紧密配合江苏经济、科技发展战略，不断开创新局面。一批国际科技合作项目的实施，为江苏在更宽领域和更深层次参与全球科技合作与竞争，提高国际影响力方面发挥了重要作用。随着改革开放的不断深入，我国的国际科技合作也不断向广度和深度发展。目前，我国已经与 150 多个国家和地区开展了科技合作与交流，其中与我国签订政府间的科技合作协定或经济、贸易和科技合作协定的国家已超过100个。通过国际科技合作，不仅有利于引进技术、引进设备、引进人才、吸引资金、培养人才、出口产品；还有利于增强企业市场竞争力，一批企业在获取关键技术后开始走向国际高端市场，国际形象和影响力大大提升；同时还有利于提高经济社会效益，为市场提供新产品，提高生产技术水平和产品服务质量，调整产业结构。因此，增加区域国际科技合作成为区域发展的关键。

作为人口和经济大省、资源相对匮乏的江苏，经历了长期快速经济增长之后，各类制约社会经济发展的矛盾和资源约束日渐突出。树立和落实科学的省域经济发展观，加快产业结构调整的战略意义更加重大，因而迫切需要明确当前主导产业国际合作关键技术的供求状况。为此，课题组首先在全省范围内开展了国际科技合作现状问卷调查与国际科技合作技术来源调查和项目征集工作。

问卷调查与国际科技合作技术来源调查和项目征集的主要对象为企业、科研院所及高校。江苏注重发挥企业在国际科技合作中的主体作用，为企业利用全球科技资源，提升自主创新能力做好服务，形成了政府搭台，企业、高等学校、研发机构等多方参与，各主体作用得到充分发挥的国际科技合作新格局。征集技术的范围覆盖江苏省主导产业的七大领域：电子信息、现代装备制造、新材料、生物技术与创新药物、新能源及节能环保技术、现代农业和社会发展。这七大主导产业领域又可分为如下细分领域：

（1）电子信息的细分领域为软件、集成电路、现代通信、数字视听技术及产品。

（2）现代装备制造的细分领域为数控加工设备、轨道交通装备、新型医疗设备、新型电子信息装备与仪器仪表。

（3）新材料的细分领域为纳米材料及其应用、电子信息材料、高性能金属材料、新型化工材料、新型医用材料。

（4）生物技术与创新药物的细分领域为新医药、新型农药兽药和工业生物技术。

（5）新能源及节能环保技术的细分领域为太阳能、半导体照明技术及应用、风能和生物质能、节能技术、环保技术。

（6）现代农业的细分领域为农作物品种选育技术，畜禽、水产新品种选育及良种繁育技术，农产品储运及精深加工技术与设备，农业资源可持续开发利用技术，农林病虫草害与动物疫病综合防治技术，关键共性技术的研究与开发，农业信息技术及应用。

（7）社会发展重点领域科技创新的细分领域为生态环境、人口与健康、循环经济、人居环境、公共安全。

通过调研，一方面摸清了当前江苏省国际科技合作现状；另一方面掌握了江苏省当前需求与可供给的国际合作技术情况（供给情况将在下节详细介绍）。

通过以上的调研及分析，得到了江苏省国际科技合作的需求，具体情况如下：

（1）企业的国际科技合作需求最强，超过了总数的 50%，高校和科研院所的国际合作技术需求相差不大，此外，个别机关（如环保局、国土资源局等）也有国际科技合作需求。

（2）装备制造、现代农业、新材料等领域国际合作技术的需求相对较强，社会发展国际合作技术的需求相对较弱。

（3）电子信息、新材料、新能源和装备制造等领域的国际合作技术需求主要来自于企业，在这些领域中企业国际合作技术的需求比例超过了 60%，其中装备制造领域中国际合作技术约占 90%。社会发展领域的国际合作技术需求主要来自于科研院所和高校，科研院所最高，约占 48%，其次为高校，企业仅占 12%；现代农业领域的国际合作技术需求主要来自科研院所，约占 65%，其次为企业，高校的国际合作技术需求最低，仅占 5%。生物制药领域的国际合作技术需求相差不大，企业略高些，约占 46%，高校略低些，约占 24%。具体情况如图 8.2 所示。

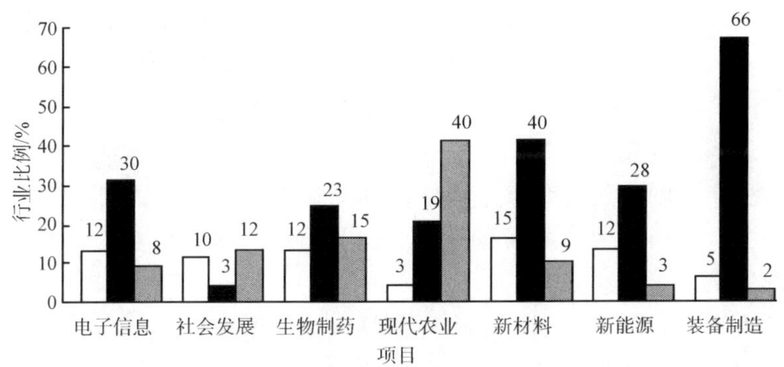

图 8.2　不同行业领域国际合作技术需求的单位属性分布

□ 高校 ■企业 ▨科研院所

8.2.2　国际科技合作的供给分析

改革开放初期，国际科技合作更多地局限于人员的一般往来，如今进入开展合作研究项目、中外联合在江苏或在境外合办科研机构的新阶段。合作内容从最初比较单一的科学研究、技术引进，到更广泛的产业研究开发合作等。

1978 年以前，江苏省与外国政府间的科技合作与交流，主要是在第三世界和一些东欧国家中进行的。1978 年后，逐步开展了包括与西方发达国家在内的科技合作与交流。迄今为止，已先后与世界上 150 多个国家和地区建立了科技合作与交流关系。2007 年，江苏省与俄罗斯、欧盟及其成员国等开展了多项大型的国际科技合作与交流活动，例如，与俄罗斯联合举办的“江苏省—新西伯利亚州科技经贸合作洽谈会”、“中国镇江（莫斯科）科技合作洽谈会”等；与欧盟联合举办的“2007 年中欧国际产学研合作论坛”、“欧盟第七研发框架计划项目申报信息发布活动”等。与芬兰国家技术局以及英格兰东北经济发展署相继签订了全面合作的框架备忘录，并开展了具体项目的合作，例如，芬兰在江苏常熟设立了研发机构，探讨双方在非木质纤维造纸技术方面实施研发及产业化合作；中科院苏州纳米仿生研究所加入“中国—芬兰纳米技术战略性合作计划”，与芬兰国立技术研究中心（VTT）协商引进“纳米复合陶瓷超音速热喷涂技术”，并与太仓环龙电磁线有限公司合作进行产业化；东南大学与芬兰大学在纳米技术的研究和应用方面也开展了实质性的项目合作；英国东北部地区纽卡斯尔大学下属的能源公司与南通大学签署共建“中英江苏新能源研究中心”协议。

江苏省还积极鼓励外国研发机构在苏建立中外合作研发机构或独办研发机构。目前，省内的外资研发机构已经超过 100 家，主要来自美国、日本和欧洲等国家以及我国的台湾和香港地区，研发活动主要集中在电子信息、先进制造与自动化、材料、医药等行业和领域。其中，世界 500 强企业设立的外资研发机构占 17%，外商独资设立的研发机构占 65%，53%的外资研发机构与本土机构有合作。在政府间科技合作的推动、示范和鼓励下，江苏的半官方及民间科技合作交流也取得了相当大的发展。科研机构之间、高等学校之间、科技学术组织之间、企业之间、城市之间以及科学家个人之间的交流都很活跃。通过这种全方位、多渠道、多形式、多层次的国际科技合作，江苏的经济和社会发展、科技进步都收到了明显的效果。

通过调查研究，进一步明确了国际科技合作供给情况。

(1) 国际科技合作的海外机构主要为企业，海外高校数量较少。

(2) 国际科技合作的国家主要集中于美国、德国、日本、俄罗斯、英国、加拿大、韩国、法国、荷兰、意大利、澳大利亚、以色列、瑞士、瑞典等国家和我国的台湾、香港地区，拟与这些国家和地区合作的技术占全部合作国的 90%以上，其中美国为主要合作国家；拟与越南、泰国、古巴等第三世界国家合作的技术项目多为现代农业中的引种或技术输出。

(3) 海外合作机构分布在全世界近 20 个国家和地区中，有奥地利、澳大利亚、独联体（包括白俄罗斯、俄罗斯、乌克兰）、北欧（包括丹麦、挪威、瑞典）、德国、法国、韩国、加拿大、捷克、美国、日本、瑞士、以色列、意大利、英国和中国的台湾地区。国际科技合作的海外机构主要为企业，海外高校数量较少。

（4）海外合作机构主要分布在装备制造与新材料领域，其次分布在新能源、电子信息、生物制药领域，现代农业与社会发展领域的海外机构比例较低。如图 8.3 所示。

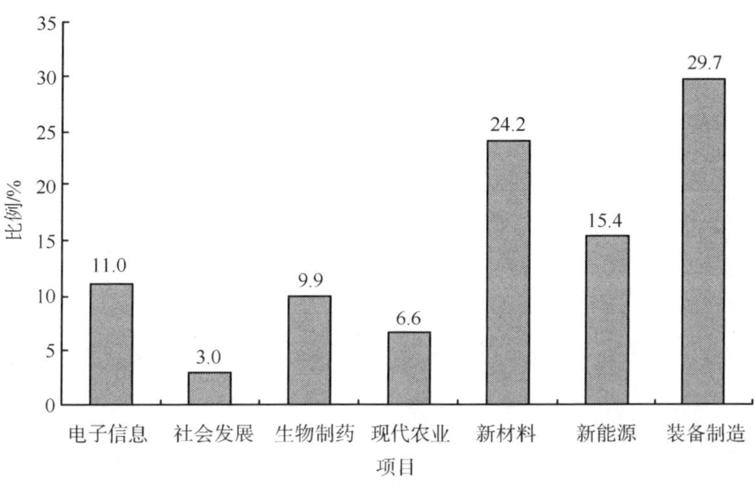

图 8.3　海外合作机构的领域分布图

8.2.3　面向区域主导产业的国际合作关键技术初选

在对征集的技术项目进行初筛时，应将技术项目的自主创新能力摆在突出位置，并依据引进来、走出去和本土化相结合的原则及实际征集到的技术项目情况，制定规范而有效的原则对征集的国际合作技术进行初筛。

课题组首先对前期征集的 371 项技术进行分类，其中 A 类技术（已有良好的海外合作基础）308 项和 B 类技术（为江苏省主导产业急需的技术，但暂无海外合作基础）63 项。

经过与江苏省科技厅国际合作处领导多次讨论，确定了对前期征集的国际合作技术进行初筛的基本原则：若征集的技术属于以下情况之一，则直接初筛掉，不再提交专家评价。

（1）引进技术消化吸收能力弱或二次开发创新能力弱，过于着重直接能上生产线的技术，如仅仅为了购买合作国的成熟的已获专利技术或合作国的先进设备，没有涉及任何形式的引进、消化吸收再创新。

（2）拟合作的关键技术为江苏省已经拥有的成熟技术，不需要再进行国际合作。

（3）纯理论与方法的研究或模拟实验基地建设，在 3～5 年内难以产业化的技术。

（4）仅是为了解决本企业自身问题的专业技术，该技术不属于江苏省主导产业的关键技术。

（5）属于重复申报的技术，如技术项目提到的关键技术为已鉴定并成功地应用于生产中的关键技术，而在征集技术项目中又重复申报的技术。

（6）对于无海外合作基础的B类技术，必须是江苏急缺的关键技术、核心技术，依靠自身无法突破，必须通过国际科技合作的方式获取，获得该技术后对江苏产业向高端发展有重要作用。不满足此类要求，而且本单位也无相应的技术基础。

（7）对于现代农业的国际合作技术项目，仅从合作国引入材料（如种源），而不进行其他更高层次的品种改良技术合作，如创新培育出适合江苏省土壤气候条件的优良品种。

8.3 国际科技合作项目需求指数和供给指数

8.3.1 指标体系建立的原则

评价指标体系是否科学、合理直接影响到评估结果的科学性和合理性，进而影响研究目标的实现。区域国际合作关键技术选择需考虑的基本因素有：有利于促进区域经济科技发展和新产业的形成；有利于环境保护和提高人民的健康水平；有利于获得国外技术源；在资金、研究、管理及人力资源等方面有保障且在一定时间内能够实现。鉴于经费有限，课题组拟构建并运用紧迫性指数以反映国际合作关键技术需求的紧迫性，拟构建并运用可能性指数以反映国际合作关键技术获得供给的可能性，紧迫性指数与可能性指数均通过相应的指标体系进行合成。

8.3.2 关键技术紧迫性指数与可能性指数评价指标体系

遵循指标体系建立的原则，依据基于江苏省的国际合作关键技术的需求与供给现状并运用德尔菲法得到的国际合作关键技术的总指标体系，如图8.4所示。

从重要性、通用性、带动性、实用性和社会性五个评价准则出发，区域合作关键技术紧迫程度评价从技术落差程度、技术瓶颈存续时间等9个指标着手，各指标评价值的选取依据如表8.1所示。

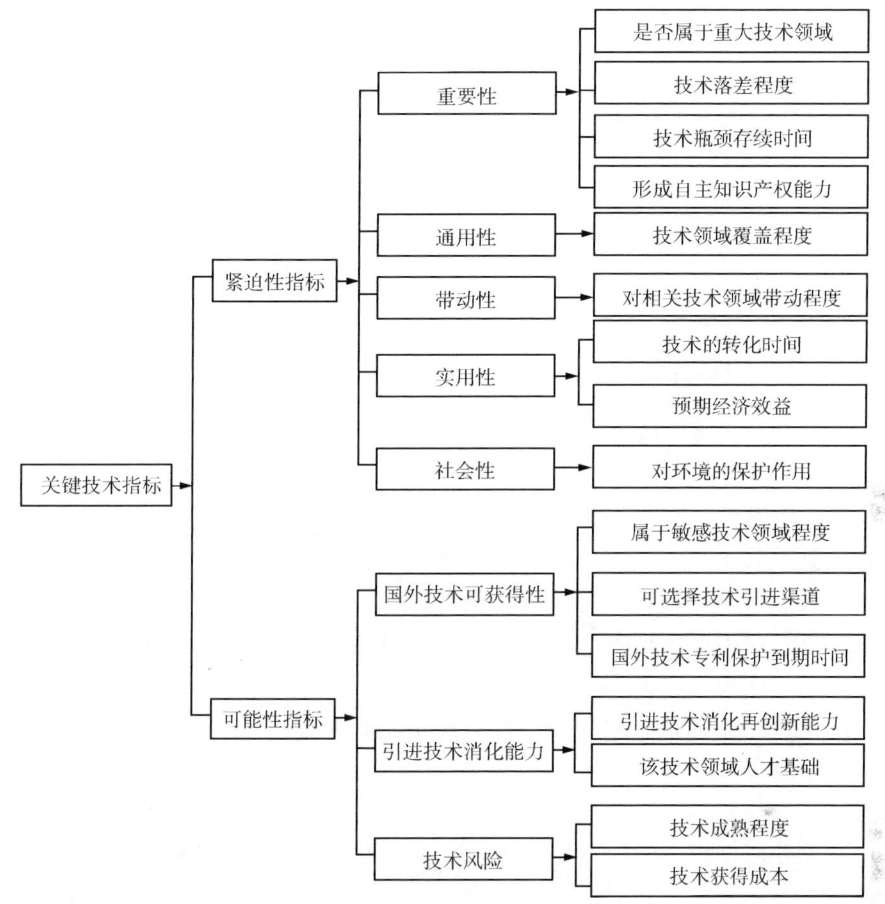

图 8.4　国际合作关键技术的总指标体系框架图

表 8.1　关键技术紧迫性指标体系

评价准则	评价指标	评价值
重要性	是否属于重大技术领域	A. 是　B. 否
	技术落差程度	A. 10 年以上　B. 5～10 年　C. 3～5 年　D. 3 年以下
	技术瓶颈存续时间	A. 10 年以上　B. 5～10 年　C. 3～5 年　D. 3 年以下
	形成自主知识产权能力	A. 可拥有完全自主知识产权 B. 可拥有部分自主知识产权 C. 不可能拥有自主知识产权

续表

评价准则	评价指标	评价值
通用性	技术领域覆盖程度	A. 广泛适用技术　B. 行业通用技术 C. 专用技术
带动性	对相关技术领域带动程度	A. 强　B. 较强 C. 一般　D. 较弱
实用性	技术的转化时间	A. 1 年以内　B. 1～3 年 C. 4～5 年　D. 5 年以上
	预期经济效益	A. 500 万元以上　B. 300 万～500 万元 C. 100 万～300 万元　D. 100 万元以下
社会性	对环境的保护作用	A. 强　B. 较强　C. 一般　D. 弱

关键技术紧迫性指数的指标含义：

（1）是否属于重大技术领域，判断是否属于区域重点发展的技术领域；

（2）技术落差程度，该项技术与发达国家几年前的相当（相对落后的时间）；

（3）技术瓶颈存续时间，该项技术作为行业技术瓶颈阻碍产业发展持续的时间；

（4）形成自主知识产权能力，该项技术是否可能形成自主知识产权；

（5）技术领域覆盖程度，该项技术可在细分领域、领域以及多个领域通用的程度；

（6）对相关技术领域带动程度，该技术的突破对上下游技术领域的带动程度；

（7）技术的转化时间，该项技术被消化吸收及产业化的时间；

（8）预期经济效益，该项技术完成后可能产生的经济效益；对于可产业化的以年产值估算，对于不可产业化的以可节约的成本估算；

（9）对环境的保护作用，该项技术本身对环境保护的程度；该项目可能减少的三废、噪声、辐射等污染因素。

表 8.2 为关键技术可能性指标体系，该表从国外技术可获得性、引进技术消化能力和技术风险这三个评价准则给出各个评价指标，表 8.2 中对应给出相应的评价值选项。

关键技术可能性指数的指标含义：

（1）属于敏感技术领域程度，该项技术属于对华管制技术领域的程度；

（2）可选择技术引进渠道，该项技术国外可能的引进渠道；

（3）国外技术专利保护到期时间，该项技术国外专利保护到期的时间；

（4）引进技术消化再创新能力，引进该项技术消化吸收再创新及产业化的能力；

（5）该技术领域人才基础，支撑该技术转化的人力资源条件；

（6）技术成熟程度，国际该项技术的成熟程度；

（7）技术获得成本，获得该项技术的直接成本或合作研发投入成本。

表 8.2　关键技术可能性指标体系

评价准则	评价指标	评价值
国外技术可获得性	属于敏感技术领域程度	A. 非敏感领域　B. 一般敏感领域 C. 较敏感领域　D. 敏感领域
	可选择技术引进渠道	A. 有多种渠道　B. 渠道唯一 C. 无直接渠道
	国外技术专利保护到期时间	A. 3 年以下　B. 3～5 年　C. 5～10 年 D. 10 年以上
引进技术消化能力	引进技术消化再创新能力	A. 强　B. 较强　C. 一般　D. 较弱
	该技术领域人才基础	A. 好　B. 较好　C. 一般　D. 较差
技术风险	技术成熟程度	A. 成熟　B. 较成熟　C. 不成熟
	技术获得成本	A. 100 万元以内　B. 100 万～300 万元 C. 300 万～500 万元　D. 500 万元以上

8.3.3　关键技术紧迫性指数与可能性指数的指标权重确定

1. 指标权重确定过程

根据表 8.1 和表 8.2 建立的国际合作关键技术的指标体系，我们运用专家调查法确定紧迫性指数与可能性指数中各项指标的权重。首先向国际合作关键技术领域的有关专家发放问卷，问卷中包含两张指标权重确定表，表 8.3 为技术评价紧迫性指标权重，表 8.4 为技术评价可能性指标权重。

表 8.3　技术评价紧迫性指标权重

指标名称	是否属于重大技术领域	技术落差程度	技术瓶颈存续时间	形成自主知识产权能力	技术领域覆盖程度	对相关技术领域带动程度	技术的转化时间	预期经济效益	对环境的保护作用
权重									

表 8.4　技术评价可能性指标权重

指标名称	属于敏感技术领域程度	可选择技术引进渠道	国外技术专利保护到期时间	引进技术消化再创新能力	该技术领域人才基础	技术成熟程度	技术获得成本
权重							

专家填写完问卷后收集问卷，进行数据统计，根据统计的结果绘制各指标权重分布图并计算均值和方差，所得的均值即为该项指标的权重。

例 1

下面是 10 位专家对某一指标所填写的指标权重，求该指标的权重。

专家编号	1	2	3	4	5	6	7	8	9	10
指标权重	0.1	0.13	0.095	0.12	0.1	0.11	0.12	0.09	0.13	0.14

解：指标权重为

$$(0.1\times 2+0.13\times 2+0.095+0.12\times 2+0.11+0.09+0.14)/10=0.1135$$

由指标体系专家问卷调查权重分布图及均值和方差可以看出，指标权重问卷调查样本呈正态分布，针对个别有明显偏差的指标权重进行修正，最终确定各紧迫性指数与可能性指数指标的权重。

2. 关键技术紧迫性指数与可能性的指标权重分析

关键技术紧迫性指数与可能性指数的指标权重为关键技术的选择提供了定量化的依据。

最终确定的面向区域主导产业需求的紧迫性指数指标体系及其权重，如表 8.5 所示。

表 8.5　面向区域主导产业需求的关键技术紧迫性指数的指标体系与权重

紧迫性指标体系	是否属于重大技术领域	技术落差程度	技术瓶颈存续时间	形成自主知识产权能力	技术领域覆盖程度	对相关技术领域带动程度	技术的转化时间	预期经济效益	对环境的保护作用
紧迫性指标权重	0.15	0.1	0.09	0.14	0.09	0.11	0.07	0.13	0.12

同理可确定面向区域主导产业需求的关键技术可能性指数的指标体系与权重，如表 8.6 所示。

表 8.6　面向区域主导产业需求的关键技术可能性指数的指标体系与权重

可能性指标体系	属于敏感领域程度	可选择技术引进渠道	国外技术专利保护到期时间	引进技术消化再创新能力	该技术领域人才基础	技术成熟程度	技术获得成本
可能性指标权重	0.14	0.10	0.11	0.18	0.18	0.17	0.12

3. 可能性指数与紧迫性指数相对当量确定

在进行指标权重专家问卷调查的同时，对紧迫性指数和可能性指数的相对重要程度也进行了问卷调查，调查表如表 8.7 所示。

表 8.7　紧迫性和可能性比较

指数名称	紧迫性指数	可能性指数
当量	1	

事先设定紧迫性指数的当量为 1，以此为参考，请专家根据自己的专业知识判断，给出可能性指数的相对当量值。紧迫性指数与可能性指数相对当量的专家问卷调查样本分布，如图 8.5 所示。

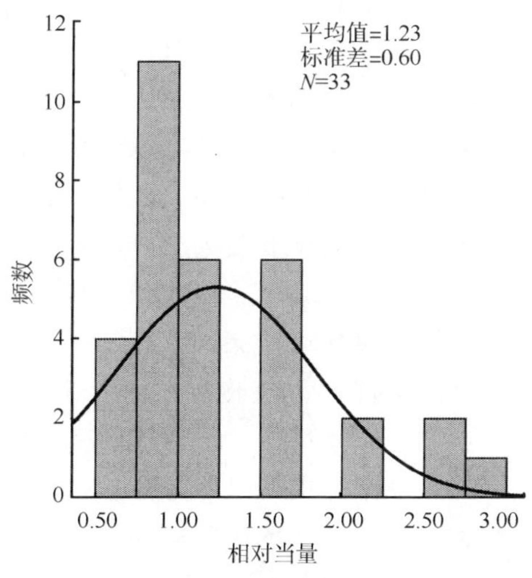

图 8.5　紧迫性指数与可能性指数相对当量的专家问卷调查样本分布

根据紧迫性指数与可能性指数相对重要性的专家问卷调查样本分布，最终确定紧迫性指数的当量为 1，可能性指数的当量为 1.23。

8.4 基于端点混合三角白化权函数的国际科技合作项目选择

基于端点混合三角白化权函数的关键技术优势顺序操作步骤，如图 8.6 所示。

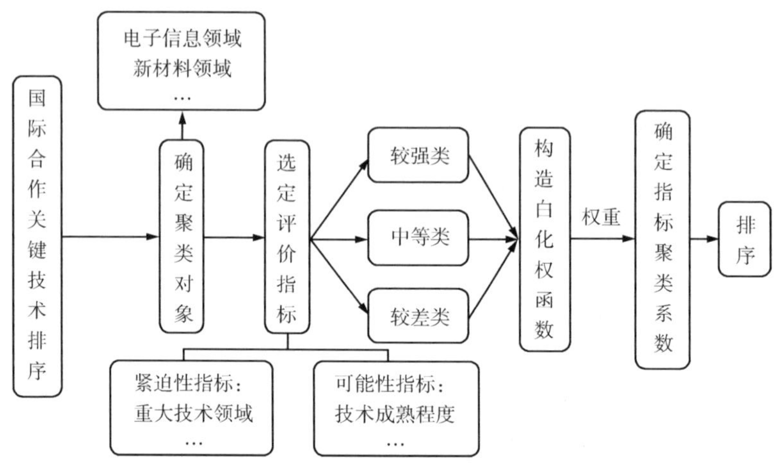

图 8.6 基于端点混合三角白化权函数的关键技术优势顺序操作步骤图

首先，确定国际合作关键技术的聚类对象。参照 6.2 节建立的国际合作关键技术评价指标体系和江苏省产业发展实际，我们选定电子信息领域、现代装备制造领域、新材料领域、生物技术与创新药物领域、新能源与节能环保技术领域、现代农业领域、社会发展领域为聚类对象。其次，确立评价指标。根据指标体系在七个领域建立关键技术的紧迫性指数指标和关键技术的可能性指数指标，关键技术的紧迫性指标包括是否属于重大技术领域、技术落差程度、技术瓶颈存续时间、形成自主知识产权能力、技术领域覆盖程度、对相关技术领域带动程度、技术的转化时间、预期经济效益、对环境的保护作用等；关键技术可能性指标包括属于敏感技术领域程度、可选择技术引进渠道、国外技术专利保护到期时间、引进技术消化再创新、该技术领域人才基础、技术成熟程度、技术获得成本等。

在关键技术优势顺序的问题中，根据已经建立的指标体系将各指标划分为三个灰类：较弱类、中等类和较强类。将较弱类取为下限测度白化权函数，中等类取为适中测度的三角白化权函数，较强类取为上限测度白化权函数。如图 8.7 所示。

关键技术优势顺序的数据来源是专家对各关键技术的评价。对于国际科技合作项目 i ，根据专家评价结果，可以分别计算其紧迫性指数 σ_i 和可能性指数 δ_i ，最后计算出其综合指数 ρ_i 。

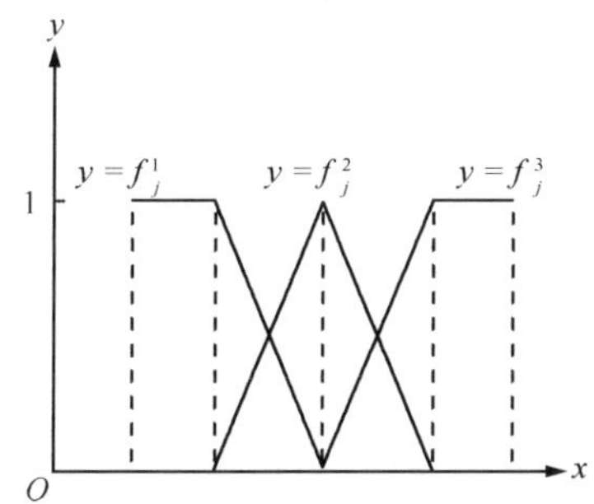

图 8.7　混合三角白化权函数示意图

第一步，计算紧迫性指数。对于紧迫性指数指标 j，分别确定其关于①较弱类、②中等类和③较强类的白化权函数 $f_j^k(x)$，再由

$$\sigma_i^k=\sum_{j=1}^{9} f_j^k(x_{ij})\eta_j,\ k=1,\ 2,\ 3 \tag{8.1}$$

可得紧迫性指数属于较弱类、中等类和较强类的聚类系数 σ_i^k，式中，x_{ij} 为专家对项目 i 的评价值。由 $\max\limits_{1\leqslant k\leqslant 3}\{\sigma_i^k\}=\sigma_i^{k^*}$，即可判定合作项目 i 所属的紧迫性类别 k^*。

第二步，计算可能性指数。对于可能性指数指标 j，分别确定其关于①较弱类、②中等类和③较强类的白化权函数 $f_j^k(x)$，再由

$$\delta_i^k=\sum_{j=1}^{7} f_j^k(x_{ij})\eta_j,\ k=1,\ 2,\ 3 \tag{8.2}$$

可得可能性指数属于较弱类、中等类和较强类的聚类系数 δ_i^k，式中，x_{ij} 为专家对项目 i 的评价值。由 $\max\limits_{1\leqslant k\leqslant 3}\{\delta_i^k\}=\delta_i^{k^*}$，即可判定合作项目 i 所属的紧迫性类别 k^*。

第三步，计算综合指数。由

$$\rho_i^k=\frac{\sigma_i^k+\delta_i^k\cdot\mu}{1+\mu} \tag{8.3}$$

和 $\max\limits_{1\leqslant k\leqslant 3}\{\rho_i^k\}=\rho_i^{k^*}$，可以确定合作项目 i 根据综合指数所属的灰类 k^*。

据此可以计算出每个技术项目的紧迫性指数、可能性指数、综合指数，进而可对所有的关键技术按照紧迫性、可能性或综合指数进行排序。

8.5　江苏省国际科技合作项目选择实例

根据江苏省实际情况，选取七大领域中 50 个项目作为聚类对象。

根据专家对各关键技术分指标评价数据，对 A、B、C、D 各选项进行赋值，对于“是否属于重大技术领域”指标，选项 A 赋值为 7，选项 B 赋值为 1，对于其他指标，选项 A 赋值为 7，选项 B 赋值为 5，选项 C 赋值为 3，选项 D 赋值为

1，如表 8.8 所示。

表 8.8　不同指标选项赋值

指标	A	B	C	D
“是否属于重大技术领域”指标	7	1	/	/
其他指标	7	5	3	1

按照紧迫性指数评价指标和可能性指数评价指标逐项进行评价，可以得到专家对各关键技术的评价值。例如，5 位专家对“项目 1”各项指标的评价情况分别如表 8.9 和表 8.10 所示。

表 8.9　项目 1 紧迫性指数的专家评语集

专家编号	是否属于重大技术领域	技术落差程度	技术瓶颈存续时间	形成自主知识产权能力	技术领域覆盖程度	对相关技术领域带动程度	技术的转化时间	预期经济效益	对环境的保护作用
1	B	B	B	C	B	D	C	B	A
2	B	C	B	B	C	C	C	D	A
3	B	D	D	B	B	C	B	C	D
4	B	C	C	B	A	B	A	A	C
5	A	D	D	B	B	C	A	D	A

表 8.10　项目 1 可能性指数的专家评语集

专家编号	属于敏感技术领域程度	可选择技术引进渠道	国外技术专利保护到期时间	引进技术消化再创新能力	该技术领域人才基础	技术成熟程度	技术获得成本
1	A	A	C	C	C	B	C
2	A	A	A	B	B	B	B
3	A	A	A	B	A	B	B
4	C	A	B	A	A	B	C
5	A	A	A	C	B	A	A

对专家评价数据赋值结果求解综合评价值（认同各专家水平对项目了解程度一致，故计算术平均值），如对“是否属于重大技术领域”指标，有

$$x_1=\frac{1}{5}(1+1+1+1+7)=2.2$$

类似可求得紧迫性指数其他指标综合评价值为 2.6，3，4.6，5，3，5，3.4 和 5，可能性指数各指标综合评价值为 6.2，7，6.8，4.6，6.4，6.4，4.6。

根据所确定的指标体系，将各指标划分为三个灰类：较弱类、中等类和较强类。将较弱类取为下限测度白化权函数，中等类取为适中测度白化权函数，较强类取为上限测度白化权函数。根据问卷的设计要求灰区间为 [1，7]，根据各指标值收集数据的分布确定各灰类具体白化权函数，如对“是否属于重大技术领域”指标，确定白化权函数分别为

（1）较弱类

$$f(x)=\begin{cases}1, & 1\leqslant x\leqslant 2\\ 2-0.5x, & 2<x\leqslant 4\\ 0, & \text{其他}\end{cases}$$

（2）中等类

$$f(x)=\begin{cases}0.5x-1, & 2\leqslant x\leqslant 4\\ 3-0.5x, & 4<x\leqslant 6\\ 0, & \text{其他}\end{cases}$$

（3）较强类

$$f(x)=\begin{cases}0.5x-2, & 4\leqslant x\leqslant 6\\ 1, & 6<x\leqslant 7\\ 0, & \text{其他}\end{cases}$$

其余指标各灰类白化权函数构造如表 8.11 和表 8.12 所示。

表 8.11　关键技术紧迫性指标评价类构造

指标名称	较弱类	中等类	较强类
是否属于重大技术领域	$f(x)=\begin{cases}1,1\leqslant x\leqslant 2\\ 2-0.5x,2<x\leqslant 4\\ 0,\text{其他}\end{cases}$	$f(x)=\begin{cases}0.5x-1,2<x<4\\ 3-0.5x,4<x<6\\ 0,\text{其他}\end{cases}$	$f(x)=\begin{cases}0.5x-2,4<x<6\\ 1,6<x<7\\ 0,\text{其他}\end{cases}$
技术落差程度	$f(x)=\begin{cases}1,1\leqslant x\leqslant 2\\ 3-x,2<x\leqslant 3\\ 0,\text{其他}\end{cases}$	$f(x)=\begin{cases}x-2,2\leqslant x\leqslant 3\\ 4-x,3<x\leqslant 4\\ 0,\text{其他}\end{cases}$	$f(x)=\begin{cases}0.5x-1.5,3\leqslant x\leqslant 5\\ 1,5<x\leqslant 7\\ 0,\text{其他}\end{cases}$
技术瓶颈存续时间	$f(x)=\begin{cases}1,1\leqslant x\leqslant 2\\ 3-x,2<x\leqslant 3\\ 0,\text{其他}\end{cases}$	$f(x)=\begin{cases}x-2,2\leqslant x\leqslant 3\\ 4-x,3<x\leqslant 4\\ 0,\text{其他}\end{cases}$	$f(x)=\begin{cases}0.5x-1.5,3\leqslant x\leqslant 5\\ 1,5<x\leqslant 7\\ 0,\text{其他}\end{cases}$
形成自主知识产权能力	$f(x)=\begin{cases}1,3\leqslant x\leqslant 4\\ 5-x,4<x\leqslant 5\\ 0,\text{其他}\end{cases}$	$f(x)=\begin{cases}x-4,4\leqslant x\leqslant 5\\ 6-x,5<x\leqslant 6\\ 0,\text{其他}\end{cases}$	$f(x)=\begin{cases}x-5,5\leqslant x\leqslant 6\\ 1,6<x\leqslant 7\\ 0,\text{其他}\end{cases}$

续表

指标名称	较弱类	中等类	较强类
技术领域覆盖程度	$f(x)=\begin{cases}1,3\leqslant x\leqslant 4\\5-x,4<x\leqslant 5\\0,其他\end{cases}$	$f(x)=\begin{cases}x-4,4\leqslant x\leqslant 5\\6-x,5<x\leqslant 6\\0,其他\end{cases}$	$f(x)=\begin{cases}x-5,5\leqslant x\leqslant 6\\1,6<x\leqslant 7\\0,其他\end{cases}$
对相关技术领域带动程度	$f(x)=\begin{cases}1,1\leqslant x\leqslant 2\\2-0.5x,2<x\leqslant 4\\0,其他\end{cases}$	$f(x)=\begin{cases}0.5x-1,2\leqslant x\leqslant 4\\3-0.5x,4<x\leqslant 6\\0,其他\end{cases}$	$f(x)=\begin{cases}0.5x-2,4\leqslant x\leqslant 6\\1,6<x\leqslant 7\\0,其他\end{cases}$
技术的转化时间	$f(x)=\begin{cases}1,1\leqslant x\leqslant 2\\2-0.5x,2<x\leqslant 4\\0,其他\end{cases}$	$f(x)=\begin{cases}0.5x-1,2\leqslant x\leqslant 4\\3-0.5x,4<x\leqslant 6\\0,其他\end{cases}$	$f(x)=\begin{cases}0.5x-2,4\leqslant x\leqslant 6\\1,6<x\leqslant 7\\0,其他\end{cases}$
预期经济效益	$f(x)=\begin{cases}1,1\leqslant x\leqslant 3\\4-x,3<x\leqslant 4\\0,其他\end{cases}$	$f(x)=\begin{cases}x-3,3\leqslant x\leqslant 4\\3-0.5x,4<x\leqslant 6\\0,其他\end{cases}$	$f(x)=\begin{cases}0.5x-2,4\leqslant x\leqslant 6\\1,6<x\leqslant 7\\0,其他\end{cases}$
对环境的保护作用	$f(x)=\begin{cases}1,1\leqslant x\leqslant 3\\2.5-0.5x,3<x\leqslant 5\\0,其他\end{cases}$	$f(x)=\begin{cases}0.5x-1.5,3\leqslant x\leqslant 5\\3.5-0.5x,5<x\leqslant 7\\0,其他\end{cases}$	$f(x)=\begin{cases}0.5x-2.5,5\leqslant x\leqslant 7\\0,其他\end{cases}$

表 8.12 关键技术可能性指标评价类构造

指标名称	较弱类	中等类	较强类
属于敏感技术领域程度	$f(x)=\begin{cases}1,3\leqslant x\leqslant 4\\5-x,4<x\leqslant 5\\0,其他\end{cases}$	$f(x)=\begin{cases}x-4,4\leqslant x\leqslant 5\\3.5-0.5x,5<x\leqslant 7\\0,其他\end{cases}$	$f(x)=\begin{cases}0.5x-2.5,5\leqslant x\leqslant 7\\0,其他\end{cases}$
可选择技术引进渠道	$f(x)=\begin{cases}1,1\leqslant x\leqslant 5\\6-x,5<x\leqslant 6\\0,其他\end{cases}$	$f(x)=\begin{cases}x-5,5\leqslant x\leqslant 6\\7-x,6<x\leqslant 7\\0,其他\end{cases}$	$f(x)=\begin{cases}x-6,6\leqslant x\leqslant 7\\0,其他\end{cases}$
国外技术专利保护到期时间	$f(x)=\begin{cases}1,1\leqslant x\leqslant 3\\2.5-0.5x,3<x\leqslant 5\\0,其他\end{cases}$	$f(x)=\begin{cases}0.5x-1.5,3\leqslant x\leqslant 5\\3.5-0.5x,5<x\leqslant 7\\0,其他\end{cases}$	$f(x)=\begin{cases}0.5x-2.5,5\leqslant x\leqslant 7\\0,其他\end{cases}$
引进技术消化再创新能力	$f(x)=\begin{cases}1,3\leqslant x\leqslant 4\\5-x,4<x\leqslant 5\\0,其他\end{cases}$	$f(x)=\begin{cases}x-4,4\leqslant x\leqslant 5\\6-x,5<x\leqslant 6\\0,其他\end{cases}$	$f(x)=\begin{cases}x-5,5\leqslant x\leqslant 6\\1,6<x\leqslant 7\\0,其他\end{cases}$

续表

指标名称	较弱类	中等类	较强类
该技术领域人才基础	$f(x)=\begin{cases}1,3\leqslant x\leqslant 4\\5-x,4<x\leqslant 5\\0,\text{其他}\end{cases}$	$f(x)=\begin{cases}x-4,4\leqslant x\leqslant 5\\6-x,5<x\leqslant 6\\0,\text{其他}\end{cases}$	$f(x)=\begin{cases}x-5,5\leqslant x\leqslant 6\\1,6<x\leqslant 7\\0,\text{其他}\end{cases}$
技术成熟程度	$f(x)=\begin{cases}1,3\leqslant x\leqslant 4\\5-x,4<x\leqslant 5\\0,\text{其他}\end{cases}$	$f(x)=\begin{cases}x-4,4\leqslant x\leqslant 5\\6-x,5<x\leqslant 6\\0,\text{其他}\end{cases}$	$f(x)=\begin{cases}x-5,5\leqslant x\leqslant 6\\1,6<x\leqslant 7\\0,\text{其他}\end{cases}$
技术获得成本	$f(x)=\begin{cases}1,1\leqslant x\leqslant 3\\2.5-0.5x,3<x\leqslant 5\\0,\text{其他}\end{cases}$	$f(x)=\begin{cases}0.5x-1.5,3\leqslant x\leqslant 5\\3.5-0.5x,5<x\leqslant 7\\0,\text{其他}\end{cases}$	$f(x)=\begin{cases}0.5x-2.5,5\leqslant x\leqslant 7\\0,\text{其他}\end{cases}$

根据已经建立的指标体系和专家对各指标权重的评价，可知关键技术紧迫性各指标权重为

$$w=(0.15,\ 0.1,\ 0.09,\ 0.14,\ 0.09,\ 0.11,\ 0.07,\ 0.13,\ 0.12)$$

关键技术可能性各指标权重为

$$w=(0.14,\ 0.10,\ 0.11,\ 0.18,\ 0.18,\ 0.17,\ 0.12)$$

紧迫性指数和可能性指数当量为

$$1:1.23$$

根据式（8.1）、式（8.2）和式（8.3），可以分别计算出“项目 1”的紧迫性指数、可能性指数和综合指数。

“项目 1”紧迫性较弱类聚类系数为

$$\sigma_1^1=\sum_{j=1}^{9}f_j^1(x_{1j})\eta_j=0.364$$

“项目 1”可能性较弱类聚类系数为

$$\delta_1^1=\sum_{j=1}^{7}f_j^1(x_{1j})\eta_j=0.096$$

“项目 1”综合指数较弱类聚类系数为

$$\rho_1^1=(\sigma_1^1+\delta_1^1\times 1.23)/2.23=0.2162$$

类似地，可求得关键技术“项目 1”紧迫性指数、可能性指数和综合指数属于中等类的聚类系数分别为

$$\sigma_1^2=\sum_{j=1}^{9}f_j^2(x_{1j})\eta_j=0.601,$$

$$\delta_1^2=\sum_{j=1}^{7}f_j^2(x_{1j})\eta_j=0.536,\quad \rho_1^2=(\sigma_1^2+\delta_1^2\times 1.23)/2.23=0.5651$$

和关键技术“项目 1”紧迫性指数、可能性指数和综合指数属于较强类的聚类系数分别为

$$\sigma_1^3 = \sum_{j=1}^{9} f_j^3(x_{1j})\eta_j = 0.035，\quad \delta_1^3 = \sum_{j=1}^{7} f_j^3(x_{1j})\eta_j = 0.368，$$

$$\rho_1^3 = (\sigma_1^3 + \delta_1^3 \times 1.23)/2.23 = 0.2187$$

从而有“项目 1”紧迫性指数、可能性指数和综合指数聚类系数向量分别为

$$\sigma_1 = (\sigma_1^1，\sigma_1^2，\sigma_1^3) = (0.364，0.601，0.035)$$

$$\delta_1 = (\delta_1^1，\delta_1^2，\delta_1^3) = (0.096，0.536，0.368)$$

$$\rho_1 = (\rho_1^1，\rho_1^2，\rho_1^3) = (0.216，0.565，0.219)$$

各领域关键技术项目专家综合评价值如表 8.13～表 8.19 所示。

表 8.13 电子信息领域关键技术专家综合评价值

指标分类		项目 1	项目 2	项目 3	项目 4	项目 5	项目 6
紧迫性指标	指标 1	2.20	3.40	4.60	6.80	4.60	4.60
	指标 2	2.60	2.60	3.00	2.60	4.20	2.20
	指标 3	3.00	2.20	4.20	3.00	4.20	2.20
	指标 4	4.60	4.60	6.00	6.80	6.40	6.40
	指标 5	6.00	4.20	6.00	6.80	6.20	6.80
	指标 6	3.00	3.80	6.00	6.80	6.80	4.60
	指标 7	6.00	6.40	4.20	4.60	3.40	6.80
	指标 8	3.40	6.40	6.80	6.80	6.00	6.00
	指标 9	6.00	2.60	4.20	6.20	6.20	6.80
可能性指标	指标 1	6.20	6.20	4.20	4.60	6.40	6.60
	指标 2	7.00	7.00	6.60	6.60	7.00	7.00
	指标 3	6.80	6.40	3.40	3.40	3.80	6.80
	指标 4	4.60	4.60	4.20	6.20	4.60	6.80
	指标 5	6.40	4.60	6.00	6.20	6.00	6.20
	指标 6	6.40	6.40	4.20	4.60	6.40	6.40
	指标 7	4.60	4.20	3.00	2.60	3.00	4.20

表 8.14　社会发展领域关键技术专家综合评价值

指标分类		项目 7	项目 8	项目 9	项目 10
紧迫性指标	指标 1	3.00	1.00	6.80	6.00
	指标 2	6.33	4.67	6.00	6.00
	指标 3	6.33	4.00	4.60	6.33
	指标 4	6.00	4.67	4.60	6.67
	指标 5	3.67	3.33	6.00	4.33
	指标 6	3.33	2.67	4.60	4.00
	指标 7	3.00	3.33	3.80	2.67
	指标 8	4.33	3.33	6.60	6.00
	指标 9	4.00	6.33	7.00	7.00
可能性指标	指标 1	4.33	6.33	6.80	4.00
	指标 2	7.00	6.67	6.20	6.67
	指标 3	4.33	4.00	4.60	4.33
	指标 4	4.33	6.00	6.40	6.67
	指标 5	6.00	6.00	6.80	6.67
	指标 6	6.33	6.67	4.20	4.67
	指标 7	3.00	3.33	2.60	6.33

表 8.15　生物技术与创新药物领域关键技术专家综合评价值

指标分类		项目 11	项目 12	项目 13	项目 14	项目 15	项目 16	项目 17
紧迫性指标	指标 1	7.00	7.00	6.80	2.20	6.80	6.80	6.80
	指标 2	4.20	6.00	3.80	1.80	3.00	4.20	1.80
	指标 3	4.20	3.00	2.20	1.80	3.00	6.00	1.80
	指标 4	6.00	6.20	6.80	3.00	3.00	4.20	3.80
	指标 5	4.60	6.00	4.60	3.80	4.60	4.20	4.60
	指标 6	6.40	3.80	4.20	1.40	4.20	4.60	2.60
	指标 7	2.20	1.80	3.80	6.40	3.80	3.40	3.40
	指标 8	6.40	6.00	3.80	3.80	3.00	4.60	3.80
	指标 9	3.80	3.80	3.00	3.40	2.60	2.60	2.60

续表

指标分类		项目 11	项目 12	项目 13	项目 14	项目 15	项目 16	项目 17
可能性指标	指标 1	6.40	6.00	6.20	6.20	6.00	6.80	6.40
	指标 2	6.60	7.00	6.80	7.00	6.60	7.00	6.40
	指标 3	6.80	6.20	3.80	6.40	6.00	6.40	6.40
	指标 4	6.80	6.20	4.20	3.00	3.80	4.60	3.80
	指标 5	6.00	6.40	3.40	4.20	6.00	6.80	4.20
	指标 6	4.60	4.60	3.80	6.80	6.20	4.60	6.00
	指标 7	6.00	6.00	3.40	6.60	6.40	4.60	6.00

表 8.16 现代农业领域关键技术专家综合评价值

指标分类		项目 18	项目 19	项目 20	项目 21	项目 22	项目 23	项目 24	项目 25
紧迫性指标	指标 1	1.00	4.60	1.00	3.40	2.20	1.00	1.00	6.80
	指标 2	2.20	4.20	3.80	4.20	3.80	2.60	4.20	4.20
	指标 3	2.20	3.00	3.00	3.80	4.20	2.20	3.40	3.80
	指标 4	6.40	6.00	6.40	6.40	4.20	4.60	4.60	6.60
	指标 5	3.40	3.80	4.60	4.60	4.20	3.40	4.60	6.00
	指标 6	2.20	3.00	4.60	4.20	3.80	2.60	4.20	6.00
	指标 7	4.60	4.60	3.00	3.80	4.20	6.80	4.60	3.00
	指标 8	3.80	3.80	4.60	6.80	6.20	4.20	6.20	6.80
	指标 9	3.80	4.20	3.80	4.60	4.20	4.60	4.60	3.40
可能性指标	指标 1	7.00	6.20	7.00	6.60	6.80	6.60	6.60	6.60
	指标 2	7.00	7.00	6.60	6.20	6.20	6.60	6.20	6.60
	指标 3	7.00	6.20	6.60	6.20	4.60	3.40	6.20	6.40
	指标 4	3.40	4.60	6.40	6.40	4.60	3.40	4.60	6.00
	指标 5	6.00	6.40	6.40	6.80	6.40	3.40	4.60	6.00
	指标 6	6.40	6.40	6.20	6.60	6.40	6.00	6.40	6.20
	指标 7	6.60	6.80	6.40	6.80	6.80	4.20	6.80	6.00

表 8.17　现代装备制造领域关键技术专家综合评价值

指标分类		项目 26	项目 27	项目 28	项目 29	项目 30	项目 31	项目 32	项目 33	项目 34
紧迫性指标	指标 1	7.00	2.50	1.00	2.50	2.50	1.00	1.00	6.80	1.00
	指标 2	6.00	3.00	3.00	3.00	4.50	3.50	3.00	3.00	2.50
	指标 3	4.50	3.00	2.50	3.50	3.50	3.50	3.00	3.00	2.50
	指标 4	6.00	6.00	6.00	4.50	6.00	6.00	6.00	6.60	6.00
	指标 5	4.50	4.50	3.50	4.00	4.50	6.00	4.50	4.60	6.00
	指标 6	3.00	3.00	2.00	2.00	2.50	4.00	3.00	4.60	3.00
	指标 7	4.50	6.50	6.00	4.00	6.50	6.00	4.00	2.20	6.00
	指标 8	6.50	6.00	3.50	4.00	4.00	4.50	6.00	6.80	4.50
	指标 9	4.50	4.00	2.00	6.50	1.50	4.00	6.00	3.80	4.00
可能性指标	指标 1	4.50	6.50	7.00	6.50	6.50	6.50	6.50	6.20	6.50
	指标 2	7.00	7.00	7.00	4.00	7.00	7.00	7.00	7.00	6.50
	指标 3	6.50	6.00	6.50	4.00	6.50	6.50	6.00	7.00	6.00
	指标 4	6.00	6.00	2.00	4.00	3.50	6.50	4.50	6.80	3.50
	指标 5	6.50	6.50	4.50	3.50	3.50	6.50	3.50	6.00	4.00
	指标 6	6.00	6.00	6.50	6.00	6.00	6.50	6.50	6.40	6.50
	指标 7	6.00	6.00	6.50	3.50	6.00	6.00	6.00	6.40	4.50

表 8.18　新材料领域关键技术专家综合评价值

指标分类		项目 35	项目 36	项目 37	项目 38	项目 39	项目 40	项目 41	项目 42	项目 43
紧迫性指标	指标 1	1.00	1.00	1.00	7.00	1.00	1.00	7.00	1.00	7.00
	指标 2	6.00	6.00	3.00	6.00	1.00	2.00	1.67	3.00	1.67
	指标 3	3.00	3.00	3.00	3.00	1.00	2.00	1.67	3.00	1.00
	指标 4	6.00	6.00	3.00	3.00	7.00	6.00	6.00	3.00	6.67
	指标 5	6.00	3.00	3.00	6.00	3.00	6.00	7.00	6.00	6.67
	指标 6	1.00	3.00	3.00	3.00	1.00	3.00	6.67	3.00	6.67
	指标 7	6.00	6.00	6.00	6.00	7.00	6.00	3.67	6.00	4.33
	指标 8	6.00	7.00	6.00	7.00	6.00	6.00	6.00	7.00	6.33
	指标 9	6.00	6.00	3.00	3.00	6.00	4.00	6.67	1.00	7.00

续表

指标分类		项目 35	项目 36	项目 37	项目 38	项目 39	项目 40	项目 41	项目 42	项目 43
可能性指标	指标 1	7.00	7.00	7.00	7.00	7.00	6.00	7.00	7.00	6.33
	指标 2	7.00	7.00	7.00	7.00	7.00	7.00	7.00	7.00	6.33
	指标 3	3.00	3.00	3.00	3.00	7.00	6.00	1.67	6.00	3.67
	指标 4	3.00	6.00	3.00	3.00	7.00	6.00	7.00	3.00	6.67
	指标 5	3.00	6.00	3.00	3.00	7.00	6.00	7.00	3.00	6.67
	指标 6	6.00	6.00	7.00	7.00	7.00	6.00	6.67	7.00	4.33
	指标 7	6.00	3.00	6.00	1.00	7.00	4.00	3.67	3.00	6.00

表 8.19 新能源与节能环保技术领域关键技术专家综合评价值

指标分类		项目 44	项目 45	项目 46	项目 47	项目 48	项目 49	项目 50
紧迫性指标	指标 1	4.60	4.60	7.00	1.00	6.80	6.80	2.50
	指标 2	3.00	3.00	3.80	3.00	3.00	1.80	1.50
	指标 3	2.60	2.60	3.40	3.00	2.60	2.20	1.50
	指标 4	4.60	4.60	6.40	3.00	6.40	6.40	6.50
	指标 5	6.00	6.00	6.00	3.00	6.00	6.80	6.00
	指标 6	4.60	4.60	4.60	3.00	6.00	6.40	3.50
	指标 7	6.00	6.00	4.20	6.00	4.20	6.40	6.00
	指标 8	6.00	6.00	6.80	6.00	4.60	6.40	4.00
	指标 9	7.00	7.00	7.00	3.00	7.00	6.20	6.00
可能性指标	指标 1	6.20	6.20	6.40	7.00	6.20	6.80	6.00
	指标 2	7.00	7.00	7.00	7.00	7.00	6.60	7.00
	指标 3	4.60	4.60	4.20	3.00	4.20	6.00	6.00
	指标 4	6.00	6.00	6.40	3.00	6.40	6.00	4.50
	指标 5	4.20	4.20	4.60	3.00	6.00	6.20	6.00
	指标 6	6.20	6.80	6.80	7.00	6.40	6.80	6.50
	指标 7	3.80	4.20	4.20	6.00	3.80	6.40	6.50

50 个项目的紧迫性指数、可能性指数和综合指数聚类系数如表 8.20 所示。

表 8.20　江苏科技合作关键技术项目聚类系数

项目序号	紧迫性指数			可能性指数			综合指数		
	较弱	中等	较强	较弱	中等	较强	较弱	中等	较强
1	0.364	0.601	0.035	0.096	0.536	0.368	0.216	0.565	0.219
2	0.416	0.444	0.140	0.192	0.534	0.274	0.292	0.494	0.214
3	0.048	0.638	0.278	0.600	0.340	0.060	0.353	0.474	0.158
4	0.040	0.332	0.628	0.332	0.248	0.420	0.201	0.286	0.513
5	0.021	0.362	0.541	0.258	0.546	0.196	0.152	0.464	0.351
6	0.152	0.466	0.382	0.048	0.304	0.648	0.095	0.377	0.529
7	0.297	0.492	0.212	0.370	0.473	0.157	0.337	0.482	0.181
8	0.470	0.320	0.148	0.155	0.642	0.203	0.296	0.497	0.179
9	0.063	0.329	0.590	0.278	0.430	0.292	0.182	0.385	0.426
10	0.121	0.271	0.608	0.202	0.426	0.372	0.166	0.356	0.478
11	0.171	0.321	0.432	0.068	0.656	0.276	0.114	0.506	0.346
12	0.153	0.392	0.455	0.068	0.514	0.418	0.106	0.459	0.435
13	0.261	0.401	0.298	0.676	0.240	0.084	0.490	0.312	0.180
14	0.787	0.164	0.049	0.324	0.238	0.438	0.532	0.205	0.264
15	0.433	0.421	0.146	0.180	0.566	0.254	0.294	0.501	0.206
16	0.325	0.278	0.357	0.164	0.514	0.322	0.236	0.408	0.338
17	0.610	0.255	0.135	0.384	0.566	0.050	0.485	0.427	0.088
18	0.589	0.334	0.077	0.180	0.306	0.514	0.363	0.319	0.318
19	0.219	0.615	0.126	0.072	0.490	0.438	0.138	0.546	0.298
20	0.293	0.499	0.168	0.000	0.374	0.626	0.131	0.430	0.421
21	0.112	0.532	0.280	0.000	0.368	0.632	0.050	0.442	0.474
22	0.378	0.315	0.231	0.094	0.642	0.264	0.221	0.495	0.249
23	0.509	0.415	0.076	0.496	0.332	0.172	0.502	0.369	0.129
24	0.266	0.436	0.240	0.144	0.542	0.314	0.199	0.495	0.281
25	0.131	0.250	0.543	0.000	0.636	0.364	0.059	0.463	0.444
26	0.130	0.383	0.465	0.070	0.543	0.388	0.097	0.471	0.422
27	0.273	0.405	0.323	0.000	0.300	0.700	0.122	0.347	0.531
28	0.580	0.210	0.210	0.090	0.203	0.528	0.310	0.206	0.385
29	0.380	0.468	0.134	0.560	0.260	0.180	0.479	0.353	0.159
30	0.360	0.443	0.150	0.360	0.478	0.163	0.360	0.462	0.157
31	0.210	0.628	0.115	0.000	0.418	0.583	0.094	0.512	0.373

续表

项目序号	紧迫性指数			可能性指数			综合指数		
	较弱	中等	较强	较弱	中等	较强	较弱	中等	较强
32	0.250	0.685	0.065	0.270	0.300	0.430	0.261	0.473	0.266
33	0.171	0.404	0.425	0.000	0.470	0.530	0.077	0.440	0.483
34	0.360	0.433	0.208	0.390	0.315	0.295	0.377	0.368	0.256
35	0.260	0.540	0.200	0.470	0.120	0.410	0.376	0.308	0.316
36	0.295	0.440	0.265	0.230	0.530	0.240	0.259	0.490	0.251
37	0.555	0.345	0.100	0.470	0.120	0.410	0.508	0.221	0.271
38	0.315	0.270	0.415	0.590	0.000	0.410	0.467	0.121	0.412
39	0.540	0.185	0.275	0.000	0.000	1.000	0.242	0.083	0.675
40	0.455	0.270	0.275	0.060	0.410	0.530	0.237	0.347	0.416
41	0.202	0.362	0.437	0.190	0.097	0.713	0.195	0.216	0.589
42	0.465	0.370	0.165	0.480	0.110	0.410	0.473	0.227	0.300
43	0.190	0.153	0.657	0.187	0.447	0.367	0.188	0.315	0.497
44	0.092	0.610	0.298	0.238	0.408	0.354	0.173	0.499	0.329
45	0.092	0.610	0.298	0.214	0.466	0.320	0.159	0.531	0.310
46	0.000	0.401	0.541	0.164	0.500	0.336	0.091	0.456	0.428
47	0.555	0.345	0.100	0.470	0.120	0.410	0.508	0.221	0.271
48	0.036	0.552	0.412	0.116	0.560	0.324	0.080	0.556	0.364
49	0.172	0.276	0.552	0.000	0.544	0.456	0.077	0.424	0.499
50	0.330	0.495	0.175	0.090	0.540	0.370	0.198	0.520	0.283

按照最大判定关键技术“项目 1”的紧迫性指数、可能性指数和综合指数所属的灰类：

$$\max_{1\leqslant k\leqslant 3}\{\sigma_1^k\}=\sigma_1^2=0.601$$

$$\max_{1\leqslant k\leqslant 3}\{\delta_1^k\}=\delta_1^2=0.536$$

$$\max_{1\leqslant k\leqslant 3}\{\rho_1^k\}=\rho_1^2=0.5651$$

“项目 1”紧迫性指数、可能性指数和综合指数均属于中等灰类。

同样可判定其他 49 个关键技术项目按照紧迫性指数、可能性指数和综合指数所属的类别。对于属于同一个灰类的若干个项目，我们还可以根据聚类系数的大小对其进行排序。表 8.21 是 50 个项目依据综合指数进行排序的结果。

表 8.21　江苏科技合作关键技术综合指数排序表

项目名称	所属灰类	综合排序	项目名称	所属灰类	综合排序
新材料领域项目 5	较强类	1	社会发展领域项目 2	中等类	23
新材料领域项目 7	较强类	2	现代农业领域项目 5	中等类	24
现代装备制造领域项目 2	较强类	3	现代农业领域项目 7	中等类	25
电子信息领域项目 6	较强类	4	电子信息领域项目 2	中等类	26
电子信息领域项目 4	较强类	5	新材料领域项目 2	中等类	27
新能源与节能环保技术领域项目 6	较强类	6	社会发展领域项目 1	中等类	28
新材料领域项目 9	较强类	7	电子信息领域项目 3	中等类	29
现代装备制造领域项目 8	较强类	8	现代装备制造领域项目 7	中等类	30
社会发展领域项目 4	较强类	9	现代装备制造领域项目 1	中等类	31
现代农业领域项目 4	较强类	10	电子信息领域项目 5	中等类	32
社会发展领域项目 3	较强类	11	现代农业领域项目 8	中等类	33
新材料领域项目 6	较强类	12	现代装备制造领域项目 5	中等类	34
现代装备制造领域项目 3	较强类	13	生物技术与创新药物领域项目 2	中等类	35
电子信息领域项目 1	中等类	14	新能源与节能环保技术领域项目 3	中等类	36
新能源与节能环保技术领域项目 5	中等类	15	现代农业领域项目 3	中等类	37
现代农业领域项目 2	中等类	16	生物技术与创新药物领域项目 6	中等类	38
新能源与节能环保技术领域项目 2	中等类	17	生物技术与创新药物领域项目 4	较弱类	39
新能源与节能环保技术领域项目 7	中等类	18	新材料领域项目 3	较弱类	40
现代装备制造领域项目 6	中等类	19	新能源与节能环保技术领域项目 4	较弱类	41
生物技术与创新药物领域项目 1	中等类	20	现代农业领域项目 6	较弱类	42
生物技术与创新药物领域项目 5	中等类	21	生物技术与创新药物领域项目 3	较弱类	43
新能源与节能环保技术领域项目 1	中等类	22	生物技术与创新药物领域项目 7	较弱类	44

续表

项目名称	所属灰类	综合排序	项目名称	所属灰类	综合排序
现代装备制造领域项目 4	较弱类	45	现代装备制造领域项目 9	较弱类	48
新材料领域项目 8	较弱类	46	新材料领域项目 1	较弱类	49
新材料领域项目 4	较弱类	47	现代农业领域项目 1	较弱类	50

表 8.21 中的结果已被江苏省科技厅作为选择国际科技合作项目的依据。在表 8.21 所评价的 50 个科技合作项目中，较强类、中等类和较弱类项目占比分别为 26％、24％和 50％。项目组向江苏省科技厅建议资助的 6 个电子信息领域项目和 4 个社会发展领域的项目都属于较强和中等类，其中属于较强类的项目分别占到所选项目的 33％和 50％，具有较好的科技合作潜力。在现代农业、现代装备制造、新材料及新能源与节能环保技术等领域建议资助的国际科技合作项目水平参差不齐，其中 9 项新材料领域合作项目，较强类和较弱类各占到 4 项，说明江苏省在新材料领域开展国际科技合作的基础还相对薄弱。生物技术与创新药物领域建议资助的 9 个项目国际合作潜力相对其他 6 个领域而言最弱，接近 43％的项目属于较弱灰类，说明该领域江苏与国际先进水平相比还存在较大差距。

第9章 创新竞争力评价

9.1 引言

创新竞争力是一个国家、一个地区、一个产业或一个企业的经济、资源、科研、技术等能力的综合反映。通过对国家、地区、产业、企业某一时期的创新竞争力的评价，能够对创新竞争力作出客观、准确的认识和测度。

1987年，英国经济学家克里斯托弗·弗里曼研究发现，日本在技术落后的情况下，以技术创新为主导，辅以组织创新和制度创新，只用了几十年的时间便使国家的经济出现了强劲的发展势头，并成为工业化大国。基于这一重要风险，费里曼提出了国家创新系统（national innovation system）的概念，并将创新归结为一种国家行为，指出创新系统是国家内部系统组织及其子系统间的相互作用，即由公共和私有机构组成的网络系统，并强调系统中各行为主体的制度安排及相互作用。

1992年，Cooke提出区域创新系统（regional innovation system，RIS）的概念。他认为，企业及其他机构由以根植性为特征的制度环境系统地从事交互学习，并认为区域创新系统主要是由在地理上相互分工与关联的生产企业、研究机构和高等教育机构等构成的区域性组织系统。

我国关于创新能力或创新竞争力评价的研究亦十分活跃。20世纪90年代初期，科技部开始发布全国及各地区科技进步统计监测评价信息，受到全国各省（自治区、直辖市）党委、政府的重视。此后各级地方政府也纷纷组织开展所在地区的科技进步统计监测评价。本章主要介绍我国省级和市（地）级创新实力评价指标体系、科技部科技进步统计监测评价指标体系和国家创新竞争力评价指标体系。

9.2 区域创新实力评价

本节以2008年全国31个省（自治区、直辖市）（不含台湾省）和江苏省13个地级市的创新数据为基础，运用灰色聚类评估模型对其创新实力进行测算分析。

研究资料来源于2008年《中国统计年鉴》、《中国科技统计年鉴》、《江苏统计年鉴》、《江苏科技年鉴》等。

9.2.1 全国各省份创新实力评价

1. 省（自治区、直辖市）级创新实力评价指标体系

在广泛借鉴相关研究成果的基础上，拟定初选指标。以此为基础组织专家调查，最后整理出省（自治区、直辖市）级创新实力评价指标体系如表 9.1 所示。表 9.1 给出的指标体系包括科技投入、科技活动和科技产出三个一级指标和 23 个二级指标。

表 9.1 省（自治区、直辖市）创新实力评价指标体系

一级指标	二级指标	单位	代号
科技投入	科技活动人员数	人	x_1
	每万人中科技活动人员数	人	x_2
	科学家工程师数	人	x_3
	每万人中科学家工程师数	人	x_4
	科研经费筹集总额	万元	x_5
	科技活动人员人均占有经费	万元/人	x_6
	R&D 经费占 GDP 比重	%	x_7
	科研仪器设备投资	万元	x_8
	科研仪器设备投资占科研机构固定资产比重	%	x_9
	图书销售量	亿册	x_{10}
	每百户计算机拥有量	台	x_{11}
科技活动	科研课题数	个	x_{12}
	国家指导性计划项目数	项	x_{13}
	每十万人中在校大学生数	人	x_{14}
	劳动者人均受教育年限	年/人	x_{15}
科技产出	论文发表数	篇	x_{16}
	专利授权数	件	x_{17}
	技术市场成交额	万元	x_{18}
	经济效益指数	%	x_{19}
	人均 GDP	元/人	x_{20}
	新产品产值占工业总产值比重	%	x_{21}
	在岗职工平均工资	元	x_{22}
	农村居民家庭人均收入	元	x_{23}

2. 指标含义的解释与说明

各指标的解释说明如下。

x_1 科技活动人员数：已取得科学技术职称，或大学、中专的理、工、农、医科系毕业生，以及各部门从工作实践中提拔，从事理、工、农、医等自然科学技术的研究、教学、生产的专业人员和在机关、企业、事业中从事科学技术业务管理工作的专业人员数。

x_2 每万人中科技活动人员数：x_1/总人口数。

x_3 科学家工程师数：具有大学本科学历的和不具备上述学历但有高、中级职称的人员。

x_4 每万人中科学家工程师数：x_3/总人口数。

x_5 科研经费筹集总额：报告期内用于研究与发展课题活动（基础研究、应用研究、实验发展）的全部实际支出。

x_6 科技活动人员人均占有经费：x_5/x_1。

x_7 R&D 经费占 GDP 比重：x_5/GDP×100%。

x_8 科研仪器设备投资：科研机构和高等院校的仪器设备投资。

x_9 科研仪器设备投资占科研机构固定资产比重：x_8/（IFA+EFA+UFA）·100%，其中，IFA 表示科研机构的固定资产建设支出，EFA 表示大中型企业的固定资产建设支出，UFA 表示高等院校的固定资产建设支出。

x_{10} 图书销售量：图书报刊的零售总额。

x_{11} 每百户计算机拥有量：家庭平均每百户的计算机拥有量。

x_{12} 科研课题数：报告期内该地区承担的课题数目。

x_{13} 国家指导性计划项目数：报告期内该地区承担的国家指导性计划项数目。

x_{14} 每十万人中在校大学生数：各省市高等学校学生在校数/各省市总人口数（十万）。

x_{15} 劳动者人均受教育年限：个人受教育年限总和/人口总数。

x_{16} 论文发表数：报告期内发表科技论文总数。

x_{17} 专利授权数：报告期内专利授权总数。

x_{18} 技术市场成交额：当年技术合同成交总额。

x_{19} 经济效益指数：报告期内各省的经济运行质量。

x_{20} 人均 GDP：GDP/人口数。

x_{21} 新产品产值占工业总产值比重：新产品产值/工业总产值×100%。

x_{22} 在岗职工平均工资：工资总额/在岗职工总数。

x_{23} 农村居民家庭人均收入：农民收入总数/农民总人数。

3. 全国各省（自治区、直辖市）创新实力评价指标实现值

为了分析方便，按照统计年鉴所列顺序对全国各省（自治区、直辖市）（不含台湾省）进行编号，如表 9.2 所示。

表 9.2　各省（自治区、直辖市）代号

编号	名称	编号	名称	编号	名称	编号	名称
1	北京	9	上海	17	湖北	25	云南
2	天津	10	江苏	18	湖南	26	西藏
3	河北	11	浙江	19	广东	27	陕西
4	山西	12	安徽	20	广西	28	甘肃
5	内蒙古	13	福建	21	海南	29	青海
6	辽宁	14	江西	22	重庆	30	宁夏
7	吉林	15	山东	23	四川	31	新疆
8	黑龙江	16	河南	24	贵州		

全国 31 个省份的 23 个创新实力评价指标的具体取值如表 9.3、表 9.4 和表 9.5 所示。

表 9.3　各省份科技投入指标实现值

省份代号	x_1	x_2	x_3	x_4	x_5	x_6	x_7	x_8	x_9	x_{10}	x_{11}
1	419 741	2.48	335 507	1.98	10 888 595	27.94	10.38	678 089	73.70	0.74	87.93
2	123 965	1.05	83 883	0.71	3 296 804	27.59	7.29	30 098	47.34	0.38	70.83
3	142 628	0.20	98 424	0.14	1 904 254	13.35	1.18	27 078	89.61	1.48	57.27
4	133 570	0.39	84 853	0.25	1 909 986	14.30	2.75	28 546	80.53	1.06	47.21
5	47 997	0.20	34 089	0.14	750 417	17.63	0.97	7 412	74.88	0.67	37.28
6	195 465	0.45	141 895	0.33	3 530 071	18.06	2.62	76 840	78.93	1.36	51.2
7	97 353	0.36	71 150	0.26	1 163 858	11.96	1.81	13 393	78.94	1.8	47.55
8	115 777	0.30	82 814	0.22	1 507 006	13.02	1.81	38 468	64.97	0.54	37.91
9	224 234	1.19	167 899	0.89	5 856 520	27.22	4.28	238 803	74.54	2.62	109
10	511 670	0.67	323 494	0.42	11 735 700	22.94	3.87	112 118	47.73	4.21	68.17
11	413 108	0.81	256 324	0.50	7 028 269	17.01	3.27	44 451	74.44	2.96	79.45
12	149 049	0.24	98 954	0.16	2 514 649	17.87	2.83	24 770	67.70	2.79	50.73
13	130 618	0.36	92 346	0.26	2 303 021	17.63	2.13	17 632	90.78	0.78	80.92
14	77 340	0.18	51 571	0.12	1 131 389	14.63	1.75	4 657	13.18	1.51	50.66

续表

省份代号	x_1	x_2	x_3	x_4	x_5	x_6	x_7	x_8	x_9	x_{10}	x_{11}
15	363 503	0.39	257 752	0.27	7 601 016	20.91	2.45	47 982	72.18	2.81	63.97
16	206 496	0.22	130 142	0.14	2 320 122	12.69	1.42	79 848	84.87	2.35	47.64
17	184 072	0.32	131 984	0.23	3 102 974	17.86	2.74	79 556	77.62	2.32	51.89
18	147 648	0.23	100 294	0.16	2 166 358	14.67	1.94	20 558	71.03	2.81	43.12
19	527 477	0.55	385 368	0.40	8 504 327	17.22	2.38	36 684	57.58	2.8	83.23
20	67 486	0.14	47 869	0.10	860 746	12.75	1.20	7 750	62.98	2.57	67.62
21	10 509	0.12	6 582	0.08	146 511	13.94	1.00	7 721	71.69	0.68	47.52
22	87 965	0.31	63 095	0.22	1 415 627	17.09	2.78	6 323	43.69	1.37	58.21
23	221 582	0.27	141 714	0.17	3 615 274	17.32	2.89	133 065	70.70	1.95	49.14
24	39 387	0.10	24 898	0.07	509 213	12.93	1.53	3 613	43.08	1.04	43.37
25	63 737	0.14	42 906	0.09	842 035	13.21	1.48	19 820	49.71	1.68	40.19
26	3 549	0.12	2 430	0.08	54 347	17.31	1.37	1 995	78.88	0.13	29.95
27	147 667	0.39	99 085	0.26	2 632 252	17.83	3.84	160 813	70.95	2.22	57.85
28	54 031	0.21	37 412	0.14	763 444	14.13	2.40	27 750	83.13	0.63	37.28
29	10 879	0.20	7 968	0.14	165 558	17.22	1.72	570	77.61	0.08	37.31
30	14 780	0.24	10 397	0.17	178 723	12.09	1.63	1 133	74.59	0.15	38.56
31	34 197	0.16	22 131	0.10	539 007	17.76	1.28	7 290	79.92	0.84	41.32

表 9.4　各省份科技活动指标实现值

省份代号	x_{12}	x_{13}	x_{14}	x_{15}	省份代号	x_{12}	x_{13}	x_{14}	x_{15}
1	69 195	285	6 750	9.75	12	14 551	312	1 658	7.61
2	12 984	103	4 534	8.84	13	14 789	234	1 937	7.42
3	12 045	165	1 811	7.6	14	11 251	173	2 062	7.42
4	7 203	167	1 979	7.6	15	22 595	837	2 071	7.71
5	5 014	144	1 650	7.78	16	12 237	213	1 648	7.38
6	18 830	290	2 621	8.03	17	26 017	303	2 724	8.26
7	12 954	203	2 659	8.24	18	18 534	185	1 966	7.66
8	15 373	281	2 352	8.16	19	32 143	669	1 821	7.27
9	35 566	139	4 371	8.99	20	11 914	107	1 352	7.12
10	32 988	1 742	2 679	7.96	21	1 867	41	1 800	7.4
11	34 963	1 858	2 324	7.38	22	10 242	145	2 192	7.66

续表

省份代号	x_{12}	x_{13}	x_{14}	x_{15}	省份代号	x_{12}	x_{13}	x_{14}	x_{15}
23	25 644	294	1 637	7.41	28	7 402	247	1 687	7.53
24	5 839	81	969	7.9	29	726	45	1 033	7.17
25	9 984	97	1 174	7	30	2 213	57	1 610	7.3
26	312	15	1 279	7.36	31	3 795	152	1 414	7.27
27	18 646	198	2 880	8.13					

表 9.5　各省份科技产出指标实现值

省份代号	x_{16}	x_{17}	x_{18}	x_{19}	x_{20}	x_{21}	x_{22}	x_{23}
1	41 162	17 747	10 272 173	7.25	57 931	23.73	56 328	10 661.9
2	6 009	6 790	866 122	7.44	48 390	21.31	41 748	7 910.78
3	2 876	5 496	165 906	7.04	19 588	4.36	24 756	4 797.46
4	1 423	2 279	128 425	7.2	16 943	7.44	25 828	4 097.24
5	313	1 328	94 423	11.8	26 128	3.71	26 114	4 657.28
6	10 318	10 665	997 290	1.79	24 945	7.46	27 729	5 577.48
7	5 282	2 984	196 066	4.85	18 126	18.17	23 486	4 932.74
8	7 664	4 574	412 565	29.8	18 763	7.93	23 046	4 857.59
9	19 928	24 468	3 861 695	3.51	95 049	18.10	56 565	11 440.3
10	15 659	44 438	940 246	7.62	33 089	9.74	31 667	7 357.47
11	11 016	52 953	589 189	4.78	36 241	12.14	34 146	9 257.93
12	5 784	4 346	324 865	7.2	11 780	8.45	26 363	4 202.49
13	3 131	7 937	179 690	7.92	30 255	10.45	25 702	6 197.07
14	1 183	2 295	77 641	4.79	12 504	7.95	21 000	4 697.19
15	8 216	26 688	660 126	7.77	29 262	8.60	26 404	5 641.43
16	2 766	9 133	254 425	7.91	15 824	7.28	24 816	4 454.24
17	11 994	8 374	628 971	7.89	15 104	12.49	22 739	4 657.38
18	7 427	6 133	477 024	7.61	13 773	10.17	24 870	4 512.46
19	8 363	62 031	2 016 319	7.63	39 951	11.37	33 110	6 399.79
20	887	2 228	26 996	4.39	13 004	8.40	25 660	3 690.34
21	102	341	35 602	7.96	13 361	7.03	21 864	4 389.97
22	2 532	4 820	621 884	7.71	16 014	27.28	26 985	4 127.21
23	7 682	13 369	435 313	7.31	11 008	10.49	25 038	4 121.21
24	397	1 728	20 356	7.76	7 264	7.83	24 602	2 797.93

续表

省份代号	x_{16}	x_{17}	x_{18}	x_{19}	x_{20}	x_{21}	x_{22}	x_{23}
25	1 101	2 021	50 547	7.44	12 184	7.07	24 030	3 102.6
26	7	93	0	7.23	13 754	0.95	47 280	3 177.82
27	10 056	4 392	438 300	18.3	13 284	7.87	25 942	3 137.46
28	2 871	1 047	297 560	2.43	9 827	7.53	24 017	2 723.79
29	86	228	77 033	21.8	18 940	4.46	30 983	3 061.24
30	50	606	8 898	3.09	17 540	7.89	30 719	3 681.42
31	341	1493	73 963	26	17 616	3.80	24 687	3 502.9

4. 各省（自治区、直辖市）创新实力的灰色聚类评价

由于聚类指标意义不同，且在数量上相差悬殊，故采用灰色定权聚类评估模型。

将指标和灰类进行编号，X_j 指标关于 k 子类白化权函数 $f_j^k(\cdot)(j=1, 2, \cdots, 31; k=1, 2, 3)$ 分别为（k=1，2，3 分别对应较强、一般和较弱灰类）：

f_1^1(140000，400000，—，—)，f_1^2(100000，150000，—，200000)，f_1^3(—，—，70000，200000)

f_2^1(0.3，0.8，—，—)，f_2^2(0.2，0.3，—，0.4)，f_2^3(—，—，0.2，0.3)

f_3^1(80000，250000，—，—)，f_3^2(50000，100000，—，150000)，f_3^3(—，—，40000，130000)

f_4^1(0.2，0.7，—，—)，f_4^2(0.1，0.2，—，0.3)，f_4^3(—，—，0.1，0.4)

f_5^1(1500000，5000000，—，—)，f_5^2(1000000，2000000，—，3000000)，f_5^3(—，—，1000000，2000000)

f_6^1(15，18，—，—)，f_6^2(14，16，—，18)，f_6^3(—，—，12，16)

f_7^1(2，3.8，—，—)，f_7^2(1.3，2.4，—，3.5)，f_7^3(—，—，1.3，2.5)

f_8^1(10000，100000，—，—)，f_8^2(10000，30000，—，50000)，f_8^3(—，—，3000，70000)

f_9^1(75，80，—，—)，f_9^2(60，70，—，80)，f_9^3(—，—，50，75)

f_{10}^1(1.4，2.7，—，—)，f_{10}^2(1，2，—，3)，f_{10}^3(—，—，0.4，1.8)

f_{11}^1(50，80，—，—)，f_{11}^2(35，50，—，65)，f_{11}^3(—，—，35，55)

f_{12}^1(12000，32000，—，—)，f_{12}^2(9000，15000，—，21000)，f_{12}^3(—，—，1000，18000)

f_{13}^1(200，600，—，—)，f_{13}^2(100，250，—，400)，f_{13}^3(—，—，100，200)

f_{14}^1(1800，4000，—，—)，f_{14}^2(1600，2000，—，2400)，f_{14}^3(—，—，

1000，2000)

f_{15}^1(7.4，8.2，—，—)，f_{15}^2(7.3，7.6，—，7.9)，f_{15}^3(—，—，7.1，7.6)

f_{16}^1(6000，10000，—，—)，f_{16}^2(1000，5000，—，9000)，f_{16}^3(—，—，800，7000)

f_{17}^1(5000，13000，—，—)，f_{17}^2(2000，5000，—，8000)，f_{17}^3(—，—，600，6000)

f_{18}^1(200000，800000，—，—)，f_{18}^2(100000，400000，—，700000)，f_{18}^3(—，—，30000，500000)

f_{19}^1(6，11，—，—)，f_{19}^2(3，7，—，11)，f_{19}^3(—，—，3，6.6)

f_{20}^1(15000，40000，—，—)，f_{20}^2(10000，17000，—，24000)，f_{20}^3(—，—，10000，20000)

f_{21}^1(7，18，—，—)，f_{21}^2(4，8，—，12)，f_{21}^3(—，—，4，7)

f_{22}^1(26000，40000，—，—)，f_{22}^2(23000，26000，—，29000)，f_{22}^3(—，—，22000，27000)

f_{23}^1(4600，9000，—，—)，f_{23}^2(3000，4600，—，6200)，f_{23}^3(—，—，3000，4800)

对表 9.1 建立的指标体系通过专家打分后可得到相应指标的权重，如表 9.6 所示。

表 9.6　各指标的权重

指标	x_1	x_2	x_3	x_4	x_5	x_6	x_7	x_8
权重	0.056 016	0.053 54	0.059 73	0.058 14	0.044 12	0.051 33	0.039 22	0.045 63
指标	x_9	x_{10}	x_{11}	x_{12}	x_{13}	x_{14}	x_{15}	x_{16}
权重	0.044 24	0.042 28	0.041 29	0.044 98	0.049 72	0.035 92	0.021 71	0.032 26
指标	x_{17}	x_{18}	x_{19}	x_{20}	x_{21}	x_{22}	x_{23}	
权重	0.044 81	0.037 12	0.041 87	0.047 37	0.041 72	0.035 99	0.030 97	

由 $\sigma_i^k=\sum\limits_{j=1}^{m} f_j^k(x_{ij})\cdot\eta_i$；$i=1, 2, \cdots, 31$；$k=1, 2, 3$ 以及表 9.3～表 9.5 和前两步的结果可以得到定权聚类系数矩阵 $\sum=(\sigma_i^k)=\begin{bmatrix}\sigma_1^1 & \sigma_1^2 & \sigma_1^3\\ \sigma_2^1 & \sigma_2^2 & \sigma_2^3\\ \vdots & & \vdots\\ \sigma_{31}^1 & \sigma_{31}^2 & \sigma_{31}^3\end{bmatrix}$。灰色定权聚类系数如表 9.7 所示。

表 9.7　灰色定权聚类系数

i	σ_i^1	σ_i^2	σ_i^3	i	σ_i^1	σ_i^2	σ_i^3
1	0.8324	0.0842	0.0833	17	0.288	0.5707	0.1413
2	0.5079	0.2533	0.2388	18	0.0856	0.416	0.3384
3	0.0556	0.3067	0.4898	19	0.5681	0.2254	0.103
4	0.0635	0.3506	0.4232	20	0.0657	0.1803	0.754
5	0.0636	0.1038	0.6973	21	0	0.0139	0.8281
6	0.3314	0.5553	0.1133	22	0.0931	0.4806	0.4263
7	0.1177	0.4181	0.4642	23	0.2134	0.4341	0.2319
8	0.0996	0.4954	0.405	24	0.008	0.1012	0.8909
9	0.7635	0.148	0.0884	25	0.0046	0.1523	0.8431
10	0.7147	0.2331	0.0522	26	0.0703	0.095	0.8347
11	0.6784	0.2628	0.0588	27	0.2912	0.524	0.1847
12	0.1039	0.4615	0.3137	28	0.0501	0.1102	0.7104
13	0.2075	0.3551	0.2844	29	0.0689	0.1481	0.7829
14	0.0026	0.3046	0.6928	30	0.0121	0.0364	0.812
15	0.4722	0.4785	0.0492	31	0.0854	0.1414	0.7732
16	0.1416	0.3211	0.4084				

判定对象所属的灰类。由 $\max\limits_{1\leqslant k\leqslant 3}\{\sigma_i^k\}=\sigma_i^{k^*}$，可判定对象 i 属于灰类 k^*。

根据上述结果可得：

$\max\limits_{1\leqslant k\leqslant 3}\{\sigma_1^k\}=\sigma_1^1=0.8324$，$\max\limits_{1\leqslant k\leqslant 3}\{\sigma_2^k\}=\sigma_2^1=0.5079$，$\max\limits_{1\leqslant k\leqslant 3}\{\sigma_3^k\}=\sigma_3^3=0.4898$，

$\max\limits_{1\leqslant k\leqslant 3}\{\sigma_4^k\}=\sigma_4^2=0.3597$，$\max\limits_{1\leqslant k\leqslant 3}\{\sigma_5^k\}=\sigma_5^3=0.6184$，$\max\limits_{1\leqslant k\leqslant 3}\{\sigma_6^k\}=\sigma_6^1=0.4090$，

$\max\limits_{1\leqslant k\leqslant 3}\{\sigma_7^k\}=\sigma_7^2=0.3821$，$\max\limits_{1\leqslant k\leqslant 3}\{\sigma_8^k\}=\sigma_8^2=0.5075$，$\max\limits_{1\leqslant k\leqslant 3}\{\sigma_9^k\}=\sigma_9^1=0.8043$，

$\max\limits_{1\leqslant k\leqslant 3}\{\sigma_{10}^k\}=\sigma_{10}^1=0.7505$，$\max\limits_{1\leqslant k\leqslant 3}\{\sigma_{11}^k\}=\sigma_{11}^1=0.7269$，$\max\limits_{1\leqslant k\leqslant 3}\{\sigma_{12}^k\}=\sigma_{12}^2=0.5585$，

$\max\limits_{1\leqslant k\leqslant 3}\{\sigma_{13}^k\}=\sigma_{13}^2=0.3088$，$\max\limits_{1\leqslant k\leqslant 3}\{\sigma_{14}^k\}=\sigma_{14}^3=0.5960$，$\max\limits_{1\leqslant k\leqslant 3}\{\sigma_{15}^k\}=\sigma_{15}^1=0.5234$，

$\max\limits_{1\leqslant k\leqslant 3}\{\sigma_{16}^k\}=\sigma_{16}^3=0.3339$，$\max\limits_{1\leqslant k\leqslant 3}\{\sigma_{17}^k\}=\sigma_{17}^2=0.3996$，$\max\limits_{1\leqslant k\leqslant 3}\{\sigma_{18}^k\}=\sigma_{18}^2=0.4731$，

$\max\limits_{1\leqslant k\leqslant 3}\{\sigma_{19}^k\}=\sigma_{19}^1=0.6261$，$\max\limits_{1\leqslant k\leqslant 3}\{\sigma_{20}^k\}=\sigma_{20}^3=0.7389$，$\max\limits_{1\leqslant k\leqslant 3}\{\sigma_{21}^k\}=\sigma_{21}^3=0.7389$，

$\max\limits_{1\leqslant k\leqslant 3}\{\sigma_{22}^k\}=\sigma_{22}^2=0.4762$，$\max\limits_{1\leqslant k\leqslant 3}\{\sigma_{23}^k\}=\sigma_{23}^2=0.3492$，$\max\limits_{1\leqslant k\leqslant 3}\{\sigma_{24}^k\}=\sigma_{24}^3=0.8025$，

$\max\limits_{1\leqslant k\leqslant 3}\{\sigma_{25}^k\}=\sigma_{25}^3=0.7549$，$\max\limits_{1\leqslant k\leqslant 3}\{\sigma_{26}^k\}=\sigma_{26}^3=0.7965$，$\max\limits_{1\leqslant k\leqslant 3}\{\sigma_{27}^k\}=\sigma_{27}^2=0.4646$，

$\max\limits_{1\leqslant k\leqslant 3}\{\sigma_{28}^k\}=\sigma_{28}^3=0.6262$，$\max\limits_{1\leqslant k\leqslant 3}\{\sigma_{29}^k\}=\sigma_{29}^3=0.7567$，$\max\limits_{1\leqslant k\leqslant 3}\{\sigma_{30}^k\}=\sigma_{30}^3=0.7506$，

$\max\limits_{1\leqslant k\leqslant 3}\{\sigma_{31}^k\}=\sigma_{31}^3=0.6728$

从而可得，北京、天津、辽宁、上海、江苏、浙江、山东、广东属于创新实力较

强类；山西、吉林、黑龙江、安徽、福建、湖北、湖南、重庆、四川、陕西属于创新实力一般类；河北、内蒙古、江西、河南、广西、海南、贵州、云南、西藏、甘肃、青海、宁夏、新疆属于创新实力较弱类。

9.2.2 江苏省 13 市创新实力评价

1. 市（地）级创新实力评价指标体系

按照表 9.1 完全相同的方法，建立市（地）级创新实力评价指标体系，如表 9.8 所示。市（地）级创新实力评价指标体系包括科技投入、科技活动和科技产出三个一级指标和 20 个二级指标。

表 9.8 市（地）创新实力评价指标体系

一级指标	二级指标	单位	代号
科技投入	科技活动人员数	万人	x_1
	科技活动人员占从业人员比重	%	x_2
	R&D 活动人员占科技活动人员比重	%	x_3
	企业 R&D 活动人员占企业职工比重	%	x_4
	政府科技拨款占财政支出的比重	%	x_5
	企业 R&D 经费占销售收入的比例	%	x_6
	R&D 经费占 GDP 比重	%	x_7
科技活动	每十万人口专利授权数	件/十万人	x_8
	国民平均受教育年限	年/人	x_9
	每万人口中中专及以上在校学生数	人/万人	x_{10}
科技产出	人均 GDP	元	x_{11}
	GDP 增长速度	%	x_{12}
	高新技术产业销售收入	亿元	x_{13}
	高新技术产业产值占工业总产值的比重	%	x_{14}
	高新技术产业对工业产值增长的贡献率	%	x_{15}
	劳动生产率	元/人	x_{16}
	万元工业增加值能耗	万元/吨标准煤	x_{17}
	千公顷有效灌溉面积农业机械总动力	万千瓦时/千公顷	x_{18}
	在岗职工平均工资	元	x_{19}
	农村居民人均纯收入	元	x_{20}

2. 各个指标的解释说明

各指标的解释说明如下。

x_1科技活动人员数：已取得科学技术职称，或大学、中专的理、工、农、医科系毕业生，以及各部门从工作实践中提拔，从事理、工、农、医等自然科学技术的研究、教学、生产的专业人员和在机关、企业、事业中从事科学技术业务管理工作的专业人员数。

x_2科技活动人员占从业人员比重：x_1/从业人员总数×100%。

x_3R&D 活动人员占科技活动人员比重：R&D 活动人员/x_1×100%。

x_4企业 R&D 活动人员占企业职工比重：企业 R&D 活动人员/企业职工总数×100%。

x_5政府科技拨款占财政支出的比重：政府科技拨款/财政支出总额×100%，其中财政支出指国家财政将筹集的资金进行分配使用，以满足经济建设和各项事业的需要。

x_6企业 R&D 经费占销售收入的比例：企业 R&D 经费/销售收入×100%。

x_7R&D 经费占 GDP 比重：R&D 经费/GDP×100%。

x_8每十万人专利授权数：报告期内专利授权总数/人口总数（十万）。

x_9国民平均受教育年限：个人受教育年限总和/人口总数。

x_{10}每万人中中专及以上在校学生数：各市中专学校和高等学校学生在校数/各市总人口数（万）。

x_{11}人均 GDP：GDP/人口数。

x_{12} GDP 增长速度：（本年度 GDP－上一年度 GDP）/上一年度GDP×100%。

x_{13}高新技术产业销售收入：报告期内该地区高新技术产业销售收入总额。

x_{14}高新技术产业产值占工业总产值的比重：高新技术产业产值/工业总产值×100%。

x_{15}高新技术产业对工业产值增长的贡献率：高新技术产业增长额/工业产值增长额×100%。

x_{16}劳动生产率：工业产值/全部职工平均人数。

x_{17}万元工业增加值能耗：万元工业增加值/能源消耗总额。

x_{18}千公顷有效灌溉面积农业机械总动力：农业机械总动力/有效灌溉面积（千公顷），其中，农业机械总动力指主要用于农、林、牧、渔业的各种动力机械的动力总和，有效灌溉面积是指具有一定的水源，地块比较平整，灌溉工程或设备已经配套，在一般年景下当年能够进行正常灌溉的耕地面积。

x_{19}在岗职工平均工资：工资总额/在岗职工总数。

x_{20}农村居民家庭人均收入：农民收入总数/农民总人数。

3. 江苏省 13 市创新实力评价指标实现值

为了分析方便，按照统计年鉴所列顺序对江苏省各地级市进行编号，如表 9.9 所示。

表 9.9　江苏省各市代号

编号	名称	编号	名称	编号	名称
1	南京市	6	南通市	11	镇江市
2	无锡市	7	连云港市	12	泰州市
3	徐州市	8	淮安市	13	宿迁市
4	常州市	9	盐城市		
5	苏州市	10	扬州市		

江苏省 13 个地级市的 20 个创新实力评价指标的具体实现值，如表 9.10、表 9.11 和表 9.12 所示。

表 9.10　江苏省各市科技投入指标实现值

各市代号	x_1	x_2	x_3	x_4	x_5	x_6	x_7
1	71.23	2.34	51.49	4.21	2.34	0.88	2.45
2	47.21	1.48	61.32	2.35	2.39	0.98	2.29
3	24.83	0.43	58.11	1.86	1.34	0.79	1.32
4	27.54	2.13	47.91	3.28	2.95	0.88	2.27
5	68.16	2.1	43.02	1.46	3.66	0.68	1.94
6	31.53	0.87	42.34	2.29	2.59	0.7	1.56
7	18.53	0.3	54.61	2.02	2.09	0.85	1.13
8	7.83	0.19	47.69	1.23	2	0.6	0.85
9	20.48	0.43	47.34	1.37	1.53	0.43	0.74
10	18.69	0.92	50	2.13	2.42	0.77	1.76
11	17.04	1.46	48.83	2.29	2.56	0.88	1.77
12	23.59	0.66	49.24	2.06	2.15	0.8	1.62
13	12.72	0.1	39.86	0.67	1.4	0.38	0.34

表 9.11　江苏省各市科技活动指标实现值

各市代号	x_8	x_9	x_{10}	各市代号	x_8	x_9	x_{10}
1	63.08	9.520 828	1 053.9	8	9.23	8.027 754	224.12
2	78.33	8.342 688	307.37	9	17.26	8.497 468	107.15
3	20.04	9.027 228	209.5	10	44.8	8.246 995	263.24
4	57.54	8.421 277	321.3	11	84.88	8.502 405	367.35
5	200.19	8.359 705	277.29	12	32.83	7.890 024	117.91
6	57.39	8.058 857	187.65	13	3.78	7.880 797	227.69
7	7.68	7.754 823	181.79				

表 9.12　江苏省各市科技产出指标实现值

各市代号	x_{11}	x_{12}	x_{13}	x_{14}	x_{15}	x_{16}	x_{17}	x_{18}	x_{19}	x_{20}
1	50 327	17.27	2 510.10	41.3	40.88	99 247.47	2.11	1.10	39 876	8 951
2	73 053	14.55	2 588.69	27.26	22.39	126 264.2	1.08	0.86	38 843	11 280
3	23 069	19.52	287.21	10.27	17.53	41 299.45	2.45	1.06	26 824	6 240
4	50 283	17.14	1 484.10	29.26	33.91	75 737.87	1.11	0.96	34 834	10 171
5	74 676	17.55	5 904.16	34.8	47.24	129 478.5	1.07	0.81	36 090	11 785
6	35 040	14.12	1 359.77	27.14	38.31	52 981.53	0.8	0.67	30 856	7 811
7	16 808	21.92	187.28	21.25	27.07	27 167.69	1.45	1.02	26 596	5 454
8	18 921	19.68	131.75	11.21	19.9	29 257.01	2.1	1.13	23 993	5 657
9	21 238	17.92	370.37	17.97	24.97	47 700.46	0.97	0.78	22 380	6 867
10	35 232	20	814.19	24.74	31.49	57 547.35	1	0.76	27 323	7 450
11	46 473	17.09	794.60	30.62	39.52	85 140.58	1.43	1.06	30 958	8 703
12	30 256	17.97	791.74	28.92	28.15	49 599.77	0.98	0.75	25 737	7 338
13	13 709	20.86	21.99	3.9	7.32	21 139.15	1.03	1.45	19 988	5 406

4. 江苏省各市创新实力灰色聚类评价

与省级创新实力评估相同，市（地）级创新实力评价也采用灰色定权聚类评估模型。

将指标和灰类进行编号，X_j 指标关于 k 子类白化权函数 $f_j^k(\cdot)$（$j=1, 2, \cdots, 20$；$k=1, 2, 3$）分别为（$k=1, 2, 3$ 分别对应较强、一般和较弱灰类）：

$f_1^1(18, 47, -, -)$，$f_1^2(10, 20, -, 30)$，$f_1^3(-, -, 12, 25)$

$f_2^1(0.5, 2, -, -)$，$f_2^2(0.2, 0.9, -, 1.6)$，$f_2^3(-, -, 0.2, 0.4)$

f_3^1(45，54，—，—)，f_3^2(43，48，—，53)，f_3^3(—，—，42，49)

f_4^1(2，3，—，—)，f_4^2(1.3，2.3，—，3.3)，f_4^3(—，—，1.2，2)

f_5^1(2，2.5，—，—)，f_5^2(1.5，2.3，—，3.1)，f_5^3(—，—，1.4，2.4)

f_6^1(0.7，0.8，—，—)，f_6^2(0.7，0.8，—，0.9)，f_6^3(—，—，0.4，0.7)

f_7^1(1.5，2，—，—)，f_7^2(1.1，1.7，—，2.3)，f_7^3(—，—，0.7，2.5)

f_8^1(50，80，—，—)，f_8^2(20，50，—，80)，f_8^3(—，—，10，60)

f_9^1(8.1，9，—，—)，f_9^2(8，8.3，—，8.6)，f_9^3(—，—，7.8，8.4)

f_{10}^1(200，300，—，—)，f_{10}^2(180，220，—，260)，f_{10}^3(—，—，180，260)

f_{11}^1(25000，50000，—，—)，f_{11}^2(20000，35000，—，50000)，f_{11}^3(—，—，17000，50000)

f_{12}^1(16，20，—，—)，f_{12}^2(14，17，—，20)，f_{12}^3(—，—，15，19)

f_{13}^1(750，2500，—，—)，f_{13}^2(350，800，—，1250)，f_{13}^3(—，—，300，800)

f_{14}^1(25，30，—，—)，f_{14}^2(22，26，—，30)，f_{14}^3(—，—，15，28)

f_{15}^1(20，35，—，—)，f_{15}^2(22，30，—，38)，f_{15}^3(—，—，19，34)

f_{16}^1(30000，90000，—，—)，f_{16}^2(30000，55000，—，70000)，f_{16}^3(—，—，25000，80000)

f_{17}^1(1，2，—，—)，f_{17}^2(1，1.5，—，2)，f_{17}^3(—，—，1.4，2)

f_{18}^1(0.8，1.1，—，—)，f_{18}^2(0.8，1，—，1.2)，f_{18}^3(—，—，0.7，1)

f_{19}^1(27000，36000，—，—)，f_{19}^2(25000，30000，—，35000)，f_{19}^3(—，—，22000，34000)

f_{20}^1(7000，10000，—，—)，f_{20}^2(6000，7400，—，8800)，f_{20}^3(—，—，5500，8000)

对表 9.8 建立的指标体系通过专家打分后可得到相应指标权重，如表 9.13 所示。

表 9.13 评价指标权重

指标	x_1	x_2	x_3	x_4	x_5	x_6	x_7
权重	0.057	0.057	0.058	0.054	0.049	0.049	0.05
指标	x_8	x_9	x_{10}	x_{11}	x_{12}	x_{13}	x_{14}
权重	0.052	0.045	0.051	0.053	0.045	0.049	0.047
指标	x_{15}	x_{16}	x_{17}	x_{18}	x_{19}	x_{20}	
权重	0.047	0.047	0.048	0.049	0.045	0.048	

由 $\sigma_i^k=\sum_{j=1}^{m} f_j^k(x_{ij})\cdot\eta_i$；$i=1, 2, \cdots, 13$；$k=1, 2, 3$ 和前两步的结果可以得到定权聚类系数矩阵 $\Sigma=(\sigma_i^k)=\begin{bmatrix}\sigma_1^1 & \sigma_1^2 & \sigma_1^3\\ \sigma_2^1 & \sigma_2^2 & \sigma_2^3\\ \vdots & \vdots & \vdots\\ \sigma_{31}^1 & \sigma_{31}^2 & \sigma_{31}^3\end{bmatrix}$。灰色定权聚类系数如表 9.14 所示。

表 9.14　灰色定权聚类系数

i	σ_i^1	σ_i^2	σ_i^3	i	σ_i^1	σ_i^2	σ_i^3
1	0.877	0.1464	0.0463	8	0.1616	0.1454	0.6856
2	0.6948	0.2252	0.1693	9	0.0796	0.2752	0.6679
3	0.3042	0.277	0.4458	10	0.3325	0.6618	0.2615
4	0.6879	0.2625	0.1142	11	0.6206	0.4503	0.1613
5	0.6677	0.1205	0.2034	12	0.2188	0.5651	0.4041
6	0.2799	0.4355	0.3646	13	0.1091	0.0609	0.867
7	0.2368	0.2801	0.5763				

判定对象所属的灰类。由 $\max\limits_{1\leqslant k\leqslant 3}\{\sigma_i^k\}=\sigma_i^{k^*}$，可判定对象 i 属于灰类 k^*。

根据上述结果可得：

$\max\limits_{1\leqslant k\leqslant 3}\{\sigma_1^k\}=\sigma_1^1=0.8770$，$\max\limits_{1\leqslant k\leqslant 3}\{\sigma_2^k\}=\sigma_2^1=0.6948$，$\max\limits_{1\leqslant k\leqslant 3}\{\sigma_3^k\}=\sigma_3^3=0.4458$，$\max\limits_{1\leqslant k\leqslant 3}\{\sigma_4^k\}=\sigma_4^1=0.6879$，$\max\limits_{1\leqslant k\leqslant 3}\{\sigma_5^k\}=\sigma_5^1=0.6677$，$\max\limits_{1\leqslant k\leqslant 3}\{\sigma_6^k\}=\sigma_6^2=0.4355$，$\max\limits_{1\leqslant k\leqslant 3}\{\sigma_7^k\}=\sigma_7^3=0.5763$，$\max\limits_{1\leqslant k\leqslant 3}\{\sigma_8^k\}=\sigma_8^3=0.6856$，$\max\limits_{1\leqslant k\leqslant 3}\{\sigma_9^k\}=\sigma_9^3=0.6679$，$\max\limits_{1\leqslant k\leqslant 3}\{\sigma_{10}^k\}=\sigma_{10}^2=0.6618$，$\max\limits_{1\leqslant k\leqslant 3}\{\sigma_{11}^k\}=\sigma_{11}^1=0.6206$，$\max\limits_{1\leqslant k\leqslant 3}\{\sigma_{12}^k\}=\sigma_{12}^2=0.5651$，$\max\limits_{1\leqslant k\leqslant 3}\{\sigma_{13}^k\}=\sigma_{13}^3=0.8670$

从而可得，南京市、无锡市、常州市、苏州市、镇江市属于较强类；南通市、扬州市、泰州市属于一般类；徐州市、连云港市、淮安市、盐城市、宿迁市属于较弱类。

9.3　科技部科技进步监测评价

随着改革开放的深化，党和政府对科学技术事业的发展也日益重视。支持重大科技决策自然离不开科技监测、评价信息。自 1993 年开始，科技部发展计划司即组织开展了对全国科技进步统计监测及综合评价的研究，并开始发布《全国及各地区科技进步统计监测结果》，逐步形成了较为规范的科技进步监测及综合评价制度。

在运行过程中，又多次组织力量对监测评价指标体系进行修订和完善。

在 2014 年发布的《2013 全国及各地区科技进步统计监测结果》报告中，全国科技进步统计监测主要指标与上年比较（表 9.15），共包括 35 项科技进步统计监测指标。以表 9.15 的 35 项指标为基础，分别计算出“各地区综合科技进步水平指数”、“各地区综合科技进步水平指数提高/降低百分点排序”，“各地区科技进步环境指数”、“各地区科技进步环境数提高/降低百分点排序”，“各地区科技活动投入指数”、“各地区科技活动投入指数提高/降低百分点排序”，“各地区科技活动产出指数”、“各地区科技活动产出指数提高/降低百分点排序”，“各地区高新技术产业化指数”、“各地区高新技术产业化指数提高/降低百分点排序”，“各地区科技促进经济社会发展指数”、“各地区科技促进经济社会发展指数提高/降低百分点排序”。其中，“科技进步环境指数”包括“科技人力资源”、“科研物资条件”和“科技意识”三个二级指标，“科技活动投入指数”包括“科技活动人力投入”和“科技活动财力投入”两个二级指标，“科技活动产出指数”包括“科技活动产出水平”和“技术成果市场化”两个二级指标，“高新技术产业化指数”包括“高新技术产业化水平”和“高新技术产业化效益”两个二级指标，“科技促进经济社会发展指数”包括“经济发展方式转变”、“环境改善”和“社会生活信息化”三个二级指标。“综合科技进步水平指数”则为“科技进步环境指数”、“科技活动投入指数”、“科技活动产出指数”、“高新技术产业化指数”和“科技促进经济社会发展指数”的加权和。

表 9.15　全国科技进步统计监测主要指标与上年比较

指标	2011 年	2012 年
万人研究与发展（R&D）人员数/（人年/万人）	21.50	24.21
万人大专以上学历人数/（人/万人）	1005.82	1059.20
万人 R&D 研究人员数/（人年/万人）	9.83	10.47
企业 R&D 研究人员占比重/%	54.38	54.59
R&D 经费支出与 GDP 比值/%	1.84	1.98
国家财政科技支出占国家财政支出比重/%	4.39	4.45
地方财政科技支出占地方财政支出比重/%	2.03	2.09
企业 R&D 经费支出占主营业务收入比重/%	0.71	0.77
科学研究和技术服务业新增固定资产占比重/%	0.72	0.89
万人科技论文数/（篇/万人）	2.87	2.92
获国家级科技成果奖项数/项①	338.00	289.00

续表

指标	2011 年	2012 年
万名就业人员专利申请数/（件/万人）	19.43	25.13
万名就业人员发明专利授权数（件/万人）	1.39	1.89
万人发明专利拥有量/（件/万人）	2.94	3.53
万人输出技术成交额/（万元/万人）	355.25	437.03
有 R&D 活动的企业占比重/%	11.50	13.73
万元生产总值技术国际收入/（美元/万元）	5.38	5.86
高技术产业增加值占工业增加值比重/%②	8.81	9.09
知识密集型服务业增加值占生产总值比重/%	11.57	12.20
高技术产品出口额占商品出口额比重/%	28.91	29.34
新产品销售收入占主营业务收入比重/%	11.92	11.89
高技术产业劳动生产率/（万元/人）	17.37	17.55
高技术产业增加值率/%	24.30	23.67
知识密集型服务业劳动生产率/（万元/人）	30.22	32.93
劳动生产率/（万元/人）	5.76	6.20
资本生产率/（万元/万元）	0.36	0.34
综合能耗产出率/（元/千克标准煤）	12.61	13.08
生活垃圾无害化处理率/%	79.70	84.83
固体废物综合利用率/%	60.48	61.53
废水中氨氮排放量/万吨	260.44	253.59
废水中化学需氧量排放量/万吨	2499.86	2423.73
废气中二氧化硫排放量/万吨	2217.91	2117.63
百户居民计算机拥有量/（台/百户）	50.29	54.57
万人国际互联网上网数/（人/万人）	3826.51	4206.10
信息传输、计算机服务和软件业增加值占生产总值比重/%	2.43	2.46

①包括国家科学技术进步奖和国家技术发明奖；②高技术产业增加值和工业增加值均为“规模以上”数据

9.4　国家创新竞争力评价

9.4.1　国家创新竞争力评价指标体系

国家创新竞争力的基本构成要素包括创新生态、创新投入、创新产出以及创新潜力，基于对国家创新竞争力基本构成要素之间相互作用关系的分析，建立了国家创新竞争力评估的理论模型和国家创新竞争力评估指标体系。

创新生态是指与国家创新竞争力相关的国家创新环境、政策等。

创新投入是指为保证国家创新活动的成功而投入的各种创新要素。

创新产出是指一国在创新活动过程中产生的有形或无形的有益成果。

创新产出与创新投入的关系则表现为创新效率。

创新潜力是指与国家创新竞争力提升相关的潜在能力或价值资源。

在国家创新竞争力提升的过程中，创新生态起着十分重要的作用，它对创新投入、创新产出以及创新潜力都有着重要的影响。在某种意义上，一国创新效率的高低或其创新潜力是否得到充分发挥是由创新生态决定的；因为创新生态决定了创新投入和创新资源配置，从而也决定了创新潜力的发挥和创新效率。创新生态、创新投入、创新产出和创新潜力之间的关系可以用国家创新竞争力理论模型表达，如图 9.1 所示。

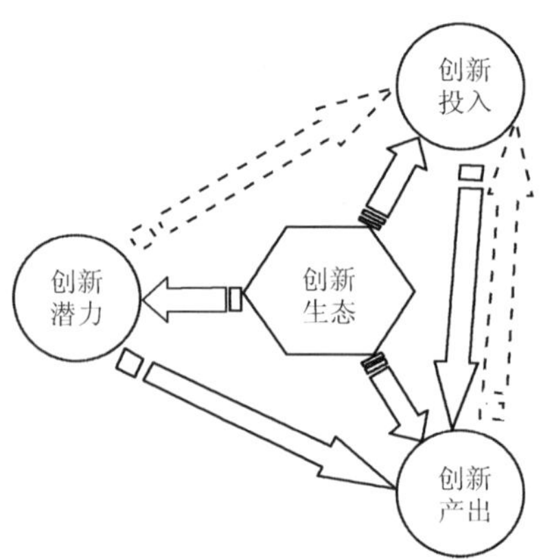

图 9.1　国家创新竞争力示意图

从现有的国家创新竞争力评价指标体系研究可以看出，由于研究者知识背景和研究视角不同，构建的指标体系有较大差异。课题组从各种文献、资料中收集到人们用来反映国家创新竞争力的指标有 70 多个。为从众多的指标中提炼出一套能够较确切地反映国家创新竞争力的评价指标，本研究采用灰关联聚类模型对收集、整理出的拟选指标进行删除、归并处理，再对所得结果通过实地访谈和专家调查广泛征询意见，最后经课题组成员反复讨论，得到创新环境、创新投入、创新产出和创新潜力 4 个一级指标和 17 个二级指标的国家创新竞争力评价指标体系。以此为基础，邀请专家独立评审并给出二级指标权重建议。表 9.16 是综合专家意见整理出的国家创新竞争力评价指标体系。

表 9.16　国家创新竞争力评估指标体系

评估目标	评估维度	评估指标	代号	指标类型	单位	权重
国家创新能力	创新生态（Z_1，30）	人均 GDP	x_1	定量	%	4
		市场开放度	x_2	定量	%	5
		创新政策	x_3	定性	%	5
		信息支持	x_4	定量	人	5
		知识产权保护	x_5	定量	亿美元	6
		自然环境与移民政策	x_6	定性	%	5
	创新投入（Z_2，22）	R&D/GDP	x_7	定量	%	8
		基础研究经费/ R&D 经费	x_8	定量	%	7
		R&D 人员全时当量	x_9	定量	万人	7
	创新产出（Z_3，30）	发表科技论文	x_{10}	定量	万篇	4
		发明专利授权量	x_{11}	定量	千件	5
		出口技术合同交易额	x_{12}	定量	亿元	4
		高技术产业增加值占制造业增加值的比重	x_{13}	定量	%	5
		重大科学发现	x_{14}	定性	%	6
		重大发明与核心技术	x_{15}	定性	%	6
	创新潜力（Z_4，18）	高等教育毛入学率	x_{16}	定量	%	8
		科学技术人员占雇佣比例	x_{17}	定量	%	10

表 9.16 中的 17 个二级指标皆为正向变化指标，即指标数值越大，国家创新竞争力越强。其中市场开放度 x_2＝进出口总额/GDP，信息支持 x_4 用每千人中的因特网用户数表示，知识产权保护 x_5 用知识产权使用费支出额表达；13 个定量的二级指标可以查询统计年鉴获得数据资料，有些指标数据需要在此基础上通过简单计算得到，其余 4 个定性指标可以通过专家评分的办法获得。

创新生态、创新投入、创新产出和创新潜力 4 个一级指标的权重分别为 30、22、30 和 18，我们可由二级指标直接计算国家创新竞争力综合指数，无须对 4 个一级指标分别计算指数后再加权求和。

9.4.2　国家创新竞争力灰色聚类综合评估结果与比较分析

1. 基础数据收集与处理

基础数据主要来源于 WDI 数据库、《国际统计年鉴 2012—2013》、The

Global Innovation Index2012—2013 Stronger Innovation Linkages for Global Growth、《全球竞争力报告 2012—2013》、《华尔街日报》、部分相关国家统计年鉴、《中国高技术产业统计年鉴 2012》和《中国科技统计年鉴》等。

通过多种渠道和方式收集本项目所确定的国家创新竞争力指标的基础数据，经过课题组讨论及专家调研，确定了 26 个国家和地区作为评估对象，分别为中国、澳大利亚、比利时、加拿大、丹麦、芬兰、法国、德国、意大利、日本、荷兰、波兰、葡萄牙、爱尔兰、韩国、西班牙、瑞典、瑞士、英国、美国、印度、南非、巴西、俄罗斯、墨西哥和新加坡。

在数据收集的过程中，对于个别无法获得数据的指标，采用由近期数据代替的办法处理。比如，2012 年“高技术产业增加值占制造业增加值的比重”无法获得数据，则用 2011 年的数据代替；如果该指标数据近期也无完整的面板数据，但缺失数据国家个数较少的指标，则首先查阅相关指标的文献，找到与缺失数据国家该指标水平相近的国家，然后进行近似估计；当缺失数据国家前期数据能够满足建模要求时，则采用 GM（1，1）模型进行预测，比如，“高等教育毛入学率”2011 年德国的数据无法获取，但是大部分国家的数据能够获取，而且文献资料表明德国高等教育毛入学率与意大利比较接近，则由意大利的数据近似估计德国的数据；如果该指标近期数据没有完整的面板数据，缺失国家较多时，则先用 GM（1，1）模型对其数据进行预测，再进行近似估计；对于定性指标创新政策、自然环境与移民政策、重大科学发现和重大发明与核心技术四个定性指标，则通过专家评分的办法进行量化。

2. 26 个国家创新竞争力灰色聚类综合评估结果与比较分析

根据评价目标，将区域创新能力划分为弱、中等、较强、强四个不同的类别，并按照基于中心点混合三角白化权函数的灰色聚类评估模型建模过程进行综合评价。

第一步，首先确定各个指标的取值范围及其关于弱灰类（灰类 1）、强灰类（灰类 4）的转折点 λ_j^1，λ_j^4，$j=1$，2，…，17 和中等灰类（灰类 2）、较强灰类（灰类 3）的中心点 λ_j^2，λ_j^3，$j=1$，2，…，17。其中各个指标的取值范围参照 26 个国家 2012 年的实际数据确定，各个指标关于不同灰类的转折点和中心点 λ_j^1，λ_j^2，λ_j^3，λ_j^4，$j=1$，2，…，17 经课题组反复讨论后确定。具体结果如表 9.17 所示。

表 9.17　各指标取值范围及其转折点、中心点

指标代号	单位	取值范围	转折点和中心点			
			λ_j^1	λ_j^2	λ_j^3	λ_j^4
x_1	%	[1 489.24，79 052.34]	1 500	5 000	10 000	20 000
x_2	%	[50.5，87.5]	50	51	75	85
x_3	%	[12.58，94]	20	40	60	80
x_4	%	[75，95]	78	83	88	93
x_5	亿美元	[0，124 1.82]	0	5	20	50
x_6	%	[50，95]	60	75	85	90
x_7	%	[0.45，3.86]	0.5	1.5	2.5	3.5
x_8	%	[5，29.49]	10	15	20	25
x_9	万人	[0，44.03]	0	10	25	40
x_{10}	万篇	[2 798.5，208 600.8]	3 000	30 000	100 000	200 000
x_{11}	千件	[171，23 823]	200	500	3 500	9 000
x_{12}	亿元	[0，4 571.07]	0	500	1 000	3 000
x_{13}	%	[3.53，45.16]	5	15	30	40
x_{14}	%	[50，95]	60	75	85	90
x_{15}	%	[70，95]	78	83	88	90
x_{16}	%	[14，103.11]	40	60	75	90
x_{17}	%	[27，64]	30	40	50	60

第二步，由各指标取值范围及其转折点、中心点，可得指标 $j(j=1, 2, \cdots, 14)$ 关于灰类 $k(k=1, 2, 3, 4)$ 的白化权函数如下：

$j=1$：$f_1^1[-, -, \lambda_1^1, \lambda_1^2]$，$f_1^2[\lambda_1^1, \lambda_1^2, -, \lambda_1^3]$，$f_1^3[\lambda_1^2, \lambda_1^3, -, \lambda_1^4]$，$f_1^4[\lambda_1^3, \lambda_1^4, -, -]$

即 $j=1$：$f_1^1[-, -, 1500, 5000]$，$f_1^2[1500, 5000, -, 10000]$，$f_1^3[5000, 10000, -, 20000]$，$f_1^4[10000, 20000, -, -]$。同样有

$j=2$：$f_2^1[-, -, 50, 51]$，$f_2^2[50, 51, -, 75]$，$f_2^3[51, 75, -, 85]$，$f_2^4[75, 85, -, -]$

$j=3$：$f_3^1[-, -, 20, 40]$，$f_3^2[20, 40, -, 60]$，$f_3^3[40, 60, -, 80]$，$f_3^4[60, 80, -, -]$

$j=4$：$f_4^1[-, -, 78, 83]$，$f_4^2[78, 83, -, 88]$，$f_4^3[83, 88, -, 93]$，$f_4^4[88, 93, -, -]$

$j=5$：$f_5^1[-, -, 0, 5]$，$f_5^2[0, 5, -, 20]$，$f_5^3[5, 20, -, 50]$，$f_5^4[20, 50, -, -]$

$j=6$：$f_6^1[-，-，60，75]$，$f_6^2[60，75，-，85]$，$f_6^3[75，85，-，90]$，$f_6^4[85，90，-，-]$

$j=7$：$f_7^1[-，-，0.5，1.5]$，$f_7^2[0.5，1.5，-，2.5]$，$f_7^3[1.5，2.5，-，3.5]$，$f_7^4[2.5，3.5，-，-]$

$j=8$：$f_8^1[-，-，10，15]$，$f_8^2[10，15，-，20]$，$f_8^3[15，20，-，25]$，$f_8^4[20，25，-，-]$

$j=9$：$f_9^1[-，-，0，10]$，$f_9^2[0，10，-，25]$，$f_9^3[10，25，-，40]$，$f_9^4[25，40，-，-]$

$j=10$：$f_{10}^1[-，-，3000，30000]$，$f_{10}^2[3000，30000，-，100000]$，$f_{10}^3[30000，100000，-，200000]$，$f_{10}^4[100000，200000，-，-]$

$j=11$：$f_{11}^1[-，-，200，500]$，$f_{11}^2[200，500，-，3500]$，$f_{11}^3[500，3500，-，9000]$，$f_{11}^4[3500，9000，-，-]$

$j=12$：$f_{12}^1[-，-，0，500]$，$f_{12}^2[0，500，-，1000]$，$f_{12}^3[500，1000，-，3000]$，$f_{12}^4[1000，3000，-，-]$

$j=13$：$f_{13}^1[-，-，5，15]$，$f_{13}^2[5，15，-，30]$，$f_{13}^3[15，30，-，40]$，$f_{13}^4[30，40，-，-]$

$j=14$：$f_{14}^1[-，-，60，75]$，$f_{14}^2[60，75，-，85]$，$f_{14}^3[75，85，-，90]$，$f_{14}^4[85，90，-，-]$

$j=15$：$f_{15}^1[-，-，78，83]$，$f_{15}^2[78，83，-，88]$，$f_{15}^3[83，88，-，90]$，$f_{15}^4[88，90，-，-]$

$j=16$：$f_{16}^1[-，-，40，60]$，$f_{16}^2[40，60，-，75]$，$f_{16}^3[60，75，-，90]$，$f_{16}^4[75，90，-，-]$

$j=17$：$f_{17}^1[-，-，30，40]$，$f_{17}^2[30，40，-，50]$，$f_{17}^3[40，50，-，60]$，$f_{17}^4[50，60，-，-]$

第三步，2012 年 26 个国家创新竞争力指标实现值如表 9.18 所示，将表 9.18 中的数值代入指标 $j(j=1, 2, \cdots, 17)$ 关于灰类 $k(k=1, 2, 3, 4)$ 的白化权函数，可得各指标实现值关于灰类 $k(k=1, 2, 3, 4)$ 的隶属度 $f_j^k(x)$ $(j=1, 2, \cdots, 17, k=1, 2, 3, 4)$。限于篇幅，具体数值从略。

第四步，各指标权重 $w_j(j=1, 2, \cdots, 17)$，如表 9.16 所示。

表 9.18 各国创新竞争力关于不同灰类的聚类系数

聚类对象	聚类系数			
	σ_i^1	σ_i^2	σ_i^3	σ_i^4
中国	33.0000	35.8158	22.1842	9.0000
澳大利亚	10.2110	16.6819	36.3860	33.0740
比利时	14.3592	29.0724	42.9623	12.3940

续表

聚类对象	聚类系数			
	σ_i^1	σ_i^2	σ_i^3	σ_i^4
加拿大	11.9306	33.7507	21.3800	30.9400
丹麦	8.7574	29.8811	37.6787	20.4400
芬兰	17.6782	16.3662	30.7522	31.6320
法国	8.3240	22.1178	30.4562	39.1020
德国	0.0200	15.2894	42.7845	41.9061
意大利	23.3007	38.1451	17.2279	19.8191
日本	14.1220	23.1448	24.0411	38.6921
荷兰	5.5951	33.1786	43.9782	17.2482
波兰	36.1704	20.7537	22.4319	17.3331
葡萄牙	41.8053	22.8904	20.8580	10.5700
爱尔兰	26.1350	27.1460	21.1153	23.6220
韩国	8.4117	20.5694	36.7357	34.2831
西班牙	21.1129	34.1158	28.9132	11.8580
瑞典	7.4143	16.0268	36.2782	37.7600
瑞士	18.1136	21.3290	22.1474	38.4100
英国	7.0000	28.5303	30.4697	34.0000
美国	7.0000	5.4120	27.8725	59.7155
印度	63.3867	25.9329	6.1936	1.5164
南非	48.6210	20.8376	18.4969	8.1967
巴西	34.2480	30.8376	26.2519	5.3358
俄罗斯	23.7696	25.2664	23.3100	24.0895
墨西哥	50.7426	24.2451	13.1019	11.1740
新加坡	18.4242	9.2598	36.4533	35.8627

第五步，可计算出 26 个国家创新竞争力关于灰类 k（$k=1$，2，3，4）的聚类系数 σ_i^k（$i=1$，2，3，4）。如表 9.18 所示。

第六步，由 $\max\limits_{1\leqslant k\leqslant 4}\{\sigma_j^k\}$ 可知，在 26 个国家中，美国、瑞典、瑞士、英国、法国、芬兰、日本属于国家创新竞争力强的灰类，德国、韩国、比利时、荷兰、新加坡、丹麦、澳大利亚属于国家创新竞争力较强的灰类，中国、俄罗斯、意大利、爱尔兰、西班牙、加拿大属于国家创新竞争力中等的灰类，印度、南非、墨

西哥、巴西、波兰、葡萄牙属于国家创新竞争力弱的灰类。

各个国家创新竞争力评估梯队划分的直观图，如图 9.2 所示。

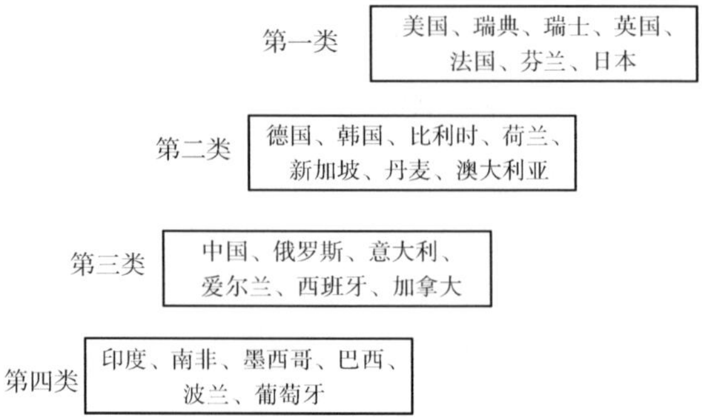

第一类	美国、瑞典、瑞士、英国、法国、芬兰、日本
第二类	德国、韩国、比利时、荷兰、新加坡、丹麦、澳大利亚
第三类	中国、俄罗斯、意大利、爱尔兰、西班牙、加拿大
第四类	印度、南非、墨西哥、巴西、波兰、葡萄牙

图 9.2　国家创新竞争力评估梯队示意图

第 10 章　区域战略性新兴产业评价与选择

10.1　引言

高技术含量、高成长性新兴产业部门的兴起，代表世界范围内产业演进的基本方向。世界各国各地区，尤其是发展中国家在推进工业化过程中无不以加快培育和发展战略性新兴产业为重点。可以说，在新兴产业领域取得突破是每一个国家跻身世界先进行列的基本经验，是落后国家跨越式发展实现后来居上的有效途径。事实上，任何国家只有在新兴产业中占据一席之地，才有可能跻身于先进国家的行列。

人类历史上每一次技术革命的发生和发展，总会伴随着新兴产业的发育和成长。在新兴产业兴起并成长为主导产业的过程中，一些国家由于抓住产业更替的机遇而后来居上，而另外一些国家却因丧失机遇而日趋衰落。随着科学技术的迅猛发展，新技术从产生、发展到成熟的周期越来越短，新兴产业更替的周期也越来越短，这无疑给落后国家赶超先进国家提供了更多的机会。

日本和韩国的崛起都是得益于新兴产业的带动，得益于政府正确把握战略性新兴产业发展机遇，着力推动战略性新兴产业的快速发展。由于日本和韩国完成跨越式发展的时期比较接近，因此，两国重点突破的战略性新兴产业领域也十分接近。到 20 世纪末，日韩两国在新兴产业领域均已走在世界前列。在很长一个时期内，日本和韩国在造船行业分别名列世界第一、第二，并占有世界造船业市场超过 60%的份额；日本汽车生产在世界上排名第二，仅次于美国，而韩国则排名第五；在现代通信领域，日本和韩国都名列前茅。可以说，在几乎所有现代重要新兴产业领域，这两个国家都占有重要地位。

事实上，就连世界上第一个实现现代化的国家英国也是抓住新兴产业发展的机遇后来居上的。在 16、17 世纪，荷兰在造船、金融及贸易等领域的优势十分突出，英国与荷兰相比则明显处于下风。但由于荷兰满足现状而止步不前，对当时属于新兴领域的棉纺机技术毫无兴趣，加之过度金融扩张造成实体产业的空壳化。当时处于落后地位的英国却全力投入棉纺机新技术领域，并凭借在这一新技术上的突破而登上了全球霸主地位，第一次被称为“世界工厂”。

美国的发展历程表明，抓住每次新兴产业更替的机遇不仅对一个国家的崛起而且对其保持领先优势都具有决定性的意义。第二次世界大战后美国发展了不少知识密集型的战略性新兴产业，且一直在西方工业国中起着火车头的作用。为了推动战略性新兴产业的发展，美国采取了加强政府的科技咨询和管理机构、促进大学与工业合作、加速研究成果商品化、大力扶植小型技术企业、加强人才培训等经济发展战略；同时，在公共事务领域，如教育、卫生、职业培训、福利事业、公共运输、住房、环境规划、国防治安等，政府承担起自己的责任和义务，为战略性新兴产业发展营造了良好环境。

澳大利亚整个工业虽然以资源开采业为主，但最近几年，重点强化知识密集型高技术产业发展，注重产品的精细再设计和软件开发等新兴领域，着力推动科研成果迅速转化为商品，促进了战略性高技术新兴产业迅速发展，并开始活跃于国际市场。

在20世纪末的最新一轮竞争中，中国抓住了以知识经济为特征的新兴产业兴起所提供的机遇，在信息产业等战略性新兴产业领域获得了长足的发展，综合国力迅速提升。但发展中不平衡、不协调、不可持续问题日益凸显，粗放的经济发展方式下形成的经济结构与资源环境承载能力的矛盾更加突出。能源消耗大，污染问题突出，以投资和出口拉动经济发展的方式难以持续。近年来，中国在一些新兴产业领域取得积极进展，某些核心关键技术取得突破，并具备了一定的产业规模。“十一五”期间，生物、信息、节能环保等产业年均增速都在20%以上。可以说，在培育发展战略性新兴产业方面，我们已具备一定的基础条件。在新的历史时期，对于中国这个发展中国家来说，能否实现跨越式发展，最关键的就是能否在产业更替过程中抓住机遇，选择、培育、发展战略性新兴产业，并由战略性新兴产业迅速成长推动产业结构升级。

从国际经济发展的大格局看，世界经济在全球化发展的同时，由于受到美国金融危机和欧洲部分国家债务危机的影响，西方国家经济普遍走弱，贸易保护抬头。中国要实现自身经济的持续增长，迫切需要加快发展战略性新兴产业。另外，随着人们对人类生存环境的日益关切及对能源安全、粮食安全等全球性问题的日益重视，以知识密集、绿色低碳增长为主要特征的新兴产业正在蓬勃兴起，并迅速成为引领新一轮产业革命的主导力量，加快发展战略性新兴产业也是中国赢得国际经济竞争主动权的需要。

科学选择战略性新兴产业具有极其重要的意义，选对了有可能实现跨越式发展，选择不准将会错失发展机遇，陷于十分被动的局面。因此，对战略性新兴产业的选择必须做到心中有数，慎之又慎，根据自身条件及时做出正确抉择，既不能人云亦云，一哄而起，遍地开花，又不能畏首畏尾，举棋不定，贻误良机。本章主要讨论战略性新兴产业的选择与评价问题。

10.2 区域产业结构有序度评价

产业结构是区域经济资源配置的结果，并在很大程度上决定了经济资源的使用效率。合理的产业结构能够促进区域经济增长；反之，与经济发展水平不相适应的产业结构则会阻碍和影响经济增长。

对产业结构变动与经济增长之关系的研究，历来受到经济学家的重视。早在 1940 年，通过对各国统计资料的研究，克拉克发现了产业结构优化升级的演进规律，即当一个国家经济发展水平较低时，从产值或劳动力投入总量看，第一产业所占比重最大，第三产业所占比重最小；随着经济发展及人均收入水平的提高，第二产业所占的比重逐步上升并成为比重最大的产业部门；在此基础上经济进一步发展，第三产业将逐步取代第二产业而成为所占比重最大的产业部门。在列昂惕夫“快车道”模型中，“最优强度轨道”就是能够使经济系统持续快速增长的产业结构（刘思峰和杨岭，1994；张金水，2000）。20 世纪中叶，库兹涅茨、钱纳里等利用大量的经验数据说明了产业结构与经济增长的关系。钱纳里提出的经济增长的工业化模式影响广泛。1974 年，格里芬等通过经验数据说明随着人均收入水平的提高，服务行业的快速增长会降低工业部门的规模弹性，提出了与钱纳里完全不同的观点。

我国学者对于产业结构在经济增长中的作用也作了大量研究，许多学者认为，“现代经济增长方式本质上是结构主导型增长方式，即以产业结构变动为核心的经济增长”（荣宏庆，2002）。李京文院士曾明确指出：“产业结构在整个经济结构中居于主导地位，它的变动对经济增长有着决定性的影响。”（李京文，1995）在这样一个大前提下，对于我国产业结构变动的具体方向，经济理论界的意见并不一致。目前的主流观点认为我国产业结构存在较大的偏差，并据此提出要“控制工业部门扩张，加快第三产业发展”（郭克莎，2000）。这是对照世界各国产业结构变动的一般特征，基于经济发展水平的比较而得到的结论。也有一些学者持不同意见，认为不应片面强调第三产业的发展（张世贤，2000）。1995 年，刘伟通过发展中国家与发达国家经济发展初期的比较，提出工业化未完成的发展中国家，经济增长的主要动力在于工业制造业（刘伟，1995）；2002 年，刘伟和李绍荣在对中国经济进行实证分析的基础上，提出中国经济的增长主要是靠制度改革由第三产业拉动的，同时又指出，第三产业的发展必须以第一和第二产业的发展为前提（刘伟和李绍荣，2002）。

进入 21 世纪，产业重组、结构调整已成为世界各国加速自身经济发展的重要手段之一。在我国，“向结构调整要效益”也逐步成为人们的共识。加快产业结构的优化升级已成为十分紧迫的战略任务。

国家或地区经济成长过程在一定程度上就是产业结构由无序到有序，由较低级有序到较高级有序的演化过程，即产业结构高级化的过程。本研究在吸收国内外相关研究成果的基础上，提出产业结构有序度的定义，并给出具体的计算公式。根据近年来的统计资料，测算出全国及各省（自治区、直辖市）产业结构的有序度，并对计算结果进行讨论、分析。

10.2.1 产业结构有序度测度模型

定义 1 设 $X_i=(x_i(1), x_i(2), \cdots, x_i(n))$ 为产业结构向量，令 $x_i{}^0(k)=x_i(k)-x_i(1)$，$k=1, 2, \cdots, n$，称

$$X_i^0=(x_i^0(1), x_i^0(2), \cdots, x_i^0(n))$$

为 X_i 的始点零化像。

设 $X_0=(x_0(1), x_0(2), \cdots, x_0(n))$ 为产业结构调整的目标向量，其始点零化像记为 $X_0^0=(x_0^0(1), x_0^0(2), \cdots, x_0^0(n))$。

令

$$|s_0|=\sum_{k=2}^{n-1}|x_0^0(k)|+\frac{1}{2}|x_0^0(n)| \tag{10.1}$$

$$|s_i|=\sum_{k=2}^{n-1}|x_i^0(k)|+\frac{1}{2}|x_i^0(n)| \tag{10.2}$$

$$|s_i-s_0|=\sum_{k=2}^{n-1}|x_i^0(k)-x_0^0(k)|+\frac{1}{2}|x_i^0(n)-x_0^0(n)| \tag{10.3}$$

定义 2 设 $|s_0|$，$|s_i|$，$|s_i-s_0|$ 分别如式（10.1）、式（10.2）、式（10.3）所示，令

$$\varepsilon_{0i}=\frac{1+|s_0|+|s_i|}{1+|s_0|+|s_i|+|s_0-s_i|} \tag{10.4}$$

称 ε_{0i} 为产业结构向量 X_i 的有序度。

事实上，$|s_0|$，$|s_i|$ 和 $|s_i-s_0|$ 分别为由

$$X=0, \quad X=X_0^0, \quad t=n$$

$$X=0, \quad X=X_i^0, \quad t=n$$

$$X=X_0^0, \quad X=X_i^0, \quad t=n$$

所围成的曲边三角形面积，产业结构向量 X_i 的有序度 ε_{0i} 是产业结构向量 X_i 与目标结构向量 X_0 之接近程度的测度。X_i 越接近 X_0，$|s_i-s_0|$ 越小，ε_{0i} 就越大。当产业结构向量 X_i 与目标结构向量 X_0 完全重合时，$|s_i-s_0|$ 为 0，产业结构向量 X_i 的有序度 ε_{0i} 取最大值 1。

产业结构的有序度反映了一个国家或地区的产业结构相对于目标结构的接近程度，可以作为测度国家或地区产业结构合理化水平的定量指标。通过对产业结构有序度变化情况的分析，能够准确地把握和判断产业结构调整方向正确与否。

10.2.2　目标产业结构的确定

测算产业结构的有序度，首先要明确目标结构。目标结构的确定有多种不同的途径，比如，可以运用“快车道”模型求解“最优强度轨道”，取“最优强度轨道”为目标结构（张金水，2000；刘思峰和杨岭，1994）；也可以按照不同收入水平的世界“标准”产业结构确定目标结构；还可以以政府计划或规划的目标结构作为测算产业结构有序度的目标结构。本研究根据世界银行对不同经济水平的划分（表 10.1），以各种收入水平对应的产业结构作为参照标准，在此基础上测算出我国及各省（自治区、直辖市）的目标产业结构。

表 10.1　人均 GDP 与产业结构的国际比较　单位：%

项目	2006 年 GDP	第一产业		第二产业		第三产业	
		2000 年	2006 年	2000 年	2006 年	2000 年	2006 年
世界平均	7 439	3.7	3.4	29.2	27.6	67.1	69
低收入国家平均	650	27.4	20.4	27.3	28.4	47.2	51.1
中低收入国家平均	2 000	12.1	10.5	37.9	37.9	53	57.6
中等收入国家平均	3 051	9.7	8.7	37.3	37.2	54	57.2
中高收入国家平均	5 913	7.2	7.2	31.4	30.7	62.4	63.2
高收入国家平均	36 487	1.9	1.7	28	27.9	70.4	72.6

此处采用加权平均的方法来确定全国及各省（自治区、直辖市）的目标产业结构。例如，按汇率法计算，2008 年上海市人均 GDP 为 10 529 美元，处于中高收入国家和高收入国家之间。因此采用中高收入国家平均水平和高收入国家平均水平的加权平均数作为上海市的目标产业结构。

由 $10529 \in [5913, 36487]$，故可将加权系数取为

$$\alpha = \frac{36487 - 10529}{36487 - 5913} = 0.849022$$

目标产业结构中各产业的比重分别取为 2006 年与中高收入国家平均水平和高收入国家平均水平相对应的各产业比重的加权平均数。如上海市目标产业结构中第一产业的比重为

$$\alpha \times 8.7 + (1 - \alpha) \times 1.6 = 5.4$$

第二产业比重为

$$\alpha \times 30.7 + (1 - \alpha) \times 25.9 = 30.0$$

第三产业比重为

$$\alpha \times 63.2 + (1 - \alpha) \times 72.6 = 64.6$$

由此可得上海市的目标产业结构为 7.4 : 30.0 : 67.6。

类似地，可以计算出全国及其他各省份的目标产业结构，所得结果如表10.2所示。

表 10.2　全国及各省份三次产业目标结构

地区	人均GDP/美元	第一产业/%	第二产业/%	第三产业/%	地区	人均GDP/美元	第一产业/%	第二产业/%	第三产业/%
全国	3 267	8.5	37.7	57.8	河南	2 821	9.1	37.8	57.2
北京	9 075	7.6	30.2	67.2	湖北	2 705	9.3	37.7	57.0
天津	7 987	7.8	30.4	63.8	湖南	2 527	9.6	37.5	57.9
河北	2 071	10.4	37.0	57.6	广东	5 412	7.6	31.6	61.8
山西	2 922	8.9	37.0	57.2	广西	2 155	10.2	37.2	57.7
内蒙古	4 638	7.3	33.1	59.6	海南	2 472	9.7	37.4	57.9
辽宁	4 523	7.4	33.3	59.3	重庆	2 595	9.5	37.6	57.9
吉林	3 385	8.4	37.5	57.2	四川	2 214	10.1	37.2	57.8
黑龙江	3 128	8.6	37.0	57.4	贵州	1 270	17.9	31.4	52.7
上海	10 529	7.4	30.0	67.6	云南	1 639	13.1	33.2	53.7
江苏	5 700	7.3	31.1	62.6	西藏	1 996	10.5	37.9	57.6
浙江	6 078	7.2	30.7	63.2	陕西	2 627	9.4	37.6	57.0
安徽	2 085	10.4	37.0	57.6	甘肃	1 744	12.4	33.7	53.9
福建	4 337	7.5	33.7	58.8	青海	2 504	9.6	37.5	57.9
江西	2 116	10.3	37.0	57.7	宁夏	2 575	9.5	37.6	57.9
山东	4 749	7.2	37.5	57.3	新疆	2 864	9.0	37.9	57.2

注：表中人均GDP为2008年的数据，按当年汇率1美元=7.945元人民币计算

10.2.3　全国及各省份产业结构的有序度测算

按照人均GDP和目标产业结构，可以将全国各省份分成3类：第一类包括北京、天津、上海3个直辖市，其人均GDP分别为9075美元、7987美元和10 259美元，属于经济发达地区，而且城市化程度也很高；第二类包括辽宁、江苏、浙江、福建、山东、广东6个省份，这几个省份人均GDP基本在4500美元左右，属于经济比较发达的地区；目标产业结构比较接近；其他省份为第三类，这些省份人均GDP多数在3000美元以下，属于经济相对欠发达的中西部地区。

2005～2008年，全国及各省份三次产业增加值的构成，分别如表10.3～表10.6所示。

表 10.3　2005 年全国及各省份三次产业增加值的构成　单位：%

地区		第一产业	第二产业	第三产业	地区		第一产业	第二产业	第三产业
全国		12.4	47.3	40.3	第三类	江西	17.9	47.3	37.8
第一类	北京	1.4	30.9	67.7		河南	17.9	52.1	30
	天津	3	56	41		湖北	17.6	43.1	40.3
	上海	0.9	48.9	50.2		湖南	19.4	40.2	40.4
第二类	辽宁	10.7	48.8	40.5		广西	22.2	37	40.8
	江苏	7.6	57.6	37.8		海南	33	27.2	40.9
	浙江	7.5	53.5	40		重庆	17.2	41	43.9
	福建	12.6	49.2	38.2		四川	22.4	49.3	28.3
	山东	10.4	57.5	32.1		贵州	18.5	42.4	39.1
	广东	7.3	49.5	47.2		云南	18.9	41.7	39.4
第三类	河北	17.9	51.8	33.3		西藏	19.1	23.7	57.2
	山西	7.3	56	37.7		陕西	11.4	50.3	38.3
	内蒙古	17.7	47.2	40.2		甘肃	17.6	43.4	41
	吉林	17.8	47.4	38.8		青海	12	48.7	39.3
	黑龙江	12.2	53.9	33.9		宁夏	11.6	47.3	42.1
	安徽	17.9	41.6	40.5		新疆	19	46	35

表 10.4　2006 年全国及各省份三次产业增加值的构成　单位：%

地区		第一产业	第二产业	第三产业	地区		第一产业	第二产业	第三产业
全国		11.8	48.7	39.5	第三类	江西	17	50.2	32.8
第一类	北京	1.3	27.8	70.9		河南	17.4	57.3	29.3
	天津	2.7	57.3	40		湖北	17.2	47.9	39.9
	上海	0.9	48.5	50.6		湖南	17.6	41.6	40.8
第二类	辽宁	10.5	51	38.5		广西	21.5	39.2	39.3
	江苏	7.2	57.5	37.3		海南	32.7	27.4	39.9
	浙江	7.9	54	40.1		重庆	12.3	43	47.7
	福建	11.8	49.1	39.1		四川	18.6	43.7	37.7
	山东	9.7	57.7	32.6		贵州	17.2	43	39.8
	广东	7.7	51.7	42.2		云南	18.7	42.8	38.5
第三类	河北	13.8	52.3	33.9		西藏	17.5	27.5	55
	山西	7.8	57.8	37.4		陕西	11.1	52.9	36
	内蒙古	13.6	48.6	37.8		甘肃	17.7	47.8	39.5
	吉林	17.7	47.8	39.5		青海	10.9	51.6	37.5
	黑龙江	11.8	57.6	33.6		宁夏	11.2	49.2	39.6
	安徽	17.7	43.3	40		新疆	17.7	47.6	37.7

表 10.5 2007 年全国及各省份三次产业增加值的构成 单位:%

地区		第一产业	第二产业	第三产业	地区		第一产业	第二产业	第三产业
全国		11.7	49.2	39.1	第三类	江西	17.6	51.7	31.7
第一类	北京	1.1	27.5	71.4		河南	17.7	55	29.3
	天津	2.1	57.6	40.3		湖北	17.5	47.8	39.7
	上海	0.8	47.7	51.9		湖南	17.6	42.7	39.7
第二类	辽宁	10.7	52.9	37.4		广西	21.5	39.7	38.8
	江苏	7.7	57.9	37.4		海南	31.1	29.6	39.3
	浙江	7.5	57.2	40.4		重庆	12.9	47.6	42.5
	福建	11.3	49.2	39.5		四川	19.9	47.8	37.3
	山东	9.7	57.1	33.2		贵州	17.8	42.3	40.9
	广东	7.7	52	42.3		云南	18.4	43.2	38.4
第三类	河北	17.2	52.3	33.5		西藏	17.2	28.2	57.6
	山西	7.5	59.6	37.9		陕西	11.1	57.3	37.6
	内蒙古	13	51.2	37.8		甘肃	17.3	47.5	38.2
	吉林	17.6	47.7	38.7		青海	11.3	52.1	37.6
	黑龙江	12.6	53.4	34		宁夏	11.7	50.4	37.9
	安徽	17.5	47.7	38.8		新疆	18	47.4	37.6

表 10.6 2008 年全国及各省份三次产业增加值的构成 单位:%

地区		第一产业	第二产业	第三产业	地区		第一产业	第二产业	第三产业
全国		11.3	48.6	40.1	第三类	江西	17.4	52.7	30.9
第一类	北京	1.1	27.7	73.2		河南	17.5	57.9	28.6
	天津	1.9	60.1	38		湖北	17.7	43.8	40.5
	上海	0.8	47.5	53.7		湖南	18	47.2	37.8
第二类	辽宁	9.7	57.8	37.5		广西	20.3	42.3	37.4
	江苏	7.9	55	38.1		海南	30	29.8	40.2
	浙江	7.2	53.9	41		重庆	11.3	47.7	41
	福建	10.7	50	39.3		四川	18.9	47.3	37.8
	山东	9.6	57	33.4		贵州	17.4	42.3	41.3
	广东	7.5	51.5	43		云南	17.9	43	39.1
第三类	河北	12.6	57.2	33.2		西藏	17.3	29.2	57.5
	山西	7.3	61.5	37.2		陕西	11	57.2	32.9
	内蒙古	11.7	55	33.3		甘肃	17.6	47.3	39.1
	吉林	17.3	47.7	38		青海	11	55	34
	黑龙江	13.1	52.5	37.4		宁夏	10.9	52.9	37.2
	安徽	16	47.6	37.4		新疆	17.4	49.7	33.9

由表 10.2 中的目标结构，运用式（10.4）不难计算出全国及各省份产业结

构的有序度（表 10.7）。

表 10.7　全国及各省份产业结构的有序度

地区		2005 年	2006 年	2007 年	2008 年
全国		0.980 525 8	0.990 926 3	0.996 615 1	0.991 858 2
第一类	北京	0.930 215 1	0.936 612 9	0.937 841 7	0.944 285 8
	天津	0.873 040 9	0.866 718 2	0.860 126 0	0.852 383 9
	上海	0.822 855 3	0.823 740 4	0.823 740 4	0.829 614 3
第二类	辽宁	0.973 096 4	0.960 193 8	0.955 637 4	0.928 994 1
	江苏	0.902 879 2	0.908 067 1	0.903 675 9	0.909 020 6
	浙江	0.908 004 0	0.898 999 3	0.893 903 2	0.899 803 1
	福建	0.985 173 1	0.989 756 5	0.989 761 4	0.975 276 8
	山东	0.928 063 7	0.927 102 9	0.929 251 0	0.928 174 3
	广东	0.935 927 9	0.931 792 6	0.939 522 0	0.938 557 6
第三类	河北	0.935 826 5	0.958 740 2	0.951 258 2	0.990 071 1
	山西	0.907 129 8	0.895 720 6	0.897 155 2	0.869 302 9
	内蒙古	0.935 307 7	0.966 485 4	0.971 710 7	0.932 833 4
	吉林	0.873 976 6	0.896 931 7	0.903 148 7	0.937 581 3
	黑龙江	0.947 035 3	0.937 550 3	0.956 062 0	0.969 143 89
	安徽	0.829 204 6	0.859 343 1	0.869 543 8	0.887 626 86
	江西	0.881 618 4	0.913 959 0	0.929 382 9	0.938 338 75
	河南	0.909 415 4	0.950 608 1	0.968 190 4	0.998 158 96
	湖北	0.895 979 5	0.933 691 9	0.937 066 7	0.917 893 46
	湖南	0.798 801 5	0.839 205 5	0.844 373 5	0.843 903 65
	广西	0.758 538 2	0.784 812 5	0.787 439 9	0.826 325 71
	海南	0.616 168 4	0.596 210 0	0.562 434 1	0.569 363 61
	重庆	0.913 726 8	0.970 653 2	0.976 597 1	0.976 404 80
	四川	0.817 176	0.867 338 9	0.851 140 5	0.874 654 34
	贵州	0.956 472 4	0.958 180 7	0.952 762	0.943 438 68
	云南	0.911 244 2	0.922 888 9	0.932 695 1	0.943 726 94
	西藏	0.757 535 5	0.801 257 9	0.843 380 7	0.867 907 85
	陕西	0.968 085 5	0.951 841 5	0.946 137 4	0.937 459 25
	甘肃	0.981 770 2	0.983 538 7	0.966 061 4	0.978 643 50
	青海	0.941 516 4	0.949 268 1	0.953 848 2	0.937 234 09
	宁夏	0.987 945 3	0.967 112 7	0.970 685 3	0.946 361 58
	新疆	0.852 140 0	0.885 866 1	0.873 962 8	0.922 072 02

10.2.4　分析与建议

由表 10.7 可以看出，2005～2008 年，我国产业结构的有序度逐年有所提高，说明近年来我国产业结构调整的大方向是正确的，全国的产业结构调整已经取得一定的效果。各省份的产业结构有序度基本上都有一定程度提高，说明地方政府都比较重视产业结构调整工作，并且基本上能够正确把握产业结构的调整方向。

但从变化的幅度看，产业结构有序度的提高十分缓慢。这表明产业结构的调整是一个渐进的过程，不可能一蹴而就，调整产业结构是一项长期的战略任务。

在产业结构有序度的计算过程中，各省（自治区、直辖市）的目标结构是根据各自的发展水平参照世界平均水平测算出来的，采用的并不是一个统一的目标结构。因此，不同省份的结果之间没有可比性。每一个省（自治区、直辖市）产业结构有序度的数值及其变化情况，反映了该省（自治区、直辖市）产业结构的合理化程度和产业结构的变动趋势，能够为政府决策提供有价值的信息。

某些省（自治区、直辖市）的产业结构有序度较高，只是说明该省（自治区、直辖市）当前的产业结构与经济发展水平相适应。但随着经济增长，目标结构应随之升级。产业结构有序度是对产业结构合理化程度的动态测度，如果经济发展了，产业结构没有随之变动，产业结构有序度就会下降。

第一类的北京、天津、上海三个直辖市中，北京市产业结构有序度最高。事实上，北京市的实际产业结构与目标结构相比，第一产业所占的比重已远远低于目标结构中的比重，第二产业比重基本持平，第三产业所占的比重高于目标结构中的比重；天津市和上海市第二产业所占的比重高于目标结构中的比重，第一产业和第三产业所占的比重低于目标结构中的比重。

第二类的 6 个省份中，第二产业所占的比重都高于目标结构中的比重，第三产业所占的比重都低于目标结构中的比重，第一产业所占的比重除福建省略高外，其余 5 个省都低于目标结构中的比重。

第三类的 22 个省份中，多数省份第一产业和第二产业所占的比重高于目标结构中的比重，第三产业所占的比重低于目标结构中的比重，但差距不是很大。有些省份如宁夏、甘肃、青海、贵州、陕西等产业结构的有序度较高，其实际结构与目标结构十分接近；有些地区如西藏等，虽然第三产业所占的比重很高，但这是由其第一产业尤其是第二产业不发达造成的，属于产业结构虚高化的表现，离真正意义上的产业结构高级化还有相当远的距离。

基于上述事实，我们认为，在我国不同类型的地区，不加区别地普遍讲产业结构高级化并非明智之举。正确的选择是根据各地产业结构的实际情况采取不同的策略。如北京市，第三产业所占的比重在 2008 年已达到 73.2%，根据其目前的经济发展水平，应当通过大力发展金融、保险业和知识型服务业等现代第三产业，实现产业结构高级化；对于第一类中的天津市、上海市和第二类中的 6 个省份，应当在第一产业和第二产业持续增长的前提下，有重点地推进第三产业的发展，通过提高第三产业增加值在 GDP 中所占的比重实现产业结构高级化；对于第三类中的 22 个省份，近期内主要任务是夯实农业基础，强力推进第二产业的发展，加快工业化进程。这些地区，应以发展为第一要务，不宜过分强调调整产业结构。

产业结构调整不是一件可以一劳永逸的事情，而是一项永恒的课题。经济增长必然带来经济结构的变动，结构调整又进一步促进经济发展。当产业结构与经济发展水平不相适应时，就必须调整产业结构以适应经济发展；随着结构的改善，经济上升到一个新的水平，与此同时，产业结构与新的经济发展水平不相适应的问题也随之产生。增长—调整，调整—增长，经济增长过程在一定程度上就是产业结构由无序到有序、由较低级有序到较高级有序的螺旋式上升过程，增长无穷尽，调整永不息。

10.3 战略性新兴产业的选择标准

要正确地选择战略性新兴产业，首先需要明确战略性新兴产业的选择标准。目前关于战略性新兴产业选择标准和评价指标体系的研究刚刚起步，我们借鉴现有关于主导产业、优势产业等与之具有类似特征的产业评价和选择方面的研究成果，并深入挖掘战略性新兴产业自身的独特性，提出战略性新兴产业的选择标准。

国外已有理论研究为产业选择基准的制定提供了丰富的参考。其中，对主导产业的研究起步较早，其概念由美国经济学家罗斯托在《经济成长阶段》中率先提出。随后，经济学家们对主导产业选择基准进行了深入探索，并在此基础上衍生出众多产业选择基准，代表性成果有赫希曼基准、筱原基准、比较优势基准和竞争优势基准等。赫希曼基准的产生源于美国经济学家赫希曼在其《经济发展战略》中对产业间关联度和工业化关系的研究，该书指出发展中国家应优先发展后向关联度较高的产业，并依据后向联系水平来确定主导产业基准，因此该基准的指标是产业关联度，即产业的影响力系数与感应度系数之和（Hirschman，1958）。此后日本经济学家筱原三代平提出筱原基准，即提倡选择需求收入弹性大、生产效率高的产业为主导（筱原三代平，1990）。而在国际贸易领域，英国经济学家大卫·李嘉图的比较优势理论则认为，每个国家都应选择那些发展潜力大、影响力深远的比较优势产业，由此形成比较优势基准（李嘉图，1962）。此外，美国哈佛商学院教授迈克尔·波特在 H-O 模型下创立了国家竞争优势理论，指出一国竞争优势取决于本国的四项决定因素（要素条件、需求条件、支持产业、企业的组织与竞争）和两种外部力量（随机事件和政府），提出产生竞争优势基准。上述理论虽然各有差异，但均一致主张主导产业或优势产业的选择基准应根据一国产业结构的优化进程、对技术的吸收能力和经济效益确定（波特，2005）。

借鉴国外成果，国内学者结合中国实际情况，提出新的产业选择基准，如持续发展基准、市场基准、效率基准、就业基准、技术进步基准、平衡基准、瓶颈基准、后发优势基准和社会效益基准等，这些基准不仅用在主导产业、优势产业或高新技术产业的选择中，对战略性新兴产业的选择也具有一定启发。如笔者在1998年提出的区域主导产业评价指标体系，明确以收入弹性、增长率、技术进步贡献率、感应度系数、影响力系数和比较优势系数作为区域主导产业选择评价指标（刘思峰等，1998）。

战略性新兴产业作为新时期经济增长的动力，其选择标准和评价指标也必须反映新的时代特征和要求。战略性新兴产业的选择和评价可以按照以下步骤进行：

第一步，确定评价任务；

第二步，建立评价指标体系；

第三步，选择评价方法；

第四步，收集数据资料；

第五步，进行综合评价。

10.4 战略性新兴产业评价指标体系

遵循评价指标体系建立的原则和一般流程，我们分别建立了战略性新兴产业选择评价指标体系和战略性新兴产业发展绩效评价指标体系，并运用层次分析法（AHP），通过三轮专家调查确定了相应指标的权重。其中，战略性新兴产业选择评价指标体系包含技术引领性、产业成长性、市场竞争力、产业关联性和环境友好性5个一级指标和R&D经费投入强度、R&D人员比重、发明专利产出率、技术进步贡献率、收入弹性、增长率、资金利税率、成长稳健性、市场占有率、比较优势系数、感应度系数、影响力系数、资源消耗率和三废排放达标率14个二级指标，具体结果如表10.8所示，战略性新兴产业发展绩效评价指标体系在上述指标的基础上增加了一个一级指标产业贡献度，包含销售收入和增加值占比两个二级指标；各指标的权重也与表10.8不同，如表10.9所示。

表 10.8　战略性新兴产业选择评价指标体系

	一级指标	二级指标	代号	权重/%
战略性新兴产业评价标准	技术引领性	R&D 经费投入强度	x_1	8
		R&D 人员比重	x_2	7
		发明专利授权数	x_3	8
		技术进步贡献率	x_4	6
	产业成长性	收入弹性	x_5	7
		增长率	x_6	7
		资金利税率	x_7	5
		成长稳健性	x_8	7
	市场竞争力	市场占有率	x_9	8
		比较优势系数	x_{10}	9
	产业关联性	感应度系数	x_{11}	7
		影响力系数	x_{12}	7
	环境友好性	能源消耗系数	x_{13}	8
		三废排放达标率	x_{14}	6

表 10.9　战略性新兴产业发展绩效评价指标体系

	一级指标	二级指标	代号	权重/%
战略性新兴产业评价标准	技术引领性	R&D 经费投入强度	x_1	7
		R&D 人员比重	x_2	6
		发明专利授权数	x_3	7
		技术进步贡献率	x_4	5
	产业成长性	收入弹性 ε_i	x_5	5
		增长率 r_i	x_6	6
		资金利税率	x_7	5
		成长稳健性	x_8	6
	市场竞争力	市场占有率	x_9	6
		比较优势系数	x_{10}	7
	产业关联性	感应度系数 μ_i	x_{11}	6
		影响力系数 γ_j	x_{12}	6
	环境友好性	能源消耗系数	x_{13}	6
		三废排放达标率	x_{14}	5
	产业贡献度	销售收入	x_{15}	8
		增加值占比	x_{16}	9

表 10.8 和表 10.9 中各个指标的计算公式如下：

（1） R&D 经费投入强度 x_1＝R&D 经费投入/销售收入。

（2） R&D 人员比重 x_2＝R&D 人员/职工人数。

（3） 发明专利授权数 x_3＝本年度获准授权的发明专利数。

（4） 技术进步贡献率 x_4＝产业增加值增长率－ α ×劳动力（工资）的增长率－（l－α）×资本增加率。

其中，假定规模收益不变，资本和劳动力可互相替代条件下，α表示劳动力增长率所占比例。也可以基于柯布-道格拉斯（Cobb-Douglas）生产函数：

$$y_i = A e^{bt} L_i^{\alpha} K_i^{\beta} \tag{10.5}$$

运用索罗余值法计算技术进步贡献率。式中 b 为综合技术进步参数，其中，y_i 为第 i 产业部门的增加值，L_i 为第 i 产业的劳动力投入，K_i 为第 i 产业的资金投入，A 为反映技术水平的常数，e^b 反映的是外生的技术增长，是一个不变的比率，Ae^{bt} 就是技术水平，α，β 分别表示劳动力和资本对经济增长所做贡献份额。

索罗余值法计算技术进步贡献率的公式为

$$x_4 = \left[\frac{\Delta \hat{A}_i}{\hat{A}_i} / \frac{\Delta y_i}{y_i}\right] \times 100\% \tag{10.6}$$

式中

$$\frac{\Delta A_i}{A_i} = \frac{\Delta y_i}{y_i} - \alpha \frac{\Delta K_i}{K_i} - \beta \frac{\Delta L_i}{L_i} \tag{10.7}$$

（5） 收入弹性，设 y 为国内生产总值，x_i 为第 i 产业部门产品的需求量，则第 i 部门的收入弹性 ε_i 为

$$\varepsilon_i = \frac{y}{x_i} \frac{\partial x_i}{\partial y} \tag{10.8}$$

ε_i 反映了国内生产总值变化对第 i 产业部门产品的需求量变化的影响，一般来说，收入弹性越大的部门，市场扩张能力越强。当 $\varepsilon_i < 1$ 时，说明第 i 产业部门需求膨胀率低于国内生产总值增加速度；当 $\varepsilon_i > 1$ 时，说明第 i 产业部门需求膨胀率高于国内生产总值增加速度；当 ε_i 等于或接近于 1 时，说明第 i 产业部门需求增长速度处于平均水平。

（6） 增长率，设 x_i^0 为第 i 产业部门初始状态的产品需求量，r_i 为平均增长率，则第 i 部门产品的需求量为 $x_i^t = x_i^0 (1 + r_i)^t$，$r_i$ 越大，则第 i 产业增长越快，它在国家或区域经济系统中的地位和作用也越重要。

（7） 资金利税率 x_7＝利税总额/（固定资产＋流动资金）。

（8） 成长稳健性 x_8＝持续运行三年以上的企业数/企业总数。

（9） 市场占有率 x_9＝本地企业市场销售额/市场总销售额。

（10） 比较优势系数 $x_{10} = r_1 \cdot r_2 \cdot r_3 \cdot r_4$。

式中，r_1，r_2，r_3，r_4 分别为比较集中率系数、比较输出率系数、比较生产率系

数和比较利税率系数。此处以区域比较优势系数计算为例给出 r_1，r_2，r_3，r_4 的具体计算方法，计算国家比较优势系数时需要进行适当调整。

比较集中率系数

$$r_1 = \frac{x_i/x}{X_i/X} \tag{10.9}$$

式中，X 为全国工业增加值总额；X_i 为第 i 部门工业增加值总额；x 为某区域工业增加值总额；x_i 为某区域第 i 部门工业增加值总额。

比较输出率系数

$$r_2 = \frac{o_i/o}{O_i/O} \tag{10.10}$$

式中，O 为全国出口总额；O_i 为第 i 部门出口总额；o 为某区域出口总额；o_i 为某区域第 i 部门出口总额。

比较生产率系数

$$r_3 = \frac{p_i/p}{P_i/P} \tag{10.11}$$

式中，P 为根据全国数据计算的全要素生产率；P_i 为第 i 部门全要素生产率；p 为某区域全要素生产率；p_i 为某区域第 i 部门全要素生产率。

比较利税率系数

$$r_4 = \frac{t_i}{T_i} \tag{10.12}$$

式中，T_i 为根据全国数据计算的第 i 部门产值利税率；t_i 为某区域第 i 部门产值利税率。

感应度系数和影响力系数属于产业关联度指标，设 b_{ij} 为投入产出分析中的完全消耗系数矩阵 B 中的系数，n 为划分的产业部门个数。

(11) 第 i 部门的感应度系数 μ_i 为

$$\mu_i = \frac{\sum_{j=1}^{n} b_{ij}}{\frac{1}{n}\sum_{i=1}^{n}\sum_{j=1}^{n} b_{ij}} \tag{10.13}$$

μ_i 的大小反映了各产业部门产出增加对第 i 产业部门产出的影响程度，也称为前向关联度。感应系数 μ_i 越大，说明 i 产业部门的前向关联能力越强。

(12) j 部门的影响力系数 γ_j 为

$$\gamma_j = \frac{\sum_{i=1}^{n} b_{ij}}{\frac{1}{n}\sum_{i=1}^{n}\sum_{j=1}^{n} b_{ij}} \tag{10.14}$$

γ_j 的大小反映了第 j 产业部门需求量的增加对其他各产业部门产出的影响程度，也称为后向关联度，影响力系数 γ_j 越大，说明第 j 产业部门的后向关联能力越强。通常感应度系数较大的多属于基础产业部门，影响力系数较大的多属于最终产品部门。

如果 $\gamma_j>1$，表示该产业的影响力在全部产业中居于平均水平之上；如果 $\gamma_j=1$，表示该产业的影响力在全部产业中居于平均水平；如果 $\gamma_j<1$，表示该产业的影响力在全部产业中居于下游水平。同样，μ_i 也有类似的解释。

(13) 能源消耗系数 x_{13}=能源消耗/某产业增加值总额（单位为吨标准煤/万元）。

(14) 三废排放达标率 x_{14}=三废排放达标量/三废排放量。

(15) 销售收入 x_{15} 单位取为亿元。

(16) 增加值占比 $x_{16}=\frac{x_i}{x}$，其中 x 为某区域工业增加值总额；x_i 为某区域第 i 部门工业增加值总额。

10.5　江苏省战略性新兴产业评价与选择

10.5.1　江苏省战略性新兴产业选择

例 1

按照表 10.8 战略性新兴产业选择评价指标体系，14 个二级指标中除能源消耗系数 x_{13} 为指标数值越小越好的指标外，其余 13 个二级指标均为指标数值越大越好的指标。

某区经初步筛选提出的 6 个备选战略性新兴产业相关指标数据如表 10.10 所示。

表 10.10　某区备选战略性新兴产业指标数据

指标代号	权重/%	产业部门代号					
		1	2	3	4	5	6
x_1	8	4.1	2.6	3.1	2.2	5.4	3.8
x_2	7	23	27	35	19	41	24
x_3	8	281	312	176	93	217	87
x_4	6	61	54	65	49	69	57
x_5	7	1.86	1.45	2.01	1.85	1.77	1.63
x_6	7	30.1	29.3	36.2	33.4	29.8	72
x_7	5	12.35	13.11	15.72	11.21	19.36	14.15
x_8	7	80	92	96	87	75	64
x_9	8	15	6	4	1.2	5.6	11

续表

指标代号	权重/%	产业部门代号					
		1	2	3	4	5	6
x_{10}	9	4.12	2.12	4.82	2.10	3.26	6.73
x_{11}	7	1.26	1.59	0.79	1.42	1.35	0.78
x_{12}	7	0.78	1.17	0.87	1.21	1.29	1.19
x_{13}	8	0.47	0.41	0.35	0.58	0.19	0.14
x_{14}	6	1	0.92	0.89	1	1	1

这里只有一个事件，战略性新兴产业选择 6 个不同的产业部门为相应的对策。决策方案集为 $\{s_{11}, s_{12}, s_{13}, s_{14}, s_{15}, s_{16}\}$。R&D 经费投入强度 x_1 的临界值取为 $u_{i_0j_0}^{(1)}=2\%$，R&D 人员比重指标 x_2 的临界值取为 $u_{i_0j_0}^{(2)}=25\%$，发明专利授权数指标 x_3 的临界值取为 $u_{i_0j_0}^{(3)}=140$，技术进步贡献率指标 x_4 的临界值取为 $u_{i_0j_0}^{(4)}=55\%$，收入弹性指标 x_5 的临界值取为 $u_{i_0j_0}^{(5)}=1.5$，增长率 x_6 的临界值取为 $u_{i_0j_0}^{(6)}=25$，资金利税率指标 x_7 的临界值取为 $u_{i_0j_0}^{(7)}=14\%$，成长稳健性指标 x_8 的临界值取为 $u_{i_0j_0}^{(8)}=80\%$，市场占有率指标 x_9 的临界值取为 $u_{i_0j_0}^{(9)}=5\%$，比较优势系数指标 x_{10} 的临界值取为 $u_{i_0j_0}^{(10)}=3$，感应度系数指标 x_{11} 的临界值取为 $u_{i_0j_0}^{(11)}=1$，影响力系数指标 x_{12} 的临界值取为 $u_{i_0j_0}^{(12)}=1$，能源消耗系数指标 x_{13} 的临界值取为 $u_{i_0j_0}^{(13)}=0.4$ 吨标准煤/万元，三废排放达标率指标 x_{14} 的临界值取为 $u_{i_0j_0}^{(14)}=95\%$。能源消耗系数指标 x_{13} 为数值越小越好的指标，应采用成本型目标效果测度函数，其余 13 个均为数值越大越好的指标，应采用成本型目标效果测度函数。由表 10.10 易知

$$\max_{1\leqslant j\leqslant 6}\{u_{1j}^{(1)}\}=5.4,\ \max_{1\leqslant j\leqslant 6}\{u_{1j}^{(2)}\}=41,\ \max_{1\leqslant j\leqslant 6}\{u_{1j}^{(3)}\}=312,\ \max_{1\leqslant j\leqslant 6}\{u_{1j}^{(4)}\}=69$$

$$\max_{1\leqslant j\leqslant 6}\{u_{1j}^{(5)}\}=2.01,\ \max_{1\leqslant j\leqslant 6}\{u_{1j}^{(6)}\}=72,\ \max_{1\leqslant j\leqslant 6}\{u_{1j}^{(7)}\}=19.36,\ \max_{1\leqslant j\leqslant 6}\{u_{1j}^{(8)}\}=96$$

$$\max_{1\leqslant j\leqslant 6}\{u_{1j}^{(9)}\}=15,\ \max_{1\leqslant j\leqslant 6}\{u_{1j}^{(10)}\}=6.73,\ \max_{1\leqslant j\leqslant 6}\{u_{1j}^{(11)}\}=1.59,\ \max_{1\leqslant j\leqslant 6}\{u_{1j}^{(12)}\}=1.29$$

$$\min_{1\leqslant j\leqslant 6}\{u_{1j}^{(13)}\}=0.14,\ \max_{1\leqslant j\leqslant 6}\{u_{1j}^{(14)}\}=1$$

由 $r_{ij}^{(k)}=\dfrac{u_{ij}^{(k)}-u_{i_0j_0}^{(k)}}{\max\limits_i\max\limits_j\{u_{ij}^{(k)}\}-u_{i_0j_0}^{(k)}}$ 可得指标 x_1 的一致效果测度函数

$$r_{1j}^{(1)}=\frac{u_{1j}^{(1)}-u_{i_0j_0}^{(1)}}{\max\limits_{1\leqslant j\leqslant 6}\{u_{1j}^{(1)}\}-u_{i_0j_0}^{(1)}}=\frac{u_{1j}^{(1)}-2}{5.4-2}=\frac{u_{1j}^{(1)}-2}{3.4}$$

类似地，可得指标 x_2，x_3，x_4，x_5，x_6，x_7，x_8，x_9，x_{10}，x_{11}，x_{12}，x_{14} 的一致效果测度函数分别为

$$r_{1j}^{(2)}=\frac{u_{1j}^{(2)}-25}{16},\ r_{1j}^{(3)}=\frac{u_{1j}^{(3)}-140}{172},\ r_{1j}^{(4)}=\frac{u_{1j}^{(4)}-55}{14},\ r_{1j}^{(5)}=\frac{u_{1j}^{(5)}-1.5}{0.51}$$

$$r_{1j}^{(6)}=\frac{u_{1j}^{(6)}-25}{47},\ r_{1j}^{(7)}=\frac{u_{1j}^{(7)}-14}{5.36},\ r_{1j}^{(8)}=\frac{u_{1j}^{(8)}-80}{16},\ r_{1j}^{(9)}=\frac{u_{1j}^{(9)}-5}{10}$$

$$r_{1j}^{(10)}=\frac{u_{1j}^{(10)}-3}{3.73},\ r_{1j}^{(11)}=\frac{u_{1j}^{(11)}-1}{0.59},\ r_{1j}^{(12)}=\frac{u_{1j}^{(12)}-1}{0.29},\ r_{1j}^{(14)}=\frac{u_{1j}^{(14)}-95}{5}$$

由 $r_{ij}^{(k)}=\dfrac{u_{i_0j_0}^{(k)}-u_{ij}^{(k)}}{u_{i_0j_0}^{(k)}-\min\limits_{i}\min\limits_{j}\{u_{ij}^{(k)}\}}$，可得指标 x_{13} 的一致效果测度函数

$$r_{1j}^{(13)}=\frac{u_{i_0j_0}^{(13)}-u_{1j}^{(13)}}{u_{i_0j_0}^{(13)}-\min\limits_{1\leqslant j\leqslant 6}\{u_{1j}^{(13)}\}}=\frac{0.4-u_{1j}^{(13)}}{0.4-0.14}=\frac{0.4-u_{1j}^{(13)}}{0.26}$$

故有对应的一致效果测度向量（保留到小数点后 3 位），如表 10.11 所示。

表 10.11　备选战略性新兴产业一致效果测度向量

指标代号	权重/%	产业部门代号					
		1	2	3	4	5	6
x_1	8	0.618	0.176	0.324	0.0592	1	0.529
x_2	7	−0.125	0.125	0.625	−0.375	1	−0.063
x_3	8	0.820	1	0.209	−0.273	0.448	−0.308
x_4	6	0.429	−0.071	0.714	−0.429	1	0.143
x_5	7	0.705	−0.098	1	0.686	0.529	0.255
x_6	7	0.109	0.091	0.239	0.179	0.102	1
x_7	5	−0.308	−0.166	0.321	−0.521	1	0.028
x_8	7	0	0.75	1	0.438	−0.313	−1
x_9	8	1	0.1	−0.1	−0.38	0.06	0.6
x_{10}	9	0.300	−0.236	0.488	−0.241	0.070	1
x_{11}	7	0.441	1	−0.356	0.712	0.593	−0.373
x_{12}	7	−0.759	0.586	−0.448	0.724	1	0.655
x_{13}	8	−0.269	−0.038	0.192	−0.692	0.808	1
x_{14}	6	1	−0.6	−1	1	1	1

再由 $r_{1j}=\sum\limits_{k=1}^{14}\eta_k\cdot r_{1j}^{(k)}$ 可得综合效果测度向量

$$R=(r_{11},r_{12},r_{13},r_{14},r_{15},r_{16})=(0.305,0.206,0.237,0.049,0.565,0.339)$$

6 个备选战略性新兴产业均中靶，说明初选是合理的。进一步由 $r_{15}>r_{16}>r_{11}>r_{13}>r_{12}>r_{14}$，可知各备选战略性新兴产业的优先顺序为产业 5 > 产业 6 > 产业 1 > 产业 3 > 产业 2 > 产业 4。

10.5.2　江苏省战略性新兴产业绩效评价

例 2

此处以战略性新兴产业绩效评估决策为例，说明基于中心点混合三角白化权函数的灰色评估模型和两阶段灰色综合测度决策模型的应用。根据图 10.1 战略性新兴产业发展绩效评价指标体系的 6 个一级指标：技术引领性、产业成长性、市场竞争力、产业关联性、环境友好性和产业贡献度，对应权重分别为 0.25，0.22，0.13，0.12，0.11，0.17。

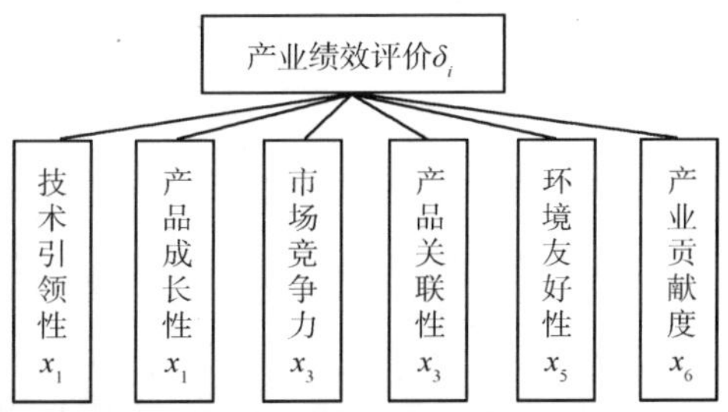

图 10.1　产业绩效评价指标体系

将各指标评价分值统一转化为百分制，分为“优”、“良”、“中”、“差”四个灰类，根据某区 9 个新兴产业部门最低、最高评价分值和灰类划分要求，在区间 [40，100] 中，依次确定“优”灰类的转折点 $\lambda_j^4=90$ 和“差”灰类的转折点 $\lambda_j^1=60$，以及最可能属于“良”灰类和“中”灰类的点 $\lambda_j^3=80$，$\lambda_j^2=70$。

因为各指标评价分值均已转化为百分制，故各指标关于“差”、“中”、“良”、“优”四个灰类的白化权函数相同，分别为

$$f_j^1(x)=\begin{cases}0, & x\notin[40, 70]\\ 1, & x\in[40, 60]\\ \dfrac{70-x}{70-60}, & x\in[60, 70]\end{cases}\qquad f_j^2(x)=\begin{cases}0, & x\notin[60, 80]\\ \dfrac{x-60}{70-60}, & x\in[60, 70]\\ \dfrac{80-x}{80-70}, & x\in[70, 80]\end{cases}$$

$$f_j^3(x)=\begin{cases}0, & x\notin[70, 90]\\ \dfrac{x-70}{80-70}, & x\in[70, 80]\\ \dfrac{90-x}{90-80}, & x\in[80, 90]\end{cases}\qquad f_j^4(x)=\begin{cases}0, & x\notin[80, 100]\\ \dfrac{x-80}{90-80}, & x\in[80, 90]\\ 1, & x\in[90, 100]\end{cases}$$

其中，各指标关于“差”灰类的白化权函数为下限测度白化权函数，各指标关于“优”灰类的白化权函数为上限测度白化权函数，各指标关于“中”和“良”灰类的白化权函数均为三角白化权函数。

某一产业部门的具体指标评价分值如表 10.12 所示。

表 10.12　某产业部门各指标实现值

指标名称	技术引领性	产业成长性	市场竞争力	产业关联性	环境友好性	产业贡献度
评价值	77	84	92	78	82	47

根据各指标评价值和权重数据，利用所构建的各灰类白化权函数，可计算出各指标关于不同灰类的白化权函数值和灰色聚类系数，如表 10.13 所示。

表 10.13　各指标关于不同灰类的灰色聚类系数

灰类	x_1	x_2	x_3	x_4	x_5	x_6	δ_i
优	—	0.4	1.0	—	0.2	—	0.240
良	0.7	0.6	—	0.8	0.8	—	0.491
中	0.3	—	—	0.2	0	—	0.099
差	—	—	—	—	—	1.0	0.170

对表 10.13 中的结果进行分析，由 $\max\limits_{1\leqslant k\leqslant 4}\{\delta_i^k\}=\delta_i^3=0.491$ 可知，总体上看该产业部门绩效属于“良”灰类，说明产业部门发展绩效良好；其关于“优”灰类的聚类系数 $\delta_i^4=0.240$，排第二位，说明该产业部门某些指标的绩效较为显著。从分项指标看，该项目技术引领性指标属于“良”灰类，达到了较高水平；产业成长性指标处于“良”和“优”之间，接近“良”灰类；市场竞争力指标属于“优”灰类，说明该产业部门具有高成长势头；产业关联性指标介于“良”和“中”之间，更接近“良”灰类；而环境友好性指标介于“良”和“优”之间，更接近“良”灰类；产业贡献度指标属于“差”灰类，说明该产业规模和对地方经济的支撑作用还有待进一步发挥。

第 11 章　节能效果评价

11.1　引言

进入 21 世纪，我国钢铁、水泥等高耗能行业迅速膨胀，重化工业加速发展，工业占国民经济的比重也相应上升。一方面，它保证了我国经济以 10%左右的速度快速增长；另一方面，也导致了能源消费的明显上升，能源消费增长速度甚至一度超过了同期的 GDP。能源消费的急剧增长，已经成为我国经济社会持续发展的重要制约因素，甚至已经威胁到国家的经济安全。日趋严峻的能源形势，将节能降耗摆上了各级政府的重要议事日程。节能降耗，发展循环经济，实现经济可持续发展，已逐步形成全社会的共识。

近年来，国家为实现节能降耗出台了一系列规划、法规、政策、条例。2007 年 4 月，国家发展和改革委员会（以下简称发改委）公布《能源发展“十一五”规划》，同年 9 月，发布了《可再生能源中长期发展规划》，通过规划的方式明确了我国节能目标和新能源发展目标；2007 年 10 月，修订后的《中华人民共和国节约能源法》经全国人大常委会表决通过，通过立法的方式对节能工作的各个方面作出了规范，既有很强的原则性，又具有可操作性，确立了我国的主要节能制度；2007 年 6 月国务院印发了发改委会同有关部门制订的《节能减排综合性工作方案》，提出了节能减排的具体措施，2007 年 11 月，国务院公布节能减排统计、监测及考核实施方案和办法，财政部发布《可再生能源发展专项资金管理暂行办法》，在实施和操作层面对节能减排做了具体安排。

节能效果评价可以为政府制定节能政策提供客观依据，还可以对政府节能管理的效果进行科学评定。因而节能效果评价是节能管理中非常重要的环节。本章将分别对技术进步、产业结构调整、新能源发展和节能政策的节能效果进行评估。

11.2　技术进步对我国节能降耗的影响评价

由于我国正处于工业化和城市化的过程中，第二产业比重居高不下。我国工业创造了 50%的 GDP，却消耗了 70%的能源，而且技术进步的节能效果在工业领域体现得也更为突出。所以本节以我国工业部门为例，扩展 Cobb-Douglas 生产函数，分析技术进步对节能降耗的影响。

11.2.1 扩展的 Cobb-Douglas 生产函数

为测算技术进步对节能降耗的实际影响，我们在生产函数模型中加入能源变量，得到一个包括产出（Y）、资本（K）、劳动（L）、能源（E）和技术进步（T）五个变量的模型。产出是资本、劳动、能源和技术进步共同作用的结果。生产函数被用来描述这一过程，生产函数的一般形式如下

$$Y(t)=f(K(t),\ L(t),\ E(t),\ T(t)) \tag{11.1}$$

假定技术进步是外生的，而且保持一个恒定的增长率 c，那么技术进步将是指数增长的，即

$$T(t)=A\mathrm{e}^{ct} \tag{11.2}$$

Cobb-Douglas 生产函数容易分析，而且它也是对现实生产的一个极好的模拟（David Romer，2001）。因此我们采用 Cobb-Douglas 生产函数，其形式如下。

$$Y(t)=A\mathrm{e}^{ct}K(t)^{\alpha}L(t)^{\beta}E(t)^{\gamma} \tag{11.3}$$

式中，α 为产出的资本弹性；β 为产出的劳动弹性；γ 为产出的能源弹性，并且 $0<\alpha,\ \beta,\ \gamma<1$。

假设生产函数中资本、劳动和能源三种要素的规模收益不变，则有

$$\alpha+\beta+\gamma=1 \tag{11.4}$$

根据式（11.3），可以得到

$$\left(\frac{E}{Y}\right)^{\gamma}\times \mathrm{e}^{ct}\times A=\frac{Y^{1-\gamma}}{K^{\alpha}L^{\beta}} \tag{11.5}$$

由于 $\alpha+\beta+\gamma=1$，式（11.5）可以作如下变化：

$$\left(\frac{E}{Y}\right)^{\gamma}\times \mathrm{e}^{ct}\times A=\left(\frac{Y}{K}\right)^{\alpha}\left(\frac{Y}{L}\right)^{\beta} \tag{11.6}$$

设 $\chi=\dfrac{E}{Y}$ 为单位 GDP 能耗，即能源强度；$y_k=\dfrac{Y}{K}$ 为单位资本产出；$y_l=\dfrac{Y}{L}$ 为单位劳动产出，则式（11.6）可以改写如下：

$$\chi^{\gamma}\times \mathrm{e}^{ct}\times A=y_k^{\alpha}y_l^{\beta} \tag{11.7}$$

对式（11.7）两边分别求对数，可以得到

$$\gamma\ln\chi(t)+ct+\ln A=\alpha\ln y_k(t)+\beta\ln y_l(t) \tag{11.8}$$

对式（11.8）两边求导数，可以得到

$$\gamma\frac{\dot{\chi}(t)}{\chi(t)}=\alpha\frac{\dot{y}_k(t)}{y_k(t)}+\beta\frac{\dot{y}_l(t)}{y_l(t)}-c \tag{11.9}$$

式中，$\dfrac{\dot{\chi}(t)}{\chi(t)}$ 为能源强度 $\chi(t)$ 的增长速度；$\dfrac{\dot{y}_k(t)}{y_k(t)}$ 为单位资本产出 $y_k(t)$ 的增长速度；$\dfrac{\dot{y}_l(t)}{y_l(t)}$ 为单位劳动产出 $y_l(t)$ 的增长速度；C 为技术进步速度。

式（11.9）表明能源强度的增长速度取决于单位资本产出增长速度、单位劳动产出增长速度、技术进步速度以及产出弹性。单位资本产出增长速度、单位劳动产出增长速度越大，能源强度增长越快；技术进步速度越大，能源消费强度下降越快。相对于产出的能源弹性系数，产出的资本弹性系数和产出的劳动弹性系数越大，能源强度增长越快。

11.2.2　基础数据

我国工业固定资产净值的年内平均值、雇员人数年内平均值、能源消费、增加值如表 11.1 所示。表 11.1 中的数据是按当年价格计算的，在研究中应将这些数据需要转化成不变价格下相应的指标。

表 11.1　我国工业经济与能耗数据表

年份	固定资产净值的年内平均值/亿元	雇员人数年内平均值/万人	能源消费/万吨标准煤	增加值/亿元
1995	27 423.10	6 610	96 191	15 446.12
1996	37 862.96	6 450	100 322	18 026.11
1997	39 778.75	6 215	100 080	19 835.18
1998	45 420.55	6 195.81	94 409	19 421.93
1999	47 643.44	5 805.05	90 797	21 566.74
2000	51 910.37	5 559.36	89 634	25 396.8
2001	56 486.77	5 441.43	92 347	28 329.4
2002	60 798.36	5 520.66	102 181	32 996.8
2003	71 487.8	5 748.57	119 627	41 990.2
2004	86 886.71	6 098.62	143 244	54 805.1
2005	89 460.49	6 895.96	159 492	72 186.99
2006	105 805.26	7 358.43	175 137	91 075.73

资料来源：《中国统计年鉴》(1996～2007)

计算不变价格下的工业增加值，首先要计算的是 GDP 紧缩指数（GDP deflator）。可以根据 GDP 指数来推算 GDP 紧缩指数。

$$\text{GDP 指数}=\frac{\text{当年价格 GDP/GDP 紧缩指数}}{\text{前一年的 GDP}} \tag{11.10}$$

因此

$$\text{GDP 紧缩指数}=\frac{\text{当年价格 GDP/GDP 指数}}{\text{前一年 GDP}} \tag{11.11}$$

当年价格 GDP、GDP 指数和根据式（11.11）计算的 GDP 紧缩指数，如表 11.2 所示。按不变价格计算的固定资产净值的年内平均值应按固定资产投资价格指数计算。固定资产投资价格指数如表 11.2 所示。

$$\text{按不变价格计算的增加值}=\frac{\text{按当年价格计算的增加值}}{\text{GDP 紧缩指数}} \tag{11.12}$$

$$\begin{array}{c}\text{按不变价格计算的固定资产}\\ \text{净值的年内平均值}\end{array}=\frac{\text{按当年价格计算的固定资产净值的年内平均值}}{\text{固定资产投资价格指数}} \tag{11.13}$$

表 11.2　GDP 紧缩指数和固定资产投资价格指数

年份	GDP	GDP 指数	GDP 紧缩指数	固定资产投资价格指数
1995	60 793.7			
1996	71 176.6	110.0	1.064 271	106.0
1997	78 973.0	109.3	1.015 157	101.7
1998	84 402.3	107.8	0.991 111	99.8
1999	89 677.1	107.6	0.987 267	99.6
2000	99 216.6	108.4	1.020 327	101.1
2001	109 655.2	108.3	1.020 526	100.4
2002	120 332.7	109.1	1.006 007	100.2
2003	135 822.8	110.0	1.025 879	102.2
2004	159 878.3	110.1	1.069 273	105.6
2005	183 867.9	110.4	1.041 402	101.6
2006	210 871.0	111.1	1.032 396	101.5

资料来源：《中国统计年鉴 2007》

根据式（11.12）和式（11.13）计算按不变价格计算的工业增加值和固定资产净值的年内平均值，结果如表 11.3 所示。

表 11.3　工业固定资产净值和增加值数据表

年份	固定资产净值的年内平均值/亿元	增加值/亿元
1995	27 423.1	15 446.12
1996	36 406.69	16 937.52
1997	37 609.44	18 359.07
1998	43 029.62	18 137.8
1999	45 316.77	20 398.67
2000	48 838.1	23 543.07
2001	52 931.93	25 735.44
2002	56 858.46	29 796.68
2003	65 416.04	36 961.11
2004	75 289.04	45 115.88
2005	76 300.25	57 062.26
2006	88 907	69 736.29

冲击扰动系统的大量存在往往导致定量预测模型的结果与人们直观的定性分析结论大相径庭。原因在于，冲击扰动导致了所收集的数据增长过快或者过慢，不能反映系统的真实趋势。如果用冲击扰动数据直接建模，而不消除冲击扰动的影响，其结论往往也是不可靠的。因此，需要寻求定性分析和定量分析的结合点，设法排除系统数据受到的冲击影响，还原数据本来面目，发现系统真实的趋势。

1997 年爆发的亚洲金融危机，对我国工业的投资、能源消费以及产出都产生了很大的冲击，如图 11.1 所示。工业固定资产净值年平均值和增加值在 1997～2001 年增长速度缓慢，而能源消费和雇员人数年内平均值从 1997 年到 2000 年连年下降。

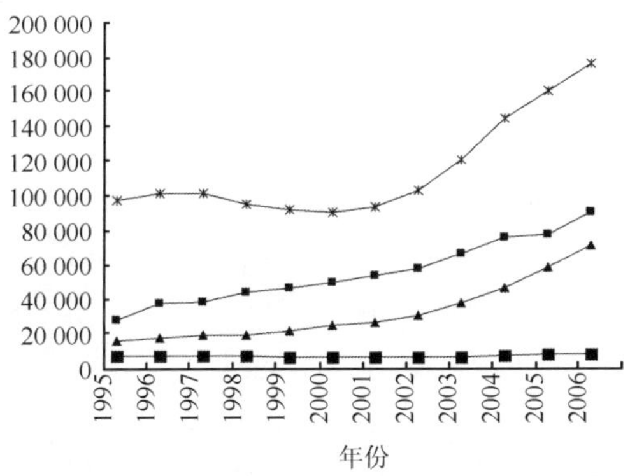

图 11.1　亚洲金融危机对我国工业的冲击

—■— 固定资产净值年内平均值（亿元）　—▲— 工业增加值（亿元）

—■— 雇员人数年内平均值（万人）　—*— 能源消费（万吨标准煤）

在灰色系统理论中，缓冲算子被用来解决这类问题。而平均弱化缓冲算子（average weaken buffer operator，AWBO）由于具有很多优点，在冲击系统建模和预测中更是得到了广泛的应用。此处采用 AWBO 来剔除亚洲金融危机对我国工业的冲击，尽量还原我国工业发展的真实趋势。

定义　设原始数据序列为

$$X=(x(1),\ x(2),\ \cdots,\ x(n))$$

令

$$XD=(x(1)d,\ x(2)d,\ \cdots,\ x(n)d)$$

式中，$k=1,\ 2,\ \cdots,\ n$

$$x(k)d=\frac{1}{n-k+1}[x(k)+x(k+1)+\cdots+x(n)]$$

则称 D 为平均弱化缓冲算子。

经弱化算子作用的序列 XD，其增长速度小于原始序列。采用平均弱化缓冲算子来处理固定资产净值年内平均值、增加值和能源消费，即 $K'=KD$ 、$Y'=YD$ 和 $E'=ED$。弱化结果如表 11.4 所示，不难发现经过平均缓冲弱化算子处理的数据更加平滑。

表 11.4　AWBO 作用后的工业经济和能耗数据

K'	Y'	E'
54 527.2	31 435.49	120 200.6
56 991.21	32 889.07	122 007.7
59 049.67	34 486.23	124 200.5
61 431.91	36 275.91	127 510.7
63 732.2	38 543.18	132 099.9
66 362.97	41 135.25	138 166.4
69 283.79	44 067.28	145 803
72 556.16	47 733.64	154 527.4
76 478.08	52 218.39	163 252.5
80 165.43	57 306.14	169 922
82 603.63	63 398.28	175 137
88 907	69 736.29	175 137

注：K' 为经 AWBO 作用的我国工业固定资产净值年内平均值；Y' 为经 AWBO 作用的我国工业增加值；E' 为经 AWBO 作用的我国工业能源消费

11.2.3　实证研究

本节将对我国工业技术进步的节能降耗效果进行定量测算。

对式（11.3）两端取对数，可以得到

$$\ln Y=\ln A+ct+\alpha\ln K+\beta\ln L+\gamma\ln E \tag{11.14}$$

根据式（11.4）可以得到

$$\beta=1-a-\gamma \tag{11.15}$$

由式（11.14）和式（11.15）可以得到

$$\ln Y-\ln L=\ln A+ct+\alpha(\ln K-\ln L)+\gamma(\ln E-\ln L) \tag{11.16}$$

式（11.16）是一个线性回归方程。在参数估计过程中，Y、E 和 K 将分别被 Y'、E'、K' 所代替。参数估计中所需要的变量如表 11.5 所示。

表 11.5　参数估计基础数据

年份	t	lnKL	lnEL	lnYL
1995	1	2.110 116	2.900 578	1.559 354
1996	2	2.178 817	2.940 004	1.629 06
1997	3	2.251 413	2.994 931	1.713 536
1998	4	2.294 056	3.024 327	1.767 281
1999	5	2.395 962	3.124 83	1.893 051
2000	6	2.479 656	3.212 976	2.001 382
2001	7	2.544 169	3.288 215	2.091 676
2002	8	2.575 836	3.331 874	2.157 139
2003	9	2.588 053	3.346 347	2.206 484
2004	10	2.576 03	3.327 277	2.240 31
2005	11	2.483 118	3.234 633	2.218 501
2006	12	2.491 744	3.169 722	2.248 846

注：lnKL＝ln$K$－nL；lnEL＝ln$E$－ln$L$；lnYL＝ln$Y$－ln$L$

参数估计采用 SPSS 软件。回归结果和有关检验如表 11.6 和表 11.7 所示。线性回归方程如式（11.17）所示。

表 11.6　*R* square 检验

R	R^2	调整的 R^2	ΔR^2	F 检验值	显著性
1.000	0.999	0.999	0.999	4698.636	0.000

表 11.7　回归系数与 *t* 检验表

项目	非标准化系数	t	显著性
常数	－0.240	－2.939	0.019
t	0.044	33.999	0.000
lnKL	0.269	2.603	0.031
lnEL	0.407	6.296	0.003

$$\ln Y-\ln L=-0.24+0.044t+0.269(\ln K-\ln L)+0.407(\ln E-\ln L) \tag{11.17}$$

调整的 R^2 为 0.999，F 检验显著性为 0.000，表明回归模型良好，自变量很好地解释了因变量。t 检验表明 t，$\ln K-\ln L$ 和 $\ln E-\ln L$ 对 $\ln Y-\ln L$ 有显著作用。即 $c=0.044$，$\alpha=0.269$，$\beta=1-\alpha-\gamma=0.324$，$\gamma=0.407$。$\alpha=0.269$ 表明当 K 增长 1%，Y 将增长 0.269%；$\beta=0.324$ 表明 L 增长 1%，Y 将增长 0.324%；

$\gamma=0.407$ 表明当 E 增长 1%，则 Y 增长 0.407%；$c=0.044$ 表明技术进步速度为 9.4%。

由式（11.17）、式（11.3）和式（11.5），可以得到

$$Y=0.786628\mathrm{e}^{0.044t}K^{0.269}L^{0.324}E^{0.407} \tag{11.18}$$

和

$$0.407\frac{\dot{\chi}(t)}{\chi(t)}=0.269\times\frac{\dot{y}_k(t)}{y_k(t)}+0.324\times\frac{\dot{y}_l(t)}{y_l(t)}-0.044 \tag{11.19}$$

由于科技进步速度为 0.044，科技进步将平均增加经济增长

$$(\mathrm{e}^{0.044}-1)\times 100\%=4.4982\%$$

同样，科技进步将导致单位资本产出和单位劳动产出分别增加 4.4982%。在此基础上，将计算技术进步的节能降耗效果，可以得到

$$0.407\frac{\dot{\chi}(t)}{\chi(t)}=0.269\times 0.044982+0.324\times 0.044982-0.044 \tag{11.20}$$

式（11.20）可以分为两个部分。$0.269\times 0.044982+0.324\times 0.044982$ 这一部分表示科技进步会促进经济增长，进而导致能源强度的增加；-0.044 则表示科技进步对能耗的降低作用。根据式（11.20）可以得到技术进步的平均节能降耗效果

$$\frac{\dot{\chi}(t)}{\chi(t)}(T)=-4.26\%$$

这一结果表明，1995～2006 年，我国工业技术进步平均每年降低单位 GDP 能耗为 4.26%。

11.3 产业结构调整对我国节能降耗的影响评价

从 20 世纪 90 年代中期开始，我国第一产业比重稳步下降，第二产业比重先下降后又上升，第三产业比重先上升后又下降，如图 11.2 所示。由于第二产业能耗较高，我国产业结构的这种变化不利于能源强度的降低。本节将对我国产业结构对节能降耗的影响进行实证研究，并建立灰色规划模型，研究如何通过产业结构调整实现节能目标。

11.3.1 能源消费强度变化的分解

能源消费强度是指单位 GDP 所消耗的能源数量，即 $e=E/Y$，其中，E 表示能源消费量，Y 表示 GDP。

将 E，Y 按照三次产业分解，即

$$E=\sum_{i=1}^{3}E_i=E_1+E_2+E_3 \tag{11.21}$$

$$Y=\sum_{i=1}^{3}Y_i=Y_1+Y_2+Y_3 \tag{11.22}$$

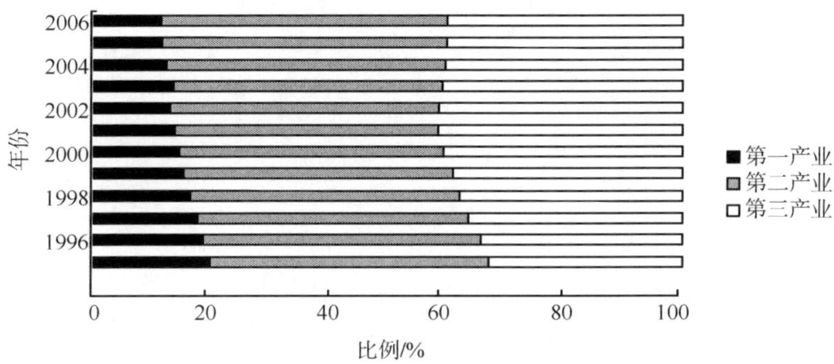

图 11.2　我国的产业结构

资料来源：《中国统计年鉴 2008》

再据此对 e 进行分解可以得到

$$e=\frac{E}{Y}=\frac{\sum_{i=1}^{3}E_i}{\sum_{i=1}^{3}Y_i}=\frac{\sum_{i=1}^{3}e_iY_i}{\sum_{i=1}^{3}Y_i}=\sum_{i=1}^{3}e_iy_i \tag{11.23}$$

式中，e_i 为第 i 产业的能源消费强度；y_i 为第 i 产业的增加值占 GDP 比重。

令 $e^n(n=1, 2, \cdots, N)$ 表示第 n 期的能源消费强度，e^0 表示基期的能源消费强度，则有

$$e^n=\sum_{i=1}^{3}e_i^ny_i^n,\quad e^0=\sum_{i=1}^{3}e_i^0y_i^0$$

将 e^n 进行分解，可以得到

$$e^n=\sum_{i=1}^{3}e_i^ny_i^n=\sum_{i=1}^{3}e_i^0y_i^0+\sum_{i=1}^{3}e_i^0(y_i^n-y_i^0)+\sum_{i=1}^{3}y_i^n(e_i^n-e_i^0) \tag{11.24}$$

由此能源消费强度的变化可以分解为

$$\Delta e=e^n-e^0=\sum_{i=1}^{3}e_i^0(y_i^n-y_i^0)+\sum_{i=1}^{3}y_i^n(e_i^n-e_i^0)=\Delta e_s+\Delta e_e \tag{11.25}$$

式中，$\Delta e_s=\sum_{i=1}^{3}e_i^0(y_i^n-y_i^0)$ 为产业结构变动引起的能源消费强度变化；$\Delta e_e=\sum_{i=1}^{3}y_i^n(e_i^n-e_i^0)$ 为各产业能源使用效率变动引起的能源消费强度变化。

11.3.2 我国三次产业结构调整节能效果研究

我国三次产业增加值和能耗如表 11.8 所示。

表 11.8 三次产业增加值和能耗

年份	增加值/亿元			能耗/万吨标准煤		
	第一产业	第二产业	第三产业	第一产业	第二产业	第三产业
2000	14 946.7	45 555.9	38 716.0	6 045	97 586	18 334
2007	19 736.2	97 192.5	73 261.4	8 245	194 189	36 360

资料来源：《中国统计年鉴 2008》；①2007 年各产业增加值通过国内生产总值指数换算而来，是按 2000 年不变价格计算的；②第一产业指农、林、牧、副、渔、水利业；第二产业指工业和建筑业；第三产业指交通运输、仓储和邮政业，批发、零售业、住宿、餐饮业，其他行业

根据表 11.9 中的数据可以计算出三次产业的结构和能源强度。

表 11.9 三次产业结构和能源强度

年份	产业结构/%			各产业的能源强度/（吨标准煤/万元）		
	第一产业	第二产业	第三产业	第一产业	第二产业	第三产业
2000	15.1	45.9	39.0	0.404 491	2.142 116	0.473 575
2007	11.3	48.6	40.1	0.417 76	1.997 983	0.496 305

资料来源：《中国统计年鉴 2008》

我国产业结构和各产业的能源强度如表 11.9 所示。按式（11.25）计算产业结构变动对能源强度的影响，可以得到

$$\Delta e_s = \sum_{i=1}^{3} e_i^0 (y_i^n - y_i^0) = 0.404491 \times (0.113 - 0.151)$$

$$+ 2.142116 \times (0.486 - 0.459) + 0.473575 \times (0.401 - 0.39) = 0.0476758$$

$$\Delta e_e = \sum_{i=1}^{3} y_i^n (e_i^n - e_i^0) = 0.113 \times (0.41776 - 0.404491) + 0.486 \times (1.997983$$

$$- 2.142116) + 0.401 \times (0.496305 - 0.473575) = -0.0594345$$

2007 年与 2000 年相比，产业结构变化导致了能源强度上升了 0.047 675 8 吨标准煤/万元，而能源利用效率的变化导致能源强度下降了 0.059 434 5 吨标准煤/万元。这说明产业结构变化在一定程度上增加了我国的单位 GDP 能耗。

11.3.3 基于节能降耗的产业结构规划模型

在考虑固定资产、劳动力、用水量等资源约束以及经济增长和发展特点的基

础上，建立灰色线性规划模型，研究我国如何通过产业结构调整来有效地节能降耗。

我国的第二产业和第三产业联系紧密，如表 11.10 所示。所以在进行结构调整和规划时，必须要充分考虑这种关联。在经济发展过程中，第二产业为第三产业发展提供必要的基础和条件，第三产业发展又为第二产业发展提供服务和保障。为了进一步分析我国第二产业和第三产业的关联，以第二产业增加值为自变量，以第三产业增加值为因变量，建立一元线性回归方程，即

$$Y_3 = \alpha + \beta Y_2 \tag{11.26}$$

式中，Y_3 为第三产业增加值；Y_2 为第二产业增加值。

表 11.10　第二产业和第三产业增加值　　　　单位：亿元

年份	第二产业增加值	第三产业增加值
1991	9 102.2	7 337.1
1992	11 699.5	9 357.4
1993	16 456.4	11 915.7
1994	22 445.4	16 179.8
1995	28 679.5	19 978.5
1996	33 835.0	23 326.2
1997	37 543.0	26 988.1
1998	39 006.2	30 580.5
1999	41 033.6	33 873.4
2000	45 555.9	38 716.0
2001	49 512.3	44 361.6
2002	53 896.8	49 898.9
2003	62 436.3	56 006.7
2004	73 906.3	64 561.3
2005	87 366.6	73 432.9
2006	103 162.0	84 721.4
2007	121 381.3	100 053.5

资料来源：《中国统计年鉴 2008》

采用 SPSS 对式（11.26）回归模型求解，得到

$$Y_3 = -1596.847 + 0.858 Y_2 \tag{11.27}$$

回归参数和相关检验如表 11.11 和表 11.12 所示。调整的 R^2 为 0.989 以及 F 检验的显著性为 0.000 表明回归方程显著，t 检验则说明 Y_2 对 Y_3 有显著影响。回归方程的结果有力地证明了我国第二产业和第三产业发展联系紧密。在产业结构调整中应将这个联系体现出来。

表 11.11 R 检验

R	R^2	调整 R^2
0.995a	0.990	0.989

表 11.12 回归系数与 t 检验

模型		非标准化系数		t	显著性
		B	标准误差		
1	常数	−1596.847	1301.119	−1.227	0.239
	Y_2	0.858	0.022	38.325	0.000

通过对式（11.27）的残差和相对误差的研究，不难发现，从 1998 年到 2007 年的 10 年间，我国第二产业和第三产业大致存在如下关系，如表 11.13 所示。

$$0.9Y_3 < -1596.847 + 0.858Y_2 < 1.1Y_3 \tag{11.28}$$

由式（11.28）可以得到两个约束条件

$$-1596.847 + 0.858Y_2 < 1.1Y_3 \tag{11.29}$$

$$0.9Y_3 < -1596.847 + 0.858Y_2 \tag{11.30}$$

表 11.13 回归模型相对误差

年份	模拟值 $\hat{Y}_3$	实际值 Y_3	残差 $\hat{Y}_3 - Y_3$	相对误差 $(\hat{Y}_3 - Y_3)/Y_3$
1991	6 212.841	7 337.1	−1 126.26	−15%
1992	8 441.324	9 357.4	−916.076	−10%
1993	12 521.03	11 915.7	605.328 2	5%
1994	17 661.31	16 179.8	1 481.506	9%
1995	23 010.16	19 978.5	3 031.664	15%
1996	27 433.58	23 326.2	4 107.383	18%
1997	30 615.05	26 988.1	3 626.947	13%
1998	31 868.76	30 580.5	1 288.257	4%
1999	33 609.98	33 873.4	−263.418	−1%
2000	37 490.12	38 714	−1 223.88	−3%
2001	40 886.71	44 361.6	−3 476.89	−8%
2002	44 646.61	49 898.9	−5 252.29	−11%
2003	51 973.5	56 006.7	−4 031.2	−7%
2004	61 813.04	64 561.3	−2 748.26	−4%
2005	73 361.98	73 432.9	−70.920 2	0%
2006	86 916.15	84 721.4	2 196.749	3%
2007	102 548.3	100 053.5	2 496.808	2%

因此，可以得到以下线性规划模型。

$$\min \quad e_1Y_1 + e_2Y_2 + e_3Y_3$$

$$\begin{cases} a_{11}Y_1 + a_{12}Y_2 + a_{13}Y_3 \leqslant b_1 \\ a_{21}Y_1 + a_{22}Y_2 + a_{23}Y_3 \leqslant b_2 \\ a_{31}Y_1 + a_{32}Y_2 + a_{33}Y_3 \leqslant b_3 \\ Y_1 + Y_2 + Y_3 \geqslant Y_A \\ -1596.847 + 0.858Y_2 < 1.1Y_3 \\ 0.9Y_3 < -1596.847 + 0.858Y_2 \\ Y_1 > 0 \\ Y_2 > 0 \\ Y_3 > 0 \end{cases} \tag{11.31}$$

式中，e_1，e_2，e_3 分别为第一产业、第二产业、第三产业能源消费强度；Y_1，Y_2，Y_3 分别为第一产业、第二产业、第三产业增加值；a_{11}，a_{12}，a_{13} 分别为第一产业、第二产业、第三产业固定资产消耗系数，即单位增加值所需的固定资产；a_{21}，a_{22}，a_{23} 分别为第一产业、第二产业、第三产业劳动消耗系数，即单位增加值所需的劳动力；a_{31}，a_{32}，a_{33} 分别为第一产业、第二产业、第三产业用水量消耗系数，即单位增加值用水量；b_1 为固定资产总额；b_2 为劳动力的总数量；b_3 为总生产用水量；Y_A 为区域经济发展目标。

11.3.4　产业结构调整规划

本节采用 11.3.3 中建立的规划模型，分别研究 2010 年和 2015 年我国产业结构调整的目标。但在求解规划目标之前，需要对各种消耗系数（a_{ij}，i，$j=1$，2，3）和资源总量以及经济发展目标进行预测。本研究将采用灰色 GM（1，1）模型对这些变量进行预测，因此式（11.31）实质上是一个灰色线性规划模型，其中消耗系数、资源总量等均为灰数。

通过国内生产总值指数、2007 年的国内生产总值，计算出各年份的国内生产总值不变价格（2007 年价格）。我国国内生产总值指数如表 11.14 所示，2007 年国内生产总值如表 11.15 所示。计算式如下：

$$Y_t = \frac{Y_{2007}}{I_{2007}} \times I_t \tag{11.32}$$

式中，Y_t 为 t 年的国内生产总值或增加值；Y_{2007} 为 2007 年的国内生产总值或增加值；I_{2007} 为 2007 年国内生产总值指数或增加值指数；I_t 为 t 年国内生产总值指数或增加值指数。

计算的 2007 年不变价格国内生产总值如表 11.16 所示。

表 11.14　国内生产总值指数（1978 年＝100）

年份	国内生产总值	第一产业	第二产业	第三产业
2001	823.0	286.8	1 173.1	1 056.2
2002	897.8	293.0	1 288.4	1 166.2
2003	987.8	300.3	1 451.7	1 276.9
2004	1 087.4	319.3	1 613.0	1 403.1
2005	1 200.8	336.0	1 801.6	1 550.4
2006	1 340.7	352.8	2 035.2	1 738.1
2007	1 500.7	365.8	2 307.7	1 956.3

资料来源：《中国统计年鉴 2008》

表 11.15　2007 年国内生产总值　　单位：亿元

国内生产总值	第一产业	第二产业	第三产业
249 529.9	28 095	121 381.3	100 053.5

资料来源：《中国统计年鉴 2008》

表 11.16　国内生产总值（2007 年不变价格）　　单位：亿元

年份	国内生产总值	第一产业	第二产业	第三产业
2001	136 848.7	21 870.5	61 703.28	53 916.07
2002	149 277.4	22 506.75	67 768.28	59 543.95
2003	164 243.1	23 067.35	76 355.81	65 202.41
2004	180 807	24 520.6	84 840.81	71 759.45
2005	199 670.2	25 803.21	94 763.38	79 296.32
2006	222 925.8	27 093.37	107 050.3	88 893.82
2007	249 529.9	28 095	121 381.3	100 053.5

我国各年份总就业人数和各产业就业人数如表 11.17 所示，各年份用水总量和各个产业用水量，如表 11.18 所示。

表 11.17　各产业就业人数　　单位：万人

年份	第一产业	第二产业	第三产业	就业人员
2001	36 513	16 284	20 228	73 025
2002	36 870	15 780	21 090	73 740
2003	36 546	16 077	21 809	74 432
2004	35 269	16 920	23 011	75 200
2005	33 970	18 084	23 771	75 825
2006	32 561	19 225	24 614	76 400
2007	31 444	20 629	24 917	76 990

资料来源：《中国统计年鉴 2008》

表 11.18　各产业用水量　　单位：亿立方米

年份	用水总量	第一产业	第二产业	第三产业
2001	5567.4	3825.7	1141.8	599.9
2002	5497.3	3736.2	1142.4	618.7
2003	5240.9	3432.8	1177.2	630.9
2004	5465.8	3585.7	1228.9	651.2
2005	5540.3	3580.0	1285.2	675.1
2006	5702.0	3666.4	1343.8	693.8
2007	5712.9	3599.5	1403.0	710.4

资料来源：《中国统计年鉴 2008》

尽管资本存量是重要的宏观经济变量之一，在研究经济增长、TFP 等都需要资本存量数据，但是现在的国民经济核算体系下，没有资本存量的相关数据。我们将试图通过固定资产折旧额估计固定资产存量，这种方法最大的优点在于只要估计一个变量——折旧率 σ，即

$$FA_{t-1} = DFA_t / \sigma \tag{11.33}$$

式中，FA_{t-1} 为第 $t-1$ 年的固定资产存量；DFA_t 为第 t 年的固定资产折旧额；σ 为固定资产折旧率。

关于折旧率 σ 取法，王小鲁和樊纲（2000）的研究中将其取为 5%。采用这个折旧率，根据式（11.19）对我国的固定资产存量进行估算。我国统计年鉴中公布了各个省份的固定资产折旧额，如表 11.19 所示，对各个省份的固定资产折旧额进行汇总得到全国的固定资产折旧额。资本存量估算的结果如表 11.20 所示。

表 11.19　各省份固定资产折旧额　　单位：亿元

地区	2004 年	2005 年	2006 年	2007 年
北京	573.08	1095.51	1251.09	1375.46
天津	440.20	515.77	595.09	756.32
河北	1012.98	1256.97	1491.98	1817.05
山西	373.38	636.89	698.24	816.82
内蒙古	276.71	546.87	701.28	969.23
辽宁	1088.27	1288.09	1490.67	1688.23
吉林	419.98	617.51	766.42	907.38
黑龙江	708.91	733.35	809.93	960.90
上海	941.10	1501.79	1730.51	1951.84
江苏	1907.20	2960.06	3232.53	3582.72
浙江	1152.81	1905.37	2191.19	2593.49
安徽	555.46	738.25	811.63	997.51

续表

地区	2004 年	2005 年	2006 年	2007 年
福建	745.23	919.33	1002.02	1097.12
江西	569.71	488.88	541.90	618.80
山东	2701.85	2940.02	3271.02	3771.38
河南	986.51	1220.15	1339.45	1579.84
湖北	890.28	1098.99	1172.59	1386.03
湖南	717.99	847.17	990.76	1188.08
广东	2073.56	3585.19	4146.68	4558.87
广西	339.38	496.15	522.95	643.96
海南	108.37	142.46	162.54	235.81
重庆	279.55	376.54	436.48	432.76
四川	920.20	1246.35	1469.67	1788.94
贵州	172.53	290.33	346.98	380.85
云南	385.56	512.76	577.08	645.28
西藏	36.31	57.56	63.28	76.32
陕西	438.28	610.93	762.31	912.20
甘肃	276.10	300.29	385.60	467.18
青海	68.39	102.17	121.36	149.43
宁夏	79.82	122.71	133.65	178.36
新疆	317.77	373.58	426.96	496.69

资料来源：《中国统计年鉴 2008》

表 11.20 固定资产存量估计表

年份	固定资产折旧额/亿元	固定资产存量估计值/亿元	固定资产投资价格指数	固定资产存量估计值/亿元（2007 年不变价格）
2003		431 029.2	186.4	487 451.5
2004	21 551.46	590 439.8	196.8	632 442.6
2005	29 521.99	672 836.8	199.9	709 526.7
2006	33 641.84	780 377	202.9	810 761.3
2007	39 018.85		210.8	

为计算各产业资本消耗系数，需要将固定资产存量按产业进行分解。由于产业增加值的增长和固定资产密切相关，所以在估算固定资产存量的时候，采用增加值的增长速度代替固定资产增长速度，相应地得到固定资产产业分配比例如下：

$$y_t^j = \frac{y_{t-1}^j(1+g_t^j)}{\sum_{j=1}^{3} y_{t-1}^j(1+g_t^j)},\ j=1,\ 2,\ 3 \tag{11.34}$$

式中，y_{t-1}^j，y_t^j 分别表示 j 产业在 $t-1$，t 年的固定资产存量份额；g_t^j 为 j 产业的发展速度，其大小可由国内生产总值指数来计算获得，如表 11.21 所示。

表 11.21　国内生产总值指数（上年＝100）

年份	第一产业	第二产业	第三产业
2003	102.5	112.7	109.5
2004	106.3	111.1	110.1
2005	105.2	111.7	110.5
2006	105.0	113.0	112.1
2007	103.7	113.4	112.6

按照式（11.34）来分配固定资产存量，需要一个基年的固定资产存量分配的比重。徐现祥等（2007）对我国各省份的三次产业资本存量进行了估计，由于数据的限制，估计的结果仅到 2002 年，而且资本存量是以 1978 年的不变价格计算的，通过对其结果的整理，我们得到 2002 年三次产业的资本存量比重为 0.042 59∶0.454 471∶0.502 939，以此为基期的固定资产存量分配比例，按照式（11.34）计算各期固定资产分配比例，如表 11.22 所示，结合固定资产存量估计结果，进一步计算各年份各产业的固定资产存量，如表 11.23 所示。

表 11.22　固定资产存量分配比例

年份	第一产业	第二产业	第三产业
2003	0.039 451	0.462 865	0.497 684
2004	0.037 981	0.465 746	0.496 273
2005	0.036 043	0.469 285	0.494 672
2006	0.033 71	0.472 351	0.493 939

表 11.23　各产业固定资产估计值　　单位：亿元

年份	第一产业	第二产业	第三产业
2003	19 230.45	225 626.2	242 596.8
2004	24 020.8	294 557.6	313 866.2
2005	25 573.4	332 969.3	350 982
2006	27 330.76	382 963.9	400 466.6

在资源消费总量的基础上，可以计算各产业的资源消费系数，其中劳动力消耗系数如表 11.24 所示，水资源消耗系数如表 11.25 所示，固定资本消耗系数如表 11.26 所示。

表 11.24 劳动力消耗系数

年份	第一产业	第二产业	第三产业
2001	1.669 509	0.263 908	0.375 19
2002	1.638 321	0.232 852	0.354 192
2003	1.584 317	0.210 554	0.334 482
2004	1.438 342	0.199 432	0.320 669
2005	1.316 503	0.190 833	0.299 782
2006	1.201 807	0.179 588	0.276 892
2007	1.119 203	0.169 952	0.249 037

表 11.25 水资源消耗系数

年份	第一产业	第二产业	第三产业
2001	0.174 925	0.018 505	0.011 127
2002	0.166 018	0.016 857	0.010 391
2003	0.148 816	0.015 417	0.009 676
2004	0.146 232	0.014 485	0.009 075
2005	0.138 742	0.013 562	0.008 514
2006	0.135 251	0.012 553	0.007 805
2007	0.128 119	0.011 559	0.007 1

表 11.26 固定资本消耗系数

年份	第一产业	第二产业	第三产业
2003	0.833 665	2.954 906	3.720 672
2004	0.979 617	3.471 886	6.373 838
2005	0.991 094	3.513 692	6.426 32
2006	1.008 762	3.577 42	6.505

采用 GM（1，1）模型对各种资源总量和消耗系数进行预测，预测结果如下。

总就业人数预测的时间响应式为

$$x^{(1)}(k+1)=8524101.830458\mathrm{e}^{0.008622k}+8451076.830458$$

总就业人数模拟值以及相对误差，如表 11.27 所示。

表 11.27　总就业人数预测误差检验表

	模拟值	绝对误差	相对误差/%
2	73 816.151 516	76.151 516	0.100 558
3	74 453.342 491	21.342 491	0.028 674
4	75 098.068 517	−101.931 483	−0.135 547
5	75 748.377 527	−76.622 473	−0.101 052
6	76 406.317 861	6.317 861	0.005 652
7	77 065.938 289	75.938 289	0.098 634

通过计算，平均相对误差为 0.078 353%，精度较高，根据需要，列出 2010 年和 2015 年的预测值，总就业人数相应预测结果，如表 11.28 所示。

表 11.28　总就业人数预测值　　单位：万人

年份	2010	2015
预测值	79 085.374 1	82 569.377 8

供水总量预测的时间响应式为

$$x^{(1)}(k+1)=402121.415608e^{0.013206k}+396554.015608$$

供水总量模拟值以及相对误差，如表 11.29 所示。

表 11.29　供水总量预测误差检验表

	模拟值	绝对误差	相对误差/%
2	5 345.594 419	−151.705 581	−2.759 638
3	5 416.655 99	175.755 99	3.353 546
4	5 488.662 217	22.862 217	0.418 278
5	5 561.625 659	21.325 659	0.384 919
6	5 635.559 037	−66.440 963	−1.165 222
7	5 710.475 249	−2.424 751	−0.042 443

通过计算，平均相对误差为 1.354 008%，相对误差较小，精度较好，供水总量 2010 年和 2015 年相应预测结果，如表 11.30 所示。

表 11.30　供水总量预测值　　单位：亿立方米

年份	2010	2015
预测值	5 941.252 398	6 346.791 79

固定资产存量预测时间响应函数如下：

$$x^{(1)}(k+1)=4733379.698236e^{0.124789k}-4245928.196438$$

固定资产存量模拟值以及相对误差，如表 11.31 所示。

表 11.31 固定资产存量预测误差检验表

	模拟值	绝对误差	相对误差/%
2	629 111.966 308	−3 330.664 992	−0.526 635
3	712 727.034 48	3 202.284 88	0.451 328
4	807 455.354 346	−3 305.964 554	−0.407 761

通过计算，平均相对误差为 0.461 908%，相对误差较小，精度较好，固定资产存量 2010 年和 2015 年相应预测结果，如表 11.32 所示。

表 11.32 固定资产存量预测值 单位：亿元

年份	2010	2015
预测值	1 174 098.080 212	2 191 193.898 358

各产业水资源消耗系数预测的时间响应函数依次如下：

第一产业，$x^{(1)}(k+1)=-3.464431\mathrm{e}^{-0.047747k}+3.639356$

第二产业，$x^{(1)}(k+1)=-0.23721\mathrm{e}^{-0.073296k}+0.255715$

第三产业，$x^{(1)}(k+1)=-0.147397\mathrm{e}^{-0.073471k}+0.158524$

模拟值以及相对误差如表 11.33 所示。

通过计算，平均相对误差分别为 1.584 416%，0.558 24%，0.863 783%，相对误差较小，精度较好，各产业水资源消耗系数 2010 年和 2015 年相应预测结果，如表 11.34 所示。

各产业劳动力消耗系数预测的时间响应函数依次如下：

第一产业，$x^{(1)}(k+1)=-21.86834\mathrm{e}^{-0.079501k}+23.537849$

第二产业，$x^{(1)}(k+1)=-3.864271\mathrm{e}^{-0.060902k}+4.128179$

第三产业，$x^{(1)}(k+1)=-5.582465\mathrm{e}^{-0.066415k}+5.957655$

各产业劳动力消耗系数模拟值以及相对误差，如表 11.35 所示。

通过计算，平均相对误差分别为 1.167 91%，1.157 184%，1.608 673%，相对误差较小，精度较好，各产业劳动力消耗系数 2010 年和 2015 年相应预测结果，如表 11.36 所示。

各产业固定资产消耗系数预测的时间响应函数依次如下：

第一产业，$x^{(1)}(k+1)=66.13792\mathrm{e}^{0.014688k}-65.304254$

第二产业，$x^{(1)}(k+1)=229.460519\mathrm{e}^{0.015002k}-226.505613$

第三产业，$x^{(1)}(k+1)=293.0315\mathrm{e}^{0.014801k}-289.310828$

各产业固定资产消耗系数模拟值以及相对误差，如表 11.37 所示。

表 11.33　各产业水资源消耗系数预测误差检验表

	第一产业			第二产业			第三产业		
	模拟值	绝对误差	相对误差/%	模拟值	绝对误差	相对误差/%	模拟值	绝对误差	相对误差/%
2	0.161 529	−0.004 489	−2.703 919	0.016 764	−0.000 093	−0.551 685	0.010 441	0.000 05	0.481 202
3	0.153 998	0.005 182	3.482 143	0.015 58	0.000 163	1.057 254	0.009 702	0.000 026	0.268 705
4	0.146 817	0.000 585	0.400 049	0.014 479	−0.000 006	−0.041 423	0.009 014	−0.000 061	−0.672 194
5	0.139 973	0.001 231	0.887 256	0.013 455	−0.000 107	−0.788 957	0.008 376	−0.000 138	−1.620 888
6	0.133 446	−0.001 805	−1.334 558	0.012 505	−0.000 048	−0.382 379	0.007 782	−0.000 023	−0.294 69
7	0.127 224	−0.000 895	−0.698 57	0.011 62	0.000 061	0.527 745	0.007 231	0.000 131	1.845 018

表 11.34　各产业水资源消耗系数预测值

年份	第一产业	第二产业	第三产业
2010	0.110 246	0.009 327	0.005 801
2015	0.086 832	0.006 466	0.004 017

表 11.35　各产业劳动力消耗系数误差检验表

	第一产业			第二产业			第三产业		
	模拟值	绝对误差	相对误差/%	模拟值	绝对误差	相对误差/%	模拟值	绝对误差	相对误差/%
2	1.671 245	0.032 924	2.009 619	0.228 321	−0.004 531	−1.945 869	0.358 717	0.004 525	1.277 555
3	1.543 522	−0.040 795	−2.574 926	0.214 83	0.004 276	2.030 836	0.335 668	0.001 186	0.354 579
4	1.425 563	−0.012 779	−0.888 454	0.202 136	0.002 704	1.355 848	0.314 098	−0.006 571	−2.049 156
5	1.316 616	0.000 113	0.008 583	0.190 194	−0.000 639	−0.334 847	0.293 915	−0.005 867	−1.957 09
6	1.215 997	0.014 19	1.180 722	0.178 956	−0.000 632	−0.351 916	0.275 028	−0.001 864	−0.673 186
7	1.123 066	0.003 863	0.345 156	0.168 382	−0.001 57	−0.923 79	0.257 356	0.008 319	3.340 471

表 11.36　各产业劳动力消耗系数预测值

年份	第一产业	第二产业	第三产业
2010	0.884 759	0.140 265	0.210 864
2015	0.594 552	0.103 443	0.151 28

表 11.37　各产业固定资产消耗系数误差检验表

	第一产业			第二产业			第三产业		
	模拟值	绝对误差	相对误差/%	模拟值	绝对误差	相对误差/%	模拟值	绝对误差	相对误差/%
2	0.978 589	−0.001 028	−0.104 939	3.468 245	−0.003 641	−0.104 871	6.369 491	−0.004 347	−0.099 386
3	0.993 068	0.001 974	0.199 174	3.520 668	0.006 976	0.198 538	6.434 645	0.008 325	0.188 079
4	1.007 761	−0.001 001	−0.099 231	3.573 881	−0.003 539	−0.098 926	6.500 772	−0.004 228	−0.093 851

通过计算，平均相对误差分别为 0.134 448%，0.134 112%，0.127 105%，相对误差较小，精度较好，各产业固定资产消耗系数 2010 年和 2015 年相应预测结果，如表 11.38 所示。

表 11.38　各产业固定资产消耗系数预测值

年份	第一产业	第二产业	第三产业
2010	1.053 16	3.788 398	6.705 126
2015	1.133 413	6.029 594	5.066 544

假设我国经济保持 8%的增长速度，则 2010 年我国 GDP 至少达到 314 335.8 亿元，2015 年我国 GDP 至少达到 461 862.4 亿元，以此为经济发展目标，按照式（11.31）可以分别得到 2010 年的规划模型式（11.35）和 2015 年的规划模型式（11.36）。

$$\min 0.41776Y_{2010}^{1}+1.997983Y_{2010}^{2}+0.496305Y_{2010}^{3}$$

$$\begin{cases}1.053161Y_{2010}^{1}+3.788398Y_{2010}^{2}+4.705126Y_{2010}^{3}\leqslant 1174098.080212\\0.884759Y_{2010}^{1}+0.140265Y_{2010}^{2}+0.210864Y_{2010}^{3}\leqslant 79085.3741\\0.110246Y_{20101}^{1}+0.009327Y_{2010}^{2}+0.005801Y_{2010}^{3}\leqslant 5941.252398\\Y_{2010}^{1}+Y_{2010}^{2}+Y_{2010}^{3}\geqslant 314335.8\\-1596.847+0.858Y_{2010}^{2}<1.1Y_{2010}^{3}\\0.9Y_{2010}^{3}<-1596.847+0.858Y_{2010}^{2}\\Y_{2010}^{1}>0\\Y_{2010}^{2}>0\\Y_{2010}^{3}>0\end{cases}\tag{11.35}$$

$$\min 0.41776Y_{2015}^{1}+1.997983Y_{2015}^{2}+0.496305Y_{2015}^{3}$$

$$\begin{cases}1.133413Y_{2015}^{1}+4.029594Y_{2015}^{2}+5.066544Y_{2015}^{3}\leqslant 2191193.898358\\0.594552Y_{2015}^{1}+0.103443Y_{2015}^{2}+0.15128Y_{2015}^{3}\leqslant 82569.3778\\0.086832Y_{2015}^{1}+0.006466Y_{2015}^{2}+0.004017Y_{2015}^{3}\leqslant 6346.79179\\Y_{2015}^{1}+Y_{2015}^{2}+Y_{2015}^{3}\geqslant 461862.4\\-1596.847+0.858Y_{2015}^{2}<1.1Y_{2015}^{3}\\0.9Y_{2015}^{3}<-1596.847+0.858Y_{2015}^{2}\\Y_{2015}^{1}>0\\Y_{2015}^{2}>0\\Y_{2015}^{3}>0\end{cases}\tag{11.36}$$

式中，Y_t^j（$j=1, 2, 3$；$t=2010, 2015$）为第 j 产业在 t 年的增加值。

解式（11.35）和式（11.36）两个规划模型可以得到 2010 年和 2015 年各产业增加值，根据增加值可以计算出相应的产业结构，并在此基础上根据式（11.35）计算产业结构调整的节能效果。计算结果如表 11.39 所示。

表 11.39　各产业增加值、比重及节能效果

项目		2010 年	2015 年
增加值/亿元	第一产业	34 082.64	47 941.94
	第二产业	158 261.2	212 813
	第三产业	121 992	201 107.5
产业结构/%	第一产业	10.8	10.4
	第二产业	50.3	46.1
	第三产业	38.8	43.5
节能效果/（吨标准煤/万元）		0.026 61	0.026 61

注：增加值按 2007 年不变价格计算；节能效果计算是以 2007 年为基年的

2010 年产业结构规划的结果表明第二产业比重上升，第三产业比重下降。造成这种结果的原因在于我国处在工业化的过程之中，第二产业比重上升是这个阶段的重要特征。但是随着工业化的水平不断提高，第三产业将加快发展，第二产业比重将有所下降，而第三产业比重将有一定幅度的上升，预计 2015 年第三产业比重将比 2010 年上升近 5 个百分点。产业结构的这种变化在近两年内将增加能源强度，而后将有效地降低能源强度。

11.4　新能源开发利用对我国节能降耗的影响评价

我国能源消费以煤为主，煤炭资源消费占能源消费总量的比重长期徘徊在 70%左右，如表 11.40 所示。相关研究表明，我国排入大气中的 85%的二氧化硫、70%的烟尘、85%的二氧化碳和 60%的氮氧化合物来自于煤的燃烧，相对于石油、天然气等清洁能源，煤炭被称为“肮脏”能源。我国仍然处在低效率和低效益的煤炭时代，远远偏离了世界能源发展的主流趋势。

表 11.40　我国能源消费结构　　单位：%

年份	煤炭	石油	天然气	水电、核电、风电
2000	67.8	23.2	2.4	6.7
2001	66.7	22.9	2.6	7.9
2002	66.3	23.4	2.6	7.7
2003	68.4	22.2	2.6	6.8

续表

年份	煤炭	石油	天然气	水电、核电、风电
2004	68.0	22.3	2.6	7.1
2005	69.1	21.0	2.8	7.1
2006	69.4	20.4	3.0	7.2
2007	69.5	19.7	3.5	7.3

资料来源：《中国统计年鉴 2008》

我国能源消费结构是由我国资源禀赋状况造成的。我国煤炭储量相对于石油、天然气较为丰富，煤炭生产快速增长支撑了我国的能源消耗。考虑到石油和天然气资源的国际竞争激烈，我国的能源结构调整，很难像发达国家那样进入石油时代。核能、水能、风能等新能源将在我国能源结构中扮演越来越重要的角色。而这些新能源的利用从广义的角度看，也属于节能的范畴。本节将通过分析我国能源消费结构的变化趋势，预测未来一段时期内我国能源消费结构的变化情况。

11.4.1　我国能源消费结构变动趋势研究

采用我国 2000～2007 年能源消费结构数据中的煤炭、石油、天然气、新能源（包括水能、核能和风能）比重，建立在系统结构转移的齐次 Markov 链基础上的二次规划模型，研究我国能源消费结构的演化趋势。由于未来各期的状态仅与现在的状态有关，而与过去的状态无关，所以认为该转移过程具有 Markov 性。

$W_i(t-1)$ 为 $t-1$ 时刻第 i 种能源消费量占我国能源消费总量的比重，其中 $i=1, 2, 3, 4$，分别代表煤炭、石油、天然气和新能源。

P_{ij} 为 $(t-1)$ 时刻消费第 i 种能源而 t 时刻则消费第 j 种能源的一步转移概率，则第 t 时刻能源消费结构为

$$W_j(t)=\sum_{i=1}^{4}W_i(t-1)P_{ij}+\varepsilon_j(t) \tag{11.37}$$

式中，$i, j=1, 2, 3, 4$；$W_j(t)$ 为 t 时刻各种能源消费比重；$\varepsilon_j(t)$ 为一些随机干扰项；P_{ij} 为转移概率，表示能源消费结构的变化趋势。

为使 P_{ij} 能准确地反映能源消费结构的变化趋势，必须要求所求得 P_{ij} 使误差 $\sum_{t=2}^{n}\sum_{j=1}^{4}\varepsilon_j(t)$ 最小，因此可以建立如下二次规划模型：

$$\min\sum_{t}\sum_{j}\left(W_j(t)-\sum_{i=1}^{4}W_i(t-1)P_{ij}\right)^2$$

$$\text{s.t.}\begin{cases}\sum_{i=1}^{4} P_{ij}=1\\ P_{ij}\geqslant 0\end{cases} \tag{11.38}$$

其中各期能源消费结构如表 11.40 所示。考虑到能源转换之间的一些实际情况，新能源不会被其他能源替代，所以 $p_{44}=1$； 而在当前情况下，我国的天然气处在一个快速发展时期，煤炭、石油和新能源对天然气没有取代作用，因此 $p_{33}=1$。

将 $p_{33}=1$， $p_{44}=1$ 作为式（11.38）的另外两个约束条件，利用 EXCEL 求解式（11.38）的二次规划模型，得到一次转移概率矩阵如表 11.41 所示。

表 11.41 我国能源消费转移矩阵

项目	煤炭	石油	天然气	新能源
煤炭	0.987 099	0	0	0
石油	0	0.988 589	0	0
天然气	0	0.011 412	1	0
新能源	0.012 901	0	0	1
合计	1	1	1	1

表 11.41 的转移矩阵的关系可以用图 11.3 表示。从图 11.3 中可以看出，我国能源结构实际调整方向主要有两个：一是依靠新能源发电，减少煤炭消耗；二是部分石油消费将转向天然气。

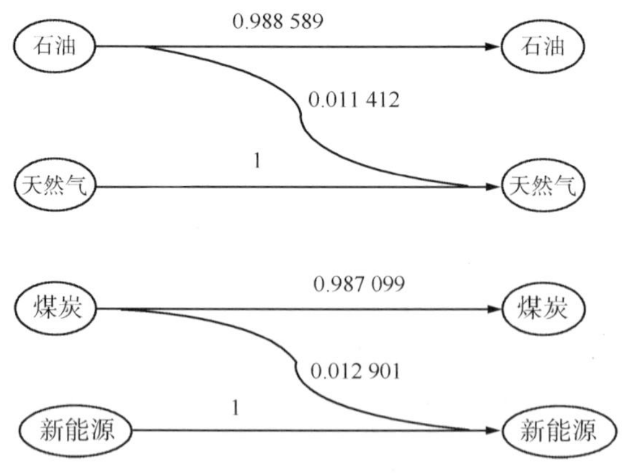

图 11.3 我国能源消费结构变动趋势示意图

11.4.2　我国能源消费结构预测

采用式（11.37）预测我国能源消费结构，结果如表 11.42 所示。预测的我国能源结构具有以下的变化趋势：煤炭比重将有较大幅度下降，能源消费结构不合理的现象得到一定缓解；石油的比重将有较小幅度的下降，我国能源消费难有石油时代；天然气消费将较快增长，在能源消费中天然气的比重有一定幅度的上升；新能源开发的前景光明，新能源比重将有大幅度的提高。对我国能源消费结构预测结果是符合我国能源发展趋势的。

表 11.42　我国能源消费结构预测　单位：%

年份	2009	2010	2015
煤炭	67.7	66.8	62.6
原油	19.3	19.0	18.0
天然气	3.9	6.2	5.2
新能源	9.1	10.0	16.2

11.5　我国节能政策效果评价

自 20 世纪 80 年代以来，我国经济快速增长，同时，我国的能源消费也在快速增长。能源的缺口将严重影响我国经济的可持续发展。我国政府也先后出台了大量的节能政策，因此，非常有必要对这些节能政策的节能效果进行评估，以明确这些政策在多大程度上降低了能源消费强度。

11.5.1　我国主要节能政策

从 20 世纪 80 年代开始，我国政府陆续出台了很多的能源政策，主要能源政策如表 11.43 所示。由于能源政策之间的相互影响和相互作用，很难评估单个能源政策的效果。因此，本研究将所有的能源政策按照主从关系划分为三个政策群。

表 11.43　我国出台的节能政策

时间	能源政策
1986	节约能源管理暂行条例
1990	“八五”节能规划
1991	火力发电厂节约能源规定（试行）
1991	关于进一步加强节约能源工作的若干意见

续表

时间	能源政策
1991	企业节约能源管理升级（定级）规定
1992	关于加快墙体材料革新和推广节能建筑意见的通知
1994	关于加强资源节约综合利用工作的意见
1996	资源节约综合利用技术改造项目管理办法
1995	“九五”节能规划
1996	煤炭工业部节约能源监测管理办法
1997	民用建筑节能设计标准（采暖居住建筑部分）
1998	中华人民共和国节约能源法
1999	重点用能单位节能管理办法
2000	民用建筑节能管理规定
2001	节约用电管理办法
2004	国家发展和改革委员会关于印发节能中长期专项规划的通知
2005	关于进一步推进墙体材料革新和推广节能建筑的通知
2005	关于发展节能省地型住宅和公共建筑的指导意见
2005	关于新建居住建筑严格执行节能设计标准的通知
2005	新《民用建筑节能管理规定》，同时废除 2000 年《民用建筑节能管理规定》
2006	关于印发千家企业节能行动实施方案的通知
2006	关于防止高耗能行业重新盲目扩张的通知
2006	国务院关于加强节能工作的决定
2006	国务院关于“十一五”期间各地区单位生产总值能源消耗降低指标计划的批复
2006	关于印发“十一五”十大重点节能工程实施意见的通知
2007	关于印发煤炭工业节能减排工作意见的通知
2007	关于印发节能减排综合性工作方案的通知
2007	关于加快推进产业结构调整遏制高耗能行业再度盲目扩张的紧急通知
2007	能源发展“十一五”规划
2007	可再生能源中长期发展规划
2007	节能减排综合性工作方案
2007	节能减排统计、监测及考核实施方案和办法
2007	修订《节约能源法》

1991 年经国务院发布施行《关于进一步加强节约能源工作的若干意见》，对我国节能管理工作做出了明确规定：①国家经济贸易委员会负责全国节能监督管理工作；会同国家统计局定期公布重点用能单位名单；委托具有培训条件的单位

对重点用能单位的能源管理人员进行节能培训。②重点用能单位应贯彻执行国家的节能法律、法规、方针、政策和标准；接受经济贸易委员会对其能源利用状况的监督、检查；建立健全节能管理制度，运用科学的管理方法和先进的技术手段，制定并组织实施本单位节能计划和节能技术进步措施，合理、有效地利用能源；每年应安排一定数额资金用于节能科研开发、节能技术改造和节能宣传与培训；健全能源计量、监测管理制度，配备合格的能源计量器具、仪表；建立能源消费统计和能源利用状况报告制度，指定专人负责能源统计，建立健全原始记录和统计台账；建立能源消耗成本管理制度，制定先进、合理的企业单位产品能耗限额，实行能源消耗成本管理；建立有利于节约能源、降低消耗、提高经济效益的节能工作责任制；开展节能宣传与培训；设立能源管理岗位等。③各级人民政府对在节能管理和节能技术进步中取得显著成绩的重点用能单位和个人应给予表彰和奖励；重点用能单位应制定节奖超罚办法，安排一定的节能奖励资金，对节能工作中取得成绩的集体和个人给予奖励；对浪费能源的集体和个人给予惩罚。此后一段时间我国节能政策都是按照这个文件的精神来制定的。

1997 年 11 月 1 日，第八届全国人大常委会第 28 次会议通过《节约能源法》（以下简称《节能法》），由国家主席江泽民签署主席令予以公布，并于 1998 年 1 月 1 日起施行。2007 年 10 月 28 日又对其进行了修订。《节能法》标志着我国开始建立节能管理的法律体系，规范节能管理工作。此后，《节能法》成为我国节能管理政策的法律依据和法律保证。

2004 年，国家发改委制定了《节能中长期专项规划》。规划期分为“十一五”和 2020 年，重点规划了到 2010 年节能的目标和发展重点，并提出了 2020 年的目标。规划分五个部分：我国能源利用现状，节能工作面临的形势和任务，节能的指导思想、原则和目标，节能的重点领域和重点工程，以及保障措施。《节能中长期专项规划》明确了节能要依靠转变增长方式、调整经济结构和技术进步，将节能工作和经济的可持续发展紧密结合起来，这是我国节能管理工作思路的一个重大转变。

《关于进一步加强节约能源工作的若干意见》、《节能法》、《节能中长期专项规划》是我国节能政策中具有标志性的三个政策，代表了我国节能政策的三个不同阶段。所以本研究将节能政策相应划分为三个政策群：节能政策群 1——以《关于进一步加强节约能源工作的若干意见》为代表的政策群，节能政策群 2——以《节能法》为代表的政策群，节能政策群 3——以《节能中长期专项规划》为代表的政策群。

11.5.2　模型

对节能政策效果评价，拟采用两种不同的途径，一是有无对比法，二是线性回归法。

1. 有无对比法

假定除政策外其他因素稳定的情况下，有无对比法能够比较好地测量政策的效果。有无对比法的步骤如下：第一步收集能源强度数据，包括政策实施前的历史能源强度和政策实施后的实际能源强度。在此，政策实施后的能源强度表示的是在能源政策作用下的能源强度。第二步是根据历史能源强度，预测能源强度。在此，能源强度预测值是在假定所有因素稳定的情况下的能源强度。本课题的研究涉及的时间跨度比较长、影响因素比较多，“老数据”往往不能反映当前趋势，而“新数据”则包含了更多的新信息，能很好地反映当前的趋势。因此，只采用近几年的数据来进行预测。考虑到灰色系统中的GM（1，1）模型可以对小样本进行预测，所以在预测中采用了GM（1，1）模型，即采用GM（1，1）模型对最近几年的“新数据”进行预测，其结果能较准确地反映当前的发展趋势。第三步，计算实际能源强度和预测能源强度的差。实际能源强度指的是实施能源政策后的能源强度，预测能源强度则代表所有因素均无变化时的能源强度，两者的差值则代表能源政策的节能效果。有无对比法的原理如图11.4所示。

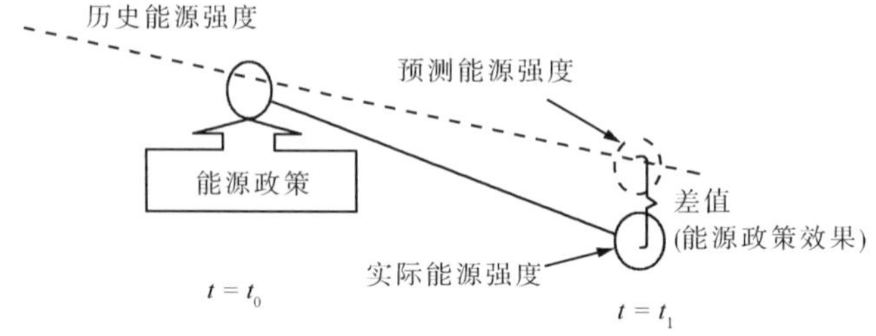

图 11.4　有无对比法原理示意图

2. 线性回归法

很多学者对影响我国能源强度的因素进行了研究，总结出的影响我国能源强度的主要因素包括以下几个方面：经济增长、经济结构、能源价格、技术进步、能源政策。GDP用来表示能源消费的规模经济效应，第二产业比重、第三产业比重用来表示经济结构，全要素生产率（TFP）用来表示科技进步，因此可以得到以下线性回归模型。

$$\mathrm{EI}=\alpha+\beta_1\mathrm{GDP}+\beta_2\mathrm{EP}+\beta_3\mathrm{TP}+\beta_4\mathrm{SP}+\beta_5\mathrm{TFP}+\beta_6P_1+\beta_7P_2+\beta_8P_3+u_t \tag{11.39}$$

式中，EI为能源强度；GDP为国内生产总值；EP为能源价格；SP为第二产业比重；TP为第三产业比重；TFP为全要素生产率；P_1，P_2，P_3 为能源政策群；

u_t 为 扰动项。

11.5.3　基础数据

我国能源消费、能源价格指数、GDP 指数、第二产业比重、第三产业比重和 TFP，如表 11.44 所示。

表 11.44　我国能源消费与 GDP 数据

年份	能源消费	能源价格指数	GDP 指数	第二产业比重	第三产业比重	TFP
1982	62 646	100.5	133.1	46.8	21.8	106.2
1983	66 040	106.3	147.6	46.4	22.4	105.4
1984	70 904	112.0	170.0	43.1	26.8	106.6
1985	76 682	107.2	192.9	42.9	28.7	107.9
1986	80 850	106.6	210.0	43.7	29.1	109.3
1987	86 632	106.0	236.3	43.6	29.6	110.4
1988	92 997	106.8	260.7	43.8	30.5	111.4
1989	96 934	108.4	271.3	42.8	32.1	112.0
1990	98 703	107.1	281.7	41.3	31.6	111.3
1991	103 783	118.8	307.6	41.8	33.7	111.9
1992	109 170	115.3	351.4	43.4	36.8	112.8
1993	115 993	171.3	400.4	46.6	33.7	113.9
1994	122 737	148.7	452.8	46.6	33.6	115.0
1995	131 176	121.2	502.3	47.2	32.9	116.1
1996	138 948	106.6	552.6	47.5	32.8	117.1
1997	137 798	107.4	603.9	47.5	36.2	118.0
1998	132 214	93.0	651.2	46.2	36.2	119.1
1999	133 831	109.6	700.9	45.8	37.7	120.1
2000	138 553	146.3	759.9	45.9	39.0	121.0
2001	143 199	99.1	823.0	45.1	40.5	121.7
2002	151 797	95.2	897.8	46.8	41.5	122.7
2003	174 990	115.6	987.8	46.0	41.2	123.8
2004	203 227	116.2	1087.4	46.2	40.4	126.8
2005	224 682	122.4	1200.8	47.5	40.0	125.8
2006	246 270	120.3	1336.0	48.9	39.4	126.8

资料来源：《中国统计年鉴》(1996～2007)

由于缺少能源综合价格指数，又考虑到我国能源中石油价格的市场化程度最高，因此，采用石油产品的出厂价格指数来代替能源价格指数。2006 年，我国的 GDP 为 211 809.0 万亿人民币，同年 GDP 指数为 1336.0。因此，实际 GDP（按照 2006 年价格）可以定义为当年的 GDP×211 809.0÷1336.0。能源强度定义为能源消费量/实际 GDP。假定 1981 年能源价格为 1，能源价格被定义为能源价格指数的乘积。

TFP 数据来源于杨洋等（2008）、郭庆旺和贾俊雪（2005）的研究，该研究采用 Latent Variable 来测量 TFP。这种方法的特点在于将 TFP 作为一个独立的变量进行研究，其结果可以排除其他各种因素的影响。所以用这种方法计算的 TFP 是适合用来衡量技术进步的。

虚拟变量 p_1，p_2，和 p_3被用来表示能源政策群。我们根据政策寿命周期对虚拟变量进行赋值。P_1 表示能源政策群 1，1991 年之前，由于政策还未执行，所以它的值为 0；1991～1997 年，它的值为 1，表示能源政策群 1 发挥了作用；1998 年以后，它的值为 0，原因是 1998 年我国实施《节能法》后，我国的节能管理体系发生了很大的变化，P_1 政策群的地位被《节能法》政策群的所取代。P_2 表示能源政策群 2。1998 年实施的《节能法》在 2008 年修订之前一直在发挥作用，因此 P_2 的值在 1998 年之前全部为 0，1998 年之后则全部为 1。2004 年《节能中长期专项规划》开始实施，因此，P_3 的值在 2004 年均设为 1，2004 年前则为 0。

EI、实际 GDP、能源价格、能源政策，如表 11.45 所示。

表 11.45　1982～2006 年我国 GDP 与能源政策数据

年份	EI	实际 GDP	能源价格	P_1	P_2	P_3
1982	2.963 227	21 141.138 15	1.005	0.0	0.0	0.0
1983	2.817 937	23 435.581 5	1.068 315	0.0	0.0	0.0
1984	2.626 836	26 992.170 32	1.196 513	0.0	0.0	0.0
1985	2.503 74	30 626.987 96	1.282 662	0.0	0.0	0.0
1986	2.425 279	33 336.366 67	1.341 664	0.0	0.0	0.0
1987	2.328 955	37 197.805 96	1.395 331	0.0	0.0	0.0
1988	2.246 633	41 393.935 58	1.490 213	0.0	0.0	0.0
1989	2.250 309	43 075.855 3	1.615 391	0.0	0.0	0.0
1990	2.206 662	44 729.548 13	1.730 084	0.0	0.0	0.0
1991	2.125 166	48 835.245 03	2.055 34	1.0	0.0	0.0
1992	1.956 812	55 789.728 88	2.369 807	1.0	0.0	0.0
1993	1.824 352	63 580.382 17	6.059 479	1.0	0.0	0.0
1994	1.707 12	71 897.129 67	6.036 445	1.0	0.0	0.0

续表

年份	EI	实际 GDP	能源价格	P_1	P_2	P_3
1995	1.644 801	79 751.876 94	7.316 171	1.0	0.0	0.0
1996	1.583 744	87 733.862 24	7.652 715	1.0	0.0	0.0
1997	1.437 035	95 890.509 03	8.219 016	1.0	0.0	0.0
1998	1.278 641	103 401.945 2	7.643 685	0.0	1.0	0.0
1999	1.202 64	111 281.003 6	8.377 479	0.0	1.0	0.0
2000	1.148 257	120 663.416	12.088 7	0.0	1.0	0.0
2001	1.095 81	130 678.862 7	11.979 9	0.0	1.0	0.0
2002	1.064 891	142 547.205 8	11.404 87	0.0	1.0	0.0
2003	1.115 738	156 838.103 1	13.184 03	0.0	1.0	0.0
2004	1.177 066	172 655.288 4	15.056 16	0.0	1.0	1.0
2005	1.178 394	190 667.994 4	18.428 74	0.0	1.0	1.0
2006	1.162 704	211 808.048 7	22.169 77	0.0	1.0	1.0

11.5.4　我国能源政策节能效果评价

下面将分别采用有无对比法和线性回归法对能源政策的节能效果进行研究。

1. 基于有无对比法的节能政策效果评价

首先采用有无对比法研究三个能源政策群的节能效果。

1）能源政策群 1

根据 1982～1990 年的能源强度，采用 GM（1，1）预测 1991～1997 年的能源强度，结果如图 11.5 所示。能源政策降低了 1991～1997 年的能源强度。1991～1997 年，能源政策的平均节能效果为 0.115 214 吨标准煤/万元，而且节能效果越来越明显。

2）能源政策群 2

根据 1991～1997 年的能源强度，采用 GM（1，1）预测 1998～2002 年的能源强度，结果如图 11.6 所示。能源政策降低了 1998～2002 年的能源强度。1998～2002 年，能源政策的平均节能效果为 0.075 159 吨标准煤/万元，而且节能效果越来越弱。

3）能源政策群 3

根据 2001～2004 年的能源强度采用 GM（1，1）预测 2005～2006 年的能源强度，结果如图 11.7 所示。能源政策降低了 2005～2006 年的能源强度。2005～

2006 年，能源政策的平均节能效果为 0.097 324 吨标准煤/万元。

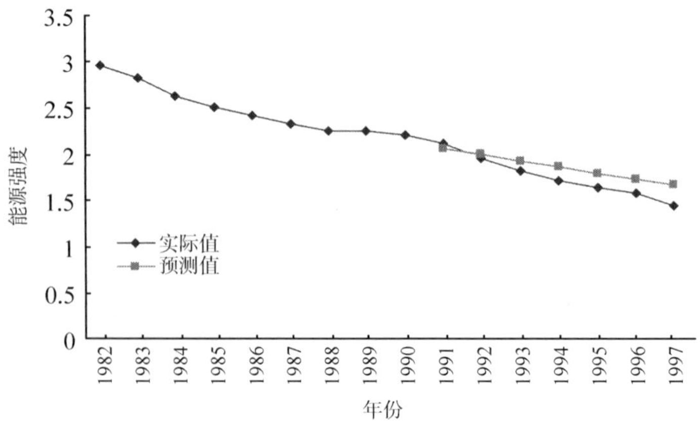

图 11.5 能源政策群 1 的节能效果

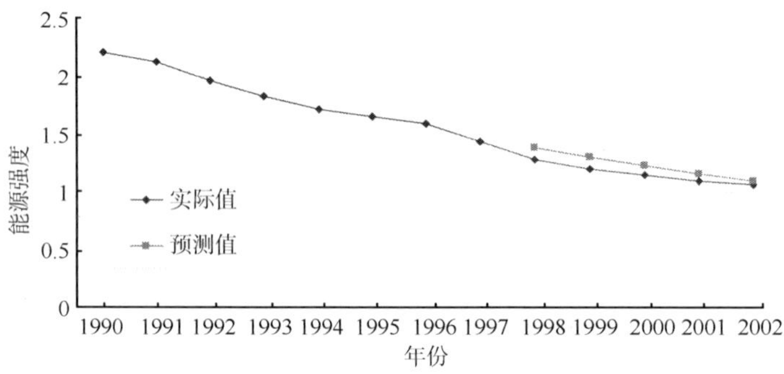

图 11.6 能源政策群 2 的节能效果

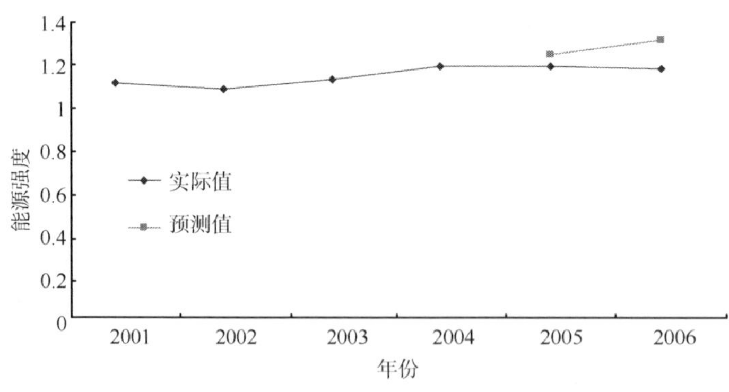

图 11.7 能源政策群 3 的节能效果

通过有无对比法的研究，可以发现所有政策都具有一定的节能效果，在一定程度上降低了能源强度，其中能源政策群 1 的节能效果最好。但是有无对比法有一个重要的假设，即除了能源政策外，其他的影响因素都是稳定的。这在现实中是不太可能的，因为各种因素往往都是不稳定的，这就导致了有无对比法可能会产生一定的偏差。

2. 基于线性回归法的节能政策效果评价

采用式（11.39）来研究节能效果。模型采用 SPSS 求解，回归方程的系数和有关检验如表 11.46 和表 11.47 所示。

$$\text{EI}=16.312+0.00001048\text{GDP}-0.027\text{EP}-0.007\text{TP}$$
$$-0.018\text{SP}-0.121\text{TFP}-0.185P_1-0.397P_2+0.133P_3$$

表 11.46　R^2 检验和 F 检验

R	R^2	调整 R^2	统计量			
			F	df1	df2	F 显著性
0.997[a]	0.993	0.990	289.563	8	16	0.000

自变量（常数）：SP，P_1，TP，P_3，P_2，EP，TFP，GDP

因变量：EI

表 11.47　回归系数和 t 检验

模型	非标准化系数		标准系数	t	显著性．
	B	标准误差	Beta		
常数	16.312	1.675		9.739	0.000
GDP	1.048E-5	0.000	0.964	3.842	0.001
EP	−0.027	0.019	−0.270	−1.416	0.176
P_1	−0.185	0.061	−0.139	−3.014	0.008
P_2	−0.397	0.093	−0.320	−6.272	0.001
P_3	0.133	0.083	0.061	1.606	0.128
TFP	−0.121	0.023	−1.320	−5.269	0.000
TP	−0.007	0.017	−0.061	−0.401	0.694
SP	−0.018	0.019	−0.058	−0.935	0.364

调整的 R^2 为 0.993，其 F 检验的显著性为 0.000，这些表明回归方程良好，各因素很好地解释了因变量能源强度。而 t 检验则表明了 GDP，TFP，P_1 和 P_2 对能源强度的作用显著，而 EP，TP，SP 和 p_3 的作用则不明显。

GDP 的系数为正，说明在其他变量被控制的情况下，能源强度会随经济增长而上升。我国经济最近20年的增长，在某种程度上依赖于大量的小型工厂的发展，比如，小电厂、小水泥厂和小化工厂等。在同样产出的情况下，相对大型工厂，这些工厂会消耗更多的能源。因此，经济增长会意味着消耗更多的能源，规模效益不明显。

TFP的系数是负的，说明在其他变量被控制的情况下，技术进步会降低能源消费强度。采用新技术、新工艺和新产品，都能有效降低能源消费，因此技术进步是能有效降低能源消费的。

P_1 和 P_2 的系数是负的，表明在其他变量被控制的情况下，能源政策群1和能源政策群2降低了能源强度，它们都具有良好的节能效果。

EP的系数是负的，表示在其他变量被控制的情况下，能源价格上升会降低能源强度。原因是能源的价格弹性为负，当能源价格上升时，能源消费会下降。

TP的系数为负，表示当其他变量被控制的情况下，TP上升会降低能源强度。原因是第三产业与第二产业相比，消耗更少的能源。如果第三产业比重上升，同样经济产出的情况下，将消耗更少的能源。

SP的系数为负，表示在其他变量被控制的情况下，SP上升能源强度会下降。尽管第二产业能源消费较高，但是第二产业本身的能源利用效率提高很快，第二产业能源强度下降速度是最快的，在这种情况下，第二产业比重增加也会降低能源强度。

P_3 的系数是正的，表示在其他变量被控制的情况下，P_3 会增加能源强度。其原因是在实施 P_3 后我国的能源强度上升了。但是如图11.7所示，P_3 实施后，我国能源强度的增长速度明显放缓，这表明 P_3 起到了明显的作用。但是采用回归法是无法衡量 P_3 的节能效果的，主要原因是这一能源政策群实施的时间不长，政策效果还未完全显现。

参考文献

波特．2005. 竞争优势．陈小悦译．北京：华夏出版社．

陈珽．1987. 决策分析．北京：科学出版社．

陈晓剑，梁梁．1993. 系统评价方法及应用．合肥：中国科学技术大学出版社．

陈衍泰，陈国宏，李美娟．2004. 综合评价方法分类及研究进展．管理科学学报，7（2）：70-79.

迟国泰，程砚秋，王丽君．2010. 基于灰色聚类的社会评价模型及省辖市的实证．中国管理科学，18（6）：185-192.

邓聚龙．1985. 灰色局势决策．模糊数学，5（2）：43-50.

高宏，王浣尘，田玉青．1999. 灰色理论在黄河系统科技绩效评估中的应用．系统工程理论与实践，19（5）：114-119.

顾基发．1990. 评价方法综述//中国系统工程学会．科学决策与系统工程．北京：中国科学技术出版社．

郭克莎．2000. 再论结构偏差对我国经济增长的制约及调整思路．中国工业经济，(1)：33-35.

郭庆旺，贾俊雪．2005. 中国全要素生产率的估算：1979—2004. 经济研究，6（5）：1-60.

何平，刘树梅．2008. 关于修订全国科技进步监测指标体系的设想．科技管理研究，（4）：57-58，61.

李嘉图．1962. 政治经济学及赋税原理．郭大力，王亚南译．上海：商务印书馆．

李京文．1995. 论我国产业结构的变动趋势．中国社会科学院研究生院学报，(5)：37-43.

刘思峰，方志耕，杨英杰．2014. 两阶段灰色综合测度决策模型与三角白化权函数的改进．控制与决策，29（7）：1232-1238.

刘思峰，李炳军，杨岭，等．1998. 区域主导产业评价指标与数学模型．中国管理科学，6（2）：8-13.

刘思峰，李杰．2005. 我国科技经费配置结构与使用效率分析．科技与经济，18（103）：26-28.

刘思峰，唐学文，袁朝清，等．2004. 我国产业结构的有序度研究．经济学动态，5（6）：53-56.

刘思峰，谢乃明．2008. 基于改进三角白化权函数的灰评估方法．第16届全国灰色系统学术会议论文集．

刘思峰，谢乃明，Jeffery F. 2010. 基于相似性和接近性视角的新型灰色关联分析模型．系统工程理论与实践，30（5）：881-887.

刘思峰，杨岭．1994. 区域经济评估·预警·调控．郑州：河南人民出版社．

刘思峰，杨英杰，吴利丰．2014. 灰色系统理论及其应用（第七版）．北京：科学出版社．

刘思峰，袁文峰，盛克勤．2010. 一种新型多目标智能加权灰靶决策模型．控制与决策，25（8）:1159-1163.

刘思峰，朱永达．1993. 区域经济评估指标三角隶属函数评估模型．农业工程学报，9（2）：

8-13.

刘伟 . 1995. 工业化进程中的产业结构研究 . 北京：中国人民大学出版社 .

刘伟，李绍荣 . 2002. 产业结构与经济增长 . 中国工业经济，(5)：14-21.

孟溦，张大群，刘文斌 . 2008. 多层次结构 DEA 模型及其应用 . 中国管理科学，16 (4)：148-154.

秦寿康，等 . 2003. 综合评价原理与应用 . 北京：电子工业出版社 .

荣宏庆 . 2002. 我国产业结构问题理论观点综述 . 党政干部学刊，(2)：34-35.

宋德金，刘思峰 . 2014. 战略性新兴产业选择评价指标体系与综合决策模型 . 科技与经济，27 (1)：66-70.

汪应洛 . 2008. 系统工程 . 北京：机械工业出版社 .

王坚强，任世昶 . 2009. 基于期望值的灰色随机多准则决策方法 . 控制与决策，24 (1)：39-43.

王洁方，刘思峰，刘牧远 . 2010. 不完全信息下基于交叉评价的灰色关联决策模型 . 系统工程理论与实践，30 (4)：732-737.

王小鲁，樊纲 . 2000. 中国经济增长的可持续性——跨世纪的回顾与展望 . 北京：经济科学出版社，57-65.

魏权龄 . 2004. 数据包络分析 . 北京：科学出版社 .

魏守华，吴贵生 . 2005. 区域科技资源配置效率研究 . 科学学研究，(4)：467-473.

吴和成，刘思峰 . 2007. 基于改进 DEA 的地域 R&D 相对效率评价 . 研究与发展管理，19 (2)：108-112.

徐现祥，周吉梅，舒元 . 2007. 中国省区三次产业资本存量估计 . 统计研究，24 (5)：6-13.

杨洋，王非，李国平 . 2008. 能源价格、产业结构、技术进步与我国能源强度的实证检验 . 统计与决策，(11)：103-105.

筱原三代平 . 1985. 产业结构与投资分配//杨治 . 产业经济学导论 . 北京：中国人民大学出版社.

于洋，李一军 . 2003. 基于多策略评价的绩效指标权重确定方法研究 . 系统工程理论与实践，23 (8)：9-15.

张金水 . 2000. 可计算非线性动态投入产出模型 . 北京：清华大学出版社 .

张可，刘思峰 . 2010. 灰色关联聚类在面板数据中的扩展及应用 . 系统工程理论与实践，30 (7)：1253-1259.

张世贤 . 2000. 工业投资效率与产业结构变动的实证研究——兼与郭克莎博士商榷 . 管理世界，(5)：79-85.

朱明，杨晓江 . 2012. 世界一流学科评价之大学排名指标分析 . 高教发展与评估，28 (2)：7-15.

Dang Y G，Liu S F，Wang Y H. 2011. Optimization of regional industrial structures and applications. Taylor & Francis Group，LLC.

Hirschman A O. 1958. The Strategy of Economic Development. Boulder：Westview Press Inc.

Jian L R，Liu S F，Lin Y. 2011. Hybrid rough sets and applications in uncertain decision-making. Taylor& Francis Group，LLC.

Liu S F. 2006. On index system and mathematical model for evaluation of scientific and technical strength. Kybernetes，35（7-8）：1256-1264.

Liu S F，Lin Y. 2006. Grey Information：Theory and Practical Applications. New York：Springer.

Liu S F，Lin Y. 2011. Grey Systems：Theory and Applications. New York：Springer.

Romer D. 2001. Advanced Macroeconomics. Shanghai：Shanghai University of Finance & Economics Press：5-17.

Saaty T L，Vargas L G. 2001. Models，methods，concepts & applications of the analytic hierarchy process. Kluwer Academic.

Yuan C Q，Liu S F，Fang Z G，et al. 2009a. Research on the energy-saving effect of energy policies in China：1982—2006. Energy Policy，37（7）：2475-2480.

Yuan C Q，Liu S F，Fang Z G，et al. 2009b. The relation between Chinese economic development and energy consumption in the different periods. Energy Policy，38（9）：5189-5198.

Yuan C Q，Liu S F，Wu J L. 2009c. Research on energy-saving effect of technological progress based on Cobb-Douglas production function. Energy Policy，37（8）：2842-2846.

Yuan C Q，Liu S F，Wu J L. 2010a. Research on energy-saving effect of technological progress based on Cobb-Douglas production function. Energy Policy，38（5）：2611-2617.

Yuan C Q，Liu S F，Wu J L. 2010b. The relationship among energy prices and energy consumption in China. Energy Policy，38（1）：197-207.

Yuan C Q，Liu S F，Xie N M. 2010c. The impact on Chinese economic growth and energy consumption of the Global Financial Crisis：An input-output analysis. Energy，35（4）：1805-1812.